第四届"费孝通田野调查奖"获奖文集

当代中国田野观察

（2020）

Field Observation on Contemporary China
(2020)

国务院参事室社会调查中心 ／ 编

社会科学文献出版社
SOCIAL SCIENCES ACADEMIC PRESS (CHINA)

前　言

习近平总书记指出，"新时代改革开放和社会主义现代化建设的丰富实践是理论和政策研究的'富矿'"，希望广大理论工作者"从国情出发，从中国实践中来、到中国实践中去，把论文写在祖国大地上，使理论和政策创新符合中国实际、具有中国特色"。李克强总理强调，"民之所望是我们施政所向"，"'现代政府'，一个很重要的标志，就是要及时回应人民群众的期盼和关切"。这就要求我们努力深入基层调查研究，并及时把人民群众对美好生活的需求和有关建议向党政部门反映，以利于决策施政。

国务院参事室社会调查中心致力于发挥国务院参事室和相关社会调查专业机构的优势与特长，为党和政府了解社情民意，就人民群众"急难愁盼"的社会热点、难点问题向决策层反映和提出建议。针对社会热点、难点问题深入开展调查研究，不但对党和政府科学决策具有重要作用，而且有助于人们认识当代中国和社会，在学术研究和史料留存上也有重要意义。

为践行费孝通先生的民本思想和学术精神，倡导和推动社会各界人士关注民众、关注社会、关注中国，国务院参事室社会调查中心会同有关单位于2016年发起了"费孝通田野调查奖"征文活动，每年举办一届。

第四届"费孝通田野调查奖"征文活动由国务院参事室社会调查中心联合新华网、腾讯研究院等发起。此次活动倡导和推动社会各界人士，到现实生活中去，到人民群众中去，发现和描述社会的发展变化，反映人民群众的意见和建议，征集作者们近期经过田野调查所写的"亲身经历、亲眼所见、亲耳聆听"的"三亲"文章，提供一省一市一县一乡一村一社区一行业一企业一群体的真实情况，从一个一个侧面描绘当代中国社会现实的"长卷"，为国家制定政策提供及时有益的帮助。

从征文的情况中我们感到，随着一届又一届征文活动的举办，来稿质量不断提高，选题越来越广泛、越来越贴近社会生活，观察的角度越来越多元，调查越来越深入，素材越来越新鲜，正在突破一般田野调查的选题与区域限制，视野覆盖城乡社区、议题涵盖国计民生、研究融入国家战略。

相比于往届，本届征文活动的来稿关注青年流浪歌手、跨境女性移民、长期在水上居住的疍民等社会群体，真实反映了当前城乡人民群众的生活状况和改革中的社会热点、难点问题。这些生动的调查报告，有助于我们多角度地深入观察社会实际，为进一步办好征文活动提供了经验。我们现将获奖文章编辑成册，正式出版发行，以飨读者。

作为国务院参事室的一个动员、组织社会力量调研国情、倾听民声、汇聚众智的公共政策众创平台，我们要进一步贯彻落实习近平总书记"把论文写在祖国大地上"的要求，持续将"费孝通田野调查奖"征文活动开展下去，久久为功，坚持不懈地为反映人民对美好生活的需求和高质量的资政建言而努力，每年举办一届，不断总结经验，完善组织和评奖方式，使征文活动有更广泛的影响力和更高的质量。

国务院参事室社会调查中心

二〇二一年十一月

目　录

优秀奖

一等奖 ————————

从堂屋到厢房：当代农村父辈权威的"陨落"

——基于 S 村的实地调查

陈怀川　甘文秀[*]

中国乡村传统房屋建筑的堂屋、厢房之分，不仅是居住格局的差别，也是传统宗法制的直观体现，具有主次、尊卑的社会寓意。堂屋是放置神龛和祖先牌位，尊祖敬神、祭天拜地的地方，也是父辈起居之地，是神圣与威严的象征；厢房是子代的生活场所，处于次要位置，蕴含子代的从属和恭顺。堂屋与厢房隐含了中国乡村传统父子尊卑有别的从属关系。时代的更替改变了这一传统，2000 年之后，诸多现实与研究结果都表明，中国乡村很多地方的已婚子代住进了宽敞明亮的主房，而他们的年老父母则搬入了逼仄阴暗的偏房，乡村堂屋（或者叫主房）的主人逐渐由年老的父辈变成了子代。居住空间的改变，其实就是乡村代际关系变迁的外在表现，展现了子代家庭地位上升和父辈权威地位衰落的变化形态。关于乡村代际关系的变迁及其内在动因，学界已多有研究，但时至今日，对我国乡村代际关系变迁进行直观深入展示的研究并不多见，而且，就其动因而言也尚未形成相对统一的认识。为了清楚地展现乡村代际关系变迁的具体形态，探寻其变迁的核心动因所在，本文以甘肃省 S 村为研究点，进行了纵贯式的探索，以此来揭示我国乡村代际关系变迁的实质。

S 村掩藏于祁连山末端苍茫的群山之中，是甘肃省古浪县黄羊川镇所辖山区村落之一。S 村所在地海拔 2600 米左右，兼具大陆性气候和青藏高原气候之

* 作者简介：陈怀川，新疆师范大学历史与社会学院副教授；甘文秀，新疆师范大学历史与社会学院博士研究生。

特征，年降水量为 300 毫米左右，降雨主要集中在 7 月到 9 月。S 村是一个典型的靠天吃饭的村落，村民基本以农业种植和外出务工为主，主要种植小麦、蚕豆、豌豆和土豆等作物。据村民家谱记载，S 村始建于明万历年间，2000 年前后为鼎盛时期，有 428 户 1926 人；之后，随着越来越多村民长年外出务工或举家外迁，S 村人口逐年减少，到 2016 年底，仅剩 212 户 1060 人①；至 2020 年初，根据当地"下山入川"易地扶贫搬迁工程规划，S 村所有农户迁至古浪县黄花滩移民区，村落最终走向终结。村落的发展变迁历程也是村落代际关系发展演变的历史。那么，S 村代际关系经历了怎样的发展演变？父辈的权威地位是如何陨落的？其背后的深层动因又有哪些？又有何种路径可以协调乡村代际关系，使之有序发展？这些都是值得我们探寻和思考的问题。

一　农业集体时代：传统延续与渐变

在传统社会，"顺亲""无违"是代际关系的核心标准。历史上虽然也时有忤逆不孝行为的发生，但总体来说，传统代际关系基本都是子代依附于父辈的、不对等的关系。直至中华人民共和国成立，S 村一直延续着传统的代际关系模式。中华人民共和国成立之后，各项举措的实施逐渐撼动了传统代际关系赖以生存的政治、经济和文化根基，使得传统代际关系有了变化——父辈绝对权威的代际关系开始松动，代际关系逐渐走向均衡。正如村里一位老人所讲："到了农业社以后，成了家的儿子就敢和娘老子②'辩理'了，娘老子也开始'降'（xiáng）不住结了婚的儿子。"

老人用"辩理"和"降"来描述进入高级社之后 S 村代际关系的变化，用得非常贴切。首先是"辩理"，在"父为子纲"的传统代际关系模式中，相对于子代，父辈有着绝对的权威，与父辈"辩理"就是对父辈权威的"冲撞"，是不孝的表现。其次是"降"，传统社会中父辈能够"降得住"子女，实质上就是父辈拥有绝对的家庭权威。村民讲，大致在集体食堂解散之后，S 村的代际关系就有了微妙的变化。虽然父辈依然牢固地掌握着婚丧嫁娶、人情往来等家事的决定权和财产的支配权，但对子女思想行为的绝对管束还是有了一定的

---

① 虽然在册数据为 212 户 1060 人，实际在村人数少于这一数据。
② （方言）父母。

改变，其中最为显明的就是子女（成年子女）敢于与父辈"辩理"，已婚子女有了一定"说话的权利"。那么，进入农业高级社之后，S村代际关系为什么会发生如此变化：成年子女有了"辩理"的胆量，父母不能完全"降"得住已婚的子女？关于这一点，在社会学研究中，迪尔凯姆（E. Durkhiem）的研究视角——对某种社会事实的变化及其动因的分析，我们应该从另外一种社会事实中去探寻①——可能更符合社会现象的分析模式。因此，我们需要将这种变化放置于当时宏观的社会环境中加以解读。

第一，农业生产经营方式改变了传统的资源掌控模式，从而引起了乡村代际关系的变动。我们知道，家庭是基于婚姻、血缘或收养关系形成的社会单位，情感是其存在的核心基础，但在家庭中同样存在财产的掌控权问题，它决定了家庭权力和权威。在集体经济实施之前，家庭是乡村社会主要的或者唯一的生产单位。传统的财产继承模式决定了父辈是家庭土地、耕畜、房屋等生产和生活资料的所有者，子代的劳动所得也衍生自父辈的生产资料，生产资料的掌控权决定了父辈的家庭地位和家庭权威。农业集体化将土地、耕畜等生产资料从家庭中剥离了出来，父辈不再是生产资料的掌控者，而且，农业集体经济模式下，子女生活资料的获得也不再依赖于父辈。集体既成了生产资料的掌控者，也成了村民生活资料唯一的或者主要的来源。随着父辈生产资料掌控权的丧失，其家庭绝对权威也被削弱。有村民就讲："为啥长大的儿子不像以前那么怕老子？还不是因为他不靠你了嘛！"

第二，集体劳作的分配方式提升了子代的家庭地位。进入农业高级社之后，S生产大队采用了"人七劳三"的分配方式，除人均"口粮"之外，其他粮食等生活资源的分配主要依据社员一年所获"工分"。相比之下，体力优势决定了青壮年在"工分"获取上强于年老父辈，年轻人体力好，挣的工分多，成了挣取家庭生活资料的主力。家庭生活资源获取方式的变动必然也或多或少地影响家庭代际关系的表现，代际关系逐渐从"七十食肉"向"劳力食肉"转变，生活资源获取层面的"弱势"不可避免地"弱化"了父辈的家庭权威，年轻人便有了跟父辈"辩理"的"胆量"。

第三，中华人民共和国成立之后的系列运动，在去除年老父辈经济掌控权

---

① 迪尔凯姆：《社会学方法的准则》，狄玉明译，商务印书馆，1995，第65页。

的同时，也猛烈地冲击着传统的乡约、族规和家法。宗法制的瓦解和中国乡村治理的重构，将原本从属于父辈的社会个体在政治思想和经济活动层面从家庭中剥离了出来，使之遵从于集体。至少在生存层面，遵从于公社这一集体乃是获得生活资源的唯一有效路径，因此，也在一定程度上削弱了个体对家庭的依附和子代对父辈的尊崇。社会对个体的评判标准也从是否遵从于家庭，如孝敬父母，转向了是否忠实于国家，如对国家、国家领袖、社会阶级的尊崇和认可。也就是说，国家从政治、经济、思想宣传等层面促使个体摆脱了家族、家规、乡约、民规的约束。以个体忠实于国家、集体为主导的思想宣传，也必然弱化了子代从属于父辈的传统。

值得注意的是，在农业集体时代，虽然代际关系重心有所下移，父辈逐渐失去了绝对的权威地位，子代在父辈面前不再唯命是从，但代际关系的变化并未完全颠覆父辈的家庭地位，在子女婚配选择、家庭事务安排等方面父辈依然有着决定性的权力。问题是，在父辈权威赖以生存的经济、政治和思想基础瓦解的农业集体时代，又是什么维持了 S 村父辈的家庭事务掌控权？贺雪峰的观点有很好的借鉴之处，他认为，集体时代"人七劳三"的分配方式、强有力的基层组织和熟人社会所产生的强大社会舆论，等等，都对维护父辈家庭地位起到了一定的作用。① 此外，源于文化的惯性，在村民的思想中，传统的尊老观念依然比较深厚，加之宗族势力的微弱存在，在一定程度上也维持着传统的、中国式的家庭秩序。

在家庭代际关系中，与父子关系并存的另一个核心代际关系就是婆媳关系。婆媳关系是以母子血缘关系、夫妻婚姻关系为纽带形成的一种家庭关系。与父子关系、夫妻关系相比，婆媳关系缺乏直接的血缘亲情，也并非源自人际情感而建立，因此，婆媳关系表现得更为复杂，既具有代际关系的普遍特点，又具有异于父子代际关系的特殊性质，是一种更具博弈倾向的代际关系。

婆媳关系的表现形态取决于父子关系，父子主轴的家庭结构模式也必然决定了不对等的婆媳关系，在婆媳的合作与竞争中，婆婆往往占据优势而儿媳则处于劣势。因此，传统社会的婆媳之间是一种管束与被管束的、不对等的家庭关系。中华人民共和国成立之后，虽然女性解放、人人平等的新思想已经得到

---

① 贺雪峰：《农村家庭代际关系的变动及其影响》，《江海学刊》2008 年第 4 期。

广泛宣传，但直至农业高级社建立以及之后的几年，S 村婆媳之间依然延续着尊卑有别的传统关系。在家庭中，儿媳的家庭地位非常低，完全听命于婆婆的指示，做事情都需得到婆婆的许可，包括"做什么饭""能否回娘家"以及"何时返回"等。在家务分工方面，虽然婆婆也会分担一些家务，但绝大多数情况下，婆婆只是一个指挥者。儿媳在从事农田劳作的同时，还要承担绝大部分的家务活，包括洗衣、做饭、打扫卫生、照顾孩子、喂猪、喂羊，等等。

随着集体化的推进，如同父子代际关系，儿媳受制于婆婆的传统婆媳关系也出现了一些变化。"女性解放""男女平等"和"妇女能顶半边天"等思想宣传为年轻女性家庭地位的提高创造了舆论基础。农业集体化将农业生产经营从家庭中剥离出去，女性成为农业集体的劳动力从而有了量化其劳动价值的机会，为儿媳家庭地位的提高提供了经济基础。自此开始，儿媳绝对服从于婆婆、不对等的婆媳关系逐渐向均衡的方向转化，随着时间的推移，呈现日趋明显的态势。村里老人讲，从 20 世纪 60 年代中后期开始，婆婆的绝对权威地位就受到了挑战，儿媳不再完全地、无条件地听命于婆婆。儿媳在家务处理方面逐渐有了一定"说话的余地"，不再像之前那样"怕婆婆"，婆媳矛盾也有了表面化发展的态势。

上述内容表明，在农业集体时代，源于政治、经济、思想文化宣传的变革，S 村的代际关系逐渐发生了变化，传统代际关系开始松动，子代逐步拥有了一定的家事话语权，但所有这些，并没有完全颠覆父辈的家庭地位，贯穿整个农业集体时代，父辈依然拥有很高的家庭地位。然而，随着农业集体经济的解散，S 村代际关系又出现了新的变化，代际关系的天平从趋于平衡逐渐向子代倾斜。在代际博弈中，父辈最终落败，失去了家庭事务的决定权和话语权。

二 八九十年代：代际争斗与父辈落败

1981 年，S 村农业集体解散，家庭再次成为农业生产的基本单位。家庭农业生产经营单位角色的回归是否意味着家长绝对权威地位的回归？答案是否定的。20 世纪八九十年代，S 村父辈的家庭地位呈现持续下滑的态势，到 90 年代中后期，年老父辈的家庭地位已经开始低于年轻已婚子代，有些年老父辈甚至完全失去了家庭事务的话语权。

20 世纪 80 年代末到 90 年代初，是 S 村代际关系从父子大致均衡向父辈低于子代转变的时期。从 20 世纪 80 年代中后期开始，S 村便进入了代际冲突比较激烈的阶段。有意思的是，这种代际冲突的首要引爆点并不在未婚子女与父辈之间，也不在成家的儿子与父母之间，而是集中体现在儿媳与婆婆之间。这说明，乡村代际关系的裂变首先从缺乏血缘关系的婆媳开始，毕竟在人们的思想相对传统的 80 年代，父子"撕破脸皮"的冲突实在与讲究"孝道"的传统格格不入，而公公与儿媳"争斗"往往也会成为大家取笑的对象，期间虽然也有一些儿媳依然不敢和公婆争斗，但绝大多数 S 村的儿媳已经开始公然挑战"屈从于公婆"的传统。于是，S 村绝大多数"娶了媳妇的家庭"都过上了"鸡飞狗跳"的生活，村里也经常能够见到一些婆媳相互谩骂或者撕扯在一起的情境。这场家庭"争斗"，最终以父辈的"落荒而逃"而落下帷幕。与之相伴，他们失去了家庭事务的掌控权和话语权。

代际博弈中父辈的落败首先带来了家庭权力结构的变更，家庭结构从父子主轴转向了夫妻主轴，当然，作为家庭中心的不是年老夫妻而是年轻夫妻。费孝通先生曾经指出，中国传统家庭呈现父子主轴、夫妻配轴的结构模式。[①] 在父子主轴的传统家庭，所有家事都是围绕父辈展开。历经 20 世纪 80 年代代际博弈的落败，进入 90 年代之后，虽然父辈（父亲/公公）依然是家庭法律称谓上的户主，但事实上，他们已经从家庭的舞台上退了下来，年轻夫妻成了家庭的"主角"。年轻夫妻成为家庭的核心角色，既表现在春种秋收、饮食起居等日常生活中家庭事务的安排，也表现在人际交往范围的圈定，所有这些都是围绕年轻夫妻展开。当地有一句俗语，说（儿子结婚之后）"媳妇子的亲戚坐炕头，娘老子的亲戚立到门背后"，就恰如其分地表现了 20 世纪 90 年代 S 村家庭代际关系的显著变化。

代际博弈中父辈的落败还表现在家庭所重对象层面，"重幼轻老"逐渐替代了"重老轻幼"。在规范和调节家庭关系方面，"孝道"始终是中国传统伦理思想规范和阐释家庭成员关系的核心内容，孟子说："事，孰为大？事亲为大"[②]；"孝子之至，莫大乎尊亲"[③]；"不得乎亲，不可以为人；不顺乎亲，不可

---

① 费孝通：《乡土中国》，生活·读书·新知三联书店，1985，第 12 页。
② （宋）朱熹：《四书集注》，岳麓书社，1987，第 408 页。
③ （宋）朱熹：《四书集注》，岳麓书社，1987，第 439 页。

以为子"。① 孝道有效地维护了父辈的家庭权威地位。在子代家庭地位有所上升，代际关系逐渐趋于平等的农业集体时代，父辈依然是家庭的重心，得到了子代很好地重视、关心和照顾，充分体现了中国"重老"的传统。但在20世纪80年代末90年代初，情况就有了明显的变化，"重幼轻老"彻底替代了"重老轻幼"。家庭关注与照顾的对象从老人转向年幼一代，无论是吃饭、穿衣还是其他，老人已经不再是首要被尊崇和照顾的对象。

S村儿媳们家庭地位的遽然上升也是代际关系变化的一个显著特征。20世纪90年代，在父辈地位日趋下降、子代地位不断上升的代际关系变迁态势中，S村年轻媳妇家庭地位的上升尤为突出，她们不仅将公婆"整治"得服服帖帖，很多媳妇还将自己的丈夫也"拿捏"得稳稳当当。儿媳们成了家庭财产的实际管理者和家庭事务的真正决策者，家中公婆的行动都需要得到儿媳的允诺，甚至包括公婆外出这样的事情。问题是，为何在20世纪80年代中后期S村会出现比较激烈的代际冲突？又是什么因素促使父辈在代际冲突中一败涂地，最终彻底失去了家庭主导地位？年轻媳妇的家庭地位为何会遽然上升，完全改变了中国男人当家做主的传统？

第一，生计方式的转变凸显了年轻人创造家庭财富的价值，提升了他们的家庭地位。正如前文所述，影响和决定家庭成员家庭地位高低的因素中，财产创造的多少有着不可忽视的作用。20世纪80年代初，S村集体经济解散使得家庭再次成为农业生产经营单位，但生产单位的回归并没有恢复老人财产的掌控权，因为土地等资源的分配是按照"户""口"结合的方式进行，年轻人清楚地知道自己拥有部分土地等资产的权利。而且，从20世纪80年代中期开始，S村的小伙子们开始前往炭山岭煤矿、九条岭煤矿、双龙沟金矿等地"搞副业"，务工收入远超在家务农所得，家庭财产获得层面的优势提升了子代家庭的地位，其中也包括儿媳的家庭地位。

第二，20世纪80年代中后期的代际争斗实质上是传统代际关系的延续与变迁相交而产生的矛盾冲突。传统代际关系是一种不对等的人际关系，既使是在成年子代有了些许话语权的集体时代，年长父辈依然牢固地掌握着家庭事务的决定权。进入80年代中后期，传统思想遭遇生计方式变化而出现的矛盾冲突便

---

① （宋）朱熹：《四书集注》，岳麓书社，1987，第457页。

日益显现出来，外出务工使得年轻人在家庭财富创造中凸显了优势。如果说受传统思想或者群体压力的影响，已婚儿子还不敢或者不愿去挑战父母家庭事务的掌控权，但对于外来的、没有血缘关系的儿媳来说，这是她们所不能忍受的事情，在自己的丈夫成为家庭财产主要创造者的时候，凭什么还要听命于公婆?!在那时的 S 村，媳妇们大多会"理直气壮"地说："钱还不都是我男人挣下的?!"在自己丈夫的有意地默许或者无奈地接受下，这些儿媳妇便率先挑起了争夺家庭权力的矛盾冲突。

第三，国家基层组织干预的缺失和传统宗族影响力的消失使得年老父辈失去了维护家庭地位的社会环境。虽然代际关系属于家庭成员之间的关系，但它又始终受到社会的影响和制约。在农业集体时代，地方政权强势渗入基层社会，在一定程度上维护了父辈的家庭地位，而农业集体经济的解散极大地瓦解了基层组织对于社会个体思想行为的控制。"原来谁家的儿子、媳妇不孝顺，队长收拾呢!"一位担任过队长（小组长）的村民讲，"集体解散后就不一样了，谁吃的谁的饭，你队长喊着大家开个会都没人日顾①，更别说人家家里有矛盾你还去管!"同时被削弱乃至消散的还有来自家族的力量。在农业集体时期，S 村子代的"无礼"行为往往会受到直系长辈的"数落"甚至"责打"，但进入 20 世纪八九十年代之后，"自身难保"的其他长辈当然也没有了去"说道"别人家的事情的"权利"和"勇气"。

第四，"娶妻难"问题的凸显，也在一定程度上促进了儿媳家庭地位的提升。进入 20 世纪 90 年代之后，外出务工"见过世面"的未婚女孩已经不再觉得 S 村是个理想的婚嫁选择之地，绝大多数选择嫁往地势平坦、交通便利、饮用水方便、经济条件好的平坦区域。婚姻供求市场的不平衡致使嫁到 S 村的年轻女性充分意识到了她们的"价值"所在，她们完全有了"讨价还价"的底气，这也成了她们敢于挑起家庭矛盾的资本。在家庭矛盾发生时，S 村一些儿媳则会直接提出离婚，而那些媳妇"扔下孩子跑掉"之后男方和孩子过上"破败不堪"生活的事实也使得公婆和男人有了更深的忌惮。

在 20 世纪八九十年代，虽然 S 村年老父辈的家庭地位逐步下降，已婚子代成为家庭实际权力的掌控者，但真正打骂、虐待年老父母的情况还是非常少见。

---

① （方言）理睬。

20世纪80年代末发生的一件事情，开启了S村子代打骂父辈的先河。据村民讲，S村一户人家在家庭矛盾无法调和，不得不请人前去商量分家时，众目睽睽之下，儿媳"扑上去就给公公扇了几个嘴巴"。这件事让当时的村民都感到非常震惊，虽然80年代中后期S村的儿媳们已经开始公开挑战公婆，与公婆吵架、撕扯的事情也已经较为普遍，但真正打公婆的行为还是既让人无法理解，又让人无法接受。最后，人们将这位儿媳扇公公耳光的原因归结为"不是亲生的"，她丈夫是公婆过继的儿子。但是，随着时间的推移，让村里老年人始料未及的是，2000年之后，S村也出现了儿子打骂、虐待亲生父母的行为。

三 2000年之后：颠覆与窘困

在传统社会，家庭伦理关系强调的是双方的责任，父辈的责任在于养儿育女，子代的责任在于赡养老人。即使父辈没有能力为子代创造好的生活条件，子代也不能以此为借口拒绝履行赡养老人的义务。就是到了家庭联产承包责任制实施之初，S村年轻一代的观念中也还未形成依据老人能否分担家务、创造财富来决定是否赡养老人的想法。进入2000年之后，传统代际关系中的责任与合作关系逐渐发生了变化，代际关系中所提的"责任"莫名其妙地仅仅指向了父辈。一些年轻人认为父辈负有养育子女，支持子女读书、成家的责任，但他们并不认为自己有赡养老人的义务。父辈是否"有用"成为子代权衡和决定如何对待父辈的依据。如果父母在养育子女的过程中没有给子女（主要是指儿子）"做过贡献"，如供其读书，为其修建房子、娶媳妇，等等，或者达不到他们内心所定的标准，这些都将成为年老父辈被诟病的理由。即使在抚育子女时已经做了很多，给他们创造了较好的条件，但在父辈年老体衰、无力劳作时，仍会受到已婚子代的嫌弃甚至打骂。因为在儿子儿媳的心目中，老人已经失去了"互惠"的能力和"存在的价值"，成了他们的累赘。因此，在S村，在父母年老体衰无法继续"操劳"时，很多年轻夫妻便将他们分了出去，让其单独生活。

个案1

村里一户祁姓村民育有三女一子。女儿们出嫁后，两位老人一直与儿子儿媳生活在一起。最初的几年里，两位老人在家中负责种植庄稼、操持家务和照顾孙子女，儿子儿媳在外务工。"互惠"的家庭模式确保了儿子儿媳和两位老人相对和谐融洽的代际关系。2015年前后，在年老体弱，无力继续支撑的情况下，老人要求儿子儿媳其中一人回家照顾孩子。但两位老人的提议遭到了儿子儿媳的断然拒绝。他们提出，如果不能支持他俩继续外出务工，就必须分家："谁过谁的！"最终，他们选择了分家。分家后第2年，儿子儿媳一家搬进了附近新建的两层小楼，将父母留在了老宅。据老人讲，除儿子偶尔前来老宅取东西之外，他们基本上过着"不相往来"的生活。

发生在S村一杨姓老人身上的事情，也典型地反映了2000年之后S村代际关系的表现形态。

个案2

丈夫过世之后，也是在2010年前后，"干不动活"的杨姓老人便被儿媳"赶出了"家门，寄居在他人废弃的房子里，过上了"要吃没吃、要穿没穿"的生活。据村民讲，"大冬天的没有烧的"，这位老人只能"撕一些人家的麦草"来生火做饭。后来，在左邻右舍的劝说下，儿子儿媳又将老人接回家。和儿子儿媳生活了不到几个月，老人就离开了人世。提起这位老人，村里好多人都说："老婆子眼睛也不行了，就一个人烟熏火燎地挖捏着吃①，真是遭了罪，厉厉地②孽障③死了。"

相对来说，那些仍然能为年轻夫妇为核心的家庭做出贡献的父辈，他们的境遇就要好一些，代际关系也相对和睦。因此，为了能够"吃到一碗安稳饭"，无论是外出务工还是在家料理庄稼、操持家务或者照顾孩子，凡是能够"操劳"的父辈都在忙碌之中。2016年笔者在S村做调研时，提起庄子里老人"操劳"一事，一位村民讲："现在我们这里绝大部分家里都是这样子，家里娘老子年龄再大你也得干活，除非你躺在炕上起不来了，没几个蹲着④让儿子、媳

---

① （方言）指行动不便的老人胡乱凑合着做饭吃。
② （方言）真正地、切切实实、完完全全的意思。
③ （方言）可怜和窝囊。
④ （方言）指闲待着不干活。

妇伺候的。我姑爹今年都已经七十多了，在家里还做饭呢。"

S 村分家形式的变化轨迹就非常直观地展现了代际关系变迁的态势。在农业集体时代，S 村就出现了子女主动提出分家的现象，因为"一些能够挣上工分的年轻夫妻不再愿意用他们的劳动所得来养活一大家子"；到 20 世纪八九十年代，分家的现象更为普遍，日趋呈现"结一个分一个"的趋势。但就其形式而言，2000 年之前，山村分家形式始终是"分爨式分家"，有学者将之解读为分灶，认为这一类型的分家只是子代另立锅灶。① 无论是分家还是分灶，2000年之前的分家，父辈都拥有着主动权。第一，是子代从主家搬离，另起锅灶；第二，子代只能分得按比例应得的部分财产，主要家产依然在父辈手中；第三，在子代陆续结婚、分家的过程中，父辈身边最终会留下一个儿子。从这些特点我们可以看出，2000 年之前 S 村分家行动中，无论如何父辈还是占有着一定的主导地位。但是，进入 2000 年之后，S 村分家形式就有了十分明显的变化。年老父辈在分家这一行动中完全丧失了主导权。分家时，他们被子女"分了出去"，或者说被子女"赶了出去"，家庭的主要财产都留给了儿子儿媳。

个案 3

S 村的一张姓老人有两个女儿和一个儿子。儿子婚后最初几年，两位老人一直和儿子媳妇生活在一起。2007 年前后，在"儿媳闹得实在过不下去"的情况下，老夫妻只好选择分家单过。当时，张家共有六间房屋：两间书房②、一间厨房、一间小房③、一个用于储藏杂物的房间和一个车棚。村民讲述了当时分家的情境：在"儿媳喋喋不休诉说老两口种种不是"和"儿子自始至终一言不发"中，他们分了家。老两口分得两亩耕地、一间黄土地面的书房、一个衣柜、一个面柜、锅碗瓢盆以及其他一些日常生活用品。而绝大部分耕地、铺有瓷砖的书房、厨房、小房子，以及沙发、茶几、电视、衣柜、摩托车、三轮车、家庭音响设备等相对值钱的物品都归儿子儿媳所有。

① 王跃生：《20 世纪三四十年代冀南农村分家行为研究》，《近代史研究》2002 年第 4 期。
② 在当地，人们把家中面积最大、布置较好的房间叫作书房或者堂屋，也就是主房，一般用于招待客人和长辈居住。
③ 在当地，是指面积较小、传统上由儿子儿媳居住的房间。

从张家老两口与儿子儿媳的分家方式可以看出，2000 年之后 S 村分家有了新的特点。第一，财产分配权由父辈转向了子代。与之前父辈拥有财产分配决定权相比，2000 年之后，父辈就完全丧失了财产分配的权力，分家时大多都是儿子儿媳分得多而好的部分，而老人分得少而差的部分。第二，搬离的对象由子代变成了父辈。2000 年之前，S 村以及周边乡镇村民分家时，都是年轻夫妻搬离主家。但在 2000 年之后，搬离的对象换成了年老父辈，"儿子儿媳成了主人"，"娘老子被赶了出去"。至于为何父辈失去了家产分配的主导权？S 村一些年轻媳妇的说法很好地解释了这一问题："家里的啥不是我们挣巴①下的！他们有啥资格说话呢?!"第三，分家方式的转变增加了独居老人的数量。2000 年之前，无论如何分家，在 S 村以及周边村镇，总会有一对年轻夫妻与老人生活在一起。但在 2000 年之后，代际"互惠"思想使得很多年轻夫妻在父辈无力分担家务时便将他们"分了出去"，由此，老人独居逐渐成了一种普遍现象。当然，也有一些年老父辈不是被儿子儿媳"分了出去"，而是"主动分家单过"，在他们看来，虽然"形单影只"的生活很"难过"，但至少"自己喝口开水也能图个自在"，不需要和儿子儿媳在一起"淘那沤馊气②"。除"分家"所致外，S 村也有一些家庭，虽然儿子儿媳与老人并未分家，但儿子儿媳及其子女已经搬离 S 村多年，家中只有两位老人或者一位老人独自生活。

那么两种居住方式的老人，其生活境遇又是如何？据村民反映，2000 年之后，S 村对年老父辈比较孝顺的儿子儿媳已经很少，绝大多数与儿子儿媳生活在一起、能够帮助儿子儿媳操持家务的老人，其境遇就相对要好些；而那些已经不能很好地帮助儿子儿媳操持家务的老人，生活则完全是另一种景象，在家中被冷落、呵斥的现象十分普遍，有些还会受到儿子儿媳的推搡和打骂。在这种情况下，年老父辈对儿子儿媳的要求愈加降低。有一位老人甚至说："打骂都是小事，只要那（儿子儿媳们）能给上口吃的，就已经算是不错了。现在能让吃饭的儿子儿媳就算是孝顺的了。"而那些被已婚子女"分出去"和被已婚子女"留"在老家的年老父辈，也大都过着"孤苦伶仃""冷锅冷灶"的生活。尤其是一些身患重病的年老父辈，在 S 村村医全部外迁，井水几近干涸的那几年，日子过得十分艰辛。

---

① （方言）努力挣得。
② （方言）是指说不明、扯不清的矛盾冲突。

四 讨论与结论

S村代际关系的变迁，是父辈居住空间从堂屋到厢房的变化过程，也是子代地位不断上升，父辈权威日趋陨落的过程。值得我们思考的是，父辈权威地位"江河日下"的背后，其根本原因是什么。

关于这一问题，不同的研究者提出了不同的观点。有研究认为，乡村社会代际关系发生如此变化的根本原因在于国家力量，在国家改造中，传统代际关系逐渐走向了颠覆[①]；也有研究将代际关系的变迁归结于现代化、全球化，认为代际关系变迁乃是工业社会影响的结果[②]；亦有学者从经济基础层面分析了代际关系变迁的动因所在[③]；同样有研究者从多元视角进行了解读，认为影响代际关系变迁的因素是多方面的，诸如国家制度的变迁、人口流动、家庭的分化与解体、代际互动模式的变迁以及价值观念的转变；等等。[④]

笔者认为，用现代化、全球化来解读我国代际关系的变迁，并不具有很强的说服力，因为现代化、全球化背景下依然有一些国家或地区的代际关系并未发生类似的变化。完全用国家力量来解释代际关系的视角也有待商榷，因为我国不同地区的乡村代际关系变化也并非完全一致。因此，多元的分析思路应该更具道理，但用家庭的分化与解体、代际互动模式的变迁、价值观念的转变来解释代际关系变迁的思路，实质上是将代际关系变迁的结果错误地当成了代际关系变迁的原因。笔者认为，代际关系呈现怎样的变迁趋势和表现形态，其实质是国家力量的宏观调控、多力作用下代际经济博弈的结果。

用代际博弈来解读我国的乡村代际关系，听起来可能不甚舒服，毕竟我国有着强调"父慈子孝"的传统伦理。不可否认的是，作为家庭主体的代际关系必然有其温情的一面，从古至今，父子情深也是社会的一般常理，但这并不能掩盖代际博弈的存在，尤其在子代成婚之后，围绕家产、家事"谁说了算"等问题，代际博弈还是表现得比较明显的。中华人民共和国成立至今，我国乡村

---

① 郭于华：《代际关系中的公平逻辑及其变迁——对河北农村养老事件的分析》，《中国学术》2001 年第 4 期。
② 周晓虹：《冲突与认同：全球化背景下的代际关系》，《社会》2008 年第 2 期。
③ 贺雪峰：《农村家庭代际关系的变动及其影响》，《江海学刊》2008 年第 4 期。
④ 刘桂莉：《眼泪为什么往下流？——转型期家庭代际关系倾斜问题探析》，《南昌大学学报》（人文社会科学版）2005 第 6 期；沈关宝：《一场静悄悄的革命》，上海大学出版社，2007。

社会出现的子代家庭地位逐步上升，父辈家庭地位日趋衰败的现象，其实就是多重因素影响之下代际博弈的结果，只是在不同阶段，其影响因素和影响力度不同，代际博弈的表现和结果也有所不同而已。

费孝通先生指出，中国代际关系是一种"抚养—赡养"的互惠模式。[①] 因此，传统代际关系给我们的印象是"父慈子孝"，充满"温情"的人际关系，感觉好像并不存在代际博弈。实质上，这是因为传统社会"孝治天下"的治国理念和具体措施剥夺了子代代际博弈的机会和空间。众所周知，在传统社会中，国家将孝道上升至国家治理层面，"以孝选官、以孝施法、以孝求忠、以孝训民"的施政理念旗帜鲜明地站在了父辈一方，对子代采取了"压制"的方式，"凡子孙，殴祖父母、父母者，皆斩；杀者，皆凌迟处死。"[②] "凡骂祖父母、父母，及妻妾骂夫之祖父母、父母者，并绞。"[③] 对此，有学者早就指出："在一个家产制国家里，子女对父母的孝被转化到所有的从属关系里。"[④] 在这样的社会中我们必然看不到代际博弈的痕迹，这是因为国家代表了父辈一方与子代进行沟通，在法制压制之下的子代当然没有与父辈"讨价还价"的机会和能力。

农业集体时代的乡村社会，父辈家庭生产资料所有权的剥夺抽空了父辈赖以维持家庭权威地位的经济基础，使得子代不再在经济上完全仰仗于父辈。封建家长制的打破，以及个体以忠于国家、集体为荣的政治宣传又从思想上破除了子代从属于父辈的传统。也就是说，国家力量不再鲜明地站在父辈的立场上维护他们的权威地位，提倡子代对父辈的从属关系，而是将代际博弈的权力交付于现实中的社会个体。于是，代际博弈初步显露，集体劳动中具有体力优势的子代开始敢于与父辈"辩理"。但集体时代的基层组织作为国家力量的代表，一方面宣传人人平等、破除旧的封建思想，另一方面又在一定程度上"偏袒"性地监视着代际博弈，通过惩罚胆敢"明显犯上"子代的方式，调节着代际博弈。加之孝道思想作为文化所具有的惯性，封闭式村落熟人社会的舆论等因素，也使得在子代创造家庭财富层面已经显现优势的集体时代，代际博弈中父辈依

---

① 费孝通：《家庭结构变动中的老年赡养问题——再论中国家庭结构的变动》，《北京大学学报》（哲学社会科学版），1983 年第 3 期。
② 沈之奇：《大清律辑注：卷 20》，法律出版社，2000，第 767 页。
③ 沈之奇：《大清律辑注：卷 21》，法律出版社，2000，第 792 页。
④ 马克斯·韦伯：《儒教与道教》，洪天福译，江苏人民出版社，2003，第 130 页。

然很好地维护了自己的家庭地位。

农业集体经济解散之后，国家完全改变了协调和解决代际关系的应对方式。国家之于家庭代际关系的调节，如郭于华所言"国家力量的断裂与转型"，① 采取了"抽身而去"，只制定相关的法律法规，并不直接加以干预的方式，彻底将父辈推到了代际博弈的前台，而缺乏具体干预的法律法规往往又无力解决类似家庭这样初级群体的内部关系，② 应该说，代际博弈真正拉开了序幕。进入20世纪八九十年代之后，生计方式的转变已经更加鲜明地显示出子代在家庭财富创造层面的优势，在缺乏国家力量"直接撑腰"的情形下，经济层面的弱势必然使得父辈在代际博弈中"败下阵来"，逐步失去了家事的决定权和话语权。但是20世纪八九十年代乡村相对有限的人口流动依然较好地维持了熟人社会的存在，而熟人社会的群体压力和社会舆论还是以微弱的力量维护着父辈的家庭地位，至少在诸如S村的村落中，父辈还没有完全陷入被打骂、虐待的境地。

然而，进入2000年之后，S村生计方式的根本转变则完全瓦解了村落曾经的熟人社会所具有的社会舆论力量，家庭经济财富创造的绝对弱势使得很多年老父辈不仅彻底失去了曾经的家长地位，甚至沦落为子代嫌弃、虐待、打骂的对象。回顾S村代际关系的发展变化，显然，促使代际关系发生变化的并非单一原因。国家政治、经济制度、宣传导向、村民生计方式、村落人口流动、村民思想观念等各个方面的转变都对乡村代际关系的变化产生了一定的作用。在所有影响因素中，最为核心的还是国家制度、宣传导向等国家力量和代际博弈中的经济财富对决。③

乡村父辈家庭权威的"沦丧"引发了诸多的社会问题，强力冲击着我国农村的社会秩序，有悖于我国社会建设理念和价值追求。因此，如何协调、匡正当前乡村代际互动中存在的问题，使得老有所养、老有所依，促使乡村社会和谐发展，是我们亟待关注和解决的问题。依据前文，国家力量乃是影响和决定代际关系的根本要素，因此，改变当前乡村父辈代际博弈中陷入的窘迫境地，

---

① 郭于华：《代际关系中的公平逻辑及其变迁——对河北农村养老事件的分析》，《中国学术》2001年第4期。
② 缺乏国家具体干预的正式控制方式（如法律）对于类似家庭这样的初级群体冲突的调节是苍白无力的。在S村也发生过这样的事情，为了敦促子女赡养自己，一些老人将子代诉诸法庭。获胜之后，回到家的儿媳将饭碗撵在老人面前，恶狠狠地说："给！日囊去（吃去的意思，是当地一种带有羞辱意味的话语）！"
③ 在S村，一些转正为公办教师的村民，因其有退休工资，年老之后的处境与没有任何收入的老人相比，完全是另一种情形，他们的儿子儿媳大都比较孝顺。

根本有效的办法还在于国家层面的直接干预。

首先，宣传和倡导是非常有必要的，至少让民众在思想意识层面有一个正确的认识。代际博弈中子代地位的上升和父辈权威的下降也引发了人们的代际观念的转变，人们逐渐习惯和接受了子代苛求甚至虐待年老父辈的现实。这一思想观念的变化显然不符合我国伦理道德的要求，也不利于我国和谐、稳定农村社会的建设。因此，国家需要从各个层面加强宣传，倡导"老有所养、老有所依、老有所乐、老有所安"的价值理念。

其次，鉴于经济财富是影响代际博弈的重要因素，在国家层面对年老父辈施以更多、更为广泛的经济保障，也必将有利于农村老年人境遇的改善。宏观而言，乡村代际关系的决定性因素在于国家制度体系，但在具体的家庭内部，经济层面的博弈才是真正决定代际关系的核心因素。乡村中一些有稳定退休收入的父辈，他们的老年生活并没有遭遇子代冷落、嫌弃。这足以表明，经济层面的保障乃是改善乡村年老父辈家庭地位的有效措施。

最后，思想宣传和经济层面的制度性保障并不能够从根本上解决当前我国农村年老父辈所面临的问题，因为没有及时有效奖惩的倡导往往是苍白无力的，而且，我国当前经济社会发展尚不能全面解决所有老人的养老问题。因此，我们应该做的是将仍需保留的传统价值观念纳入国家社会法律规范之中，并加以直接、有效的干预，而不是仅仅施以思想宣传或者道德谴责，酒驾入刑之后饮酒驾驶行为的减少就充分说明了这一点。唯有如此，才不至于使得我们倡导的"精神文明"成为一句空话，也才有可能保障在经济财富层面处于劣势的老年人的基本权益。

农民工复工就业百企调查

鲍春雷　李付俊　韩　巍　陈　兰　李　宏　张一名

杨　洋　陈玉杰　贾东岚[*]

新冠肺炎疫情突袭而至，给世界经济造成了无法估量的巨大损失，也给我国经济和劳动就业带来严重冲击。我国以前所未有的防疫与复工双兼顾的实践创新方式，经过艰苦奋斗，2020年上半年率先在世界主要经济体中实现经济由负转正、重回正轨。农民工是我国防疫与复工中最大的流动性劳动群体，是受疫情影响最大的群体，也是城市公共卫生防疫服务覆盖最薄弱的群体。从某种意义上来讲，稳定农民工就业是我国保就业的重中之重，保住农民工就业就保住了我国就业的基本盘。

此次疫情对劳动者冲击之大前所未有，了解劳动者实情就要到企业中去。2020年2月至2020年7月，课题组对农民工复工情况开展了分阶段、分行业的"百企系列调查"，针对农民工集中的制造业、建筑业、住宿和餐饮业、批发零售业、居民服务业等行业，以及近年来涌现出的吸纳大量农民工进入的快递、外卖及网约车等新行业，选取百余家企业开展调查，样本覆盖东部、中部、西部地区，涵盖大、中、小型企业，调研疫情冲击的不同阶段对农民工复工产生的影响，了解疫情防控与复工的新变化。

---

* 作者简介：鲍春雷、李付俊、韩巍、陈兰、李宏、张一名、杨洋、陈玉杰、贾东岚，中国劳动学会。

一 疫情发展不同阶段对农民工复工的影响

针对农民工复工就业的多项调查表明，疫情在不同阶段对农民工就业的影响不尽相同，并且不同行业的复工也呈现错峰、分批的特点。

（一）疫情突袭而至阶段

疫情突袭而至正值我国春节假期，大量农民工返乡回家，我国采取严格的管控措施，客观上保护了这一群体。但疫情给企业经营和农民工就业带来冲击，主要反映在以下几个方面。一是企业经营困难，难以按时复产，员工失业风险加大。调查了解到，餐饮、文化旅游、批发零售、物流运输等行业受冲击和影响最大。很多企业业务量急剧下降，企业在没有经营收入的情况下，仍需支付大量人工成本，带来较大的资金压力。西贝莜面村提供的资料显示，如果形势持续，每月将有 7 亿 ~ 8 亿元的经营现金流损失，2.3 万名员工面临失业。二是春节返乡后要再次外出就业的农民工大都受疫情防控措施，包括交通管制和社区管制的影响返城困难。农村"封村"、城际大巴停运、高速出入口劝返、社区管制隔离等措施使农民工返城受到限制，只能暂时滞留家乡，务工人员的不足影响了企业的正常开工。三是农民工返城复工的防疫压力较大。农民工大规模返城复工过程中，会面临较大的防疫"外输"压力和防疫不到位可能形成的"内扩"风险。

调查发现，以下几类企业复工相对较快，为其他行业企业的快速复工提供了可借鉴的经验。一是对保障公共事业运行、疫情防控、群众生活及其他涉及重要国计民生的企业给予重点支持，这些企业的复工率也相对较高。截至 2020 年 2 月 12 日，口罩和身体防护用品企业的返岗率均在 60% 以上。二是部分制造业企业，制造业多数有较强的生产组织能力和防疫所需的生产生活配套设施，具备复工条件，恢复较快。据调查，富士康郑州厂区春节前约有 17 万人，受当地"封村""交通严控"等限制，缺工量大。企业在各级政府支持下，采取防疫防控措施，建立复工人员绿色通道，并自制口罩，保障按时复工。三是快递、外卖、网约车服务等现代服务新业态企业，一部分在春节期间仍继续工作。部分行业用工需求较大，成为稳定就业的蓄水池，如盒马鲜生与云海肴、青年餐厅等餐饮企业合作，吸纳待业员工到盒马各门店临时工作。四是食品供应企业，员工大多数也是农民工，许多人在春节期间坚守岗位确保供应。

（二）疫情转缓阶段

由于我国采取了有效的防控措施，新冠肺炎疫情确诊病例不断下降。大部分企业春节以来的停工停产，严重影响了企业生产和人民生活。农民工由担心被传染转为担心失去岗位、收入断档。与此同时，企业恢复生产服务也急需农民工返城复工。2020 年 2 月 12 日，中共中央政治局常委会会议提出"统筹做好疫情防控和经济社会发展"，各部门也采取减税降费、援企稳岗、实施百日千万网招行动、百日免费线上技能培训行动、农民工返岗"点对点"服务行动等方式帮助农民工复工就业。

在党中央的正确领导下，以及各部门的共同努力下，大部分地区成为低风险地区。随着消费市场的回升，服务业逐步恢复，亿万劳动者在疫情防控中进入加快复工状态。截至 2020 年 3 月底，返城复工的农民工已经达到 7800 万人，大致占春节返乡农民工总数的 60%。

疫情的阴霾仍未散去，我国经济仍没有完全恢复，住宿餐饮、交通运输、娱乐、旅游等服务业受疫情冲击持续低迷。部分企业因上下游配套困难、原材料价格上涨、物流不畅、防疫物资不足等原因复产不足、难以持续。农民工返程复工仍存在难点、堵点，一些地方复工需要有通行证、复工证明、健康证明等各种证明材料，并填写多个承诺书，程序十分复杂，加上彼时各地健康码没有实现全面互认、外地员工返城后需要隔离等，部分农民工仍然外出困难。

竞争力相对较弱、资金积累不足、处在市场缝隙中的中小微企业，受疫情冲击后市场份额急剧下降。受人们较长时间居家隔离生活的严重影响，不少中小企业经历了从歇业、半歇业到艰难复业的过程，处在"不开业愁死、开业亏死"的生存线上，也可说处在急待抢救的"重症区"。截至 2020 年 3 月 6 日，中小企业复工率达到 52%，仍有近一半的中小企业尚未复工，部分已复工的中小企业也存在着"复工难复产"的问题。从课题组调查的白沟地区某箱包制造企业反映的情况可见一斑："公司是当地首批获准复工企业，初定于 3 月 10 日复工，预计有 1/4 的人员回来，主要是职能部门人员，先做一些规划和销售工作。公司订单不少，但是无法生产，主要原因一是受封村、封路等影响，很多外地员工无法返回，即使返回也要求单间隔离 14 天，企业自行解决并负担食宿等费用压力较大"；二是防疫成本高、风险大，当时一次性口罩价格高达 4.5元/个，企业难以承受，同时也担心出现疫情风险，不敢开工；三是当地一些小区限制外来人员入住，即使能够进入也每两天开放一次，限定时间，工人即使返回也无法按时到岗工作。

如果说大企业为国家贡献的是税收，那么中小企业为国家贡献的是就业岗位，是打赢疫情总体战中不可或缺的"蚂蚁雄兵"。因此，小微企业只要"有口气"，就要接上"呼吸机"，想方设法救活，因为它们背后都维系着一批人的就业。如果不及时解决中小企业复产问题，随着大企业和重点企业吸纳用工能力释放完毕，农民工返岗复工可能会降速。调查中，一位小企业主讲道，"最要紧是活下去，只要有活干就不愁了，信政府、靠自己"。

（三）疫情常态化防控阶段

2020 年 4 月上旬，以武汉"解封"为标志，我国以武汉为主战场的本土疫情传播已基本阻断，疫情防控取得了重大阶段性成果，经济社会秩序加快恢复。习近平总书记强调，要坚持在常态化疫情防控中加快推进生产生活秩序全面恢复。生产生活秩序恢复也带动了农民工就业的逐步恢复。2020 年 3 月下旬，国际疫情开始蔓延，对我国外向型企业造成新一轮冲击，农民工就业面临新的挑战，部分农民工出现下岗、回流情况。从不同行业、企业情况来看，情况如下。制造业大企业是复工复产的骨干力量，作为吸收 7600 万农民工就业的主阵地，制造业顺利复工十分重要。生产防疫物资的企业的订单一直处于持续增长状态；食品加工业恢复快、增长势头好；部分外贸型企业受到国际疫情蔓延的冲击，断单、断链增多，处于快速补链、扩链、建设国际国内双循环产业链的过程中。课题组在从北京精雕集团的调研中了解到，公司 2020 年 2 月国外订单断裂后，营业收入降至 2019 年同期的两成。通过从国内同类厂家选优补链，稳定企业供应链、优化国内主链布局，企业 3 月营收恢复到 2019 年同期的 70%，4 月全部恢复产能还实现新增长，订单排到 8 月，企业 2200 多名技工全部复工。

建筑业作为吸纳 5000 万农民工就业的支柱产业，大都在 2020 年 2 月底陆续复工，受国际疫情冲击小，资金充足、员工稳定，原材料大部分在国内有保障，成为当年巩固复工复产的重要力量，正在加班加点弥补疫情冲击所耽误的工期。课题组从中铁建工北京丰台新站建设工地的调查中了解到，公司租用大巴车或者是利用项目车辆点对点从云南、四川、安徽、吉林等地区接回近千名农民工。

服务业是复工复产中大量吸纳就业的产业，在疫情中缓慢恢复。餐饮、住宿、批发零售、文化旅游等行业在经历"断崖式"下滑后，大部分在2020年3月下旬至4月陆续复市复业。"五一"小长假迎来一波反弹，但受国际疫情影响并未出现之前预测的"报复性消费补偿"。复工不能复产、复产不能复销的情况比较普遍，线上订餐、线上销售、线上预约旅游等借势兴起。疫情期间的消费疲软是遏制餐饮业复苏的重要因素，此外，原材料价格高且损失率高、员工就业成本高、防疫成本高、线上订餐扣点高等给餐饮业带来多重经营压力。2020年4月，课题组在西贝莜面村六里桥店调研了解到，当时客流量只是以往的1/3，销售收入也只有往年同期的40%，只有一半员工复工。员工说道："国家、企业遇上特殊困难，发以往60%的工资都能理解，放假期间还发基本生活费，要和企业一块熬过去，毕竟还有一部分员工在待岗，现在有活干可保收入已不容易。"员工与企业抱团取暖、共渡难关。也有一些小企业顺应新的变化，积极进行转型，发挥"船小好掉头"的灵活性和善于应对的韧性实现创新发展，在国家救助政策和自救的合力下，正在开发出新领域、新天地。福建省莆田市天灏古典工艺有限公司在疫情期间培训100多名主播开展销售，2020年第一季度业绩表现出井喷式增长。

现代服务新业态因为行业属性和特点不同，复工情况有所差异，其受国内经济恢复影响较大、受国际疫情蔓延的新一波冲击影响较小，整体上回暖较快。现代服务新业态的快速复工复产，既为大量农民工提供了就业岗位，又保障了广大群众的正常生活，成为保就业、保民生、保市场的新兴力量。快递业较早全面复工，阿里菜鸟、京东物流等企业疫情期间"不打烊"，保障了居家生活物资的配送；外卖企业在春节期间仍有开工，单位订餐下降，居家需求上升；网约车服务疫情初期下滑较为明显，司机收入受到严重影响，随着疫情管制解除，网约车业务快速回升；网络直播带货服务有爆发性的增长。

通过系列调查，课题组发现，从疫情积极向好的先行复工到"大流行高峰过去""震中"退出后全面复工，每隔半个月、二十天就会有复工新变化。从不同行业劳动者顺延假期形成错峰返城，到同行业企业来自风险级别不同地区的分批复工，从市场需求跌入"谷底"逐渐回升的企业，到筹划在政府刺激政策下市场回暖及时复工的中小企业，一切都从保障员工安全和减少经济损失出发来化危为机。从重点企业、重点工程项目劳动者先行复工到长三角、珠三角区域性地发动"抢人"率先复工，部分地区降低风险级别跟进的奖励性的复工政策措施迭出，劳动者从早行一步的先行军到紧紧跟上的"大部队"陆续返城，构成中国特色的复工图景，也显示出中国亿万劳动者在特殊时期迎难而进、不畏风险、艰苦劳动的优良品质。

调查中反映出的突出问题是，"断链"企业、"四大"服务行业、"四小"企业复工复产尤其是复市正处于特别困难时期。复工难以复市、复产难以复销的企业多。资金短缺、租房费高、防疫物资增加成本，人工成本也需支付，国际疫情大流行给国内市场带来不确定因素增多导致消费滞后，形成新的冲击。人们在疫情防控和居家生活一段时间后消费习惯正处于调整期，这些因素造成市场恢复并未像人们预判的那样快，以致形成营业收入低，不少企业难以维持经营，随时都有减员，甚至难以为继而关停的风险，处于市场恢复前的特别困难时期。

二　防疫与复工双兼顾的实践创新

面对突袭而至的疫情，复工在疫情防控条件下展现出新的特点，逆势而上的防疫与复工折射出被越来越多国家认可的中国特色的实践创新。2020 年上半年亿万劳动者复工复产的历程，让我们对劳动者的贡献增加了了解，防疫与复工中很多创新实践和经验值得总结。

（一）中央审时度势、果断决策发挥重要作用

根据疫情变化情况，中央审时度势按下"启动键"和"转换键"，开创了亿万劳动者壮丽的复工图景。与往年春运返城高峰一票难求不同，2020 年疫情防控中开启了农民工错峰返城分批复工的模式。先后经历了国内国外两次疫情冲击、三个阶段的复工。从 2020 年正月十五后制造业先期复工逐渐恢复到七千多万农民工就业，到农历二月二后建筑业复工快速恢复到近五千万农民工就业，再到疫情高峰过去，服务业随市场复苏复工，现代服务业率先反弹"由负转

正"，接触性、聚集性服务渐近回升。仅从 2020 年 1 月 23 日到 2 月 24 日，30 多天就有上亿劳动者返城复工，乃世界仅有。

（二）错峰返城、分批复工的合理性和科学性

统筹疫情防控和复工复产是一个渐进过程，前期疫情防控压倒一切，中期互为支撑、互促共进，后期复工复产成为主流。区分行业不同错峰返城、地域风险级别不同分批复工的"路线图"，正是在因地制宜、因企施策的实践中产生的。错峰的合理性在于疫情防控条件达到要求的先行复工，分批的科学性在于选择无疫情甚至低风险地区先复工，直至疫情"大流行高峰过去"，这一政策的制定是从实际出发的。如果在疫情防控积极向好时，还将 2/3 的劳动者"锁"在基本无疫情或低风险的中西部地区，是人力资源的极大浪费。

（三）早期复工实践给防疫与复工双兼顾提供现实案例

"双兼顾"的科学性、合理性从实践中产生。面对疫情冲击，防疫防控首先必须要以局部先行复工来保障全局所需要的防疫物资生产和城乡流通服务。这是特殊时期从需求倒逼供给的"双兼顾"实例。2020 年春节以来 2000 多万劳动者逆势而上，包括防疫防控物资生产人员、物流供应人员、保障城市蔬菜交易市场正常运营的服务人员、快递外卖人员、网约寻呼服务人员、家庭服务业人员，以及火神山、雷神山和方舱医院等重点工程的建设者们，这些活生生的案例说明防疫防控和复工复产可以兼顾。只要防护措施到位，保障生产服务和个人健康安全是可以同时做到的，也为加强返城农民工防疫和复工双兼顾提供了现实依据。

（四）不同行业、企业根据实际情况有序推进复工复产

不同行业均受到疫情影响，复工状况却不尽相同：制造业先期复工是因组织化程度和生活生产条件达到防疫防控要求而行；建筑业顺延复工是习惯性春节放长假和北方施工条件所致；服务业缓后复工是由市场恢复情况所决定。二产复工是人与物接触的"可防可控"，三产复工则是人与人接触的"难防难控"。大城市的农副产品市场出现疫情反弹就说明了这一点。从不同行业农民工顺延假期形成错峰返城，到同行业企业来自风险级别不同地区的农民工分业分

批复工，从市场需求跌入"谷底"逐渐爬升的企业，谋求在政府刺激政策下市场回暖及时复工，一切都从保障员工安全和减少经济损失出发以化危为机。

（五）"硬核"复工显示农民工成为宝贵人力资源

为了帮助企业尽快复工，一些用工大省从农民工输出地入手，通过"包车、包机、专列"等有效办法实现"出家门上车门，下车门进厂门"全程"保送"，使快速复产企业的用工需求基本得到满足。浙江省率先"硬核复工"，包高级大巴车、包高铁、包飞机。紧接着，珠三角"三包"加补助，吸引了很多农民工前往。调查中不少农民工说，以往没有乘飞机或高铁，不是买不起，而是舍不得花钱。这次政府和企业出资，又有安全健康的服务，让劳动者实实在在感到了自己是体面劳动、有尊严的复工，感悟到了自己是宝贵的人力资源。复工后，住宿和工作地消毒、分批上岗、间隔就餐等，更让返城复工人员感觉到城市公共卫生服务周密细致的服务，而不是歧视，比在村里更有条件得到健康保障。这也证实，谁能优先安全有序聚集农民工，谁就能在农民工从无限供给转向有限供给中先行一步，谁就能占领复工复产的先机。

（六）外向型企业加快"补链、扩链"，破解难题

疫情的"时空转换"给防疫与复工的实践创新提出了新的课题。当国内疫情高峰过去，防疫与复工"两不误"前行进程中，国际疫情大流行给复工带来新的猛烈冲击。不少外向型企业"断单""断链"，复工中又遇下岗，稳岗保就业成为当务之急。"头部"企业率先从国内供应链中选优"补链"、带领中小企业"扩链""共享"。老板员工抱团取暖，不裁员，以训代工，打通"堵点"，围绕构建国内循环为主、国际国内互促发展的双循环供应链，推进新的劳动实践创新。

（七）努力帮助困难小企业化危为机

防疫与复工在接触性、聚集性强的餐饮、住宿、零售、文旅"四大"行业和众多"四小"企业仍处于特别困难时期，复工难复市、复市难复销仍是待攻克的"难点"，也是防疫与复工实践创新的发力点。供应链断裂、资金链收紧，房租、防疫成本、人力成本的刚性支出，诸多因素造成市场恢复困难。政府救

助与企业自救合力攻克"难点",度过特别困难时期。国家出台各种税费、房租、社保减免政策,让处于生存线上的"四小"企业先活过来,用特殊政策使"四小"企业产生"抗体"。疫情中也有一批有活力的中小企业发挥"船小好掉头"的灵活性,积极从市场缝隙中培育新机,发展新业务,开发新天地。

(八) 非常时期的实践创新应运而生

前所未有的疫情、前所未有的应对、前所未有的"战疫情"中创新迭出,劳动者实践中许多行之有效办法随之而来、破解难题。制造业自制口罩,富士康、格力空调等企业自行生产口罩,迅速缓解了2020年1月下旬爆发的海量需求;建筑业速建模块化板式住房,从火神山、雷神山建模块板房医院,到中建山东投资公司高铁项目建万名农民工模块板房宿舍,既解决了农民工返城隔离问题,又改善了农民工的住宿条件;现代服务新业态创新配送方式、发展线上经济。从阿里巴巴旗下近百万快递员在防疫期间采取无接触快递,紧接着美团等外卖企业实行无接触送餐,到网络直播与游戏、教育、电商等相融合,新业态迎来新的发展。

总体来看,我国从自身实际出发,采取防疫和复工两条腿一起走路的独特方式,显示出中国"治而不同"的辩证思维,其中有许多经验值得总结和研究。在应对突袭而至的疫情冲击的"大考"中又有国际疫情大流行冲击的"新考",防疫中创新发展的新经济、新管理将迎来上升机会,阶段性特殊政策的大胆尝试将有选择地转换成中长期制度安排,给国家卫生防疫治理能力现代化补短板。

三 后疫情时代拓展防疫与复工保就业的启示与建议

后疫情时代,稳岗保就业要在防疫与复工取得战略性成果中不断拓宽发展路径。调查发现,制造业受国际疫情持续扩散"断链"后"补链"有个转换期,服务业中餐饮、住宿、零售、文旅"四大"行业有个恢复期,中小微企业面临特别困难期,针对这三个突出问题,建议从激活国内市场潜力、打通双循环堵点和制定一揽子扶企政策等角度入手,精准施策,通过改革破解难题。

第一,积极巩固和拓展新的就业岗位。政府购买新增百万公益性岗位,统筹的"抗疫"资金加大就业投入，重点解决大学生就业问题。将 2020 年农村初、高中毕业生基本吸收到职业技术学院（校），开发数字经济、平台经济等新职业岗位，帮助贫困地区农民工就业和职业技术学校毕业生就业。

第二，千方百计稳住就业基本盘。特殊时期将稳岗补助与返还失业保险金、就业补助结合起来，尽最大努力将农民工稳定在企业，尤其是帮扶贫困地区农民工稳定就业。乡村振兴前景广阔，未来需加大农村就业创业市场的拓展力度，为农民工返乡就业创业提供更大空间。

第三，对企业供应链上"补链"和优化布局上"扩链"专项扶持。财政、金融、就业政策综合发力，所需资金纳入复工复产援企政策的"总盘子"，以优惠贷款扶持"补链"、以创业政策扶持"扩链"，"双创"扶持政策在特殊时期应有符合时宜的新内容，尤其加大对民营困难企业"补链"稳岗力度。

第四，加大对中小微企业"量身定制"的政策扶持力度。将援企政策给大企业的"放水"转化为扶持中小微企业的"管灌滴灌"。对于疫情影响下较为困难的小微企业制定特别救助计划，对特困行业尤其是"四小"企业给予"定向救助"，减房租，减网租，发放消费券，鼓励网络直播带货，采用共享用工、特殊工时制等措施帮助企业克服困难、恢复发展。

第五，大规模开展新职业、新技能培训。2020 年重点实施的《农民工稳就业职业技能培训计划》中提出，今明两年每年培训 700 万人次以上农民工。针对农民工实际需求和特点，要集中资金、集中时间、集中培训，可探索"直补"企业的办法，"一竿子插到底"。将网约配送员、健康照护师、铁路综合维修工和装配式建筑施工员等 16 个新职业作为转岗培训内容，鼓励开展劳动技能竞赛。

第六，防范特殊时期困难企业劳动关系风险，推动劳动关系稳定和劳资两利。发挥政府、工会、工商、企联"三方四家"协调劳动关系的机制作用，寻找特殊时期维护劳动者权益和维护企业发展权益的新共识和平衡点，鼓励企业和职工抱团取暖、实现劳资两利。重点跟踪劳动密集型困难企业劳动关系变化并及时处置，坚决避免 2008 年 10 月东莞合俊玩具厂一夜倒闭、7000 名农民工突然失业的事件重演。

第七，注重劳动管理方式的创新。疫情中线上经济迅猛发展，适应劳动精细化管理趋势产生了大量新型用工方式。如何探索新办法或过渡办法保护劳动者权益的问题随之而来。要加快研究现代服务新业态的新型用工管理暂行办法，研究新型用工参加养老、医疗、失业保险的新办法。可探索依据劳动合同企业出大头、个人出小头，转变为平台按单出小头、个人出大头的"专账"管理办法，建立按单提成的职业伤害险，将过高的商业保险费用降下来。试行网上调解劳动争议。虽未有劳动合同但有数据的可充当依据、凭据、证据，探索劳动监管的"智慧监察"，助力弹性用工、零活用工、共享用工等新型用工方式。

第八，创新政府服务方式，拓展干部下沉专班跟踪服务。发挥政府有关部门下沉困难企业帮助解决实际问题的积极作用，拓展规模化用工困难企业的专班跟踪服务。在专班服务大企业、大项目复工复产后，及时将工作重点转移到帮助用工量大的劳动密集型困难企业稳岗上来，打通"堵点"，补上"断点"，落实政策，实现稳岗。

第九，依靠改革应对变局，开拓新局。越是经济困难的时候，越要谋求改革的突破，本次去除复工复产的种种障碍，靠的是改革。应对"断链"、保供应链要靠创新，将眼前救助与中长期优化结构相结合，将复工复产的有效做法升华为长远的政策创新。探索灵活就业失业保险参保办法，避免危机冲击使这部分群体难以得到有效的社会保护。大力发展城市适应农民工特点的租赁住房，小户型、低门槛、政府补、滚动租。在"十三五"基本完成"城中村"和城市老旧小区改造任务后，可将小户型租赁住房列入"十四五"城市保障房范围。

综合调查分析，特殊时期，复工是稳就业、复产是稳经济，化危为机在进行，应对新冠肺炎疫情尚无"完策"。各国有经验，也有教训。我国从自身实际出发，采取防疫和复工双兼顾、保就业的独特方式，得到越来越多国家的认可和关注，其中有许多经验值得深入调查和研究。在应对突袭而至的疫情冲击的"大考"中，又有国际疫情大流行冲击的"新考"，防疫中创新发展的新经济、新管理将迎来上升机会，阶段性特殊政策的大胆尝试将转换成中长期制度安排，给国家卫生防疫治理能力现代化补短板。从保障农民工全面复工的目标出发，从降低失业风险出发，2020 年保就业、稳岗位在非常时期获得实效。让劳动者平平安安复工、健健康康干活、高高兴兴挣钱，亿万劳动者在平凡中创出的不平凡将使更多的人铭记，在中国抗疫史册留下浓墨重彩的一笔。

二等奖 ————————

街头作为空间：青年流浪歌手与城市的互动

——以京沪两地为例

陆兵哲　刘　建　扎西顿珠　张文军*

一　研究缘起：街头流浪歌手的城市角色

城市文化日益繁荣的今天，国内一些大城市的商业步行街、广场、公园等公共空间常可见流浪歌手的身影。他们或以之为生计来源，或为日常消遣，或沉迷于"流浪"的自由。尤其在近年来直播平台的推动下，城市街头出现越来越多的青年流浪歌手。这是一些新青年群体，以技能多元化、个人化、流动化为特征的"新专业主义"①，他们正影响城市管理。

一些城市关注到他们，试图纳入管理网络。2014年10月，上海在中国境内率先进行城市街头艺人（含歌手）管理，通过考核选拔、发放许可证、规定时间地点等，将户外空间表演正规化。随后，深圳、西安等地也规定他们需"持证上岗"。2017年夏，广州首批持证街头艺人也诞生了。然而由于流浪歌手的流动性、临时性、多样性等特征难以把握，相似管理方案尚处于摸索中。并且街头歌手作为"自我赋权"的阶层，对外在权威的期待并不高，因此官方"颁发许可证"的"赋权式管理"能在多大程度上发挥效力也难有定论。

---

* 作者简介：陆兵哲、刘建、扎西顿珠、张文军，北京大学社会学系。

① 廉思、周媛：《文化新阶层的群体特征、社会功能与发展趋势研究——基于北京、上海、成都三地的实证调研》，《中国青年研究》2019年第1期。

在这些讨论的背后，其实是街头流浪歌手与城市的复杂关系。一方面，他们为城市广场、步行街、公园、绿地等公共空间增添了丰富的艺术表达，为市民生活增添了一抹亮丽色彩，成为城市景观的一部分；另一方面，也常闻市民与街头歌手的冲突，后者此时被冠以"扰民、无秩序、妨碍交通、有碍市容市貌"等"罪名"，成为城市管理的不良因素。长期以来，街头歌手对一座城市的意涵，在活力与失序、文化与扰民、艺术与越轨的连续统上游走不定。

那么，应如何理解人们对城市流浪歌手的矛盾态度？如何理解该群体与城市的复杂关系？最终，应如何使之成为城市文化建设的一部分？是否规定"持证上岗"就可达到预定目标？针对这些问题，我们在上海、北京开展调研①。这是一场悬置"自上而下"的管理逻辑，深入街头歌手本身的"自下而上"的调研。14 天时间里，我们走遍两市共 26 个调研地点，走进十余位街头歌手的日常，并走访演出行业协会、物业管理公司、城管局等机构。除访谈等田野调查常用方法外，团队还运用"空间观察"相关方法以再现歌手生产街头文化空间的过程，并编制问卷征集普通居民的看法。最终，收集到充分的调研材料。

二 分析框架：街头作为一种城市空间

为深化理解，我们尝试"空间社会学"的研究视角，将表征该群体最大特性的"街头"之本质理解为一种"城市空间"。那么，街头歌手与城市的互动，或可由该群体对城市街头的空间塑造过程来探究。

1. "空间"的社会意义与"城市公共空间"

在社会科学中，"空间"不再是自然存在，而被理解为一种社会产物。"空间"不仅是人们行动的外在容器、真空背景、静默舞台，其本身即为社会的一部分，成为有建构作用的内部变量。② 正如法国学者列斐伏尔所说，空间是社会的产物，空间既是社会生产出来的，也参与社会的生产。③ 这里的"空间"不仅是处所（place）、位置（position）、地点（site）等固定的自然概念，而且携

---

① 上海是中国境内最早开展街头艺人"持证上岗"管理方式的城市，管理经验较为成熟；北京尽管有大量街头流浪歌手，但目前尚未出台相关政策。我们选择京沪两市，有一定的比较意义。

② 景天魁、何健等：《时空社会学：理论和方法》，北京师范大学出版社，2012，第 8 页。

③ Henri Lefebvre. *The production of space*. Trans. by Donald Nicholson-Smith. Oxford: Basil Blackwell, 1992, p. 30.

带一定的"社会意义"，强调不同空间结构带来的不同心理感受和行为导向。换言之，不同的空间类型为人们的社会互动提供了不同条件，成为影响人感知生活和采取行动的重要因素。如露天广场与室内教堂带给人的不同空间感受，使人产生开放活跃或保守安静的不同心理状态；又如笔直开阔的主干道与蜿蜒曲折的步行街带给人的不同冲击，都在无形中影响人的行为。

城市研究尤其关注"社会空间"。在简·雅各布斯《美国大城市的死与生》中，她强调城市需提供空间来满足多样化需求，这才是城市本质的展现方式。在她看来，城市不仅是居住的空间，更是一个社会交往的空间。因此城市中必不可少的是作为居民社会活动聚集地、蕴含公共价值的"公共空间"，[①] 或称彰显人们日常生活的"第三空间"。[②] 在学者杨·盖尔看来，城市公共空间应能为人们的户外活动提供适宜条件，不论活动是出于必要性、娱乐性还是社会性的。值得一提的是，上述两位著名的城市空间专家均认为"街道"对于公共空间营造至关重要。在雅各布斯看来，"尽管位置合理的绿地能成为城市良好的公共空间，但是相对于绿地、公园等开放空间，街道更能为人们营造一个出色的城市空间"[③]；杨·盖尔指出，"在整个人类定居生活的历史进程中，街道和广场都是城市的中心和聚会的场所"。[④] 所以，街道和广场在城市公共空间中的角色值得高度关注。

2. 街道：从交通设施到文化空间

街头作为一种城市空间具有独特的社会意涵，当以此检视街头歌手的演唱时会有别样收获。当歌手选择城市街头为演出地点，街头的物理空间就成为被赋予意义的社会空间，不同的空间塑造过程对于流浪歌手和整座城市都有不同的意义。例如，当城市街头作为一种"生计空间"进入歌手的生命历程时，街头演唱成为其在大城市中的谋生策略，这时就会带来歌手之间激烈的空间竞争，因此需规范管制。而当街头作为一种娱乐展示的"表达空间"时，歌手作为一种消遣的演唱也是城市景观的一部分，这些承载艺术活力的空间恰恰又是市政部门努力营造的内容。

因此，艺术与失序、活力与扰民、文化与越轨等人们对城市流浪歌手的矛

---

① 伍学进：《城市社区公共空间宜居性研究》，科学出版社，2013，第 20 页。

② Edward W. Soja. *Thirdspace：journeys to Los Angeles and other real-and-imagined places*. Oxford：Blackwell Publishers，1996，p.70.

③ 简·雅各布斯：《美国大城市的死与生》，金衡山译，译林出版社，2006，第 129 页。

④ 杨·盖尔：《交往与空间》，何人可译，中国建筑工业出版社，2002，第 47 页。

盾态度，可在一定程度上由不同的空间塑造过程来解释。此外，歌手对于城市街头还有更多空间认知和塑造，如追逐音乐梦想的"期待空间"，寻觅知音和归属感的"交往空间"，等等，这也构成了一座城市的不同空间层次。所以，空间视角将为人们呈现一种对街头歌手与城市互动的全新理解方式。那么，街头有哪些空间特性吸引这些歌手？歌手如何塑造了一座城市的多样空间层次？在京沪两地，一个尚未出台相关政策，一个率先将街头表演正规化。两地的街头歌手有何不同的生存策略？如何使歌手成为良性城市公共空间的一部分？这些问题都是基于城市空间框架的新思考。

如此，该课题就不仅是关于群体生活状况的调研，也是关于城市空间研究的尝试。

三 空间意义：流浪歌手对城市街头的解读与重塑

街头独有的空间性质是吸引歌手前往的关键。通过与街头歌手的访谈发现，他们对街头意义的认知也是基于其空间特征。下文，笔者将通过"空间民族志"观察，发现歌手重塑和再生产城市空间的微观过程。

1. 街头的空间特性：他们为何选择街头

街头歌手选择城市广场、街道、地铁站等非舞台性、非媒体性的场合一展歌喉，是他们与其他音乐人最显著的区别，甚至是其本质特征所在。所以要理解该群体的选择，首先应关注"街头"这一空间所独有的特点。

（1）街头作为公共场所，参与者是自由随意的。这意味着在街头演唱不需拘泥于演出流程或规矩，这种自由灵活、无所拘束的随意性是吸引这些歌手的首要特征。例如一位经常承接商业演出活动的街头歌手在街头与商演的比较中表达了对街头随意性的青睐：

> 街头的要求跟商演或演唱会不一样，后两个都要按流程、按要求走，不容出错；街头相对自由一些，而且经常表演可以沉淀一些东西，街头做得好不好就看自己对自己有没有要求。（访谈资料 S010808）

不同于正式演出，街头演唱无须固定节目单和演出程式，而是由歌手自己决定曲目。"自己想唱什么就唱什么"，这样的随意性大概只有街头这样的公共空间能赋予。

（2）街头的随意性是双向的。路人是否驻足也完全自由，所以观众对歌手的认可有更强的主动性。匆忙行人中有人愿意停下脚步听歌手演唱，便是一种积极主动的肯定信号，这也是街头音乐区别于舞台音乐的特点。这样的"主动认可"给街头歌手带来更大成就感。有酒吧驻唱经历的歌手这样描述：

> 在酒吧表演，你只是个背景音乐，喝酒的人很少会认真听，所以没太大存在感；但在街头表演更有成就感，那么多观众围着你一个人表演，那种被认可、被尊重的感觉让我心里很温暖，也很自豪。（访谈资料 S040811）

因此，在街头，歌手与观众之间互动的非约定性所带来的主动认可，是赋予街头歌手自我价值感的重要来源。

（3）城市街头是平等开放的。最大特点是"主客体同台"，即歌手与观众同台存在，这使观众更容易进入歌手所塑造的时空场中，由欣赏者变为参与者。正如一位拥有较高音乐素养的调研对象所言：

> 街头没有一个搭建起来的台阶，是一个开放的、观众可以随时参与进来的空间。观众跟着一起唱不会像 LiveHouse 里一样被当成噪音。观众可以跟着我们嗨，歌手和观众一起律动，才能真正让人感受到音乐的力量，形成一种"灵魂场"的互动。（访谈资料 B080820）

不同于绘画等静态艺术形式，音乐是有"时空场"的。在街头演唱更容易将音乐的力量传递给观众，并在反馈互动中形成共鸣。从这一点看，平等开放的街头空间确实更适合"音乐"这一表演形式。

（4）街头有很强的流动性。即使在同一地点，每天的人群也不同，这种情境多样性总能带来新鲜感。① 许多调研对象讲述了在街头演唱时遇到的小感动，

---

① 学术意义上，此处"街头"可理解为一种以身体为核心的在场的时空关联，所具有的是一种"情境空间性"（spatiality of situation），而非"位置空间性"（spatiality of position）。参见安东尼·吉登斯《社会的构成》，李康、李猛译，生活·读书·新知三联书店，1998，第139页。

从冬天演出时观众送来的一杯热奶茶，到情人节演出时收到的无数朵玫瑰花，这些感动和惊喜也是他们选择街头并坚持下来的动力之一。正如"人不能两次踏入同一条河流"，[①] 同一地点在不同时间下的不同情境也意味着不同的社会空间。街头空间的流动性使街头歌手的演唱生活变得丰富多样，也激发了歌手对街头演出的长久期待和兴趣。

2. 街头之于歌手：街头空间的多元意涵

上述街头空间特性在歌手对街头意义的认知中起到关键作用。正是其独有的空间特征，街头对于歌手才有别样的社会意义。具体至少包括以下几点。

（1）生计空间

多数歌手首先将街头当作谋生地点，在音响前放一个钱箱或收款二维码。公共开放的街头常为水平不足以入驻酒吧或接商演的歌手提供一个权宜性的"次等"谋生场所，这是无准入门槛的街头空间独有的好处。尤其是在管理相对完善的地方（如上海），街头演出已成一些街头歌手的主要收入来源，使之能维持在大城市的生活。[②]

但调研发现，歌手对这一空间的认知是复杂的，一些歌手表达了相反的看法，认为"把街头音乐作为谋生手段的人，是放弃了音乐梦想的人"，或认为"街头演唱要钱像乞讨一样，是人们觉得你坚持音乐梦想好可怜，所以才给钱。但我自己其实很享受，无所谓坚持不易，只是停不下来"。但不管怎样，多数歌手仍首先将街头当作一种生计空间。

（2）宣传空间

在街头流浪歌手中，有一些是职业音乐人，他们基本能独立制作音乐，也作为职业歌手参加商业演出。对于他们而言，强流动性、高暴露度的街头更是一种宣传空间。这些歌手将街头演唱的过程等同于向路人发放名片的过程，借此向不同的人们宣传自己。的确，他们在街头演唱时常能遇到有演出需求的人上前攀谈，由此获得演出机会。例如一位街头歌手在五棵松华熙 live 露天演唱时，观众中便有一人上前问他是否愿意在几天后接三里屯一个庙会活动的演唱。

---

① 赫拉克利特：《赫拉克利特著作残篇》，T. M. 罗宾森、楚荷译，广西师范大学出版社，2007，第22页。

② 例如，一对在上海的街头歌手告诉我们，他们在街头唱歌平均每天收入400～500元，平均一周街演5天，即每月20天左右。另有多位调研对象尽管不愿透露具体收入数目，但表示"既然我能够在上海生存下去，就证明这个工作能够带给我生存的基本保障"。

（3）体验空间

由于街头空间完全开放，因此每天能接收大量信息流。一些歌手便将街头作为良好的体验空间，在自由自在中感受日常生活的丰富多样。一位来自新疆的北京街头青年歌手告诉我们：

> 新疆人很少，我们喜欢在空旷的山上开车旅行，喜欢走到哪唱到哪的感觉，觉得街头唱歌比较像。而且街头看到的人群种类很多，男女老少、形形色色，接触很广泛，这感觉也很好。（访谈资料 B060819）

街头的随机性和多样性，使其成为折射城市生活的万花筒，因此成为一些有生活情怀的年轻人感受城市生活的场所。甚至有一位北京的街头歌手认为，"真正走上街头做音乐的，都是将街头音乐作为一种过渡，或者是一种体验"。

（4）交往空间

调研发现，很多街头音乐组合都是在街头演唱时偶然认识的。并且，在街头演唱过程中歌手会形成一些相互欣赏的"圈子"，通过交流技术和经验提高自己的音乐水平。除了歌手之间的交往，街头也成为歌手与市民展开交往的空间。正如一位喜欢和观众互动的北京街头歌手所言：

> 外边（街头）能看到男女老少都有共鸣，感觉比酒吧更广泛一点，比如有小孩、老人，尤其北京的大爷大妈很热情，唱了一会儿他们会来聊天，跟他们聊天很"长知识"。（访谈资料 B060819）

正是因其包容多元，街头成为歌手与市民互动的交往空间，借此将自己的社会网络镶嵌于一座城市之中。一些歌手甚至由此爱上一座城市，建立起归属感。

（5）发展空间

很多街头演唱的歌手都有音乐梦想，因此来到京、沪这样的大城市学习提升、寻找机会。例如一位目前在北京某唱片公司做职业歌手的被访者，他到街头演唱是因为"街头唱歌跟琴房练歌不一样，有观众互动，唱歌会更认真"。一个由云南来北京的街头歌手组合里，弟弟有强烈的音乐梦想，但不善交流，于是哥哥和他就来到五棵松进行街头演出，"并不是为了挣钱，更多是想出来锻炼一下"。这些将街头作为逐梦空间的歌手把街头作为接近音乐梦想的第一步，或作为提升歌唱水平的场所。

由上述分析发现，街头对于流浪歌手的每一种空间意义，背后都隐喻着城市街头独有的空间特性。这也是研究该群体时关注"街头"的意义。歌手对街头的认知，也嵌入了他们对一座城市的认知中。他们与城市的互动，在一定程度上也基于不同空间认知展开。

3. 歌手之于街头：街头空间的重塑与再生产

歌手并非被动接受城市街头所固有的空间意义，通过梳理他们对街头的空间设置发现，他们对街头空间的选择、塑造、再生产也表现出能动性。我们在调研中创新运用"空间民族志"的研究方法，以再现他们重塑城市街头的过程。① 由此，他们在街头空间中表达自我、参与城市生活的过程可见一斑。

表 1 为调研歌手所处街头空间的属性编码及观察结果，对照量表范围和平均观察值可知驻演街头的基本空间属性。作为流浪歌手主动选择的结果，这样的街头常是高开放程度（4.75）、强维生功能（4.25）、低监管程度（2.9375）和弱空间主权性（1.8125）的城市公共空间。此外，尽管驻演街头的交通可达度较高（4.0625），但交通亲和度不高（3.125），表明他们常选择交通便利但适合步行的小路附近，这些地方通常更宜行人驻足，也更宜塑造合适的空间稳定性（3.5）。

表 1 空间观察编码表及观察结果

编码指标	指标含义	量表范围		平均观察值*
交通可达度	到周围公交站、地铁站、火车站等交通枢纽的方便程度	1　2　3　4　5 周围几无交通枢纽　　就在交通枢纽旁		4.0625 (0.7719)
空间开放程度	封闭（如医院、火车站、24小时店铺）、半封闭（如天桥下）、露天（如街头、广场）	1　2　3　4　5 封闭　　半封闭　　露天		4.75 (0.7746)

---

① 我们在田野调查方法上做到了创新，使用"空间观察编码表"，以量表和定性描述结合的形式记录街头空间形态、歌手行为特征、路人反应等，并为每一个观察点绘制了"空间记录图"，以求尽可能准确地再现歌手对街头空间的重塑过程。

续表

编码指标	指标含义	量表范围		平均观察值*
交通亲和度	其所在位置与道路的关系	1　2　3　4　5	远离道路　小路旁　主干道旁	3.125 (0.8062)
空间监管程度	周围民警、保安、巡逻人员等的数量和距离	1　2　3　4　5	附近几无　很多、很近	2.9375 (1.2366)
空间稳定性	综合车流量和车速、行人速度、噪音程度等描述、判断	1　2　3　4　5	很不稳定　非常稳定	3.5 (1.0328)
空间防御性	如建筑立面凹槽处、背靠墙/栏杆等，都是有防御性、减少自我暴露的空间	1　2　3　4　5	防御性弱　防御性强	3.875 (1.4083)
空间主权性	是否属于某个店面门前范围，还是纯公共空间	1　2　3　4　5	弱　强 纯公共空间　店面门前	1.8125 (0.8342)
地点维生功能	周围是否有水源、卫生间等	1　2　3　4　5	弱　强	4.25 (0.7746)
空间接触密度	周围人流量。测量其面前5米内每分钟经过人数			23.3125 (12.81)
驻足人数	观察时刻驻足听歌人数			23.1429 (27.8895)

注：* 括号内数值为标准差。该表借鉴、改编自刘能教授主持的北京市社会科学基金项目"北京街头流浪现象研究"，知识产权归属该课题组。

　　由于自己的身份一定程度上脱嵌于既有制度框架，街头流浪歌手也倾向于防御性较强的空间（3.875），以更舒服地融入城市的车水马龙而不显得突兀。从空间记录图可知，有良好防御性的空间常遵循"边界效应"：建筑物立面的凹处、后退的入口、门廊、空间里的树既可提供防护，又有良好的视野，因此沿城市建筑物立面的地区和一个空间与另一空间的过渡区常是人们逗留区。[①] 这些地点不经意间制造了不规则的空间，但真正让空间起作用的，其实是边界。[②]

　　更重要的是，街头流浪歌手通过面朝方向、话筒位置、钱箱距离等方式塑

① 杨·盖尔：《交往与空间》，何人可译，中国建筑工业出版社，2002，第153~155页。
② 对此，欧洲建筑师克里斯托弗·亚历山大高度概道："如果边界不复存在，那么空间就绝不会富有生气。"参见 Alexander, Christopher, Sara Ishikawa, and Murray Silverstein. *A pattern language*. New York: Oxford University Press, 1977.

造了一个个街头小空间（如图1），在这些小空间中人们既能看到整体，也能看到细节，因此能最佳地体验周围世界。他们就这样不断再生产街头空间，使街头不仅只是一个城市交通设施的附属，而生长出"场所"的功能。在街头歌手所创造的一个个街道小品中，城市的人气应运而生。所谓"空间的再生产"，是社会关系的填充，是他们与这座城市的互动，更是城市文化的孕育。

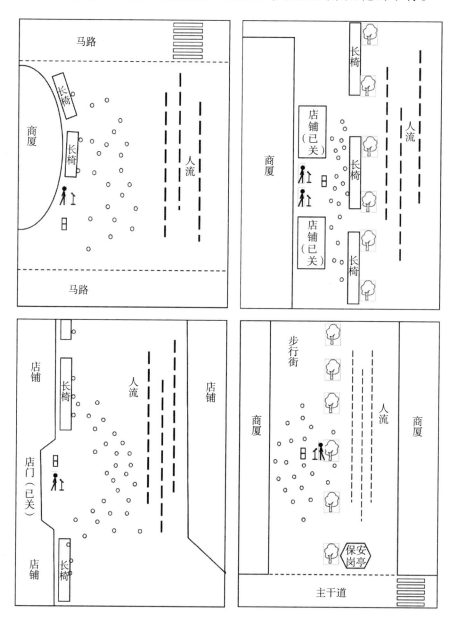

续

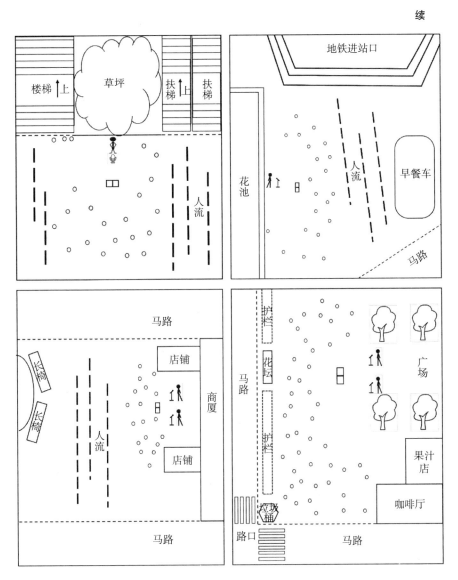

图 1　空间记录图

四　京沪比较：城市空间管理的方案与成效

针对街头流浪歌手，北京和上海实行了不同的城市管理策略。在不同的城市空间管理方案的梳理中，人们能发现政府、歌手、市民之间不同的态度与考量。

1. 街头演出"持证上岗"的政策背景

2008 年，上海市第十三届人民代表大会常务委员会通过了《上海市城市街头艺人管理条例》（第 14 号），明确对"街头艺人"的内涵进行界定，并对这一身份群体进行登记，在对演出的内容、类别、地点和时间进行认定之后颁发许可证。根据管理办法，获得资质的街头艺人必须在固定的时间和地点，以通过认定的艺术形式表演。[①] 并且上海演出行业协会制定了"排班制"和"督导制"对艺人进行统筹和监督。2014 年 10 月，上海市首批街头艺人（含歌手）在静安嘉里中心"持证上岗"，这标志上海市对街头艺人进行规范化管理。截至 2018 年，上海市持证上岗的街头艺人已有 9 批。

户外空间表演合法化的管理方案一定程度上借鉴了一些国家和地区的经验。2005 年，台北颁布了"台北市街头艺人从事艺文活动许可办法实施计划"，将公园、广场、商圈徒步区等公共空间作为街头艺人的表演场地。街头艺人可以登记申请，取得演出执照，按照抽签的方式决定自己的演出场地。演出时须遵守《环境噪音管制法》和《社会秩序维护法》，一旦违反则会被撤销演出资格。而在西班牙，市政府定期对歌手进行考核，如果通过则获得演出执照，[②] 就可在一定时间和范围之内演出，以此为管理。美国的模式与此相似，但不同的是，美国对艺人管理并无统一管理机构，当艺人在公园演出，那么管理机构是公园管理处；当艺人在地铁演出，管理方则是地铁运营方。

综合分析能够发现，虽然在管理办法上存在着一定的差异，但街头演出"持证上岗"方式已被普遍采用。从管理的角度而言，此种办法的实施实质上是一种"组织赋权"，即管理者通过给予街头艺人规范化、标准化的演出权利，以更好地实现公共空间的秩序化。无论是国外还是国内的台湾、上海，持证上岗这一措施不仅使艺人有机会走向街头，实现不同的需求，也使得城市管理者能够有效有序地整合城市资源，使城市生活在统筹的基础上更有活力。

2. 京沪街头歌手对政策的态度

调研发现，作为我国境内首个试点"持证上岗"政策的上海和无相关政策的北京，两地街头歌手或赞成或反对，各自有不同的理解。

上海街头演出"持证上岗"政策最早的受惠歌手阿杜认为这一政策为其带来了稳定的演唱收益，避免了被城管驱逐的窘境。统一管理、考核、排班带来

---

① 此可概括为"定时、定点、定式"街头表演要求。
② 西班牙规定街头演出执照为期一年，可延长至五年。

了整体有序的秩序，也为城市增添了活力。而在与他一同表演的明哥眼中，该政策能为街头艺人"正名"，为他们带来尊严。更有两位来自西南地区的街头歌手甚至觉得该政策为其实现音乐梦想铺平了道路。总体而言，上海市演出协会作为行业自组织成为这些街头音乐人的管理者、协调者，将以往城市治理的"顽疾"转换为城市文化建设的"正能量"工程。

在北京，情况则更复杂一些。怀揣梦想、业余演唱的庆哥在北京遭遇被城管驱逐之后已然告别了街头，他认为北京的管理太严格，期望"持证上岗"政策在北京实施。而在一位来自广东的歌手看来，上海的"持证上岗"政策因为要通过考核，因此也是严格的。类似的回答较为典型，他们对"严格"的理解，来自他们演唱水平、目的、性格，及对于政府行为的理解的差异。一位在北京五棵松购物中心演唱的访谈对象小韦认为，北京主要是瞻仰型城市景观，而上海有更多浪漫型景观，这决定了两地演唱场所的"利益交换"模式差异：上海倾向于让更多真正有音乐实力的人在街头培育城市"文化活力"，而北京秩序和稳定压制了街头"文化气息"带来的"混乱"。于是在北京，依附商业中心并和公司形成"准劳动关系"的模式①成为很多"街头音乐人"的选择，他们也支持这样的模式在北京推广。但是在一位曾荣获音乐选秀节目大奖的歌手看来，上述模式本质上并不是"街头演唱"，②违背了街头演唱的自由"初心"。

京沪两地的街头歌手对于"持证上岗"政策的不同理解，其背后是各自对于城市空间的主权感知、对于音乐的认知乃至个体性格的形塑结果。

3. 思考：城市空间管理中的两种逻辑

简·雅各布斯在《美国大城市的死与生》中指出，把城市空间仅当作过道，是城市规划者最大的悲哀，因为这完全遮蔽了街道作为城市空间对于城市公共生活的重要意义。值得思考的焦点在于："持证上岗"政策在为街道公共空间带来秩序的同时，也会破坏街头表演的原生态，剥夺大部分街头歌手的表演权利，那么政府有没有权力实施这样的政策？政府实行"持证上岗"政策的

---

① 北京五棵松华熙 live 商业中心即采用这种方式，物业管理公司招募街头歌手在商业中心的露天步行街和广场上演唱，以吸引人气。街头歌手通过物业市场部考核后可领取一个为期 1 年的"临时工作证"，即可驻此演唱。街头演唱实行轮班制度，需按时上岗，演唱打赏所得均为歌手自己所有，而无需向华熙物业缴纳任何费用。

② 在他看来街头演唱更应该被称为"路演"。

目的，是为了更好地管理街头，还是丰富市民的文化生活？

在城市文化建设中，贯穿着两条不同的逻辑。一是居民自下而上的生活逻辑。市民对于街头的期待不仅是交通设施，更是公共空间和城市景观。歌手对于街头的需求是进行表演获得满足生计与展现自我价值的"回报"。二是政府自上而下的管理逻辑。在一些城市管理者眼中，这种街头现象不是艺术，而是乱摆摊点、制造噪声、妨碍交通、影响市容的"麻烦"，甚至还有一些乞讨者夹杂其间。

实际上，街头艺术的繁荣源于多元价值。如行业评审方面，应引入多元的判断标准，避免话语权垄断的情况。更重要的是，市民是城市文化建设的主体，是城市文化的推动力量和受益者，他们应当参与到街头歌手的评审和演出地点确定的过程中。另外，调研也发现，"持证上岗"政策推行的困难之一在于其涉及的部门太多，如文化、城管、税务、工商等，协调起来难度很大。政府需注重划清各部门之间的责任，由主要部门出面协调。同时，城市也可效仿北京"五棵松"商场物业的做法，支持物业公司、行业协会进行社会自治组织建设，实现自我管理、自我服务，将街头歌手"持证上岗"政策重点由管制转向引导，这或许是弥合城市文化建设的一种选择。

五　社会评价：京沪市民对街头歌手的态度

除上述访谈、观察等定性研究外，团队还用定量方法分析街头歌手的社会评价。我们在上海、北京共完成 150 份问卷，运用统计学知识，借助 SPSS18.0 统计软件量化分析问卷资料，探究市民对街头歌手的认知、对"持证上岗"政策的看法等。

1. 市民对街头歌手的关注情况

市民常在公共空间见到街头歌手。以北京为例，仅有 1.4% 的被访者表示从未见到过街头歌手，有 87.0% 的市民在地铁口附近遇见过街头歌手，其次有过半市民（59.4% 和 50.7%）在商业中心、路边/路口见过他们，此外，也有相当比例的市民在城市广场（42.0%）、公园（37.3%）遇见过街头歌手（如图2）①。

①　此题为多选题，百分比表示该选项被调查对象选中的比例，因此百分比数值相加不等于 100%。下同。

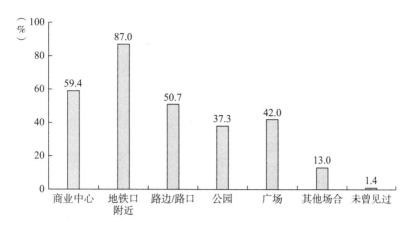

图2　北京市民街头流浪歌手的地点

市民对这些街头歌手并不漠视。在两市被访的150位市民中，曾驻足听过街头歌手演唱的次数平均都超过3次，平均每人曾对他们打赏过1次，且平均每次打赏都超过10元（如图3）。

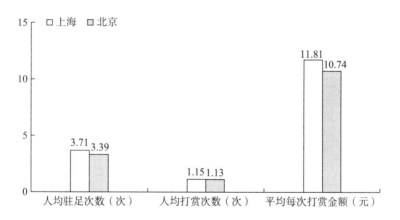

图3　市民对街头歌手的基本关注情况

2. 市民对街头歌手的角色认知

在市民眼中，街头流浪歌手常为音乐人、艺术家和流浪者、卖艺人等矛盾身份的集合。不论京沪，都有超过80%的被访者首先认为他们是自由歌手。但除此共识外，上海市民（54%）更多认为他们是一个个"追梦人"，而北京市民（55%）更多认为他们只是"以音乐谋生的普通工作者"。然而两地视街头歌手为"流浪者""乞讨者"负面形象的比例都较小（29%和28%、8%和12%），甚至有1/3左右的市民认为他们是"艺术家"（如图4）。总体而言，两地市民对该群体的认知较为包容。

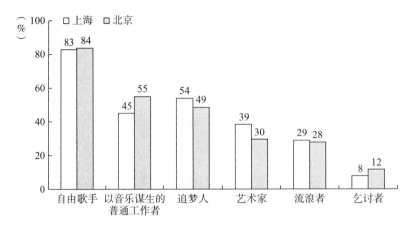

图 4　京沪市民对街头歌手身份认知的比较

包容性还体现在对街头歌手索要打赏的态度上（如图5）。京沪绝大多数市民认为街头歌手接受打赏是可取的，有80%左右的市民给出的理由为"街头演唱是正常谋生职业"，另外有将近一半（46%和48%）认为"不论目的，只要好听就可以要钱"。少数觉得不应要钱的市民认为"街头演唱是自娱自乐"（9%和12%）和"否则无异于乞讨"（5%和6%）。当市民更多地将他们视为自由歌手、以音乐谋生者而非乞讨者时，认为可以索要打赏也是自然而然的态度。

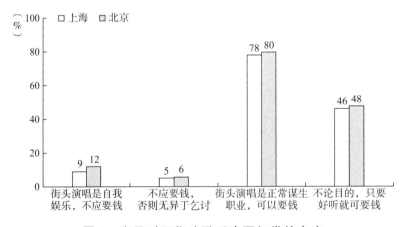

图 5　市民对于街头歌手索要打赏的态度

关于街头歌手的外部性，市民不仅认为他们为城市带来了文化多样性、活力、年轻文化等正面色彩，也带来了管理困难、无序、非正规就业等负面现象（见图6）。在外部性的负面评价中，尽管不同话语在两地各有突出分布，但经过独立样本 t 检验发现，只有"影响市容"在两地之间的差异于 0.1 的置信水平上具有统计显著性（见表 2，"影响市容"的统计量 t = - 1.678），表明该评价的样本差异具有总体推论意义，即总体上北京市民心中街头歌手"影响市容"的现象比上海市民心中更多。这个差异或许暗示了两地街头歌手管理方式的不同结果（见图 8）。

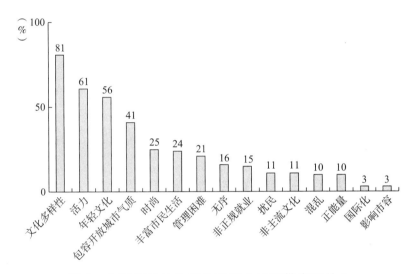

图 6　上海市民认为街头歌手为城市带来了什么

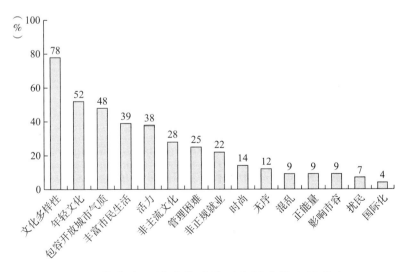

图 7　北京市民认为街头歌手为城市带来了什么

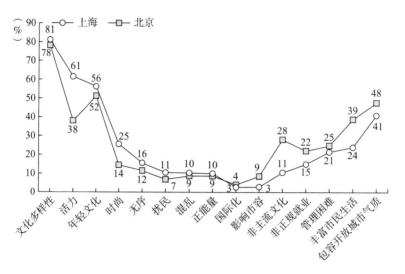

图 8　京沪市民观点比较：街头歌手为城市带来了什么

表 2　两地市民对街头歌手负外部性评价的独立样本 t 检验

	t	df	Sig.（双侧）	均值差值	标准误差值
混乱	.270	147	.787	.013	.048
扰民	.832	147	.407	.040	.048
无序	.811	147	.419	.047	.057
非正规就业	−1.062	147	.290	−.067	.063
影响市容	−1.678	147	.096	−.062	.037
管理困难	−.488	147	.626	−.034	.069

3. 市民对街头演出"持证上岗"的态度

上海的街头艺人"持证上岗"政策似乎对于普通市民并无显著差异。从是否注意到歌手"持证"，或从对无证街头演唱的态度上，都可发现市民并不关注街头演出许可证这一"制度符号"（如图9、图10）。然而，上海市民认为持证"更规范"（54%）、"不扰民"（25%）（如图11）。可见市民仍对"持证上岗"有正面期待。

北京尚未实行街演"持证上岗"政策，但通过问卷得知上海实施相关政策后，有68.12%的北京市民认为北京也需类似政策。我们将其给出的理由进行文本爬梳做成"词云"（如图12），发现理由关键词包括减少混乱、有序管理、不扰民、秩序、有序、合法性、安全、规范、保障、地位等；当然约 1/3 的北京市民认为北京不应实行类似政策，理由关键词含不现实、限制、底层群体、谋生不易、应自愿、缺乏标准、自娱自乐等。市民的这些考量也是思考街头歌手城市管理方式的重要参考。

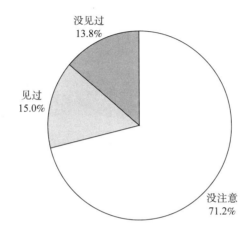

图 9　上海市民是否见过有街头演出许可证的街头歌手

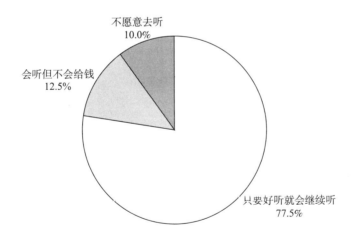

图 10　上海市民对于无证街头演唱的态度

此外，其他反馈也可成为衡量"持证上岗"政策成效的依据。例如市民眼中街头歌手所选驻唱地点的合理性，京沪存在差异（如图 13）：北京市民认为街头歌手演唱地点"不合理，影响正常生活"的比例是上海的 2 倍多（11.6%：5.0%）。如果将"不合理""较合理""合理"分别赋分为 1、2、3，那么上海街头歌手驻唱地点的合理性得分为 2.21，高于北京的 2.14。

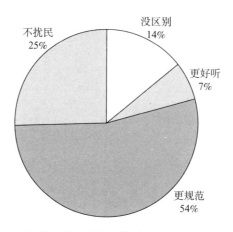

图 11　上海市民对有证街演和无证街演的态度

图 12　北京市民认为"需要"与"不需要"持证上岗政策各自理由的词云

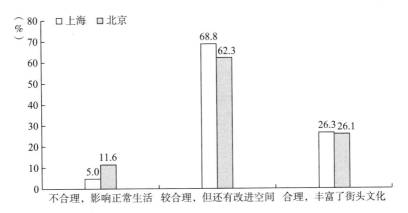

图 13　市民对街头歌手演唱地点合理性的看法

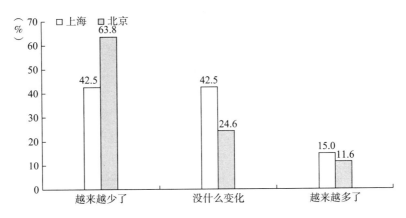

图 14　市民对街头歌手数量变化的感知

表 3　交叉表：地区 × 街头歌手变化趋势感知

		您感觉近几年的街头流浪歌手数量有变化吗？			合计
		越来越少了	没什么变化	越来越多了	
地区	北京	44	17	8	69
	上海	34	34	12	80
合计		78	51	20	149

表 4　卡方检验：地区 × 街头歌手变化趋势感知

	值	df	渐进 Sig.（双侧）
Pearson 卡方	6.975	2	0.031
似然比	7.055	2	0.029

续表

	值	df	渐进 Sig.（双侧）
线性和线性组合	4.426	1	0.035
有效案例中的 N	149		

并且，63.8%的北京市民感到城市中的街头歌手越来越少了，远高于上海的 42.5%（如图 14），且两地街头歌手数量变化趋势在 0.05 置信水平上呈显著差异（见表 4，$\chi^2 = 6.975$，$p = 0.031$），在统计学意义上表明北京更多市民感到街头歌手越来越少并非抽样误差，而是对真实情况的反映。

六 结论与思考

城市青年文化的日益繁荣让人们越来越关注城市青年群体的生活状态，如对"蚁族""蜗居""鼠族"等的热烈讨论。该调研也聚焦于街头青年流浪歌手这样的城市"小人物"，试图理解宏大城市化过程中具体个人的生存故事，但我们的思考不止于此。

正如著名学者福柯所言："是空间提供了固定的位置并允许流动；它们开辟出个别的部分并建立起操作性的联系；它们标记场所并指出价值。"[1] 该群体的本质就在于"街头"这一独特空间的社会意义。街头歌手的经历和态度折射出一座城市文化空间层次的消长，在街头空间重塑、再生产中，他们将城市街道从交通设施转变为文化场所，拓展了城市空间的层次。政府"赋权式管理"使该过程更加有序，但也与市民文化营造存在张力，这从街头歌手和市民对"持证上岗"政策的看法中可见一斑。因此上海的城市空间管理方案值得借鉴，但与此同时关注街头歌手的自组织，培育他们的社会团体自我管理，或许可以减少政府管制逻辑与歌手生存逻辑的张力和摩擦。

篇幅所限难以展开，然而该课题折射出的实为一个包含城市规划、市民文化、治安管理的综合问题，值得进一步思考。

---

[1] Michel Foucault. *Discipline and publish: the birth of the prison*. Trans. by Alan Sheridan. New York: Random House Inc, 1977, p. 148.

搬家村的"聚合"与"断裂"

——北京海淀区后厂村外来人口研究报告

王　燕[*]

一　问题的提出

（一）研究背景

人口流动是我国特有的一种人口现象，流动人口也是我国特有的一类人口群体。段成荣和孙玉晶认为流动人口包括：县（市）内流动人口，省内跨县（市）流动人口和跨省流动人口。[①] 2019 年发布的《2018 年全国农民工监测调查报告》显示，截至 2018 年底，全国农民工总数已经达到 28836 万人。作为首都，北京聚集了大量外来人口，而位于北五环的后厂村聚集了大量以搬家为业的重庆人，他们几乎占据了整个北京搬家市场的半壁江山。后厂村也就成了名副其实的"搬家村"。

2019 年 11 月，西北旺镇西北旺新村剩余村庄宅基地腾退项目正式启动，后厂村多年来的平静生活被打破。该项目是在海淀区委、区政府的领导和区北部开发办的大力支持下，为了深入贯彻落实北京市新总规要求，实现科技创新中心建设，改善当地村民居住环境而启动的。项目共涉及 300 余户村民，涉及区

---

[*]　作者简介：王燕，中央财经大学 2019 级人口学硕士研究生。

[①]　段成荣、孙玉晶：《我国流动人口统计口径的历史变动》，《人口研究》2006 年第 4 期。

域涵盖海淀区西北旺镇后厂村（西北旺新村改造剩余户）、付家窑、乔家庄、和平街、兴隆庄等（见图1）。

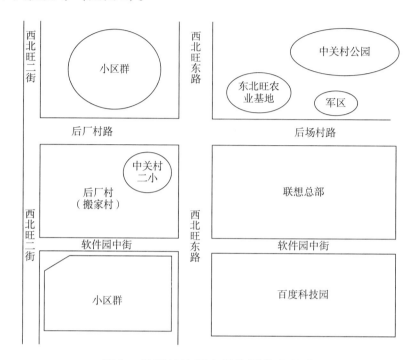

图1　后厂村地理空间位置状况示意

（二）研究问题及目的

本文希望结合社会学、人口学的相关理论，通过个案访谈探究以下问题："搬家村"是如何形成和发展起来的？"搬家村"外来人口基本生活状况如何？面临拆迁，这些外来人口的去留行为选择以及生存策略是怎样的？并试图探讨其背后的逻辑。最后，为城市的流动人口治理给出政策建议。

二　文献综述

（一）我国流动人口现状

目前国内学界关于人口流动研究较多。在流动原因研究方面，李强认为农村劳动力流入城市的最主要驱动力是城乡经济和收入差异。但他同时指出中国人口流动的推拉模型与其他国家具有巨大差异，最主要的不同在于中国的户籍制度。[①] 20 世纪 50 年代到 80 年代初期，我国由于实行计划经济，在农村地区实行农业集体化，再加上严格的户籍制度，人口流动现象很少发生。80年代中期以后，随着家庭联产承包责任制的推行、户籍管理制度的改革、城镇化的不断加剧，流动人口规模迅速上升。[②] 在流动特征方面，"六普"数据显示，乡城流动人口是主体，在全国约有 1.4 亿的规模。[③] 我国人口流动呈现流动时间长、稳定流动以及举家流动的特点。郭冉梳理中华人民共和国成立 70 年人口流动的社会变迁时指出，青壮年为流动人口的主力，人口流动由个体流动向家庭流动转变。[④] 举家迁移成为农村人口流动的主要模式，随迁老人的规模在不断扩大。[⑤] 但盛来运认为，虽然家庭流动规模在扩大，但个体流动仍处于主体地位，[⑥] 在他的研究里，个体在流动的劳动力中占到了总体流动规模的 4/5。胡强强指出，在家庭流动中，以核心家庭形式流动的家庭占绝大多数。[⑦]

（二）人口流动相关理论

国内外学者采用了多种理论视角解释人口流动，如"人力资本理论""二元经济理论""同化理论""供需理论"等。其中在学界最有影响力的是由 E. S. Lee 提出的推拉理论。推拉理论认为在市场经济的发展、人口自由流动的情形下，人们的迁移选择受到一定的推力与拉力的影响。其中，流入地的那些可以使流入者生存、生活状况改善的积极因素就是"拉力"，主要有：较高的工资水平、更多的就业机遇、较好的基础设施、优越的生活水平、良好的教育条件、心仪的气候环境等。相对应，流出地的那些构成流出者不利生活境况的消极因素就是"推力"，主要包含以下几个方面：经济收入水平低、自然资源匮乏、劳动力过剩、就业机会少、环境和基础设施差等。[⑧]

（三）流动人口的"聚合"

进入城市后，流动人口首先面临如何在迁入地立足的问题。乡土性的社会

① 李强：《影响中国城乡流动人口的推力与拉力因素分析》，《中国社会科学》2003 年第 1 期。
② 段成荣、杨舸、张斐、卢雪和：《改革开放以来我国流动人口变动的九大趋势》，《人口研究》2008 年第6期。
③ 马小红、段成荣、郭静：《四类流动人口的比较研究》，《中国人口科学》2014 年第 5 期。
④ 郭冉：《新中国成立 70 年人口流动的社会变迁》，《河南社会科学》2019 年第 9 期。
⑤ 靳小怡、刘妍珺：《农村随迁老人的社会融入研究》，《西安交通大学学报》（社会科学版）2019 年第 2 期。
⑥ 盛来运：《中国农村劳动力流动过程的经济学分析》，博士学位论文，中国人民大学，2006。
⑦ 胡强强：《城镇化过程中的农村"留守老人"照料》，《南京人口管理干部学院学报》2006 年第 2 期。
⑧ 邹新树：《农民工向城市流动的动因："推—拉"理论的现实解读》，《农村经济》2005 年第 10 期。

网络是帮助他们在城市站稳脚跟的社会资本。移民在与社会网络成员的互动过程中交换物质、情感和信息等资源。①波特斯将这种调动稀缺资源的能力称为社会资本。流动人口能够凭借亲缘、地缘关系为主的乡土性社会网络支持尽快获得一定的经济收入，从而很快适应新的环境，在一定程度上避免成为城市的"边缘人"。②③④尤其是城乡流动人口，由于他们拥有的经济资本和人力资本都比较薄弱，所以难以独自在异乡谋生，此时非正式的乡土性社会网络就成为他们借以谋生发展的社会资本。类似研究指出，移民能够从他们的初级关系网中获得必要的援助和信息，进而克服迁移初期的种种劣势。⑤一个实际的例子便是在巴黎的温州移民，他们大多依赖族亲、朋友和同乡的社会资源在法国落脚，形成了以亲缘和地缘关系为主的社会网络。⑥国内研究亦有类似的发现，在对深圳"平江村"的调查中，刘林平发现平江人一开始主要凭借家族的支持，筹集到足够的资金进而开展汽车运输业务。⑦

（四）流动人口的"断裂"

由于流动人口的聚集居住区通常存在生活环境脏乱差的问题，影响整个城市的整体景观和面貌⑧，甚至形成了城市中的"城中村"景象，一些城市出台了一系列的政策限制、驱逐外来人口，对那些破败的"城中村"的房屋进行拆除整改。但是，一些措施并没有达到预期效果，没能彻底消除这样的聚居区，也没能阻挡外来人口的继续流入。于是，一些学者开始反思现代性的后果。陈慧和毛蔚指出"城中村"现象是现代社会城市化进程中必然出现的"社会阶梯"，这种现象出现的根本原因是我国的现代化出现了结构性失衡。⑨农村的土

---

① Agneessens, F., H. Waege & J. Lievens. "Diversity in social support by role relations: a typology." *Social Networks* 28, No. 2 (2006): 427 – 441.

② 悦中山、李树茁、靳小怡、费尔德曼：《从"先赋"到"后致"：农民工的社会网络与社会融合》，《社会》2011年第6期。

③ 任远、邬民乐：《城市流动人口的社会融合：文献述评》，《人口研究》2006年第3期。

④ 赵延东、王奋宇：《城乡流动人口的经济地位获得及决定因素》，《中国人口科学》2002年第4期。

⑤ 周敏：《唐人街：深具社会经济潜质的华人社区》，鲍霭斌译，商务印书馆，1995。

⑥ 王春光，JeanPhilippe BEJA：《温州人在巴黎：一种独特的社会融入模式》，《中国社会科学》1999年第6期。

⑦ 刘林平：《外来人群体中的家庭与家族网络支持——深圳"平江村"的调查与分析》，《广东社会科学》2005年第5期。

⑧ 贾艳丽：《断裂与整合：流动人口聚居区与城市关系研究——以哈市"繁林"社区为例》，硕士学位论文，哈尔滨工业大学，2013。

⑨ 陈慧、毛蔚：《城市化进程中城市贫民窟的国际经验研究》，《改革与战略》2006年第1期。

地改革使生产效率提升，出现人多地少、劳动力过剩现象，部分农民被迫选择流向城市打工，但城市的发展也存在一些问题，无法使这些农民工真正融入城市。周林提出关于"城中村"的治理问题，城市不宜采取粗暴的拆除和对外来人口完全驱赶的方式，而要把"城中村"治理与城市的发展规划紧密结合，要做好合理安置和科学管理外来人口，要以人性化关怀和包容性的理念来设计和规划城市，"城中村"治理要达到融合而非隔离的最终目标。[①]

三　研究方法

本文主要探究"搬家村"的形成和发展以及村子里外来人口的基本生活状况，面临拆迁这些外来人口的去留行为选择以及生存策略，并试图探讨其背后的逻辑（见图 2）。本文采用定性研究方法，从微观层面对搬家村的"聚合"与"断裂"进行研究。主要采用个案访谈法，但在访谈的同时也对受访对象以及周围环境进行观察。

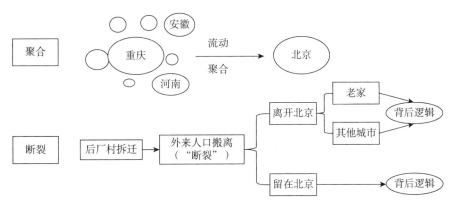

图 2　研究思路

（一）研究对象

本文将研究对象确定为"搬家村"（后厂村）的外来人口。访谈中我们发现该村绝大多数外来人口来自重庆，剩下的一部分来自河南，另一部分来自安徽，来自其他地方的人口极少。我们通过偶遇抽样以及滚雪球抽样，共访问了

---

① 周林：《换一个视角看深圳特区的城中村》，《开放导报》2005 年第 3 期。

5 位"搬家村"的外来人口和 1 位本地的房东（见表 1）。

表 1　受访者信息

编号	身份	性别	年龄（岁）	家乡	来京年限	拆迁后是否离京
A01	外来人口	男	65	重庆市彭水县新田乡	20 年	否
A02	外来人口	男	50 +	重庆市彭水县新田乡	不少年了（未透露准确信息）	否
A03	外来人口	男	60 +	重庆市（未透露具体乡镇）	十几年	否
A04	外来人口	男	60	重庆市（未透露具体乡镇）	–	否
B01	外来人口	男	50 +	重庆市彭水县新田乡	18 年	是
C01	本地房东	女	50 +	北京本地	–	–

（二）个案访谈

本文采用的是半结构式访谈法。访谈前先设计好访谈大纲，大体包含调查范围、提问方向和主要问题，其他问题均不事先确定。在现场自由交谈中，边谈边形成问题，提问方式具有灵活性。访谈主要有两种形式，一种是访问员与被访者一对一进行交谈，另一种是两位及以上访问员或被访者参与到访谈当中。每次访谈时间为 15～50 分钟，访谈地点为后厂村村内。

四　"搬家村"的形成与生活现状

据不完全统计，后厂村最多时约有 5000 名重庆人，且大部分来自重庆彭水县。自 20 世纪 90 年代起，彭水人以搬家为主业，在北京聚集起来。如今，大部分彭水人居住在后厂村已超 10 年。

> 被访者：最早是当兵的，当兵的退伍了，就过来这边，在那个军科里面。
>
> 被访者：军科，那时候当兵，退伍了。叫我，我没来。那时候早，当兵的过来，就过来了。
>
> 被访者：退伍了之后回家去，他又过来打工，在军科，现在，他可能

有点工资，很多年，他一直在军科里面烧锅炉。

被访者：就是，一个一个地带过来，还是他们当兵的。当兵的过来的早。

（一）血缘、地缘关系发展起来的"搬家村"

中国人传统的社会网络是以血缘、亲缘和地缘为纽带，处于社会关系之中的人就像把一块石头丢在水面上所产生的一圈一圈的波纹。在这样的社会关系之中，每个人都是一个中心，他所产生的社会影响仿佛扩散开来的一个个圈子，体现出社会关系的亲疏程度。后厂村这些外来务工人员多是经村民、亲友等介绍来到北京，基于这种社会关系和社会网络，从事相同或相似的职业。每个搬家公司几乎都是在血缘、地缘基础发展起来的。他们集中的生产和生活方式形成了后厂村的"小社会"。生活在其中，主要依靠亲缘和地缘关系交往，减少了他们初到城市的不适应和寂寞感。在经营过程中，重庆人群体内部也互相帮助，共同抵御风险。

> 被访者：重庆市彭水县新田乡。我们那个乡全都是搞搬家公司的。
> 访问员：在北京这边？
> 被访者：所有人全是我们新田乡的，开的多。
> ……
> 访问员：那刚过来的时候是有人介绍过来的，还是说就自己出来闯荡的？
> 被访者：有。都是我们一个村子的人在这儿干。
> 访问员：之前有人过来的，然后把他带过来的。那这就是一个大家都是各种小队、小公司在这里干是吗？
> 被访者：嗯。
> （A01，65 岁，继续留京）

> 我们都是互相利用，都是好来好去的（互相帮助）。（A02，50 岁，继续留京）

对于后厂村的重庆人来说，这里就是他们的第二个家，甚至也是离开重庆之后唯一的家。他们中大多数都是举家搬迁，原来的村子，现在基本上都空了，老老少少基本上都搬来了后厂村。剩下的是在老家读书的孩子和照顾孩子以及高龄老年人的中年妇女。他们来到后厂村后，稍年轻的、体力好的男性都从事搬家业务，他们觉得这个行业门槛低，好上手，且工资水平较高。虽然体力消耗大，一天下来很脏、很辛苦，但他们身上有着吃苦耐劳的品质。女性以及年龄稍长、体力弱一些的男性，多在附近的企业里从事保洁工作，活比较清闲，挣得也不算少。

访问员：就是一个空的村子，那剩下的人都是老人吗？还是有小孩。或者像您媳妇儿带着孩子这种？就年轻的劳动力都出来了。

被访者：年轻的就全都上北京来了。这个地方的人是最多上北京的。在超市啊，饭店啊。年轻的都来了。

被访者：全都是这里打工，搞搬家啊，搞服务行业。

访问员：搞搬家的，男的主要从事搬家，年轻的体力（好），像你们年龄大一些的就会去（做）保洁什么的。

被访者：对，您看我这么大的年龄，搞搬家都比搞保洁强！

（A01，65 岁，继续留京）

（二）老乡抱团：封闭的社会交往

后厂村里的外来人口，由于大多来自重庆，且基本是一个乡镇的老乡、朋友，彼此之间一直维持着较好的社会关系。他们来到北京后交往也比较密切，维持原来的社会网络。另外，他们长期从事搬家业务，每天都是在圈子内交流，圈外以"利益"为目的进行交往，很少拓宽自身社会网络，较少与圈子之外的人进行持久的社会交往。因此，后厂村的重庆人的社会交往呈现出封闭特征，多为老乡抱团。

被访者：我们（与同行的大叔）之前一起在搞搬运。至少有25年了，25年都不止，快30年了，就是说好多年前了。

访问员：嗯。你们现在住在这边挺好的，都认识，都能聊聊。

被访者：在这个地方，都是村里来的朋友。

（B01，50 多岁，离京）

（三）糟糕的生活居住环境

后厂村比较独特，一条马路就像美国与墨西哥的国界线一样，一边是城市与繁华，一边是村落与破旧。一边坐落着百度、腾讯、新浪等各种公司，高楼耸立，是上班族的聚集地。而另一边则是低矮的小平房，平房之间的间隔狭小，很拥挤。家里不用的废水都直接往屋外泼，地上到处都是污水和厨余垃圾，空气中弥漫着一股臭味。还有随处可见的棚房与廉价小吃店，破烂不堪。道路间隔狭小，尤其是下雨天时，道路容易被水淹没。

被访者：这条路上全是搬家车，挺堵。后厂村这个地方的卫生条件都不好。现在拆迁，现在这个垃圾都处理得挺好的。这个地方原来的卫生条件没跟上。

（A01，65 岁，继续留京）

访问员：有烧煤吗？

被访者：不用，不允许，这个村它好像不允许用电，但是我反对过，而且我一直用。

访问员：哦哦，不用电不方便。

被访者：对，你想（想看）我们，比如说很少在家里面煮一顿饭哈，有一次房东把电给掐了，我也没看见，我出来说，谁把我电断啦？我说你为什么断我电哪？他不允许我用这个电。

（A02，50 多岁，继续留京）

（四）即将消失的"家园"

关于拆迁，大家表示后厂村拆迁这件事并不是最近才提起的，很多年前就说过。现在拆迁真的来临，他们的态度不大相同。有人觉得这未尝不是一件好事，对于改善城市社区面貌方面有重要作用，但语气中还是有些无奈。有人觉得还是难以理解，在北京这么久，在后厂村也生活了很久，现在拆迁无异于赶他们走，让他们觉得心寒。

被访者：我好像住这 20 年了。刚来的第一年，他们就说这要拆迁。

被访者：这个原因就是知道政府出面嘛，嗯，这个村干部出面嘛，拆迁是好事嘛。这是发展的前途。

被访者：你看这个地方拆迁嘛，不会想是什么把你赶走了，不是的，不是的，只是一种发展。

（A01，65 岁，继续留京）

被访者：为什么呢，这个政策啊，国家政策是国家政策，宣传是宣传的，对不对，我们该怎么办，就怎么办，对不对。我说一句不多心（无心）的话，你政策在宣传的，或者说在这个北京城里，允许农民，或者说减少多少人好，这是他们的事，那万一每个人都回去了，那这一批人怎么生活啊！

被访者：他怎么宣传怎么去做，但是我们也该在这个地方，扎下根了，比如说，你这个地方拆了，我们就搬到冷泉，还有附近的一些地方，你那些地方你别去拆啊，对不对？

访问员：嗯嗯。

被访者：那么该拆的，我们就往其他地方搬去嘛，那没办法啊。

（A02，50 多岁，继续留京）

被访者：都是自己有市场，想干就干，待不下去了拍屁股就走。

被访者：反正这个去那个来，这个都很正常。你回去他又来，他回去他又来，都一样的。打工就那样，哪个地方都一样。没有说是绝对固定的。不是说像你们这样上班固定的，这都是自由市场。

（A04，60 岁，继续留京）

五　搬家村外来人口何去何从

面对后厂村拆迁的现实，昔日的"搬家村"必将成为历史。那些外来人口必须搬离后厂村，但究竟是搬离北京还是仍留在北京，或搬去北京的其他地方，后厂村每个外来人口都根据自身的状况做出权衡。本文根据"拉力与推力"理论对他们的选择进行探讨。

（一）搬离北京

我们访谈过程中发现，实际搬离北京和打算搬离北京的外来人口所占比例很小。在我们的被访者中只有一位被访者表示打算搬离北京，搬回老家。

> 被访者：不着急。因为活太少了，我想回去了。
>
> 访问员：您想回去啦？
>
> 被访者：（被访者笑着说）不要来了。
>
> 访问员：您觉得活太少了？
>
> 被访者：太少，太少了。
>
> （B01，50多岁，离开北京）

北京作为迁出地，对他来说的推力包括在京工作不稳定、不顺利，正如上面所说"因为活太少了"。之前对于他来说，北京最大的吸引力就是工资高，而当他自己在北京多年仍是给别人打工，并且搬家市场越来越饱和，多人分一杯羹时，难免会出现"僧多粥少"的局面。这时北京对于这群人来说吸引力下降，面临拆迁时，他们做出搬离北京回老家的选择也就不难理解。

而重庆老家对于他的拉力包括家人在老家、有合适的工作机会以及老家生活压力较小这三方面。具体描述如下。

> 访问员：不考虑再在北京找个其他工作？
>
> 被访者：哪有钱，生活费、房租费，没剩几个呀，太少了。那活也太少了，太少了。

访问员：钱太少了。那您准备回老家还是说去成都或其他好一点的城市，靠近重庆的城市？

被访者：我回重庆那边，我的大儿子，他说找个班给我上，不搞这个（搬家）了。

访问员：他给您找个活儿，您去干？

被访者：嗯。他找了一个活。

访问员：那您回去的话，您有想过做什么工作吗？

被访者：工作，具体什么工作我也没确定。

访问员：没确定。

被访者：这是我大儿子说的，叫我到重庆去打工。

被访者：爸爸妈妈都七十几了。爸爸还有两三年满八十了。我们也是这么说，要是继续在北京混，最多一两年。

访问员：就是父母在，还是挺想回去的？

被访者：不是父母在，他年龄太大、太大了。

访问员：也需要人照顾。

被访者：你不可能一直在外边。

（B01，50 多岁，离开北京）

（二）留在北京

我们访谈过程中发现，绝大部分后厂村的外来人口面对拆迁时，都选择继续留在北京，只不过是搬到周边的其他房租不高的地方而已。

访问员：那现在咱们要搬的话，准备搬到哪儿呢？有想过吗？

被访者：现在要搬，有的搬到涌泉、黎各庄，还有亮甲店、白沙屯呀，都是这些地方。

访问员：就是都不回去，大家都不回去？

被访者：嗯。

（A01，65 岁，继续留京）

被访者：比如说，像冷泉啊，还有是这个亮甲店啊，还有很多地方都能搬。

（A02，50 多岁，继续留京）

1. 推力

对于选择留下的人来说，京外的推力主要包括以下两个方面。

（1）京外工作机会少，工资低

对于这些外来人口来说，他们选择不回老家，不去京外其他地方的一个很重要的原因是出于经济发展水平的考量。这些外来人口的家乡多为重庆这样的山城，经济发展与北京相比差距较大，工作机会也少，工资低。

访问员：那您的感觉是北京这边的生活比重庆那边好很多？

被访者：嗯，是。经济发达些，山区地方都不行。

访问员：山区还不太行。

被访者：所以说，特别是我们那地方，到北京的人最多。

（A01，65 岁，继续留京）

被访者：成都？成都不行，那边经济不是很高。你看成都搞保洁一千多块钱一个月。比这里差，悬殊好多。你看我们 60 多（岁的）人，我们月收入都是 4000 多元、4500 元。

访问员：那你们还是为了经济的原因，所以（不愿离开北京）？

被访者：现在还是在挣钱，我们这么多年一直在家里种点粮食，就是想发财嘛，因为毕竟种粮食不值钱。

访问员：就是你们在家就只能种粮食？

被访者：种粮食和喂猪。

访问员：哦，那你们那儿没有工厂什么的吗？

被访者：厂，有厂，但不是很大。

访问员：不是很大，也不需要太多人？

被访者：经济条件不行。

（A01，65 岁，继续留京）

（2）老家"空心化"

后厂村的这些外来人口，他们老家的人大多都出来打工了，并且基本上都是举家迁移。他们的老家已经没什么人居住了，基本呈现"空心化"态势。因此，对于这些外来人口来说，他们对老家的依恋和牵挂相对较弱。

> 被访者：老家？老家都出来打工了，都荒废了。现在很多地方的农村都这样。
> （A04，60 岁，继续留京）

2. 拉力

对于选择留下的人来说，北京的拉力主要包括以下两个方面。

（1）工资水平高、工作机会多、工作稳定

北京作为首都，是重要的政治、经济和文化中心，一直以来吸引外来人口的就是其经济发展水平，工作机会多，工资水平高。

> 被访者：这个地方是首都嘛。最重要的地方，（是）能挣钱。
> （A01，65 岁，继续留京）

> 被访者：哪都能赚钱，北京还是赚得比其他地方多。
> （A03，60 多岁，继续留京）

> 房东：就不想回去，回去干吗？回去他们山里头捡破烂儿都没地儿呢！在这儿好歹租个房间就挣钱呢，他们一个月赚好几千呢！
> 房东：对对，他们很多人都不走，为什么不走呢，人说了，家里头种那个，种什么呢，一年也收不了几个钱，养几头猪，保险这块一年也没有多少补偿。
> （C01，房东，女）

> 被访者：北京这个地方，不是凭当时这个经济环境，这个地方能挣大钱。有的在这个地方，现在当大老板了。好多开公司的大老板都是我们新

田乡的人。为了谋求发展，大家都希望在北京发展。

（A01，65 岁，继续留京）

（2）第二个"家"

后厂村这些外来人口，大多外出打工多年，在北京也多年了，很多已经在北京扎根了。已经习惯北京的生活节奏和生活方式，对北京产生了浓厚的感情，觉得北京就是他们的第二个"家"。另外他们大多举家迁到北京，北京已经是他们的容身之地，即使后厂村拆迁了，他们也不会搬离北京，而是选择在周边找个住所。

> 访问员：那您是一个人在这，还是家里也有人在这？
> 被访者：我们全家。
> 访问员：全家都在这啊？
> 被访者：嗯嗯。孙子啊，儿子啊，都在这！
> ……
> 访问员：就是从来（北京）就一直待在这是吧？
> 被访者：对对。
> 访问员：那很有感情了。
> 被访者：对，是有感情了。
> 访问员：嗯。第二个家一样。
> 被访者：对！好像在这个地方啊，就跟我们回老家一样，就是一样！哈哈！
> （A02，50 多岁，继续留京）

（三）关于未来

面临拆迁，虽然访谈中我们了解到大多的后厂村外来人口选择留在北京，在周边找个住所，但这些老乡分散居住在北京各处。还有一些回老家或者去了其他城市谋生。之后再也不会有昔日的"重庆人"的森林之称的后厂村了，"搬家村"也不复存在了。

仍打算留在北京的人，关于未来的职业规划，他们表示搬家市场已进入

"瓶颈期"，没有以前好做了，但他们也没有其他技能，虽然挣不了很多钱，但能在北京生活下去，他们也就会继续做下去。

访问员：那收入还行？

被访者：只能说搬家这个行业在北京丢不了，但是没有以前好干了，挣不了那么多钱了。

被访者：……现在不行了，现在太多车了，活儿也少了，不像以前了。现在就跟你们一样在北京安家了，你买一套房明年还搬吗？后年还搬吗？现在要买房的都买了，该搬的都搬了，可能以后都不要搬家了，现在搬的都是周转性的，像给孩子换学区房啊。除非住到学区房去，这种需要搬家公司。还有就是像你们学校，国家给你们学校一笔经费，必须得花掉。

访问员1：是学校找你们搬是吗？

被访者：对，每一年暑假，那个国家教委国家教育局让那些学校该维修的该那什么的都给补钱，给补几十万元或者上百万元，今年你们学校如果不花这笔钱，下一年就没了。

访问员：那学校拿这笔钱干什么呢？

被访者：学校就是管理维修啊。

访问员：那现在还有这些吗？

被访者：有啊，每年都有。

访问员：那这种搬家公司就能接到活儿。

被访者：都是搬家公司去干。

访问员：那其实现在也还行。

被访者：哎呀凑合。能吃饭就行。

（A03，60多岁，继续留京）

离开北京的那位被访者对于以后的职业规划是，确定了不再进搬家这个行业，但具体做什么他也不知道，他完全依靠自己的孩子给他规划。

被访者：我回重庆那边，我的大儿子，他说找个班给我上，不搞这个

（搬家）了。

访问员：他给您找个活儿，您去干？

被访者：嗯。他找了一个活。

访问员：那您回去的话，您有想过做什么工作吗？

被访者：工作，具体什么工作我也没确定。

访问员：没确定。

被访者：这是我大儿子说的，叫我到重庆去打工。

（B01，50多岁，离开北京）

六　总结与政策建议

（一）总结

本文通过个案访谈探究了"搬家村"的"聚合"过程，即"搬家村"是如何形成和发展起来的，以及村子里外来人口的基本生活状况，分析面临拆迁这些外来人口的去留选择以及生存策略。搬家村从"聚合"到"断裂"都是独特的人口流动现象。20年前，来自相同地方的外来人口在血缘和地缘的社会网络支持下，先后来到后厂村，这里房租便宜，地理位置优越，于是他们抱团在这里做起了搬家业务，不久后他们占据了北京搬家市场的半壁江山，也就形成了独特的"搬家村"。虽然后厂村的居住环境较差，形成"城中村"景观，但是优越的地理位置、便宜的房租，熟悉的邻居老乡，使得生活在这里的外来人口早已把这里当作自己的"第二个家"。

2019年底，早就传来的拆迁整改消息一时间成了现实，然而，改造的快速推进和配套安置措施的滞后使得他们不得不面对搬离后厂村的现实。昔日的"搬家村"即将消失，之后这些外来人口将何去何从？到底是离开北京还是留在北京另找住所，这对每个人来说都是一个权衡的过程，这是他们生命历程中的一个重要决定。访谈中我们发现，绝大多数人选择留在北京，只不过是搬去周边的地方住，小部分人选择离开北京。这群流动人口大量向北京郊区的低租金区域流动，可能会呈现"摊大饼"的态势，在新的聚居区很可能形成新的

"城中村"景观。① 每个人、每个家庭做出选择的背后都有其独特的故事。在这当中，北京和其他地方之间的各种推力和拉力也影响着他们的选择。

（二）政策建议

现代社会，由于各地区经济水平、环境卫生等方面存在的差异，人口流动早已成为常态。像费孝通先生所说的"生于斯，长于斯"的人，现在已经很少见了。② 城中村作为流动人口最主要的"聚合区"，存在种种问题，尤其容易形成不良城市景观。北京作为首都，为了城市更好地发展，需要对城市进行改造，因此，大量城中村要被移除，大批流动人口被迫迁移。这一过程中的首要问题就是流动人口的安置问题，它不仅关系到流动人口的安居乐业，还关乎社会的和谐稳定。③ 因此，本文根据对北京海淀区后厂村外来人口的研究，为城市的流动人口治理给出如下政策建议。

1. 健全法律法规，保障流动人口的各项平等权利

在公共政策方面，各大城市应该建立健全流动人口相关法律和法规，充分保障流动人口的各项合理权利，明确规定流动人口与城市人口在资源配置方面平等的社会权利。在我国，由于长期以来户籍制度的障碍，流动人口在城市常常受到不公平待遇，却无法可依，导致他们的很多权利得不到保障。正如本文案例中的后厂村外来人口，他们面临城中村改造，必须搬迁，但与北京本地人可以得到合理安置的结果不同，他们必须自寻出路，搬到其他租金低廉的地方或者直接被劝退回老家。从这个角度来说，他们在北京这座城市的权益没有得到保障。

2. "城中村"治理要达到融合而非隔离的最终目标

城市在进行治理的时候不宜采取粗暴的拆除和对外来人口随意驱赶的方式，而要把"城中村"治理与城市的发展规划紧密结合，要做好合理安置和科学管理外来人口，要以人性化关怀和包容性的理念来设计和规划城市。当前，我国的很多城市都面临着"城市病"问题，出现了"城中村"的不良城市景观，严

---

① 李家辉、许振晓：《城市改造背景下流动人口安置问题研究——以杭州市为例》，《中国集体经济》2019年第12期。
② 费孝通：《乡土中国 生育制度》，北京大学出版社，1998。
③ 同①。

重影响城市容貌以及城市未来的发展，于是城中村改造项目纷纷启动。城市改造的初衷是好的，是为了城市未来更好的发展。对于流动人口来说，也是为了改变他们生活环境脏乱差的境况。但是在实施过程中出现了很多问题，流动人口的生活环境并没有改善，他们又流动聚集到其他地方，形成了新的"城中村"，甚至有一部分人感受到的是被城市驱赶，被迫返回老家。这种结果违背了城市改造的初衷，为流动人口融入城市反而增添了阻碍。因此，在"城中村"治理的过程中，对流动人口要坚持融合而非隔离的最终目标，这样才能促进流动人口更好地融入城市，推动城市的和谐发展。

3. 关注流动人口子女的教育问题，提高流动人口素质

长期以来，城市管理者更多是把流动人口作为"劳动力"看待，忽视了他们作为城市生活的一员的一些重要诉求，尤其是他们子女的教育问题。[①] 而当前的人口流动呈现了与以往很大的不同，举家迁移成为一种趋势，越来越多的流动人口的子女到了城市，其中的很多都会在城市长期居留，因此流动人口子女的教育问题是十分值得关注的。城市应该保障流动人口子女的受教育权利，相关部门可以加大力度对农民工子弟学校进行扶持，[②] 城市的普通学校也应该放宽对流动人口子女的入学限制，保障流动人口子女接受基础教育的权利。提高流动人口子女的受教育水平，也就是提高流动人口的素质，有利于整个社会的发展。

4. 创新城市住房制度，保障流动人口"住有所居"

在城市住房方面，要严控同质性住宅小区的开发，使得不同收入群体在居住选择上不具有集中效应，避免形成"高档小区"和"城中村"差距悬殊的城市面貌。城市小区应提供不同档次的住宅户型供不同收入群体选择。商品房小区也应建立适合流动人口群体生活的住房，形成以廉租房为主体，以保障性住房和商品房为补充的城市流动人口住房体系，从而保障流动人口"住有所居""住有良居"。

5. 促进农村劳动力就地转移，促进城乡协调发展

人口流动源于地区间的经济发展水平和就业机会的悬殊差异。当前我国农

---

① 郑真真：《中国流动人口变迁及政策启示》，《中国人口科学》2013 年第 1 期。

② 赵园媛：《从城乡文化差异看农民工的城市适应问题——由〈乡土中国 生育制度〉所想到的》，《世纪桥》2009 年第 15 期。

村的剩余劳动力仍较为充足，流动人口规模较大，这也是我国未来很长一段时间的常态。但仅依靠大城市来收容这些剩余劳动力，会加重大城市治理等方面的负担。因此，增加农村的就业机会，促进农村劳动力就地转移，一方面可以缓解大城市的人口压力，另一方面可以减少流动成本，推进农村地区的发展，进而缩小城乡差异。

南程村与"第一书记"张力的几个第一次

杨之郊[*]

张力边走边思考:"我这个方向感比较强的人在这路口都迷糊,其他人会不会和我有同样的遭遇呢?路标很重要!方向很重要!目的很重要!"因此,他挂职第一件事,就是和村干部以及村民们找到一块稳当结实的大石头,立在村口,由他郑重写上三个大红字:南程村。自此,这三个大字也重重压在他的心头。虽然他只是来挂职一年,但他想,要把这一年的任务当作终身事业来做、用心做。

戏曲中的某个七品芝麻官说过:"当官不为民做主,不如回家卖红薯。"好官历来都有,贪官也有不少。就在不少高官因贪污受贿等重大问题被免职或被依法处理时,张力被中央国家机关工作委员会派到河北临城县南程村挂职一年。这个村不是贫困村,但也不是富裕村,在河北广大的农村中非常不起眼。领导对张力的要求是:"说百姓话,吃百姓饭,想百姓的事。不仅要人到位,心到位,还要工作到位,责任到位"。私底下也有亲友提醒他:"别折腾,别高看自己,以为自己能干成别人多少年都干不成的事。不求有功,但求无过。只要按时下去,顺利混个一年,挂职就算成功了"。

"混",从来都不是张力的性格,否则领导也不会把这个重任交给他。

一 第一次卖枣

那是 2015 年 9 月 14 日的清晨,南程村老支书饶振刚领人从一些农户家收

---

* 作者简介:杨之郊,中国作家协会会员。

来 100 多斤枣子，和"第一书记"张力，村委会分管户籍户政的干部陈增强以及村民赵文宁开车去邢台。到了邢台的一片小区聚集地，这里的路边已有些卖菜、卖小吃、卖水果的小贩。张力他们也寻到一片小空地，把摊子支起来。刚支好摊子，来了个卖快餐的，说这是他的地盘。虽然口说无凭，但张力他们是外来的，也不想惹麻烦，就只好往旁边挪一挪。张力还拿出昨晚做好的宣传板开始吆喝。

宣传板上的内容是张力根据村里的一块省级保护文物——魏氏贞节牌坊引申下来写的："这是南程贞节枣，产自临城县南程村。该村民风纯朴，邻里和睦。村中家家户户植有枣树，每当成熟季节，处处挂果，如点点星灯，照亮村庄。人们随处可摘，尽情品尝，若遇来客则诚心奉上，热心大方，从不计较。因村里立有清代乾隆亲旨修建的潘氏贞节牌坊，时刻传递着百善孝为先的传统美德，故称'南程贞节枣'"。

几个人把一张床单铺在地上，把装枣子的大袋口卷起，用方便袋把枣子装成一堆堆的。

很快就有人来问价。张力他们竟然忘记带秤，只好凭手感估重，一袋约五斤，定价两元一斤，十元一袋。就这样约十点开始的生意，到中午十二点多，只剩下三袋了。

为什么"第一书记"张力亲自带队外出卖枣？

这还得从他一次走村访户说起。

前几天，张力在村干部的陪同下，沿着村里最主要的一条街开始走访，经过一家小院门口，支书老饶见有枣子挂果，便摘了几枚给大家吃。张力就问这些枣子怎么处理，是卖啊还是自家吃啊。老饶说从来也没有人想过卖枣。一般都是自己家吃着玩，有的路人经过也随便吃，有的枣子掉到地上也无人问津。

待张力问到为什么会这样时（因为这个村子并不富足），老饶他道出了该村村民的一个共同弱点："大事干不来，小事不愿干"。张力一听心里有些明白，这正是不富甚至致贫的一个致命原因嘛。张力就说："我从北京来村里之后，就想带头去卖枣，做个示范。我们去卖枣，估法也许真的卖不了多少钱，但可以通过这个做法，告诉大家处处都有挣钱的路子，就看大家愿不愿意去做。不要小看小生意，大生意也都是从小生意开始做起的。"

别看支书老饶 60 多岁，心脏还上了支架，但思想很有活力。他很快明白了张力的良苦用心,立即表示支持。等到了第二天,当张力再思考这个问题的时候,他自己反而有些犹豫了,但老饶的态度依旧很坚定。他说,"闯闯才知道行与不行嘛。"

老饶做工作也很有一套,当晚就问了三五户人家,说明收枣子去城里卖的用意。他还与部分支委通了气,并给大家分了工,以便迅速开展工作。

而定去城里卖枣子的人选,张力也是很有想法的,他一心想叫赵文宁去。赵文宁何许人也?

早先张力等人在村中走访时,看到一处村民的大门,一幅萧条凄凉的景象,大门口杂乱地长满青草,好像许久没有人进出。大门虚掩,门把手也丝毫不见手触的印迹。走进大门,房顶利用太阳温度晒热取水的软管垂在内门的正中央,须扭头或曲身方才能经过。院里一片狼藉,雨水流经处已是青苔遍布。墙角里,零乱地堆放着啤酒瓶,像是一簇簇荆棘。张力站在这个院子里,想着来时路上老饶介绍的情况,他的心中涌起一阵寒流。这是一个80后的家,主人叫赵文宁,1985年出生,时年整整30岁。因为家庭原因,意志消退,生活颓废,靠吃低保过日子。

老饶先进了屋,没听见屋内有动静,也不见里面有人出来。张力掀开板结的门帘也进了屋。屋里没有灯,等适应了一下眼睛后发现,屋内也是一片狼藉。张力再想走进内屋时,在门口中央,一个年轻人从他身边飘过去,他差点踩到一堆垃圾上。原来,小伙子没有出来迎接大家,是在着急扫内屋的地呢。张力环视屋内,床上、桌上、沙发上,东西堆得乱七八糟,只有放在床边的一台笔记本电脑还有些生机,电脑里播着青春剧。它相对于昏暗的空间,散发着刺目的光亮。

赵文宁让张力和他坐在同一张床上,因为沙发上的杂物实在太多了。他的被子一半压在张力身下,让张力觉得硌得慌。张力用手拽了拽那黑乎乎的外硬内软的被子,一股难闻的气息让张力感到窒息。

当赵文宁用手把遮住眼睛的长发撩起时,张力发现他实际上长得很英俊。他不爱说话,张力问他什么,他就咕哝一句,加上方言,声音又小,张力几乎没有听清楚。离开他家时,张力告诉他不能天天吃方便面。他说没有。结果当张力再次经过那个门帘时,他扭头看了看门口的桌子上,方便面包装袋上的油渍还在,已经结了硬硬的粑。

原来,赵文宁很小的时候,他的父亲就因为癌症去世,他和弟弟是由母亲独自抚养大的。后来在一次劳动中，邻居一位叔叔因为帮助母亲干活，却被母亲失误砸成了植物人。几年前，母亲因为实在经受不住精神和经济上的压力，在这个小院里上吊而亡。

之后，赵文宁的姑姑帮助过他，他的弟弟工作后帮助过他，村委会帮助过他，但母亲的自杀仿佛在一瞬间改变了他的人生观、世界观、价值观，他开启了自我放逐的模式。在一次打架斗殴中，他的左臂残疾了。于是，他躲进小屋把自己的心灵和身体都锁起来。

通过卖枣，张力想给赵文宁一个自食其力，开始新生活的机会。

卖枣后的第二天晚上，利用村民跳广场舞的时机，张力与村民集体见了面，并把卖枣这件事的出发点和想法告诉大家，不是为挣钱，而是为启发商业意识，商机处处有，看大家是否能发现；同时，按一斤四毛钱的成本价现场把钱发给供枣的农户，把余下的一百多元钱交给老支书，由老支书发给了赵文宁，告诉他这是他劳动应得的报酬，鼓励他打开心扉，自食其力地生活。

张力还请赵文宁谈了谈自己的卖枣感受。

实际上头天卖枣回来之后，张力给赵文宁布置了两项任务，一是把卖枣的感受写下来。起初，赵文宁不愿写，说写不了，不会写。张力说必须写，不会写的字用拼音都可以，上网一个字一个字地查也行，有多少写多少，想到什么写什么。后来赵文宁真写了，说是在电脑上写的，打印不出来，不能当场朗读。张力又让他回家好好准备一下，尽量背下来，争取在大伙面前留个好印象，因为还有隔壁村的村民也要来听呢。后来在活动中，赵文宁面向大伙儿讲了自己的感受，讲得还真不错。二是张力让他从网上查一下关于花椒的资料，以备后用。他也查了，并下载了八千多字的资料。

这件事，对于赵文宁来说，产生的作用有多大，一时也说不好，但张力想一定会有冲击，至少，帮助卖枣得到了报酬；写感想，在大伙儿面前讲话，他都做了，做了就好。他讲完话之后，告诉张力，从来没在这么多人前讲过话，很紧张。张力继续鼓励他，说讲得很好，有了第一次，下一次再讲就有经验了。这样的锻炼，张力想一定或多或少会对赵文宁产生些作用吧。

从未做过生意的张力，把第一次卖东西的经历给了他挂职的南程村。他觉得值，因为在和村民的集体见面会上，有村民直接问他能不能领着大家致富，这就是对他有希望，有期盼。

二 第一次在村里跨年

中国人都很重视春节，春节是团圆节，人人都想方设法和家人团聚。但张力自从挂职到南程村，南程村在他心里的分量越来越重。有一个问题一直困扰着他，那是他第一次到村里就有的感觉，他觉得现在的农村已经和过去大不同，过去大家相互串门，大事小事传得很快，一呼百应，一人有困难大家都来帮忙。但现在，由于各种原因，村民之间的关系疏远了，民心较为涣散。南程村的第一场雪后，张力组织大家扫雪，也只有村干部参加，其他村民几乎都不来，事不关己高高挂起。他在日记中这样写道：

农村四空：

1. 空壳村，有组织无实体，没有集体经济，基层组织有架子，没人、没事干。

2. 空心村，有空房无人住，或是老旧房等拆迁，或是新房人在外打工。

3. 空巢村，有老人无赡养，或无子女，或子女在外，或子女不孝，老人自杀事件频发。

4. 空白村，指村子里人情冷漠，虽然大家都有血缘关系或几代同村，但没有感情，缺少交流。

所以，张力建了一个微信群，叫作"锦绣南程"。关于春节的集体活动，他是这样进行引导的：

现在我们都不缺吃不缺喝的了，要的是一些精神上的享受。春节的联欢活动会让大家感到大家庭的快乐与温暖。一个村子的人都不熟悉，岂不有些冷漠了。我们要把村子当成一个大家庭来建设。张力与大家同在。

他决定这个春节要和村民们一起度过。因为春节，外出打工的人回来了，在外读书的学生们回来了，作为南程村的"第一书记"，张力真的想看到全体村民们的大团聚。所以，他把节日前后一周的活动都周密地安排好了，当然，内容是他和村"两委"共同讨论完善的。还在微信群里征求了大家的意见。

让我们来看看曾经张贴出的2016年南程村的节日活动安排草案告示吧。

主要活动项目：

1. 文化南程：写春联、猜谜语。

2. 快乐南程：秧歌踩街、广场舞展示、抛圈游戏、蒙眼击球游戏、绑腿走比赛（以家庭为单位）。

3. 活力南程：卡拉OK比赛、拔河比赛、象棋比赛。

4. 和谐南程：打扫卫生、拍全家福、评选各种奖项并进行表彰。

活动步骤安排

2月4日（大年二十六）

写春联活动（大家一展身手）。

2月5日（大年二十七）

拍全家福（由张力为大家拍照）。

2月6日（大年二十八）

早上，全村动员一起打扫自家和公共区域卫生（干干净净迎新年）。

2月7日（大年二十九，即大年三十）

卡拉OK比赛、拔河比赛、象棋比赛。

2月8日（大年初一）

快乐大联欢：秧歌踩街；广场舞展示；抛圈游戏、蒙眼击球游戏、绑腿走比赛（以家庭为单位）。

颁奖大会：一是给参加各项活动的获奖者颁奖；二是给评选出来的"可爱南程人"颁奖。

"可爱南程人"评选奖项设置

南程贡献奖：关心和支持家乡建设的南程人（包括领导干部、企业家、在外学生）。

南程榜样：优秀党员、青年、退伍军人；致富能手、致富带头人；学校的三好学生。

最美南程人：

"最美婆婆"奖（善良勤劳、懂礼讲理、爱媳如子）；

"最美媳妇"奖（勤劳能干、相夫教子有方、敬老孝顺）；

"好孩子"奖（孝敬长辈，学习成绩好，时常做家务）；

"最帅大丈夫"奖（勤劳、爱妻、敬老）；

"最美家庭"奖（家庭中得奖数量最多的家庭、有模范作用的党员家庭，也可由大家推荐）。

欢迎大家踊跃报名参加活动，并提出宝贵意见，献计献策。希望大家积极争当志愿者，成为活动的组织者，我们需要大家的力量和智慧！

等大家意见整理后，形成最终方案，我们会及时通知大家！

南程村支部委员会

南程村村民委员会

二〇一六年一月二十九日

在所有的活动中，张力尤其关心拔河比赛，因为这个活动最能体现集体协作精神。

张力还记得那场比赛是由军人出身的陈增科主要负责组织，等张力到现场时，拔河已准备就绪。他看了看地上拔河用的绳子，觉得不够粗，问组织者行不行，有人回答，拖拉机都拉不断。张力觉得村民们应该具有这些常识，于是就没有再怀疑下去。

拔河分男子组和女子组，拔河双方是前街的乡亲和后街的乡亲。

在男子组中，后街的乡亲看上去不是太积极，也可能是人手不够，没有前街人数多。这个时候，张力就站了出来，自告奋勇地对乡亲们说："我算后街的。"说完就站到后街队伍中的第一个位置。按照他当时的想法，一是更好地融入大家，二是向大家宣示一种精神，那就是集体主义精神。

然而，谁也没想到的事情发生了，拔河的哨音刚响，大伙抓紧绳子一发力，绳子断了。

张力当时还清晰地听见自己的后脑勺也"咣当"一声，砸在地上，声音还特别脆。当他反应过来是咋回事时，已有几个老乡跑过来赶紧把他扶起来，帮他拍打身上的尘土。再看拔河双方的乡亲们，一个个也纷纷从地上爬起来，也拍打着自己身上的尘土。此刻，笑声伴随着尘土在过年的氛围中飞扬……

张力一边摸着自己的后脑勺，一边问其他乡亲有没有摔伤，大家都说没事。

有人赶紧去找更粗的绳子，还没等找绳子的乡亲回来，大家集思广益，想方设法又把绳子两股拧成一股，新一轮的拔河开始了。

此后的拔河进展顺利，没有再发生绳断的"事故"。"加油"的呼声一浪高过一浪，大家仿佛把积蓄了一年的劲儿都使出来，拧在这条绳子上，绳子也散发着集体的力量。

结果已不再重要，重要的是参与，是感受，是体验，是欢乐……难怪事后有的村民在微信群里发出"小小拔河见人心""发扬我们村的凝聚力"的呼吁和感叹。

不过，这一摔，把张力的尾椎骨给摔骨裂了，只是他当时一点都不知道。接下来的几天都能照常活动，直到年初六他从安徽看望父母返回北京的途中，在淮南站上高铁时，尾椎骨一痛让他又摔了一跤，在车上顿时痛晕过去。到站后家里人把他接到北京大学医院拍了个片，一看吓一跳：胸椎压缩性骨折。2016年新年，他迎来人生的第一次手术。

后来，张力在微信群中了解到，前街一个小伙子，脚被前面的队友倒下时压伤了，还好，没有大事。

手术后在病床上，张力一周无法动弹，只能用一个姿势仰卧着，一边写5万字的研究生毕业论文，一边回忆南程村的春节活动，他想起那场卡拉OK比赛，因为是露天的，声音效果并不太好，但由几个放假回来的大学生当评委，参赛者唱得认真，小评委当得也很认真。

他还回忆起当地交通局的苏局长、工委的杨振营和组织部的齐辉陪同他一起在村里过了个年，心中感激同事们的支持。

想起那"最美媳妇"奖，他不由得一笑，是他请出这媳妇的婆婆来当颁奖嘉宾的，效果非常好。

这最美媳妇叫张秋萍，就是帮赵文宁母亲干活被误伤成植物人的陈文江的妻子，无怨无悔照顾丈夫五六年，她得这个奖是实至名归。

回想与张秋萍第一次见面，她的哭诉至今让张力忘不了。那是2015年9月底，张力正在屋里与完成人员登记的赵文宁谈话，张秋萍就进门来了。一见张力就哭诉起来，她的意思是：我的丈夫是帮赵文宁的母亲干活时被误伤成植物人的，失去母亲的赵文宁是有困难，可我家也有困难啊，你这个第一书记凭啥只关心赵文宁呢。这让张力立即感觉到自己的工作有疏忽。

后来支书道出事情原委，当年秋萍丈夫出事后，家里一度生活困难，村里想给他们办个低保，以保障基本生活，在为谁办的问题上，支委会干部有不同意见，最后大家担心她丈夫在世时间可能不长，就把低保的名额给了秋萍。后来，秋萍见丈夫病情稳定，又想为丈夫再评低保。支部考虑，类似这样的情况村里还有，而总名额有限，就没有给她丈夫评。张秋萍现年51岁，其丈夫陈文江52岁。

这事当时让张力确实有些自责，只想到帮助赵文宁，没有想到帮助张秋萍，这的确是工作上的失误。

随后张力走访了张秋萍家。

张秋萍家完全和隔壁的赵文宁家一个天一个地，秋萍家很整洁，家庭装饰比较讲究，虽有些过时，但能看出过去的时尚。如她语言中经常提到的那样，这个家在丈夫出事前日子过得比较殷实。

进门之后，张力先去看了躺在床上的植物人陈文江。

陈文江的眼睛能动。他此时睁大眼睛努力地朝张力他们进来的方向看，眼睛睁大的感觉很夸张。张力平时听人说起植物人这个名词时，没啥特别的感觉，最多是感到可惜。但当一个植物人真正躺在面前时，心里的震动很强烈。

陈文江的左食指和中指能动。张秋萍当面演示给张力他们看，她指着老支书饶振刚，问丈夫，这是"三儿"吗？陈文江的食指和中指轻微摆了摆。张秋萍又拉着老饶，问丈夫，这是"刚子"吗？文江没有任何反应。张秋萍解释说，这就说明他认为她说得对，没有反应，就是认可；手指动动，就是不认可。这是一个植物人所能做到的最有限的交流与沟通。

陈文江的嘴能动。张秋萍说，他的饭量还好，与正常人差不多。五年了，每当她喂他吃饭时，他就流泪，但任何话语都说不出来。

陈文江的床靠在窗前，张秋萍说，太阳到西边的时候，他就可以晒着太阳了。靠着文江床尾是秋萍的床。这个不足十平方米的小卧室，秋萍说，原本是放双人床的。

小屋，仍是温暖的。茶几上一尘不染，窗台上摆放着文竹和兰花，还有张秋萍用一个洋葱种出来的绿色叶子，好似兰花那么生动。陈文江的床头放着一个可爱的小熊玩具，他身上的衣服、枕巾、床单、被子无一不干净整洁，屋里没有任何怪味……这一切都让张力感到这个家庭的温馨。墙上的挂历，让张力久久地行着注目礼，那是2011年的挂历了——那场灾难就在那年。张力猜测，从此他们没有再挂新的年历。

一面是无尽的悲伤，一面是充满爱的温馨；一面是对生活的记忆和无望，一面是坚强的挣扎和支撑。张力深知，这一小屋充满爱的空气，得来不易!!!

张力快速地运转着大脑，他想，帮助这个家庭最为根本的方法，是让陈文江能有所好转甚至康复。如果康复不济，看是不是可以帮他协调到一个能够活动的病床，秋萍也表达了这个愿望。她对丈夫康复的信心不大，有个能够活动的床已很满足，她的颈椎不好，已没有力气扶他坐起来。如果病床协调不好，能给他弄一台电视也行。秋萍说，别看他无法言语，其实他心里是非常清楚的，他可以看看电视，消磨余下的时光。可家里的电视坏了，没有钱买新的电视。

一次沉寂五年的意外又被重新提及，回忆对于张秋萍来说是痛苦的，但也带来希望。

到了2016年的7月15日，张力在临城县委有关领导的协助下，终于把病床送到秋萍家。

张秋萍非常惊喜，特地带着两面锦旗来到村委。

知恩图报的秋萍送给张力一面，也送给村党支部一面。

张力的第一反应是，花这些钱干什么，但秋萍执意要表达心意，他的心里也是暖暖的。他对秋萍说："是临城县委领导帮忙协调成功的，该感谢他们才是。"

三 第一次不被理解的痛

"第一书记"是北京派来的，要想听到村民和村干部的实话，很难！

在南程村工作了大半年，张力逐渐觉得村"两委"班子成员对他有虚以应付的现象，因为不管他的建议好不好、对不对，大家都是异口同声地赞成，这种现象让张力并不好受。

当张力有了这种直观感觉之后，他利用一个晚上，把支书老饶请到自己住处，认真地进行了一次谈话和交心。果然，张力的感觉都得到了证实。老饶承认，班子成员中，有一种思想，那就是张书记想做什么，我们就支持他，只要他高兴就行。

殊不知这种思想和观点，让张力非常心痛。

在一次"两委"会上，支书老饶也反复强调，希望张力能够为村里多做几件实事，这让张力有些不解：我做的这些难道都不是实事？那大家所要的"实事"究竟是什么？难道就是挣大钱？钱多大算是大？一锄头想挖个金娃娃吗？

沟通难，但还得继续沟通，工作难做，也要继续做下去。

他一有时间就和支书老饶沟通，和村"两委"沟通，和村民沟通。

拿老饶来说吧，他是村支书和村主任一肩挑，当支书已 16 年了，每月工资 1200 元。老饶说，要是不干村支书，挣的钱一定会比这多，当村干部操心啊，别的啥都干不成。只能晚上和老伴去一个小学校睡觉，算是当门卫守夜补贴点家用。他用了一句很形象的话说："84 岁的母亲头上没几根白头发，我这个 64 岁的村支书头上没几根黑头发。"

一些村民私底下和张力说，支书老饶人是好人，就是能力低些。不然南程村早就富起来了。张力说，一个村子的发展不是靠一个人，而是要靠大家的齐心努力。

张力也对支书老饶说："我这个'第一书记'是给你当助手的，我们要和广大的村民一起为村子寻找共同富裕之路，我个人不是孙悟空会七十二变，不可能马上引进大项目让大家挣大钱。我们要引导村民改变落后观念，从小事做起，稳扎稳打。"

张力又想起他提议的关于手工比赛的事，便催问张罗这事的饶新建，饶新建面露难色："我一给大伙说手工比赛，他们就说尽玩虚的，让张书记给老百姓办点实事，比啥都强。什么手工比赛，那只是给张书记捧场，对他上升有利。"

听到这些话，张力很是伤心，甚至痛心。一种不被理解的痛，痛彻心扉。

类似的声音张力其实听到不止一次，支书老饶这样说过，有的村民也这样说过。

张力在与饶新建简单沟通之后，就在"锦绣南程"群里发了下面一段话：

　　乡亲们，大家好！我是张力，关于南程手工比赛活动，我的考虑如下：

1. 比赛不是形式，实际上是想通过它发现村里的手工人才，因为，手工可以创造财富！

2. 开展活动不是玩虚的，因为手工是一种能力，心灵手巧是智慧，手艺也是才华！

3. 我想通过这样的活动，表达我的一个想法，世界上没有天上掉馅饼的事，我们必须量力而行！

4. 我还想说的是，看不起小事的人，永远做不成大事业！

我只想与大家共同努力，从一点一滴做些我们能够力所能及的事！！！

能成功的人，必然是那些有梦想又有行动，而且选择从力所能及开始干的人！

在此，我还想说一句，若为当官，我可以不来农村；若为升官，我可以不在南程。

张力叩首

在张力的这些话之后，终于有村民"一生有你"在对话中说："人言可畏，但做大事之人不去计较区区小事。"

张力说，这句话说得很有水平，几乎成为他的座右铭。

张力此时坚定了搞手工比赛的想法，和村"两委"沟通，时间就定在五一期间进行，恰逢中共中央党校第 27 期科级干部班来南程村进行社会实践活动，这比赛一是弘扬劳动精神，二是发掘手工人才。

其实，手工比赛缘起于"小霞面坊"。

那是 2016 年正月十六，张力带伤到石家庄，在河北省省直驻村第一书记培训班上介绍了他在南程村的工作。利用这次机会，他把村里想找他谈村子发展的几位年轻人请到了宾馆。会后，张力与他们就村子的发展进行了讨论。讨论中，张力问大家都有什么特长，有人提到妇女主任张小霞篜的馒头很好吃，当时张力就决定从做馒头开始，先试试看。

从小事做起，做力所能及的事，是张力一直的理念。他也想让这个理念得到村干部和村民的认可，并且能够行动。

因为南程村没有任何成规模的产业基础，也没有其他可以充分利用的条件，实在是河北大地非常普通的一个村子，想一下子找到特点并形成规模，很难，若要达到"一村一品",更是需要下番功夫。

张力想,手工,可能是一个突破口。

但是"小霞面坊"的发展实在是很困难。这个困难倒不是没有市场,也不是做不了馒头,而在于以下两个方面的原因。

一是大家还没有合作意识。按张力当时的设计,在村子里找了个年轻人,手头有些钱,也有些头脑,想请他参加进来,进行投资并帮助开拓市场,再找一个年轻人,也就是拟任团支部书记的年轻人,请他负责管理,小霞专心做馒头,管生产。但这个人力资源的设计最后失败了,几个年轻人互相认为对方有种种不足,结果合作没有成。没有合作,注定规模上不去。

二是利小。这也是大家合作不到一块的客观原因,大家觉得辛苦半天,分不到大钱。的确,一个馒头挣不到多少钱。但张力想,只要把规模做上去,还是有钱可赚的。

好在张小霞在家人的帮助下,自己投资设备,坚持做起了馒头,并卖起了馒头。刚开始一早上发一盆面粉,后来用机器发250斤面粉。

张力也一直在鼓励小霞,坚持到底!他们有时很晚还在用微信进行沟通。她的决心又给了张力信心。张力的信心也在为她的决心增加砝码。

也就是从"小霞面坊"开始,张力想开辟更多的手工产品,也许这样才能形成一定的规模,才能有更好的效益。

那么,如何知道村子里的村民都有哪些手艺呢,手艺又如何呢?五一劳动节是个很好的机会,通过组织手工比赛,可以看到大家在手工活动上的现状。

现在很多农民都有一个通病:"大事干不来,小事不愿干,理想与能力严重错位。做梦都想干大的,也期望政府和挂职干部能够一下子给村子带来大的项目,一下子改变村子的现状,而且自己又不想付出更多。"张力认为这种想法要不得,也不现实。所以,他一直在宣传一个理念,那就是劳动创造财富,堵死那些懒惰的想法。

在劳动节举行手工比赛,正是宣传和弘扬劳动精神的体现。

这个活动,张力本来是想完全交给几个村里的年轻人来组织的,但事情进展不是很顺利,张力决定亲自筹办。

此后,在微信群里几个回合的交流,大家逐渐理解了张力的"良苦用心"(村民的话),表达拥护和以参加为行动支持的声音也越来越多。

为了增加活动的效应，张力还邀请了县妇联主席和团县委书记一起参加。考虑到活动的公平性，他邀请青干班的 47 名学员当评委，每人评出自己认为最好的 3 件作品。

活动定在 4 月 29 日上午 11 点 30 分举行，那天，很多村民早早就来到南程村小学旧址，每人手里都拿着好几件作品。真是让张力在忐忑中迎来了惊喜。

村民的积极性是如此高涨，摆放作品的桌子不停地顺延着一张一张地往下接，一共摆到了 86 号，也就是说全村有 86 户家庭参与其中。

组织者按每人带来的作品进行编号，每号作品中还有很多件，算下来不下 300 件。

作品类别涉及：鞋垫、床单、十字绣、木雕等 20 余类。

此次比赛，本着公开公平公正的原则，现场打分，现场计分，现场公布，现场颁奖。

本来只设计了一至三等奖，每等奖一人，但青干班的学员认为好的作品有很多，建议表扬 5 名得分最高的作品。由于事先没有准备三名以外的奖品，第 4 名和第 5 名，现场进行了口头表扬。

大家评出第一名至第三名之后，就现场进行了颁奖，分别请妇联主席、团县委书记和中共中央党校培训班的班主任来颁奖。为了鼓励大家的积极参与，还设了纪念品，只要参加比赛的乡亲都可以得到肥皂一块。

村民们的作品令来自北京的中央国家机关各部委年轻干部们大开眼界，他们赞叹村民的心灵手巧。当张力把这次比赛情况和部分作品发在朋友圈时，很多朋友对手工作品产生很大兴趣，有的当场表示要购买。

"我的作品名字叫'行云流水倒流香'，看上去像是石头的，其实我是用木材做的，上面燃香，烟气却从石磨下面流出来。"获得一等奖的赵福胜举着外形像是小磨盘的精致作品介绍说。

"我这双手工绣的鞋垫，特意绣上'锦绣南程，前程锦绣'的字样，真心希望我们南程村越建越好！"村民吴利艳虽然没有获奖，但是心情很不错，她喜滋滋地向人们表达愿望。

手工比赛的第二天，张力利用青干班学员座谈会的时机，与青年干部就进一步发展手工产品的模式等进行了深入讨论。大家认为，先把这些作品通过微店的方式向外扩散，一方面让村民看到有钱可赚，另一方面收集市场反馈信息。

的确,以村委会的名义举行手工比赛,这在南程村是头一次。

随后,村"两委"还整合村民的特长,并将其纳入'南程手工坊',以期打造真正属于南程人自己的品牌和产业。

《邢台日报》也报道了此次手工比赛。

四 第一次下田播种

2016 年 6 月 28 日,在张力的督促下,金花葵的种子撒在了南程村的土壤里。当天上午,张力和几位干部在地里忙活了半天,这也是他平生第一次下地播种。

金花葵又名菜芙蓉,也称野芙蓉,别名叫黏干或山榆皮。2003 年 8 月被中国农业科学院的研究人员在河北邢台地区发现,为一年生草本锦葵科秋葵属植物,是一种濒临灭绝的珍稀植物,在 200 多个秋葵植物中,它最具食用、药用和保健功能。

金花葵药食兼用,它的花、嫩果、根、茎以及叶子全部都能吃。金花葵的鲜花可直接入口鲜食,也可凉拌、热炒、做汤,还可与其他食品原料搭配制作各种美味菜肴、饮料。金花葵鲜花有一股奇香,闻之让人心旷神怡,具有缓解紧张、困乏的功能。由于它的生物酮含量较高,泡水、泡酒或做成茶叶对扩张血管非常有利。

金花葵的嫩果也富含人体所需的多种氨基酸和微量元素,所含的雄性激素较高,是被称为植物伟哥的黄、红秋葵的 1.6 倍,是中老年男性的保健食品。

而金花葵的根、茎、叶也可以全部粉碎、过细目筛后做成面粉,称为"榆皮面",经常食用可预防心脑血管疾病。

金花葵也是非常有经济价值的,它的油脂除能食用外,还可作为高档润滑油,也是加工化妆品的高级原料,用于制药对烧伤烫伤的治疗也具有显著效果。有人算了个账:其作为美味蔬菜上市,667 平方米产 1000 千克,销售价格 30 元/千克,产值 3 万元以上;作为珍稀花卉,667 平方米育 2 万苗,每苗按 2 元至 4 元,产值 4 万元至 7 万元;作为简单加工饮用茶上市,重量 6 克的 12 朵精品金花葵花,所含天然生物黄酮含量 384 毫克,相当于 96 克银杏叶的含量,市场价 68 元,按此计算,667 平方米产值 10 万元以上。

能在南程村试种金花葵，也是张力和企业家讨价还价谈下来的。

随后，河北企业老总李国强来到南程村，就金花葵试种一事，和"两委"班子进行了进一步的商议，并带来了事先约定的土地流转和青苗费 55000 元。

在商议中，双方达成口头协议，在村干部试种过程中所产生的费用，先由干部们垫支。如果有收益，则种植费用由干部承担，如果无收益，则由李国强老总承担。简单说，试种失败了，一切费用由李国强老总承担；如果成功了，取得了丰收，则按协议条款予以执行。

谁知到了 7 月 28 日晚，晴朗的天空突然乌云密布，狂风骤起，顿时天色昏暗，大雨倾盆。

张力立即想到地里的金花葵，得赶紧在雨停时进行移植。可是，村里还下起了冰雹，支书老饶打来电话，说金花葵已被冰雹砸折。张力立即惊呆了。

第二天一早，张力立即飞奔到金花葵地里，那一片狼藉让他瘫软在地里，心情灰暗到了极点。农业靠天，真是欲哭无泪啊！

走进村里，正如昨晚在微信群"锦绣南程"里有的村民描述的那样，村里像是刚刚经历过一场浩劫，有的树被连根拔起，有的树被拦腰折断，而这些都是直径 30 厘米的大树了。还有好几根电线杆被折断。幸好，村里没有发生人员伤亡，但有的房屋出现问题，都是那些没有人居住的老旧屋子。

就此情况，张力立即与经验丰富的李国强老总进行了沟通。当得知金花葵还有生机时，他才总算出了口长气。

后来河北省商务厅的张局长和李国强老总来到南程村察看金花葵的受灾情况，经过李总此行的鼓励，试种的干部们的信心才恢复了一些。

到了 10 月底，重获新生的金花葵丰收了，张力心里一块石头才落了地。

金花葵，2016 年是试种，打算 2017 年还要种，并准备在南程村建一个面膜加工厂，利用金花葵的花生产面膜，实现农业生产加工一条龙。

五 总结

在挂职南程村的日子里，工作上无助时，张力就会想起老领导们对他的支持。曾有人对张力说：南程即为"难成"，然而一些老领导却提出：南程是艰难困苦，玉汝于成，不难不成。这种鼓励，不仅解开了他心头的小疙瘩，而且使他信心倍增。

与领导们谈到南程村的发展时，张力说南程没山没水没资源可用，老领导们提出"借"字策略，这也让张力眼界大开。

靠山吃山靠水吃水，无山无水靠自己，一靠脑，二靠心，三靠手。无资源就是有资源，杯子是空的才能盛水。

在工作中张力不断地问自己："南程村的经验到底告诉了我们什么？""南程的前途在哪里？""'第一书记'的'一'究竟是什么？"

最后他得出：

"一"是杠杆，撬动资源促发展，撬动人心跟党走；

"一"是以身作则走在前，起到示范作用，既是党员作风的示范，也是解放思想、开阔视野、认真工作、真抓实干的示范。

"一"是一心一意，为民服务的理念。

"一"是一碗水要端平。从工作方法上讲，处理农村事务，这是第一位的。

张力想起习近平总书记 11 月 26 日在山东考察，在菏泽召开座谈会时说过的一副对联：

得一官不荣，失一官不辱，勿说一官无用，地方全靠一官；

吃百姓之饭，穿百姓之衣，莫道百姓可欺，自己也是百姓。

此联出自南阳市内乡县衙，为康熙十九年（1680）内乡县知县高以永撰写，挂在县衙的三堂。

所以张力觉得自己这个"第一书记"在南程村还是有用的。至少不少人反映：村里的农民与往年大不一样了，思想比原来解放多了，会问问题了，而且问得细、问得准了，这说明大家认真思考了；谈话做事过程中，大家懂得让利了，懂得互相关照了，眼界宽阔了。

回顾一年在南程村的挂职生涯，张力是这样自我总结的。

1. 思想上，一是抓好一面红旗，突出党支部建设和党员队伍建设。

2. 教育上，建了一所幼儿园，并组织了两次捐赠活动。做到了孩子有学上，家长得解放，家庭收入有增长。

3. 医疗卫生上，建了一所卫生服务站，使得便民医疗条件有所改善。

4. 群众性文化建设上，修建了一处文化大舞台，配齐音响、功放、锣鼓等各种文体器材；建成了一处健身广场，农民也能像城里人那样锻炼身体了。

5. 交通上，硬化、绿化了 4 条村内道路，总面积达 3500 平方米，这是群众反映最为满意、最称道的。

6. 经济上，鼓励群众自主创业：小霞面坊、粗布坊和豆腐坊。

挂职虽然已经结束，但张力说，他会继续为南程村的发展献计献策，因为南程已经深深扎根在他心里。

六 后记

到南程村做田野调查，是前几年的事，但河北大地上这个普通得没有特点的村子却久久萦绕在我脑海中。我和"第一书记"张力、南程村小学校长刘平、帮助过南城村的几位企业家、临城县的几位领导都成了微信好友，时时关心着南城村的发展变化。张力前些天还告诉我，挂职结束后又回村几次。老支书退下来了，由 70 后饶新建接替，村"两委"更有活力了。村里的博爱卫生服务站正常运转，小霞面坊生意兴隆，金花葵继续种植。但靠一个人在一两年时间完全改变农民落后的理念和思想也是很难的。原计划要搞的金花葵面膜加工厂还没实现。好在贯穿全临城县的母亲河——泜河要全面改造，南程村会在全县的整体规划中得到新的机会和发展。而我写这篇文章，意图是通过一个村、一群人、一个人，反映当下部分农村的本真模样，若能找到一些问题的症结，则更好。若能找到治疗这些症结的方法，那就喜出望外了。

张力说，最近一周还要和单位领导再次去临城县，会一直关注南程村的建设，并为它出谋划策、招商引资。

三等奖 ————

陕甘地区农村留守老人的田野调查报告

胡晓明　　张菊英*

2020 年 1 月 29 日至 2 月 8 日，共计 10 天，笔者在陕西省西安市周至县的农村和甘肃省天水市的农村进行了田野调查，涉及三个村庄。调查目的主要是考察农村留守老人的生活现状，了解当下农村青壮年劳动力离开农村、聚集城市的情况下，农村留守老人在农村社会结构中所扮演的角色。本文通过对陕、甘地区农村留守老人的生活现状和乡村治理模式的实证研究，反思农村留守老人与儿童相依为命的亲子关系对整个社会及未来的影响，希望社会关注农村留守老人与儿童的生活改善问题，为实现全面建成小康社会目标提供参考和借鉴。

一　留守老人成为农村经济发展的主力军

当前，全国各地农业机械化水平已经很高，但是由于农产品的附加值较低，经济效益不高，很多年轻人失去了对农业生产的兴趣，他们更希望到城市发展，到城市寻求机会。他们搁置的土地，不得不由父辈或者祖父辈——农村留守老人来经营。据了解，60～75 岁的农村留守老人，只要身体条件允许，没有大病，绝大多数依然在田间苗圃辛勤劳作。一方面是维持生计，另一方面也是一种价值寄托，他们当了一辈子农民，对土地还是有感情的，尽管去了毛收入，

* 作者简介：胡晓明，中国人民大学清史研究所博士研究生；张菊英，北京京阳清洁能源电厂后勤部主管。

农业的净收入很低，只能勉强维持生活，但是他们依然乐意在田间苗圃体现自己的人生价值。从某种意义上讲，在农业上获得的存在感和价值感是农村留守老人保持身心健康的内在因素。

此次调查的第一个村落是陕西省西安市周至县四屯镇联三村，该村落是周至县比较典型的农村，地理条件优越，距离高速公路 5 公里左右，距离西安市不到 100 公里，村里能见到的基本上是留守老人和孩子，年轻人几乎都去城市打工了。虽然年关将至，但是他们还在城里上班，预计大年三十中午才能赶回来。

据资料显示，周至县坐落在渭水之南、秦岭以北，襟山带河，森林茂密，自然生态良好，"七山一水二分田"，盛产猕猴桃和蔬菜花卉。该县隶属于陕西省西安市，是全国闻名的农业示范县，现有 19 个镇 376 个行政村，人口近 70 万人。令人不解的是，农业示范县的农业发展水平很高，但是没有带来预期的财富，以致无法吸引住青壮年劳动力像父辈、祖辈那样执着地在土地上拼搏。反倒是因为距离西安市太近，大多数青年到西安发展，只留下老人和孩子在农村。

农村留守老人本应是弱势群体，但是他们表现出来的能力和能量令人敬佩和惊讶，不仅要操持微薄的土地，还要承担隔代监护的责任，替儿女照看孩子。每一家的老年夫妇，一般是女人在家带孙子或孙女，男人在田间务农。机械化作业在农村尽管已经普及，但是主要是适合小麦、玉米等粮食作物，对于猕猴桃、花卉、蔬菜等经济作物，基本上施展不开，发挥作用很小。相比粮食作物，经济作物更需要精耕细作，特别是猕猴桃、花卉蔬菜等作物更依赖人工作业，所以这一地区的留守老人劳动量还是很大的，他们并没有因为机械化而从繁重的体力劳动中解放出来。当地也种植小麦等粮食作物，但仅仅是维持日常食用，并不是主要的经济来源作物，只要条件允许，每一家都会种一些粮食维持自给，"手中有粮，心里不慌"的情结依然从祖辈延续到现在。与从市场上买来的粮食比起来，他们更喜欢吃自己种植的小麦所蒸出来的馍，用他们自己的话来说，就是有一种沁人心脾的面味。

在联三村里，农村留守老人的身体素质很好，六七十岁、身体条件允许的留守老人，仍会从事繁重的农业生产劳动。在老人们看来，新一代的年轻人不踏实，即便是在农村，也种不好庄稼，指望不上他们干农活。他们在城里打工挣钱也许比农村种地挣得多，但是城里消费很高，没有几个能攒下钱的，不但不给父母分担孩子的开销，甚至是让父母倒贴给他们。村里很多年轻人互相攀比，都想在城里买房，自己却拿不出首付，反倒是农村留守的父母帮他们解决大问题。用老人们的话说，就是他们只顾享受，在城里也是月光族，攒不下什么钱。事实上，村里的年轻人在城里买房，往往是留守父母资助的首付，他们每个月偿还贷款，这样的模式比较普遍。而留守父母的钱是省吃俭用、一分一厘节省下来的血汗钱。

笔者在联三村四组了解到，该组共有70多户300多人。农村青壮年人口基本上都去了城市打工，留守老人数量占比很大。这也是笔者选择联三村作为第一个调查地点的原因所在。据了解，农村留守老人一年来虽然很辛苦，但是由于土地较少，全年收入并不高，毛收入普遍在2万~3万元，勉强维持生计。马克思曾在《路易·波拿巴的雾月十八日》一文中将农民比喻为"一袋马铃薯中的一个个马铃薯"，意在说明农民先天存在保守、落后的思想意识和道德观念，只有通过商品化大生产代替传统和封闭的小农生产和生活方式，才能实现对小农意识的改造。联三村的调查情况告诉我们，哲学家、思想家也许能看到问题的所在，但是付诸实践的话，很多事情不是靠理论就能解决的，必须因地因时制宜，有的放矢地制定对策。

二 留守老人扮演着隔代监护的角色

当笔者驱车驶入周至县四屯镇联三村的时候，距离春节不到4天的时间，整个村子里依然很安静，人很少，偶尔看到的也是老人和孩子，几乎看不到青壮年男女的影子。家门口的空地上老人带着孩子在晒着太阳，孩子嬉戏玩耍，老人则在一旁观望，偶尔吸着农村的烟卷，远处麦田的冬小麦已经绿意油然，让人闻到了春天的气息。尽管年关将至，但由于少了年轻人，让人感觉不到年味。

据村里的老人讲，农村普遍的现象是青年夫妇在城里打工，孩子出生后由老人抚养，到了学龄的时候，再由孩子的父母接到城市去接受教育。所以说，农村的留守老人经常会埋怨年轻人："管生不管养。"这种现象往往造成孩子的多重性格，孩子在五岁之前，跟父母的关系并不亲近，原因是一年也就见那么几次，反倒是更喜欢跟爷爷奶奶或者姥爷姥姥在一起。一般来说，虽说"隔辈儿亲"但是"隔代监护"过程中难免会有娇生惯养或者是无节制溺爱的倾向。农村留守老人替代了父母的角色，但受年龄差距、时代变化、教育水平、思维方式等因素制约，他们终究无法替代父母的爱，毕竟留守老人的文化水平和体力精力有限，很多方面与年轻的父母相比处于劣势。由于年龄的差异，老人和孩子之间的代沟无法逾越，加之老人文化程度偏低，孩子会不服老人管教，留守老人时常会感到力不从心。

当孩子到了上学的年龄，父母会把他们接到城里接受教育，他们与农村留守老人的联系将突然中断，彼此之间的情感依恋被割断，老人和孩子都面临一次情感冲击。孩子也许会尽快适应城市生活，忘记了留守老人的陪护，但是留守老人因为儿孙两代人的离去，陷入无限孤独之中。

若是一对年轻夫妇生一个孩子也就罢了，可是近年来区域内流行要二胎，加重了留守老人的负担。由于孩子离不开人，一般情况下，一对老年夫妇要有一人专门照看孩子，另一人负责田间劳动，客观上增加了留守老年人特别是男性老年人的劳动负担。在传统观念影响下，他们无论是情感付出还是经济付出都是不计代价、不计报酬的，但是长此以往还是有些吃不消，极大地影响了他们的生活质量。留守老人们的巨大付出，下一代未必能有相应的理解和包容，总觉得父母帮着看孩子是天经地义的事情，殊不知孩子几年的寄养或监护是需要高成本的，足以榨干老人仅有的积蓄，给他们的晚年生活带来了很多不确定性。

当老人晚年体弱多病的时候，本应出现的跪乳之恩、反哺之孝，却未必能及时兑现。久病床前无孝子，甚至有的子女干脆就不管老人，老人们往往考虑家丑不可外扬，宁愿自己吃哑巴亏。据高姓老人的亲戚讲，老人共有四个儿子，四个儿子先后成家，把老人一生的血汗钱挥霍光了。后来，老人的老伴儿去世了，老人晚年脾气很不好，跟四个儿子合不来，四个儿子谁也不愿意赡养老人，老人后来独自一人搬到田地里的井房里住，不久就死了，让人唏嘘不已。该亲戚还讲，现在村里子女抛弃老人的现象很普遍，很多儿女日子过得很好，不管农村留守的父母。这不仅让笔者想起了老家的一个直系亲属，他是一个朴实的男人，20世纪90年代，农村生活开始富裕起来，即便是在农村，穿补丁的人也很少见了，可他就是浑身补丁。为了给四个儿子婆媳妇盖房子，他办起了养猪场，起早贪黑，舍不得吃舍不得穿，日子渐渐宽裕起来。猪场明明很挣钱，他穿的却跟叫花子一样，最终帮儿子成家立业了。大家都为他感到欣慰的时候，他却上吊自杀了，临走时留下一张纸条："太累了！"。

中国传统社会是一个儒家社会，儒家的千经万典最后归结为一句话：孝义为先。也就是我们常说的百善孝为先。可是在当今社会，我们却依然看到很多有违伦理的悲剧发生。其实尽孝并不是难事，清代有一则训孝可以给我们很多启示和思考：

> 大孝显亲，小孝用力，事固不同，而以承欢，则无大小之异。盖封鼎食，与服贾力田，以将菽水，不过因贫富贵贱而有别。若夫有至爱者，必有愉色。有愉色者，必有婉容。与夫曲体亲心，善养亲志，立身寡过之地，毋亏体以辱亲者，此皆取诸身，而无俟于外，人人可以勉者也。[1]

三 农村留守老人故土难离的情结

第二处调查地点是陕西省西安市周至县翠峰乡上宝峪村，笔者所探望的另一个陈姓的亲戚家就在这里。留守的老人，生养了四个孩子，没有一个在身边。最近的在宝鸡工作，一个在北京，一个在甘肃，还有一个在西藏拉萨。有所不同的是儿女都很孝顺，经常回来探望，每次留很多钱。但是一生节俭惯了，老人根本舍不得花。儿女们都想让老人留在城里生活，可是老人一生辛勤惯了，城里整天不干活的日子让她很不习惯，没过几天又回来了。她还说楼房住不惯，太压抑了，不如农村的空气好。儿女们几次拗不过，也只好同意老人继续在农村伺候猕猴桃园，等到她腿脚不利索的时候再说。后米，老人回到村里找了个老伴，过上了自己想要的生活，可谓有魄力、有勇气，儿女们也很开明，对老人很支持。

陈姓老人勤俭持家、生性好强。年轻的时候，丈夫死得早，她一个人抚养四个孩子长大。直到孩子们都结婚并且生儿育女了，她才找了个老伴。后找的老伴没有孩子，就一个人，两个孤苦伶仃的老人组成新的家庭，过得还很幸福和谐。人勤地不懒，两个人将全部的心血都投到猕猴桃园。几年下来，盖了新

---

[1] 《中国家谱资料选编·家规族约卷》上，上海古籍出版社，2013，第35页。

房，又扩大了种植规模，日子过得很宽裕。

农民对土地有一种天然的依恋，土地是他们赖以生存的根，也是主要谋生手段。子女外出务工后，农业生产者只能是留守老人。他们热爱土地，无论农业劳动多么艰苦，他们都以苦为乐、乐在其中。故土难离，农村留守老人的乡土情结很重，因而不会主动去城市里，怕给孩子添麻烦。暑假期间，尽管儿女们都很忙，但是隔代的孩子们把上宝峪村当成夏令营的地点。陈姓老人的子女会让下一代来村里小住一段时间，替代自己来村里陪伴老人一段时间。这段美好的时光，大概是留守老人一年中最快乐的一段时间。孩子们在乡村找到了都市没有的野趣，老人则收获了隔代的血缘依恋和天伦之乐。

农村丧偶的老人很多，加上儿女不在身边，很多老人的生活质量很差，饥一顿饱一顿，长此以往，容易抑郁而终。上宝峪村笔者的一个赵姓远亲，丧偶之后与女儿相依为命，但是性格暴躁的他因长期酗酒，最终把女儿气得跑到西安打工。而他自己很快就因为无节制地喝酒，突发脑出血去世。像赵姓这样的留守老人有很多，家庭不完整，儿女去了城市，他们一个人留守在农村，很容易自暴自弃，甚至患上抑郁症。接受采访的一个乡村医生说，很多老人其实内心都很脆弱，在一个很保守、很闭塞的社会结构里，很多老人在与儿女产生矛盾后，往往藏在心里，憋在肚子里，秉承家丑不可外扬的古训，甚至干脆就不想着解决问题，任由自己的压抑和苦闷放任自流。时间久了，正常人也能憋出病来，很多病就是气的、想不开造成的。子女长期不在老人身边，缺乏情感交流，于是老人产生了一种不安、孤独的心理。长期无法向儿女倾诉内心的苦闷，久而久之会给留守老人的精神和心理造成压力，导致留守老人的精神世界极度空虚。加之配偶、亲友的丧失，留守老人很容易情绪波动、精神紧张，甚至产生抑郁和厌世的心理。

事实上，农村家庭迅速空巢化，儿女长期缺位，对老人的身心健康造成了比较严重的负面影响。当前，随着城乡一体化进程加快，农村人口正在向城市分流，留守老人的生存问题若得不到及时解决，整个社会都会有隐忧，甚至是伤痛，几代人的情感和心灵将受到重创。古语云："尝闻善莫大于敬老怜贫，事莫争于养生送死。四者皆仁人之所动心，而志士所乐成者也。"①

---

① 马建钊、张菽晖收集整理《广东省回族古籍资料选编补遗》，马建钊、张菽晖主编《中国南方回族古籍资料选编补遗》，民族出版社，2006，第419～420页。

四　传统的乡村社会正在转型之中

20 世纪 90 年代至今，中国城市化经历加速发展阶段。近年来，我国城镇化率持续提高，推动农村人口涌向城市，农村居住人口和农业从业人员大幅下降。2019 年我国乡村常住人口 55162 万人，较上年减少 1239 万人；流动人口 2.36 亿人，比上年末减少 515 万人；60 周岁以上人口 25388 万人，占总人口的 18.1%；65 周岁及以上人口 17603 万人，占总人口的 12.6%。[①] 有关数据显示，我国农民工数量接近 1.6 亿人。伴随着农民工群体的产生，大量留守老人出现，关注农村留守老人的生存问题是整个社会无法回避的课题。

此次调查的第三个地点是甘肃省天水市甘谷县永安村。永安村是县城附近的新兴镇管辖的一个大村庄，现有人口 6000 多人，是陇右传统的砖瓦村，背靠椅子山，散渡河从村中穿过。过去还有农业生产，近年因为干旱村民已放弃农业。年轻人出去打工，留守老人则靠烧瓦为生。

与陕西的农村相比，永安村没有一点农业的迹象，烧瓦的产业接近家庭作坊式的生产模式。烧瓦其实很赚钱，但是又脏又累，年轻人不爱干。农村留守老人若是没有好身板，也吃不消、干不了。因此，村里的贫富差距很大，富的富，穷的穷。在村东部的塌塌里（近似小组）则表现得更为鲜明。笔者选取了两个留守老人的家庭进行调查，整个调查过程中倍感辛酸。

村里一个杨姓低保老人十分具有代表性。初见他时，他看上去很木讷，抱着一个两三岁的男孩。据了解，男孩小的时候得了脑膜炎，失去了行走能力，尽管长得很清秀，但是终究是一个残疾儿童。孩子的父母出去打工，又生了一个男孩，就把这个残疾孩子留给老人。看着老人抱着孩子的背影，笔者在想如果老人有一天离开这个世界，这个孩子将何去何从？

听村里人讲，老人现在信佛，觉得一切的一切都是因果报应，对外界的关怀和帮助表现得很消极。其实老人是非常不幸的，早年老伴因白血病去世，家里一贫如洗，两个儿子一直打光棍。后来，大儿子看破红尘，找个寺庙出家了。老人跟小儿子在一起大眼瞪小眼，过着紧巴巴的日子。有一天，村里来了个逃

---

① 数据来自国家统计局，华经产业研究院整理。

婚的女人，村里干部做了思想工作，也甭管年龄大小是否合适，就让老人的小儿子娶了这个女人。生活本来是有希望和盼头的，想不到因为女人生的孩子得了脑膜炎，家里的生活又是一落千丈。无奈儿子、儿媳去城市打工讨生活，又生了一个孩子，便很少回村了。只留得老人整天抱着残疾的孙子在村里游荡，看上去十分可怜。

村里还有一个张姓的爷爷，也是一个低保户。这个爷爷从小就双目失明，父母双亡之后就一个人生活。无依无靠，家徒四壁，现今八十多岁了。村里的干部多次把他送到养老院，但是他是一个自尊心很强的老人，受不了欺凌和委屈，没几天就跑回来了。很多人都很诧异，不解他是如何找到回家之路的。

他跟笔者的一个亲戚是同龄人，老人们平时没什么事，就相约在墙角晒太阳聊天。那一天，大家正在吃早饭，老人进来了，听说一家人吃早饭，就退到院子里了。无论你怎么招呼他，他就是不上桌一起吃饭。无奈一个亲戚给他盛了一碗饭，饭里添了一些菜，递给他吃，他死活不吃。听人讲，老人耳朵特别灵并且脑子好使，古往今来的故事他都知晓，还喜欢听秦腔，只可惜双目失明了，不然是个读书的料。

永安村所在的甘谷县是甘肃省天水市下辖的一个县，位于甘肃东部，天水西北部，渭河流域，现有人口 61.2 万人。平时县城的街头行人很少，因为大部分人都去外地打工了。唯有年关将至的时候，街上才人山人海，因为很多在外地打工的人都回来过年了，大家在忙着购置年货，迎接新春的到来。此时，很多平时不见人影的各个新式小区，进进出出的人开始多起来。事实上，随着甘谷县城市开发的加快，很多农村年轻人都在县城买了房子，但是老人却不愿意来城里生活，依然留守在农村，过着他们所习惯的日子。这种年轻人进城、老人留守农村的现象，在中国城乡一体化的进程中较为普遍。在农村留守老人的心中，传统的"养儿防老"观念早已发生变化，根本指望不上儿孙能陪伴在身边。他们的儿孙或为生存、或为梦想，离家远赴城市打拼，本来就不容易。作为父母的留守老人看在眼里、记在心上，大多数老人没有怨言，只要儿女过得好，再苦再累也值得。这种家庭伦理上的默契，其实是社会转型的前提下，农村两代人相互包容、理解、磨合和牺牲的结果。

当前，从农村走出去的年轻人，大致分为几类：一是从农村走出去的大学生，他们大学毕业以后基本上留在城市工作、定居、结婚，只有逢年过节才回农村探望父母；二是年轻一代的农民工，在农村没有就业机会，靠种地挣不了几个钱，他们靠力气或者技术在城市里拼搏。由于出去较早，见过世面，在城里混得比较开，有一套自己的生存法则，他们回乡更多是衣锦还乡的意味多一点，面子上的文章做得很漂亮，能够讨父母欢心；三是地道的农民兄弟，农闲时出去赚点零花钱补贴家用，农忙的时候回来忙田间作业，其尚未完全脱离农村，但是没有放弃融入城市的机会。他们的生存模式决定了农村留守老人与之联系的紧密程度。

目前，农村留守老人面临这样或那样的问题，比如经济来源不稳定，接近赤贫状态；农村医疗配套设施不完善，老年病、慢性病得不到有效治疗；文化生活比较单调，缺乏情感和精神慰藉；娱乐活动少，缺乏社会交往活动；等等。对于上述问题，到底哪个问题最为迫切，恐怕每个人的答案都不同，原因是每个人都不是当事人，看问题的立场和角度会存在这样或那样的差异。

但是，笔者在此次调查中，通过与很多的留守老人倾心交谈了解到，农村留守老人最为关注的是重大疾病治疗费用高昂的问题。他们说，如果重大疾病能够免费治疗或者是能享受住院医保，那么很多家庭就不会因为有人患有重大疾病遭到沉重打击。至于其他的吃、穿、住、行以及卫生状况等问题都是其次，不至于把一个家庭毁了。很多人会说，现在农村合作医疗对重大疾病至少能报销70%以上，有的地区甚至是90%以上，农村留守老人有病为什么不去医院，而是在家里"小病扛着""大病拖着"，导致病情加重而亡。其实人们是有苦衷的，现在去医院看病，要提前交押金，并且不是一个小金额。先看病后报销，让很多农村留守老人无法预知未来，当住院押金超过一万元，一些人就可能放弃治疗，这才是众多悲剧发生的原因之一。如果我们国家把现有的医疗体制进行改革，制定重大疾病免押金住院治疗的制度或者实行住院之前的公积金制度，那么很多问题就迎刃而解，而不是眼睁睁地看着悲剧发生。

根据调查发现，70%以上的农村留守老人都患有不同程度的慢性疾病，高昂的医药费是老人的难言之隐。虽然我国有针对农村医疗推出的新型农村合作医疗制度，但仍然难以降低老人生病给家庭带来的经济压力。除非患大病，他们才会不得已让儿女带着去医院。很多时候，旁观者喜欢站在道德的制高点批判违背乡村伦理的事情，其实很多悲剧的背后不仅仅是家庭伦理的问题，还有深层次的社会原因，特别是经济原因。老人或者孩子出了问题，对于当代年轻人来说是极大的不幸，他们有限的收入还无法应对突发事件带来的后果和风险。

当然，农村留守老人生存背后还有很多问题，涉及城乡一体化、农村边缘化、农村产业空心化、社会组织薄弱、家庭伦理淡薄等多种棘手问题，每个问题都牵扯到整个社会的大问题，不是个人层面、家庭层面、村级组织层面所能解决得了的，必须依靠国家、地方政府从全局出发，整合社会资源，制定多层级联动的治理机制，才能逐一破解各类难题。

五　有关建议

经过 10 天的田野调查，笔者发现农村留守老人最大特点就是吃苦耐劳、勤俭节约。他们在衣食住行上其实没有太多要求，即便是粗茶淡饭、破衣烂衫也不会太计较。随着时代的变迁，他们的思想观念也发生了变化，特别是"养儿防老"的观念早已淡薄。即使指望不上儿女养老，他们仍拼着老命为儿女们攒钱，希望下一代过得体面一点、压力小一点。他们心甘情愿地一次又一次地被"啃老"。他们过得很苦很难，却总想拼尽全力再帮儿女一把。他们自尊心极强，普遍认为老年人过得寒酸不算什么，只要儿女进城买楼，有个稳定的工作，他们所付出的辛劳也就值得了。长期的辛苦劳作，致使他们身上都有这样或者那样的"老年病"和"慢性病"。他们最怕的就是大病，希望国家和社会能在农村留守老人大病医疗方面给予关注和支持。在谈话中，他们都说现在看病太贵了，要是得了大病，他们连住院押金都拿不起。因为他们基本上处于贫困状态，得了大病基本上就不看了，熬一天算一天。他们认为，国家和社会若能把农村留守老人的大病医疗问题解决了，就是一件功德无量的事情，那才是真正意义上的精准扶贫。除了大病医疗，他们还希望国家和社会加大对农村教育的投入，乡村教师工资低，青年教师的比例很低，对孩子们的成长不利。综上所述，解决农村留守老人的生存问题，简而言之就是大病医疗问题，这是一个核心问题，建议国家有关部门设立农村留守老人大病医疗公积金或者引入社会重大疾病保险，进而帮助农村留守老人解决大病医疗问题。同时积极扶持乡村教育，发展吸引农村青壮年留在农村发展的产业或者经济模式。用一句形象的话，就是抓两头，一头抓农村留守老人，另一头抓农村留守儿童，要学会挑扁担。

"到 2020 年现行标准下的农村贫困人口全部脱贫，是党中央向全国人民做出的郑重承诺，必须如期实现。"2020 年 3 月 6 日，习近平总书记在京出席决战决胜脱贫攻坚座谈会时这样强调。笔者经过此次田野调查，深刻地感受到"三农"问题依然是国家的根本性问题，农村贫困人口全部脱贫必须优先解决农村留守老人的大病医疗问题。此外，农村的种粮大业依然需要青年一代担当尽责，必须保持农村青年人的数量稳定和结构合理。

两相情愿与两不相欠：农村仪式性
人情账单差序格局解读

东　梅　董　丽　赵家艺[*]

一　引言

　　费孝通提出的差序格局是研究乡土社会的重要理论。随着社会发展，传统差序格局理论又被赋予许多新注释。中国农村社会通过血缘、地缘和业缘等关系彼此联系，从出生、满月、生日、升学、入伍、结婚、祝寿，直到葬礼，在这些人生的重要仪式中，得到亲友的祝福与帮助，形成关系认同，从而不断加强拓展人际交往圈，获得存在感与归属感。礼单作为人情往来的记录载体，被村民默默保存。笔者来自北方的一个小村庄，参加过村里几次较大的婚丧仪式，熟悉仪式中的主要人物及其背后的社会关系。笔者从中选择了四户有代表性的人家，收集四家婚丧仪式的人情账单，基于差序格局理论，解读仪式性人情账单背后人际关系网络变化的"草蛇灰线"，剖析了乡土社会简单而质朴的人际关系如何随着社会变迁而呈现新变化。虽然中国农村"十里不同风，百里不同俗"，或许作者瞥见的只是冰山一角，即便如此，笔者也希望通过这一角看见不同的乡土民情，体会社会的人情冷暖。本文对研究北方农村婚丧习俗、探究

　　* 作者简介：东梅，宁夏大学经济管理学院教授；董丽，宁夏大学农学院硕士研究生；赵家艺，宁夏大学经济管理学院硕士研究生。

现代乡土社会风俗变迁具有重要的理论和现实意义。本文结构如下：首先，对差序格局及农村人情进行文献回顾，指出既有研究的不足；其次，介绍调查数据和调查地概况；再次，对调查的数据，按照不同仪式、不同人际关系类型分别进行了解读；最后是结论和讨论。

二　文献综述

（一）差序格局

1947 年，费孝通首次提出了差序格局的概念。差序格局有两种表述形式：一种表述为差序格局以"己"为中心，像石子一般投入水中，和别人所联系形成的社会关系，不像团体中的分子一般大家在一个平面上，而是像水的波纹一般，一圈圈推出去，愈推愈远，也愈推愈薄；另一种表述为，差序格局譬如北辰，居其所，而众星拱之（即自己总是中心，像四季不移的北斗星，所有其他的人，随之转动）。差序格局中，社会关系是从一个一个人推出去的，是私人联系的增加，社会范围是一根根私人联系所构成的网络，因此，我们传统社会里所有的社会道德也只在私人联系中发生意义。①

费孝通认为，差序格局中的"差"是横向的、弹性的、以自我为中心的"差"。在此基础上，人际关系网内的人相互平等，唯一的差别是与处于中心的"己"或"自我"在远近亲疏、感情厚薄、利益多寡之间的差异。② "差序"依据儒家伦理秩序展开。③ 有学者认为，差序格局中的"差"关注的是个体社会网络的"差等"结构，"差"不再完全由血缘的亲疏、地缘的远近决定，同一圈层被经济分层切割成若干块，外圈势力逐步渗入原有圈层④；差序化是每个人应对和想象其生活世界的自然倾向和必然⑤；"差"重在描述个体社会网络的结构特点，即以个体为中心，向外辐射出不同的圈层，圈层越远，个体与圈层中特定对象的距离也就越远，故而，所谓的"差"，针对的是一种静

---

① 费孝通：《乡土中国》，北京大学出版社，2012。
② 阎云翔：《差序格局与中国文化的等级观》，《社会学研究》2006 年第 4 期。
③ 兰亚春：《传统"差序格局"的现代诠释》，《社会科学战线》2013 年第 5 期。
④ 董磊明、李蹊：《人情往来与新"差序格局"——基于河北顺平县东委村的考察》，《民俗研究》2015 年第 3 期。
⑤ 苏力：《较真"差序格局"》，《北京大学学报》（哲学社会科学版）2017 年第 1 期。

态的人际关系网络结构，与目前社会网络分析中的同心圆模型有异曲同工之妙。①

费孝通认为，差序格局中的"序"包含纵向的、刚性等级化的"序"，"序"主要以"伦"来解释，是从自己推出去的、和自己发生社会关系的那一群人里，所发生的一轮轮波纹的差序，伦是有差等的次序。现在有些学者则认为，"序"强调了个体行为或态度的"级序性"，刚性等级化的"序"是指在以己为中心的血缘纽带下、同辈分以及不同辈分之间的血缘联系，②"差"强调的是个体动态的行为模式，即处于中心位置的个体如何对待不同圈层中的对象。③④

（二）人情

何谓人情？"人情"是一种个体交往的准则、情绪反应、资源社会规范、道德义务、人际交往理念等。⑤⑥ 在关系文化中，人们有义务向关系人或关系户提供人情帮助，相互期待未来获得人情回报。⑦"人情"被视为文化资产，是一种社会聚合的文化表象。⑧"人情"是人的生命里众多感情的集中概括，可以解释为"人之常情"或人与人之间本应有的情分。⑨ 人情遵循"给予"或"付出"、回报或补偿以及人情不算账等原则。⑩

"礼尚往来"是农村人情的反映，礼单则是记录人情的载体。过去人情往来以礼物为重、礼金为辅，现在则以礼金为主、礼物为辅。随着电子交易手段不断普及，微信、支付宝也开始作为新型随礼手段。农村人情具有普遍性、等

① 胡安宁：《差序格局，"差"、"序"几何？——针对差序格局经验测量的一项探索性研究》，《社会科学》2018 年第 1 期。
② 孟凡行、色音：《立体结构和行动实践——费孝通"差序格局"理论新解》，《中央民族大学学报》（哲学社会科学版）2016 年第 1 期。
③ 刘小峰：《礼单中的"差序格局"——基于一个农户礼单账册的调查》，《中国农村观察》2018 年第 5 期。
④ 蔡杨：《历史语境中"差序格局"的逻辑与走向——以〈乡土中国〉和〈乡土重建〉为中心的再解读》，《北京行政学院学报》2019 年第 5 期。
⑤ 金耀基：《中国社会与文化》，牛津大学出版社，1993。
⑥ 贺培育、姚选民：《人情：内涵、类型与特性》，《求索》2015 年第 5 期。
⑦ 边燕杰、张磊：《论关系文化与关系社会资本》，《人文杂志》2013 年第 1 期。
⑧ 萧放：《"人情"与中国日常礼俗文化》，《北京师范大学学报》（社会科学版）2016 年第 4 期。
⑨ 王勉：《人情》，《领导科学》2018 年第 22 期。
⑩ 冉永平、赵林森：《基于人情原则的人际关系新模式——人际语用学本土研究》，《外语与外语教学》2018 年第 2 期。

价性、互助性的特点：普遍性是指在同一关系网中，大家都会遵从不成文的规则；等价性是你来我往的统一性，保留账单也是为了等价还情；互助性，通俗来讲，将人情看作一个储蓄过程，出礼如存钱、收礼如取钱，在这一过程中，实现资金互助。[1][2] 人情是农民生活中不可缺少的部分，可分为仪式性人情和非仪式性人情（或称日常性人情）：仪式性人情是在仪式性场合的表达性馈赠，主要发生在村民"办事"的场合，包括婚礼、葬礼、盖房、生孩子、上大学、生日等庆典仪式场合；非仪式性人情是指非仪式性场合的表达性馈赠，即日常往来中的人情。[3][4] 现如今，人情往来存在异化，[5][6] 情理融入人情社会，[7] 仪式性人情与日常生活实践迥异。[8] 而人情异化主要体现在仪式异化和人情性质的异化，表现为人情往来中的"要面子""拉关系"与"谋财"等异常行为。[9] 针对这种情况，需要弘扬"讲人情"的互爱互惠精神，[10] 规范人情竞争，消除人情异化，重温人情文化。[11]

通过以上文献回顾发现，国内学者对于差序格局和人情研究存在着"两多两少"现象：第一，差序格局研究中，社会学方法的定性研究较多，而经济学方法的定量研究较少；第二，人情研究中，人情异化的定性研究较多，而分类人情的定量研究较少，将差序格局与人情文化结合起来的定量研究则更少。鉴于此，本文以调查数据为基础，结合典型案例，基于差序格局理论，对调查样本 2011—2019 年发生的六次婚丧类农村仪式人情账单进行了解读，分析账单中人情关系格局变化，借此了解乡村社会人情往来的发展与变迁，为研究新时代差序格局和人情文化提供新的注释。

① 尚会鹏：《豫东地区婚礼中的"随礼"现象分析》，《社会学研究》1996 年第 6 期。

② 张丽琴：《随礼的历程考察与心理分析——基于东北农民 K 的随礼账册》，《中国农村观察》2010 年第 5 期。

③ 杨华：《农村人情的性质及其变化》，《中南财经政法大学研究生学报》2008 年第 1 期。

④ 陈柏峰：《农村仪式性人情的功能异化》，《华中科技大学学报》（社会科学版）2011 年第 1 期。

⑤ 贺雪峰：《论熟人社会的人情》，《南京师大学报》（社会科学版）2011 年第 4 期。

⑥ 余芳：《农村社会人情的发生及其异化》，《农村经济》2013 年第 5 期。

⑦ 练崇潮：《人情社会、情感异化与现代人的安身立命》，《江西社会科学》2015 年第 5 期。

⑧ 高修娟：《农村仪式性人情活动中的性别分工与性别关系——基于皖北农村葬礼的参与式观察》，《妇女研究论丛》2016 年第 3 期。

⑨ 卢飞：《农村熟人社会人情异化及其治理——基于恩施州"整酒风"的考察》，《湖南农业大学学报》（社会科学版）2017 年第 4 期。

⑩ 陈午晴：《"讲人情"的内在精神及其异化》，《青年研究》2018 年第 6 期。

⑪ 杨华：《农村人情竞争的区域差异及其治理》，《南京农业大学学报》（社会科学版）2019 年第 2 期。

三 数据

（一）调查点概况

本研究的田野调查点来自中国西部的一个村落——西村。西村①是一个多姓氏群居的行政村，辖 8 个自然村，均为汉族，耕地面积 29843 亩，总户数 593 户，其中常住户 513 户，总人口 2409 人，常住人口 2082 人，60 岁以上人口 830 人，距最近的县城 80 公里，年人均纯收入 8000 元。西村第三自然村，耕地面积 2060 亩，总户数 67 户，其中常住户 42 户，总人口 316 人，常住人口 170 人，60 岁以上人口 92 人，该自然村的大姓有王、赵、黄、马、徐、段，小姓有张、董、龙、刘等。

（二）数据描述

本文将人际关系划分为血缘、地缘和业缘关系三类。血缘关系包括父系直系亲属、父系旁系亲属、母系直系亲属、母系旁系亲属、干亲（拟似血缘）五类；地缘关系仅指庄邻，有本村居住与城市居住两类；业缘关系指朋友和同事。这里需要说明的是，为了真实还原农村仪式性人情消费的原貌，作者没有对礼金金额进行平减。理由有三：其一，农户保留账单的目的是为了日后还礼，还礼时，农户首先考虑账单记录，其次考虑市场行情，所以还礼金额一般不会低于收礼金额；其二，农户一般没有货币购买力概念，在随礼时不会通过复杂的贴现折算，算出自己以前收的礼等于现在的多少钱，他们的随礼依据是礼金行情和双方交情，而礼金水涨船高是大势所趋，今年礼金的绝对值不会低于去年（除非随礼者遭受重大变故），否则抬头不见低头见，亲朋好友以后无法相处；其三，回归人情初心，人情本就是你情我愿，如果还要经过复杂的测算，斤斤计较，就违背了人际交往的初衷。鉴于以上理由，作者选择使用农户礼单原值作为分析依据。并对收集的礼单数据进行了统计（结果见表 1）。

---

① 根据学术规范，文中出现的地名、人名均为化名。该资料由村委会干部提供，谨以致谢。

表1 婚丧类人情账单描述性统计

名字	仪式形式（时间）	随礼户数（户）	总金额（元）	礼金最大值（元）（来源）	礼金最小值（元）（来源）	平均礼金（元）
董文	葬礼（2011）	209	14860	500（母系直系）	20（庄邻）	71.10
	婚礼（2019）	219	42100	1000（母系直系）	50（四姥爷是五保户）	192.24
王海	婚礼（2013）	105	10190	500（父系直系、干亲）	20（庄邻）	97.05
	婚礼（2019）	146	30400	1000（母系直系）	100（庄邻）	208.22
王明	婚礼（2013）	155	14140	500（母系直系）	30（庄邻）	91.23
张林	葬礼（2018）	173	47850	2000（朋友）	50（庄邻）	276.59

数据来源：根据收集的礼单整理而来。

表1显示，2011—2019年，西村第三自然村受调查的四户人家共举办了6场婚丧仪式（其中4场婚礼2场葬礼），这些仪式性人情具有如下特点。

1. 葬礼受到更多重视

表1数据显示，葬礼受到的重视程度高于婚礼，表现为葬礼随礼户数和礼金绝对值、均值远远高于婚礼。在葬礼中：礼金最高为2018年张林家，平均礼金276.59元，随礼户数173户；礼金最低为2011年董文家，平均礼金71.10元，但随礼户数有209户。在婚礼中：礼金最高为2019年王海家，平均礼金208.22元，随礼户数146户；最低为2013年王明家，平均礼金91.23元，随礼户数155户。礼金的提高可能与水涨船高的人情行情有关，也可能与通货膨胀因素有关。

2. 不同关系的人情额度不同

（1）血缘关系礼金最高。礼金最大值主要来源于姻亲。姻亲是因婚姻关系而形成的亲属，但不包括配偶本身。[①] 本文记录的姻亲关系以收礼者的配偶为纽带（即表中显示的母系亲疏关系划分的母系直系亲属、母系旁系亲属，将此作为姻亲代表，下同）。姻亲在农村仪式中作用不可或缺。据收集到的6份婚丧仪式礼单统计，礼金最大值4份来源于母系直系亲属，如2011年董文家葬礼、2013年王明家婚礼的礼金最大值为来自女主人娘家人的500元；董文家2019年婚礼和王海家2019年婚礼的礼金最大值也均为女主人娘家人的1000元；干亲等拟似血缘逐渐占据重要地位，拟似血缘关系是指通过认同宗、认干亲、拜把

---

① 金眉：《论中国特色婚姻家庭法的制度建构》，《南京社会科学》2019年第11期。

子等形式把原来的业缘关系转换成一种类似血缘的关系。[①] 从随礼金额来看，干亲有时不亚于直系亲属，如 2013 年王海家婚礼，其礼金最大值来源于父系直系亲属 500 元，而干亲随礼金额也为 500 元，与直系亲属礼金一致，说明以干亲为代表的拟似血缘关系在农村仪式性人情往来中占据重要地位。

（2）地缘关系礼金最低。在正式仪式中，礼金最小值几乎都来自地缘关系。除 2019 年董文家婚礼中的礼金最小值为住在养老院的孤寡老人随礼 50 元外，其他 5 份礼单统计的礼金最小值均来源于庄邻。庄邻非亲非故，但在共同居住的环境中长大，彼此了解、知根知底，共同生活，构成以地缘关系缔结的熟人社会。

（3）业缘关系成为重要的人情关联。如 2018 年张林家举办葬礼，其礼金最大值 2000 元来自公司合作伙伴，业缘关系在仪式性人情中作用不断凸显。

四　仪式性人情账单差序格局解读

婚丧是农村最重要的两个仪式。婚礼采用红色礼薄，红色封皮印着"囍""百年好合、永结同心"等字样；葬礼采用深蓝色礼薄，印着"奠""德泽乡里、风范长存"等字样。礼簿第一页有事主、事别、执事总管、记账人、礼金总额、仪式时间等字样，葬礼账单还有献馈食数、收物件数、花圈等常见礼品记录。

（一）婚礼人情账单差序格局解读

婚礼作为红事，具有喜庆色彩，又是人生大事，因此历来参与者众多。表 2 列出了 4 户人家 4 场婚礼人情账单的来源分布，本文从血缘、地缘和业缘三个方面进行解读。

表 2　婚礼礼金来源分布

姓名	单位	父系直系亲属（血缘）	母系直系亲属（血缘）	父系旁系亲属（血缘）	母系旁系亲属（血缘）	干亲（拟似血缘）	庄邻本村居住（地缘）	庄邻城市居住（地缘）	朋友（业缘）
王明（2013）	随礼户数	3	5	26	0	0	80	5	36
	占比（%）	1.94	3.23	16.77	0	0	51.61	3.23	23.23
	平均金额（元）	500	120	105.77	0	0	60.5	140	104.17

---

① 谢建社、牛喜霞：《乡土中国社会"差序格局"新趋势》，《江西师范大学学报》2004 年第 1 期。

续表

姓名	单位	父系直系亲属（血缘）	母系直系亲属（血缘）	父系旁系亲属（血缘）	母系旁系亲属（血缘）	干亲（拟似血缘）	庄邻本村居住（地缘）	庄邻城市居住（地缘）	朋友（业缘）
王海（2013）	随礼户数	3	0	21	18	3	50	5	5
	占比（%）	2.89	0	20.00	17.14	2.86	47.62	4.76	4.76
	平均礼金（元）	500	0	102.38	86.11	50	55.8	300	110
王海（2019）	随礼户数	6	4	24	6	6	59	6	35
	占比（%）	4.10	2.74	16.44	4.10	4.10	40.41	4.10	23.97
	平均礼金（元）	666.67	1000	204.17	200	266.67	110.17	233.18	194.29
董文（2019）	随礼户数	3	4	49	25	1	70	7	60
	占比（%）	1.37	1.83	22.37	11.42	0.46	31.96	3.20	27.40
	平均礼金（元）	500	625	206.12	210	300	116.43	257.14	208.33

数据来源：根据收集的礼单整理。

1. 从血缘关系看

（1）血缘关系的人情中，姻亲占据重要地位。以姻亲为代表的直系亲属关系是婚礼仪式中最大的出礼者。以董文家为例，2019年的婚礼人情往来平均随礼金额排序为：母系直系亲属（625元）＞父系直系亲属（500元）＞干亲（300元）＞庄邻城市居住（257.14元）＞母系旁系亲属（210元）＞朋友（208.33元）＞父系旁系亲属（206.12元）＞庄邻本村（116.43元）。可以发现母系直系亲属随礼金额高于父系直系亲属，母系旁系亲属随礼金额高于父系旁系亲属，说明姻亲在婚礼仪式中占据重要地位。除此之外，通过对不同关系的平均随礼金额大小排序，发现西村第三自然村的人情往来基本符合差序格局。

（2）父系亲属关系较母系亲属关系更稳定。通过对比王海家2013年和2019年的人情账单，作者发现，王海的朋友圈不断扩大，父系、母系的直系亲属往来增多。通过婚姻关系建立血缘联系，将不同家族联系在一起，可以充实人际交往圈。以父系宗族延绵不断的子子孙孙，会因姻亲联系增强网络关系，也会因母系一方的变故而衰落。通过仪式增强了家族之间的联系，但会在代际传递间弱化，这是人情往来的自动选择，走动的是亲戚，不走动的则渐行渐远。

（3）干亲等拟似血缘关系不断加强。从随礼金额来看，干亲的随礼金额超过了一般旁系亲属，如王海家2019年的婚礼中，干亲关系的平均礼金为

266.67 元，高于父系旁系亲属（204.17 元）和母系旁系亲属（200 元）的随礼金额，拟似血缘关系不断加强。本文提及的干亲主要来源于农村的讲究，如小孩夜里哭闹，求神拜佛时认干爹干妈，孩子会有多层关系庇佑，两家关系也会因此加强。

（4）随礼行为中存在性别差异。从收集的礼单记录来看，随礼者的记录以男性姓名为主，几乎没有女性姓名出现。此外，以王海家 2013 年和 2019 年的两场婚礼为例，观察其父系直系亲属的随礼情况：2013 年父系直系亲属随礼 3 人均为王海亲妹妹，而亲兄弟之间则不用随礼；2019 年随礼的父系直系亲属为 6 人，其中 3 人是王海的亲妹妹，1 人是王海的亲哥哥，另外 2 人是王海出嫁的女儿，均说明随礼行为中存在性别差异。如案例记录：

> 2013 年大女儿出嫁，随礼最高的是娃她三个娘娘（即姑姑），嫁人了就算亲戚，必须出礼，随了 500 元，我亲兄弟虽然成了家，但自家人不用搭情（搭情即随礼，下同），做两件衣服、买个床单，网个棉被就行。今年（2019）出嫁二女儿，我三个妹妹各随 500 元，我大哥家也随礼 500 元，我们自己人不随礼，但大哥说不知道买啥，就随礼了。另外，我出嫁的俩女儿各随了 1000 元，算出礼高的。

2. 从地缘关系看

（1）本村居住庄邻出礼金额平均值最低，但随礼户数最多。表 2 数据显示，在 4 场不同的婚礼仪式中，本村居住庄邻的平均随礼金额均处在各类关系中的最低水平，但随礼户数占比最高。如王明家 2013 年的婚礼中，虽然本村居住庄邻平均随礼金额仅为 60.5 元，但其随礼户数占比为 51.61%，是各类关系中户数占比最高的。

（2）城市居住庄邻人数增加，随礼金额较高。表 2 数据显示，2013 年在城市居住并愿意回村参加重大仪式的村民有 5 人，2019 年增加至 6 人和 7 人。随礼金额以 2013 年王明家婚礼为例，城市居住庄邻的平均礼金为 140 元，而本村庄邻平均礼金仅为 60.5 元。城市居住庄邻的随礼金额远远高于在本村生活的庄邻。一方面是由于其经济条件好，有能力支付较高礼金，另一方面，通过回村参加农村重大仪式，彰显家庭地位，保持乡土联系。

3. 从业缘关系看

业缘关系增强。表 2 数据显示，参加王海家婚礼的朋友从 2013 年的 5 户增加到 2019 年的 35 户。朋友增多的原因一方面是借助网络将旧友联系起来，另一方面，王海在外打工结交朋友，扩大了交际范围，不断增强业缘关系。另外，观察董文家 2019 年随礼户数，朋友占比 27.4%，仅次于本村庄邻（31.96%），而朋友的平均随礼金额为 208.33 元，略高于父系旁系亲属 206.12 元，说明业缘关系在农村人际交往中的分量较重，且不断加强。

（二）葬礼人情账单差序格局解读

死者为大。风光大葬是每个逝者与亲属的心愿，在农村，葬礼的地位要高过婚礼。表 3 列出了董家和张家两场葬礼人情来源状况，本文仍然从血缘、地缘和业缘三个方面进行解读。

表 3　葬礼礼金来源分布

姓名	单位	父系直系亲属（血缘）	母系直系亲属（血缘）	父系旁系亲属（血缘）	母系旁系亲属（血缘）	干亲（拟似血缘）	庄邻本村居住（地缘）	庄邻城市居住（地缘）	朋友（业缘）
董文（2011）	随礼户数	0	5	47	19	0	86	2	50
	占比（%）	0	2.39	22.49	9.09	0	41.15	0.96	23.92
	平均礼金（元）	0	500	69.72（花圈 3 个）	111.56	0	34.19	200	73.41
张林（2018）	随礼户数	2	2	32	5	8	75	7	43
	占比（%）	1.16	1.16	18.50	2.89	4.62	43.35	4.05	24.86
	平均礼金（元）	1000	1000	329.03	500	512.5	123.33	428.57	344.19

数据来源：根据收集的礼单整理。

1. 从血缘关系看

（1）姻亲关系非常重要。从随礼金额的高低来看，姻亲在葬礼中发挥了重要作用。以董文家为例，2011 年，董文家葬礼中人情往来不同关系层的平均随礼金额排序为：母系直系亲属（500 元）＞庄邻城市居住（200 元）＞母系旁系亲属（111.56 元）＞朋友（73.41 元）＞父系旁系亲属（69.72 元）＞庄邻本村居住（34.19 元）。董文家葬礼中最大随礼金额来自女主人的直系亲属，另外母系旁系亲属的平均随礼金额高于父系旁系亲属的平均随礼金额等，都说明了姻亲在葬礼仪式中的重要性。

（2）性别差异。以张林家为例，2018 年，张林家葬礼中人情往来不同关系层的平均随礼金额排序为：父系直系亲属＝母系直系亲属（1000 元）＞干亲（512.5 元）＞母系旁系亲属（500 元）＞庄邻城市居住（428.57 元）＞朋友（344.19 元）＞父系旁系亲属（329.03 元）＞庄邻本村居住（123.33 元）。据礼单记录，在张林家葬礼中，父系直系亲属仅为张林两个亲妹妹，而张林的亲兄弟不用出礼。在村民眼里，嫁出去的女儿相当于亲戚，而亲兄弟则属于自家人。如张家两个女儿各随礼 1000 元，而亲兄弟不需出礼，说明在葬礼仪式中的随礼行为也存在性别差异。

（3）葬礼仪式规矩多。结合表 3 和案例描述，笔者发现，葬礼仪式存在很多规矩。例如，根据血缘关系的亲疏不同，其随礼金额不同；同一身份或辈分的人基本保持礼金一致；不同身份所买祭品不同，穿着的孝服也不尽相同；随礼形式可分为现金和实物两种，实物如账单所记录的某人送花圈 3 个。如案例记录：

> 出礼这个事，一个地方一个风气，出礼基本稳定。啥身份出啥礼，一般来说，最亲的亲戚一般 500 元，个别出 1000 元，稍微远点的亲戚也就 200 元或 300 元，低过 200 元就拿不出手了，亲戚毕竟是亲戚，太低面子挂不住，朋友 200 元或 300 元，庄邻大多 100 元，随礼的时候大家商量，一样的亲疏关系随礼都差不多。葬礼最麻烦，讲究多，啥时候给去世的人洗漱穿衣、报丧，孝子穿啥衣服，谁守灵，跪孝的顺序等，都有讲究。

2. 从地缘关系看

（1）庄邻人情具有互助性。在 2011 年董文家的葬礼仪式中，出礼的本村居住庄邻户数占比为 41.15%。在 2018 年张林家葬礼仪式中，出礼的本村居住庄邻户数占比为 43.35%。庄邻并非亲属，但在葬礼中出礼户数占比最大。庄邻一方面是为了表达对死者的哀悼，送死者最后一程；另一方面发挥互助作用，确保葬礼顺利进行。

（2）城市居住的庄邻通过参与村中重大仪式，保持乡土联系。随着经济发展与城市化的加快，越来越多的农村人选择进城，并逐渐定居，与故乡的联系也越来越淡薄，故乡成为遥远的梦。但可以通过回村参加重大仪式保持一丝乡土联系，承载故土情怀，回味乡愁，亦可彰显家庭地位。

（3）地缘关系逐渐减弱。2011—2018 年在城市居住且愿意回村参加仪式的庄邻从 2 户上升到 7 户，但这仅是搬走庄邻中的少部分，很多搬迁出去的庄邻已完全脱离了养育他们的村庄。那些土生土长的村民与土地建立起来的地缘关系被不断削弱。

3. 从业缘关系看

为准确反映情况，作者通过走访了解两家的基本情况，结合表 3 分析如下。

（1）社会阶层不同，业缘关系强度不同。以张林家为例，张林属于该村能人，社交范围广，与各个阶层的人均有往来，朋友多是生意伙伴，属于业缘关系范围（其礼金最大值 2000 元来源于生意合作伙伴）。与张林相比，在家务农的董文，其业缘关系相对较弱。

（2）业缘关系不断加强。无论是事业有成的张林，还是世代务农的董文，其业缘关系都在不断加强，张林通过发展事业，建立了一张庞杂的人际关系网络，扩大了人情交往圈。随公司规模日益扩大，业缘关系不断加强。而以农业生产为主的董文家，通过扩大种植面积和外出打工，认识了其他业缘关系的人，如店铺老板、外出打工的工友等，以此不断增强业缘关系。

（三）农村仪式性人情中两相情愿与两不相欠现象解读

从收集到的礼单中，作者重点采集了董文、王海、王明、张林这四户人家相互往来的礼金记录，以及村上其他共同随礼者的礼金信息，构成表 4。

为方便读者理解表 4 中的人物关系，作者还画了他们的关系图谱（见图 1）。从图 1 可以看出，董文家、张林家、王海家、王明家都是以王家为中心延伸的亲属关系：其中，董文和董强是亲兄弟，娶了王氏俩姐妹，也就是图 1 中所提及的王海、王忠、王云、王军四兄弟的亲妹妹；张林和张吉为亲兄弟，其母王兰是王氏兄弟姐妹的亲姑姑，即张家与王家是姑表亲关系；王海与王明是叔侄关系。四家之间通过姻亲或宗亲相互联系。

表 4　仪式性人情中"两相情愿"与"两不相欠"表现

2011年董文家（葬礼）	金额（元）	2019年董文家（婚礼）	金额（元）	2013年王海家（婚礼）	金额（元）	2019年王海家（婚礼）	金额（元）	2013年王明家（婚礼）	金额（元）	2018年张林家（葬礼）	金额（元）	备注
				董文	500	董文	500	董文	500	董文	500	董氏兄弟
				董强	500	董强	500	董强	500	董强	500	（王氏女婿）
王忠	500	王忠	500							王忠	500	
王云	500	王云	500			王云	500			王云	500	王氏兄弟
王军	1000	王军	500							王军	500	
王海	500	王海	500							王海	500	
		王明	200			王明	200			王明	200	王氏侄子
张林	200	张林	500	张林	200	张林	500	张林	200			张氏兄弟（王氏外甥）
张吉	200	张吉	200	张吉	100	张吉	200	张吉	100			
王德	100	王德	200	王德	100			王德	100	王德	500	王氏旁氏兄弟
王宝	100	王宝	200	王宝	100	王宝	200	王宝	100	王宝	500	
高信	200	高信	300	高信	100	高信	200	高信	100	高信	1000	张氏女婿
刘团	500	刘团	500	刘团	500	刘团	500	刘团	500	刘团	500	王氏女婿
许武	100	许武	200	许武	100	许武	200	许武	100	许武	500	王氏旁氏女婿
赵宏	200	赵宏	300	赵宏（干亲）	500	赵宏（干亲）	500	赵宏	200	赵宏	500	庄邻（城市定居）
赵军	50	赵军	100	赵军	100	赵军	100	赵军	100	赵军	100	庄邻（本村）
赵斌	50	赵斌	200	赵斌	100	赵斌	100	赵斌	100	赵斌	100	

数据来源：根据收集的礼单整理。

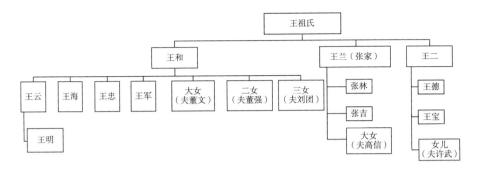

图1　亲属关系图谱

通过表4我们发现，农村仪式性人情中同时存在礼金对等和礼金不对等的现象。我们可将人情往来中礼金相互不对等的现象看作"两相情愿"的一种表现，如董文在2013年王明家的婚礼上随礼500元，而王明在2019年董文家的婚礼上仅随礼200元（注：王明2015年分家，2019年代表自己的小家庭随礼）；王军在2019年董文家婚礼中随礼1000元，远远高于其他几个亲兄弟随礼500元。另外我们可将人情往来中礼金相互对等的现象看作"两不相欠"的一种表现，如王海在2011年董文家举办的葬礼中随礼500元，董文也在2013年王海家举办的婚礼中随礼500元；董文在2018年张林家举办的葬礼中随礼500元，张林在2019年董文家举办的婚礼中还礼500元；等等。

1. "两相情愿"表现与原因分析

"两相情愿"，即你情我愿、互不勉强。在人情往来中，地位低者不会因礼金微薄而被嫌弃，地位高者也不会因付出不菲的礼金而倨傲，双方你情我愿、安之若素，这就是人情往来中的两相情愿。

（1）情比金坚，超额随礼。观察表4中干氏兄弟给董文家即自己亲妹夫家的随礼表现，在2011年董文家葬礼中，王云、王海、王忠、王军四兄弟均随礼500元。在2019年董文家的婚礼中，王忠、王云均随礼500元，王海并未随礼，原因是董文家与王海家两家女儿出阁时间相差一天，选择互不出礼，但另一个兄弟王军随礼1000元，远远高于其他兄弟。王家四兄弟属于同样圈层，一样的身份，相差大的礼金往来，其背后原因是董文家与王军家两家关系亲密，王军愿意提高礼金金额巩固维持两家之间的情分，董文也愿意接受这种过高的人情，希望两家关系更上一层楼，这是一种两相情愿。

（2）身份互转，可持续性人情。礼单记录的时间跨度为2011—2019年，这期间董文家、王海家、张林家、王明家四家一直保持礼尚往来。如在董文家2019 年的婚礼中，王海家、王明家、张林家三家都作为出礼者，董文家作为收礼者，而在王海家、王明家、张林家的婚礼或者葬礼中，董文家又作为出礼者，其他三家反过来作为收礼者。出礼者与收礼者双方身份互换，人情往来源源不断，这既是两相情愿的表现，也是两相情愿的结果。

（3）人情往来的不确定性。在特定的业缘关系中，虽然存在人情往来的不确定性，但出礼者会对各种因素综合考量，选择自愿随礼。结合案例描述，张林是老板，在他家举行的葬礼仪式中部分员工选择出礼，虽然员工知道两家以后不一定有人情往来，但处在当时的身份或者出于其他方面的考虑，还是选择出礼。张林也会接受礼金，但是否还礼，还要视情况而定。也就是说出礼者深知人情往来存在不确定性，依然选择走人情，这也是一种两相情愿的表现。案例表述：

> 我就是在这个村子里长大的，在当地开了公司，去年（2018 年），老妈没了，葬礼办的风风光光，人也走（去世）的体面。除了亲戚庄邻，主要来的是我的朋友。员工大多不请自来，我们也不好意思请，反正搭多搭少，都是个心意，我们也不一定还礼。以后员工家过事，要是请，我们就去，不请就算了。有些人情也不是非走不可。

2. "两不相欠" 表现与原因分析

"两不相欠"，即不愿欠与被欠，亏欠别人会觉内心不安，但也不想自己吃亏。仪式性人情的"两不相欠"主要体现在两方面：一方面随礼双方礼金相同，达到两不相欠；另一方面，如果别人出礼过高或在其他方面对自己有所帮助，则通过提高礼金或者其他非正式仪式弥补，达到"两不相欠"的状态，既不高攀，也不卑微，处在一个平等的地位。

（1）礼金对等不相欠。随礼双方保持相同金额的礼金往来，互不相欠。如王海在 2011 年董文家举办的葬礼中随礼 500 元，董文也在 2013 年王海家举办的婚礼中随礼 500 元；董文在 2018 年张林家举办的葬礼中随礼 500 元，而张林在 2019 年董文家举办的婚礼中回礼 500 元。类似这样对等的人情可称为两不相欠。

（2）权衡礼金不相欠。随礼时，除了考虑金钱因素外，非金钱因素也会综合考虑。对于表4中提及的董文、董强而言，娶了王家俩姐妹，不仅是两家关系的亲上加亲，更是加强了王家和董家两个家族的联系。对董文家而言，王家是上姑舅，张家属于姑表亲，无论是在婚礼还是葬礼中，娘舅被尊为上座，按理说，在娘舅家的随礼金额理应高于姑表亲，但董家俩兄弟一视同仁，始终保持与上姑舅家随礼金额一致，这相当于提高了对张家的礼金，其中缘由错综复杂。一方面2018年张林的老母亲去世，董文家的女主人在出席葬礼仪式中的身份是死者的娘家人，而死者的娘家人在葬礼仪式中扮演了不可替代的角色；另一方面主要是为还情，张林家有井，每年农地浇水，张林会为这些亲戚免掉部分零头。除此之外，董文家的弟妹在张林家公司上班等原因也会影响出礼金额。董文作为出礼者，不仅考虑在仪式中的身份，还考虑诸多其他因素，说明礼金是复杂人际关系的直观表现。通过权衡改变随礼金额，达到两不相欠的状态，使两家处于对等地位，这是不想欠别人的一种表现。

（3）多次少量不被欠。表4中也记录了张林和张吉俩兄弟的随礼情况。张吉的经济条件不如张林，随礼金额也较低。据了解张吉家只有两个子女，而董文家、王海家有四个子女，每次出嫁或娶亲，张吉都需随礼，多次少量的礼金，会在一定程度上弥补礼金差额，避免或减少自己吃亏，这是不想被欠的一种表现。

（4）非正式仪式弥补超额人情。互相随礼是两相情愿的表现，但有时会出现礼金差额。重视礼尚往来、人情世故的农村人并不会安心享受这种差额，为了达到两不相欠的状态，会选择在今后的人情往来中，通过非正式仪式，比如送特产、买衣服、发红包等方式弥补差额。人情往来在两相情愿与两不相欠的动态往来中相互交织，维持人情源源不断，也在这一过程中不断加强彼此之间的联系，若非深仇大恨、重大事件，一般不会轻易退出人情圈。

五　结论与讨论

（一）结论

本文从农村仪式性人情账单差序格局分析着手，刻画了乡村社会人情往来变迁，得出如下结论。

1. 礼金是农村人际关系的直观反映

农村人情社会包含着各种复杂的人际关系。作为出礼者，在随礼过程中可能扮演的不仅只是一个身份，而是各种身份的综合体，比如同时是仪式中男主人和女主人的亲戚，又或是亲戚的亲戚，还有可能收礼者既是自己的亲戚又是自己的老板。出礼者通常要考虑自己在仪式上扮演的角色、两家的亲疏关系、自己的地位以及经济条件等多种因素才能确定最终出礼金额。作为收礼者，也会进行综合考虑，确定是否宴请、收礼等。这些充分说明农村人情礼金是一种复杂人际关系的直观反映。

2. 仪式性人情和非仪式性人情互为补充

仪式性人情和非仪式性人情相互补充，维持人情的动态平衡。无论是收礼者还是出礼者，仪式性人情中亏欠的人情会在非仪式性人情中弥补，非仪式性人情中亏欠也会在仪式性人情中弥补。比如，在日常的生活中送礼物、发红包、请客吃饭、给亏欠一方的父母或者子女一些好处或者提高仪式性人情礼金等。

3. 两相情愿与两不相欠是农村仪式性人情往来的普遍原则

两相情愿时双方选择维持人情往来不中断，两不相欠是为了使双方处于一个平等的地位，平等自愿是人际长期交往的基本准则。在农村仪式性人情交往中，大家普遍遵守公序良俗。同一身份礼金基本一致，不会轻易打破，过重的礼金不仅会带来收礼者的心理压力，而且也会使相同身份的人尴尬。农村仪式性人情两相情愿与两不相欠是人际交往的普遍现象，出礼者与还礼者建立一种两相情愿与两不相欠的人际交往模式，是维持人情往来可持续的基本原则。

（二）讨论

1. 本文贡献

本文通过对农村仪式性人情账单差序格局进行解读，借助典型案例，剖析了乡土社会的人情文化。本文研究的贡献主要有以下两点：在理论层面，通过对四户人家6场婚丧类仪式的人情账单进行分析，研究发现随礼行为中存在的性别差异是对差序格局"差"的补充，而拟似亲属关系是对差序格局"序"的扩展，拓展了"差序格局"理论的解释内容；在经验层面，本文发现仪式性人情中存在两相情愿与两不相欠的现象，并对其原因进行了解释。

2. 讨论：差序格局的传承与发展

通过分析农村仪式性人情往来，作者发现，在所调研的地区，人情往来仍然符合差序格局理论，此为差序格局的传承。随着社会的发展，差序格局的内容和形式也发生了一些变化，此为差序格局的发展。例如，在内容上，以娘舅为代表的姻亲，已上升到了举足轻重的地位；拟似血缘渗入农村人情社会，成为另一种血缘形式的存在，并占据了一定的地位；在农村仪式性人情往来中，存在明显的性别差异，是对差序格局的新发现与新注释。在形式上，不同圈层相互渗透，主要体现在拟似血缘关系胜过旁系亲属，直逼直系亲属。除此之外，年轻一辈随着交往范围变广，其业缘关系不断被加强；随着城市化进程的加快，农村人口减少，以地缘建立的人际关系被不断削弱。

"教育权利"vs."大城市病"：流动儿童教育获得的困境探究

富晓星　冯文猛　王　源　陈　杭[*]

一　问题的提出

改革开放后特别是 20 世纪 90 年代以来，随着大规模农村人口进城务工经商，随迁子女（流动儿童[①]）的数量日趋增多。2010 年第六次全国人口普查时，我国流动儿童约为 3610 万人，留守儿童约为 6973 万人，两者数量之和过亿，占全国儿童总数的 38%。[②] 流动儿童的绝大部分处于学龄期，在以地方政府作为教育筹资和服务提供主体的制度安排下，流动儿童的教育问题日益引发社会关注。这一庞大群体的教育获得，不仅关乎个人层面的教育获得与未来发展，更关乎国家层面促进城乡教育公平、保障公民基本权利以及维系社会良性发展的实现。

近年来，中央政府出台了一系列政策（下文会详述），投入大量经费以保

---

[*]　作者简介：富晓星，中国人民大学社会学理论与方法研究中心副教授；冯文猛，国务院发展研究中心社会发展研究部副研究员；王源，中国人民大学社会学系 2017 级硕士研究生；陈杭，北京大学人口研究所 2017 级硕士研究生。

[①]　1998 年国家教委、公安部发布的《流动儿童少年就学暂行办法》将流动儿童界定为："6 至 14 周岁（或 7 至 15 周岁），随父母或其他监护人在流入地暂时居住半年以上有学习能力的儿童少年。""流动儿童"在研究中又被称作"打工子弟""流动人口子女""农民工子女""进城务工人员随迁子女"等，本研究统称为"流动儿童"。

[②]　段成荣：《我国流动和留守儿童的几个基本问题》，《中国农业大学学报》（社会科学版）2015 年第 1 期。

障流动儿童的基本教育权利。根据国务院教育督导委员会办公室 2015 年发布的报告：2014 年，全国进城务工随迁子女在校生达 1294.7 万人，在公办学校就读的随迁子女占 79.5%，随迁子女的入学问题基本得到解决。但问题是，这一比例分布在全国并不均衡，在人口集中的特大城市①，随迁子女进入公办学校面临更大障碍。本研究的前期调研发现，在流动人口跨省流动比较集中的特大城市（北京、上海、广州等），一部分在民办打工子弟小学（以下简称"打工子弟小学"）上学的流动儿童很难享受到"钱随人走"②的政策福利，另一部分流动儿童则在公办小学的教育机会获得上面临重重阻碍。这些情况的发现，激发了本研究的问题意识：何种因素、以何种机制导致国家教育政策不能落"实"在流动儿童身上。

社会个体接受教育的实际状况，可以看作国家、地方、个人及家庭三方力量共同作用的结果。鉴于此，上述问题意识可分解为以下具体研究维度和研究问题。（1）国家—地方维度，中央政府的教育政策在向地方贯彻实施过程中，遇到了哪些阻碍？国家在政策制定、地方在政策执行过程中是否存在张力？如果有，这些张力的根源是什么？（2）国家—地方—个人维度，在国家—地方政策存在张力和冲突的状况下，影响流动儿童进入公办学校的决定性因素是什么？这些因素又以何种形式体现出来？（3）个人—地方维度，面临实际入学障碍，流动儿童及其家庭采用了什么样的应对策略和措施？（4）个人—国家维度，流动儿童及其家庭对于教育权利的诉求是什么？他们对促进政策落实有何建议？

秉承上述问题思路，本研究首先对近些年来的国家教育政策和城镇化政策进行简单梳理，这既为本文提供了重要的政策背景，又有助于厘清问题的分析脉络；其次介绍流动儿童教育的理论背景，并结合本文的研究问题，纳入教育社会学和组织社会学的交叉视角；最后辅以经验研究的论述，提出本研究的学理贡献和实践意义。

二　政策的冲突

流动人口群体，是在 20 世纪 80 年代，随着农村经济改革释放出大量剩余

---

①　按照《国家新型城镇化规划（2014—2020 年）》的有关定义，特大城市是指城区人口在 500 万以上的城市。

②　即"两免一补"和生均公用经费基准定额经费，可以随学生迁移流动，成为"可携带"的补助。

劳动力、户籍制度逐渐松动以及巨大城乡差距的背景下产生的。人口的大量流动带来了快速城镇化；同时，城镇化的相关政策也影响着人口流动。20 世纪 90 年代中期以来，人口流动的家庭化特征日趋明显。在这一背景下，流动人口子女的教育问题日渐突出。从上述人口流动的经济社会背景不难看出，一方面，流动儿童教育问题需要放在城镇化这一宏观背景下加以考量；另一方面，流动儿童教育本身又是国家教育政策直接调整的对象。因此，对于流动儿童教育相关政策的脉络梳理，需要分别从教育和城镇化两方面入手，分析改革开放后这两大领域政策的演进轨迹及内在逻辑，在此基础上整理出流动儿童教育当前面临的政策困境。

（一）国家教育政策的变化

针对流动儿童的教育问题，中央的战略规划和定位可分为三阶段：（1）1986—1998 年，从严格控制到流入地有条件接收；（2）2001—2006 年，将流动儿童教育纳入流入地教育发展规划、列入教育经费预算；（3）2010 年至今，保障流动儿童基本公共教育服务权利，并向"同城待遇"转变，促进城乡教育公平。在当前这个阶段，起指导作用的是《国家中长期教育改革和发展规划纲要（2010—2020 年）》中提出的，"以流入地政府管理为主，以全日制公办学校为主"，即通称的"两为主"政策，其意义在于中央逐渐把流入地政府对流动儿童的教育投入与管理责任细化和固定下来。

基于"两为主"政策，中央近年又出台一系列相关政策，以保障和促进教育公平目标的实现。首先，教育部于 2013 年印发了《中小学生学籍管理办法》，从此前的分省学籍管理转为建立全国统一的中小学生学籍制度，确保学生学籍全国统一、终身唯一、籍随人走。统一学籍制度的建立，加之电子信息平台的构建，为流动儿童跨区域转学接受教育提供了便利。其次，教育财政政策的发展也为流动儿童接受教育提供了更多支持。2015 年，国务院发布了《国务院关于进一步完善城乡义务教育经费保障机制的通知》，提出统一城乡义务教育的"两免一补"政策[①]，同时统一城乡义务教育学校生均公用经费基准定额，实现"两免一补"和生均公用经费基准定额资金随学生流动可携带（简称"钱随人走"政策，截至目前"可携带"模式的操作尚未落实）。这些措施的出台，推

---

① 对城乡义务教育学校（含民办学校）给予补助，免除学杂费，免费提供教科书，对家庭经济困难的寄宿生提供生活费补助，并由农村全面扩展至城市地区。

动了流动儿童教育问题的进一步解决。

（二）城镇化政策的变化

作为流动人口的一部分，流动儿童的教育问题，不仅受到教育政策变化的影响，在很大程度上也受到了城镇化政策尤其是新型城镇化政策①左右。新型城镇化政策的一个重要内容，是改变传统城镇化追求的城乡二元分割的单向式发展模式，探索建立城乡一体的，在人口、土地、经济、文化和保障等层次交互进行的，嵌套式的整合发展战略。特别需要指出的是，在这些发展战略之中，人口、资源、环境矛盾突出的"大城市病"，也成为新型城镇化政策试图解决的重大难题。在应对大城市病的具体策略中，无论国家还是地方，严格控制人口规模都成为有效缓解"大城市病"的首要措施。在国家层面，《国家新型城镇化规划（2014—2020年）》明确提出，严格控制城区人口500万以上的特大城市人口规模。在地方层面，严控人口相继成为北京等特大城市"十三五"规划的重要内容。在《中共北京市委关于制定北京市国民经济和社会发展第十三个五年规划的建议》中，明确提出："总结推广以业控人、以房管人、以证管人的成功经验，综合运用经济、法律、行政等手段调控人口规模。"

在新型城镇化政策的指引下，教育在现实中可能成为除就业、居住之外的，特大城市人口控制的第三个手段。这点在流动儿童义务教育过程中已初露端倪。例如，在北京申请公办学校入学时，流动儿童须由其家长或监护人持俗称的"五证"，即本人暂住证、实际住所居住证明（如房屋产权证、住房租赁合同等）、务工就业证明（如劳动合同、受聘合同、营业执照等）、户口所在地街道办事处或乡镇人民政府出具的在当地没有监护条件的证明、全家户口簿（可以是复印件）等证明证件，向暂住地的街道办事处或乡镇政府提出申请。如果办不齐这"五证"，则无法获得公办学校学籍。可以说，"五证"已成为流动儿童在京入学的一道"门槛"，由其带来的"入北京学籍难"②的问题更是阻碍流动儿童在公办学校获得接受教育的机会。相当一部分因经济、就业等处于弱势地位的流动人口群体难以办齐"五证"，又因生计发展在流入地，不得不选择让

---

① 这里所指的新型城镇化政策，是指以2014年3月颁布的《国家新型城镇化规划（2014—2020年）》为核心的一系列政策。

② 流动儿童家庭通过"五证"审核，可凭借正规的借读证明到公办小学办理入学手续，其信息纳入北京市学籍管理系统内；在义务教育阶段，如果学生回到户籍地上学，其学籍将划入户籍地学籍管理系统。

"无北京学籍"的子女在打工子弟学校暂时借读，这进一步导致流动儿童家庭的分化，并引发出种种社会问题。

如果将中央的教育政策与新型城镇化政策进行对比，可以清晰看到：一方面，特大城市快速发展导致的"大城市病"使落户政策日趋收紧，严格控制人口成为必然；另一方面，"两为主"的教育政策又将责任落到了流入地政府，这对城市发展承载能力提出了进一步的挑战。在城镇化与教育发展的两条脉络中，人口控制和教育政策之间的张力与冲突得以显现，造成了特大城市流动儿童目前存在的就学难题。在这一背景下，亟须对特大城市流动儿童义务教育的现状展开研究，寻求相应的破解之道，以实现教育公平和城镇化的协同发展。

三　理论背景

社会分层与教育公平一直是社会学关注的重点领域。教育获得或个体的教育成就与社会分层之间的复杂关系，往往围绕着一个"双刃剑"的经典问题：即从冲突论层面的教育作为代际传承的主要机制，和功能主义层面的教育作为至关重要的社会流动机制。[①] 在这一问题上，研究者往往将重点放在地位获得更为关键的高等教育，即"寒门能否出贵子"取决于大学甚至高中的优质教育资源获得上。[②] 这些精彩研究论述的一个基本前提是，无论国内还是国外，政府通过教育资源扩大和教育扩张，推进并实现了小学和初中基础教育的普及，从而使人口总体的平均教育水平迅速提高。而最低限度教育的平等，无疑加强了较高阶段教育的精英地位取向意义。

在关注精英教育对社会分层结构变化影响的同时，一些学者也发现教育的延续性和累积性导致升学竞争下移，教育获得的阶层分化不断提前。从教育体制来看，教育分流存在于初中毕业的升学考试；但由于重点学校制度的存在，隐性的教育分流从小学甚至幼儿园就开始了。[③] 学者已关注到这种教育累积性的

---

① 刘精明：《国家、社会阶层与教育：教育获得的社会学研究》，中国人民大学出版社，2005。

② 吴晓刚：《中国当代的高等教育、精英形成与社会分层：来自"首都大学生成长追踪调查"的初步发现》，《社会》2016 年第 3 期；吴愈晓：《中国城乡居民的教育机会不平等及其演变（1978—2008）》，《中国社会科学》2013 年第 3 期；杨东平：《高等教育入学机会：扩大之中的阶层差距》，《清华大学教育研究》2006 年第 1 期。

③ 洪岩璧、钱民辉：《中国社会分层与教育公平：一个文献综述》，《中国农业大学学报》（社会科学版）2008 年第 4 期。

过程研究，探讨家庭背景通过什么机制和路径影响义务教育阶段儿童的学业成就。[①] 需要指出的是，上述研究中的基础教育，已超越个体适应社会基本生存的"生存教育"意义，[②] 是国家作为利益主体选择精英的教育技术策略，和文化资本意义上"精英教育"资源的前移争夺。然而，针对生存取向的基础教育获得的阶层结构，甚至是阶层内部分化的研究却十分稀少，而在其意义上的教育机会和最基本教育权利的平等，不仅是阶层结构中较低层级群体发展的基本诉求，更是国家教育政策维护社会整体秩序的治理需求。

在我国当前的教育制度框架中，除职业技术教育之外，一般意义上的"生存教育"是指每个儿童都应享受的 9 年义务教育。在上述理论背景下，在城市适龄儿童义务教育已然普及的今天，数量庞大的流动儿童成为在我国讨论"生存教育"的重要主体。目前针对流动儿童教育的社会科学研究多停留在户籍制度分割、教育资源配置不均、借读费负担重等传统问题的宏观描述上，这些"现状"已然因为前述"两为主"等政策的实施得到有效缓解。然而正如本文第一部分所示，在政策利好的背景下，生活在城市尤其是特大城市的流动儿童，在有教育机会、有经费支持的情况下，部分儿童却连基本的教育权利都享受不到。这实则需要在宏观背景下，探讨流动儿童教育获得的微观动力，以及"以小博大"地探讨国家—地方、群体—个体各方力量相互博弈的微观机制，这是目前研究亟待关注和解决的难题。

在流动儿童教育获得的机制层面，经验研究极其匮乏。邵书龙的研究从思辨的教育政治学角度，提出政府的教育决策和执行过程是一个府际关系与利益的博弈及其副产品——城乡二元结构下社会阶层的再生产过程。[③] 这种"政策群"的思路恰恰是探讨博弈性的结构机制的进路，然而邵文从解析"两为主"政策入手，引入"contain"概念，走向了国家利用流动儿童的教育需求，进行对流动人口"由堵转疏"的治理术的转变分析。笔者对邵文"结论先行"的论述存疑之处在于：笔者虽然赞同将流动儿童的教育纳入城市化进程和国家处理与农民工全局关系的双向脉络，但邵文将国家与地方混为一体，也就是说将国

① 李忠路、邱泽奇：《家庭背景如何影响儿童学业成就？——义务教育阶段家庭社会经济地位影响差异分析》，《社会学研究》2016 年第 4 期。
② 刘精明：《国家、社会阶层与教育：教育获得的社会学研究》，中国人民大学出版社，2005。
③ 邵书龙：《国家、教育分层与农民工子女社会流动：Contain 机制下的阶层再生产》，《青年研究》2010 年第 3 期。

家视为"政策群"的主体，这里面其实忽略了国家和地方作为不同利益主体之间的矛盾。在笔者看来，这恰恰是论述应该关注的一个核心问题，流动儿童的教育绝不仅仅限于流入地、流出地的府际矛盾，而是嵌套在更为复杂的、科层组织的水平体系（中央部委机构）和垂直体系（上下级政府）下的多种权力机构的关系运作。

此外，以往研究在论及流动儿童的学业适应和社会融入问题时，均将流动人口和城市居民对立而论，这其实潜在地将流动人口视为一个同质群体，忽略了群体的内部分层以及相应的争取教育机会的资本调动和应对策略。

综上，本研究试图了解流动儿童教育获得的社会影响因素，并将教育社会学实证研究关注的"校内过程"机制，前移至"求学过程"的经验性解释机制；除了家庭背景这一重要自变量外，我们看到"求学过程"卷入更多外生变量，包括国家和地方的教育政策和城镇化政策执行所形成的错综复杂的权力关系与个体的教育选择，这需要纳入组织社会学的视角，讨论政策（及其制定者）与政策受体之间的动态关系。从教育社会学和组织社会学的交叉视角讨论特大城市流动儿童的教育获得机制，也是本研究力图开拓的理论创新之处。

四　研究方法

基于上述背景，本研究以北京市为例，对特大城市流动儿童的教育现状进行整体性调研。研究时段为 2015 年 11 月至 2016 年 6 月，主要以定性研究为主，并辅以少量量化数据分析。调研依据田野中呈现的问题，递进式地扩展样本以获取深入且全面的信息。

（一）样本概况

本研究采用非概率抽样中的判断抽样方法，即根据抽样框中的个体特点进行判断，选择有代表性的样本。① 本研究将儿童户籍性质和就学年级作为判断筛

---

① 2010 年第六次全国人口普查数据显示，昌平、大兴、朝阳、海淀和丰台这五个区中，5 ~ 14 岁流动儿童在总人口中所占的比例均超过了 1.5% 。2011 年北京市教委的数据显示，北京市 70% 的流动儿童在公立小学就学。根据上述结果，本研究在区域选择时将朝阳和海淀作为田野点；在学校类型上，研究既包括公办学校，也包括打工子弟学校。通过这一研究对象确定过程，以使所选取的样本具有代表性，能反映出北京市整体流动儿童的就学概况。

选基准，流动儿童样本量为 68 人。样本为在小学就读的流动儿童 52 人（图表数据来源），和在初中就读的流动儿童 16 人。取样策略分为两部分：首先，选取海淀区某打工子弟小学四年级的 27 名流动儿童进行入户访谈。从 2013 年开始实行全国电子学籍制度以来，这一打工子弟小学 900 名在校学生中有 500 名无北京学籍。在此基础上，本研究将样本扩展至流动儿童拥有北京学籍的朝阳区某公办小学（非京籍学生约占 80%），选取二年级（17 人）和六年级（8人）共 25 名流动儿童进行入户访谈，围绕入学审核、教育资源等问题展开对比研究。之所以选择二年级和六年级，一是和打工子弟小学的四年级样本有所区别，二是这样两校所选样本基本涵盖了小学中从低年级到高年级的不同阶段。此后，研究策略扩展至流动儿童"小升初"的学籍状况调研，又选取海淀区某公办学校（共 396 名学生，非京籍学生约占 49%）。选取初一和初三年级各 8名外地户籍的初中学生进行调研，以了解初中入学选择和程序，以及"初升高"的教育选择等问题，这样基本可以从一个横断面调研中，看到九年义务教育中，流动儿童的教育机会问题。

本研究重视知情人访谈，分别访谈了两所学校的校长、教导主任和所访儿童班级的班主任和任课老师等，共计 10 人。此外，本研究还选取公办小学 4 名京籍儿童家长进行访谈，以了解京籍儿童家长在入学问题上的经历、态度以及其与流动儿童家长的区别与联系。

（二）研究方法

本研究主要采取定性研究方法。定性研究以获得情境中对意义的理解与把握见长，力图从流动儿童的生活情境中探索他们面临的教育问题。具体方法如下所述。在两所小学对所选取的流动儿童进行入户访谈，获取他们在城市化、社会化、教育问题等方面的综合信息。并且，本研究发展出一种可称为"生命地图"的资料整理和分析方法，即（1）借鉴人口学研究生命历程的列克西斯图，从时间和空间变动两个角度呈现流动儿童及其父母的迁徙经历；（2）采用照片直观呈现流动儿童目前居住的空间环境和区位；（3）采用社会人口学信息表格呈现流动儿童家庭包括父母受教育程度、收入等在内的社会人口学特征；（4）采用对话体文本真实呈现访谈情境，从而透视流动儿童父母对教育状况、亲子关系和社会适应等状况的叙述。本研究将以上四方面的丰富内容呈现在同一份文档中，无论从历时还是共时层面，可获得流动儿童从出生到现在的整体性信息，从而提供更为恰当的分析和解释。

在定量研究方面，对上述（1）的资料进行分类统计并做可视化表达，绘制流动儿童家庭的迁移路线图；对上述（3）的资料整理等同于开放式问卷，采用后编码的方式将定性文本转化为定类数据，并做基本的数据统计分析。

五 "五证"审核与政策落实

调研发现，政策部分提到的"五证"① 审核成为流动儿童在北京上学的关键步骤，最终决定流动儿童能否进入公办学校接受教育。在实际操作过程中，"五证"只是代表了证明范围的大致说法，调研对象表示相关材料有"七证"甚至"二十证"之多。办证给很多流动儿童家庭带来了巨大困难，并且从办证的过程中也可看到流动儿童家庭呈现不同类型。

（一）"五证"审核

"五证"中相对难办的是"在京合法住所居住证明"和"在京就业务工证明"，具体困难集中表现在以下方面。

1. 在京合法住所居住证明

此证"外延"最广，难度最大，直接反映了受审核流动儿童家庭的经济和社会状况。难度主要集中在以下几个方面。

（1）"非法"租房

> 直接在违法建设及违反国家和北京市房屋租赁规定的建筑上出具的居住证明无效。按有关规定在不得转租的公有住房、保障性住房、军产房，以及办公用房、地下室等非居住性质的房屋证明无效。（2015 年非本市户籍适龄儿童少年在海淀区接受义务教育证明证件材料审核细则）

调研发现，在打工子弟小学上学的流动儿童家庭，往往选择在棚户区、无房

---

① 全家户口本、在京暂住证、在京实际住所居住证明、在京务工就业证明、户口所在地无人监护证明。

产证的群租房甚至地下室居住，这样可以节省一笔不小的家庭开支。流动儿童家庭一旦选择了这些属于"违法建设"的住房，也就意味着放弃了通过"五证"审核的机会。相比之下，公办小学的多数流动儿童家庭租住的是公寓房，少数家庭租住的是城乡接合部的自建房。也就是说，公办小学流动儿童家庭租住的基本为符合"五证"规定的住房。这种差异，实际上是由流动儿童家庭的经济收入所决定。

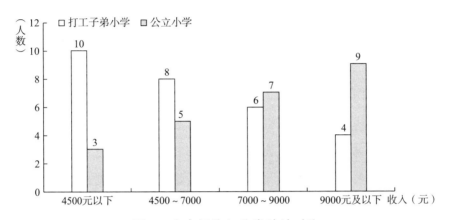

图1　家庭月收入分类统计对比

对于流动儿童家庭的经济收入，本研究将父母双方的合计月收入作为家庭月收入做了计算。结果显示，对所有52户家庭的收入从低到高进行排列，家庭月收入的四分位数分别为4500元、7000元和9000元。图1是以这三个四分位数为分界点制作的直方图，每一类别都有13户家庭。如图1所示，在中位数左侧代表的收入较低（7000元以下）的26户家庭中，打工子弟小学的家庭占比为69.2%，在右侧代表的26户较高收入（7000元及以上）家庭中，打工子弟学校家庭占比为38.5%。这一结果表明，打工子弟小学的学生家庭收入明显低于公办小学的学生家庭收入。调研发现，就房屋租赁费用来说，打工子弟小学所在城区，群租房或棚户区的平均住房开支为1000～2000元每月，一居室租房开支约3000元每月。对比图1的家庭经济收入，群租房是他们在北京谋生唯一可以负担得起的住房，这样一种无奈选择的"违法居住行为"，在当前的现实下却影响着下一代人的教育权利。

（2）房产证

即便是此类人群租住了"合法"房屋，部分房东的行为也会影响流动儿童家庭拿到"五证"之一的房产证及相关材料的可能性。

要提供规范**有效的房屋租赁合同**，房主房产证**原件**、房主身份证**原件**、半年以上的租房**完税证明**。**房屋适宜居住**（使用面积人均不低于 5 平方米），能保障适龄儿童少年安全，必要时提供安全责任书。（2015 年非本市户籍适龄儿童少年在海淀区接受义务教育证明证件材料审核细则）

首先，房东的完税证明难以取得，这与房东的个人缴税状况（房产税、营业税、个人所得税）有关。对于有逃税、漏税现象的房东，即使能够通过各种"关系"补缴税款，这部分税款也往往是由流动儿童家庭代付，这无疑造成其额外的经济负担。

我觉得这两个是最主要的，一个房产证，一个是房东的一些手续。房东假如说把这些费用交完了，那就可以。我听说有的时候为了让小孩子读书，比如我想让我的小孩进公立小学，房东欠的税要我给垫上，你不垫人家凭啥交？（ZM，男，40 岁，2015 年 11 月）

房屋就是要税，按照房屋在市场上的租金价格，像我 4000 元的房租，就是要交 1200 吧。我们的房子是朋友免费借我们住的。房屋都免费借我们住了，不可能税还要替你缴吧。很多房东就是我不替你缴税，你要缴自己缴去。所以基本上租房缴税证明，99.9% 都是租房人自己去缴的租金税。（ZN，男，35 岁，2016 年 4 月）

其次，按照海淀区教委规定，同一房产六年内只提供一个就近入学学位。也就是说，流动儿童家庭租户很有可能会占用房主的学位名额。此外，通过"五证"审核还需提供房主的房产证原件和身份证原件，且当地街道还需进行"家访"，即实地考察房屋居住条件，这一方面在程序操作上增添了"五证"通过的难度，另一方面无疑提供了权力寻租的空间。

我们那年（2014）就是特别严，就是什么都特别严，我也是跑了好久……老要房东过来，老要用人家房产证和身份证（原件），这种东西人家是不会愿意交到你的手上的，要本人过来，本人过来我就要协调什么税务所的啊，什么老师审核的啊，你得协调这个时间，人家比如说只 11 点接待，但是房东这个点儿

得能走开啊，人家也上班啊，挺麻烦的。（LM，男，39岁，2016年4月）

房产证！反正主要就是房产证！房产证这一项就没有！暂住证，这好办，主要就是那个房产证！房东有（房产证），他不让你用呀！还要正联儿（原件），不要副联儿，复印的都不行！人家正本的房产证会给你拿着一气儿跑吗？不可能的！（ZA，男，40岁，2015年12月）

"五证"过了的都还有些是上不了学的，还有个家访。就是到你家去看看，你是不是真的在这儿住着的。如果我去了你上班不在家，那这就去掉了（审核不通过）。（打工子弟小学校长，2015年12月）

可以看到，住房情况可以体现出流动儿童家庭的分化，那些有经济能力承担正规渠道住房开支的家庭，与那些不愿或无能力承担的家庭由此被"筛选"成两个群体，决定着流动儿童不同的教育路径。

2. 在京务工就业证明

在京务工就业证明涉及的事项集中在工作领域，其困难核心在于"申请人或其配偶按相关规定在北京市缴纳社会保险并提交的北京市社会保险个人权益记录"，即"社保"。从单位性质和缴纳社保的比例来看，44位在职的公办小学家长，有3位是企业法人，25位与单位签订了正规的劳动合同，两者合计占比为63.6%；长期缴纳养老保险的人数为31人，占比70.5%。40位在职的打工子弟小学家长中，这两个比例分别为20%和22.5%，差距比较明显。从职业上看，被调查打工子弟小学家长多从事保洁、市场商贩、保安等低技术性工作，并且在家待业的家长人数远多于公办小学家长，因此常常会出现弃缴或所在单位不按规定缴纳社保的情况。

当初不是要去那个LJD小学嘛，办不下来啊。最主要就是没交社保。税、医疗保险什么的都没交。要交得交一千多吧，咱挣这些钱还不够交的呢。在老家都缴了合作医。你没看前一阶段，开学那阵，家长去教育局闹嘛，都上电视了。（ZA，男，40岁，2015年12月）

将"缴纳社保"明确写进"非本市户籍适龄儿童接受义务教育证明材料审核程序和标准"文件中是在2015年。2015年前，各城区根据自身实际情况，可制定适合本城区发展的审核细则。调研发现，在 2014 年朝阳区社保材料的审核中，出现了值得思考的现象，那就是"异区社保"问题①。流动儿童要在某学区上小学，需要父母双方均在同一城区内连续缴纳一定时间的社保。

> 我女儿上学的时候，社保好像三个月就行，那是第一年实行（2014）。之前（其他人）好像是只要你有劳务合同就行。然后等我们上的时候就是只有劳务合同不行，就是你所在的单位给你交了社保才行，否则他会认为你是虚假的。还有他要求孩子在朝阳上，你社保必须交到朝阳，那好多外企的在朝阳住可能在海淀上班，那单位在海淀，社保肯定交在海淀啊，反正挺多不合理的。（LM，男，39 岁，2016 年 4 月）

也就是说，父母双方都必须在朝阳区缴纳超过一定时长（3 个月）的社保，但在实际操作中这一规定造成了很大困难。首先，父母双方并不一定均有正式的稳定工作，如一方（通常为女方）为"全职妈妈"，则无法出具；其次，如父母双方都有缴纳社保的证明，但不在同一城区缴，其子女则无法取得朝阳区的入学资格；最后，城区的划分较为严格，可能出现工作地点相近但分属于不同城区，导致"异区"缴纳社保的情况。如此一来，诸多父母均缴纳社保的流动儿童却无法取得朝阳区公办小学的入学资格。

从社保缴纳的要求来看，取得"在京务工就业证明"难度很大；但从实际情况来看，公办小学的流动儿童家庭仍旧顺利地拿到这项证明并通过"五证"审核，这实际涉及流动儿童家庭的进一步分化，具体原因笔者将在后面部分予以呈现。

（二）"五证"与"钱随人走"政策的联系

从上面的论述不难看出，"五证"成为流动儿童在特大城市接受义务教育的入学门槛，然而其意义不仅仅于此。

---

① 2015 年后，朝阳区有关缴纳社保的审核细则调整为：适龄儿童少年父母（或其他法定监护人）受雇于用人单位的……社保应处于正常缴费状态，到 2015 年 5 月 1 日连续缴纳 6 个月以上（含），且至少一方在朝阳区缴纳，缴纳单位与劳动合同单位名称一致，补缴的不算连续缴费。

1. "五证"与"中小学生电子学籍管理办法"

原来你在北京上学，我们就把学生名单、学生信息上报了，上报了就有学籍了。就从全国统一学籍号以后就不允许这样报了，就是户口所在地办学籍。因为"五证"跟这个有关了……（没有北京学籍的学生）有二百多是今年一年级升上来的，一年级都是在老家办学籍的，在北京办不了啊，没有"五证"啊。有五证了，没有缴社保的，政策把他卡住。之前五百多学生的学籍之所以能转过来，是因为（2012）以前北京市办学没有那么多的政策，是以前办的学籍，还有一部分是从（老家）转来的。（打工子弟小学校长，2015 年 12 月）

在北京，"五证"办法于 2004 年开始实施，[①] 来京务工群体可持"在京借读证明"，到暂住地附近的公办小学、初中或经批准的民办学校为孩子联系就读事宜。调研显示，2004—2012 年，在政策把控相对宽松的情况下，即使没能通过"五证"审核，流动儿童也可通过某些方式（如所在打工子弟小学联系教委取得）辗转获得在京学籍。

因为孩子太多了，这几年不光我们一个学校在扩，城区整体发展，外来人口增多。从 2015 年开始，咱们实施电子学籍、就近入学，严把一些东西，从这儿开始人数往下走了。在之前这两年，一年扩一个班，扩两个班，连着三年扩，扩到 20 个班了……从 2015 年那拨孩子入学开始，所有这些审核，这些把关，都是由政府、招办统一，街道、社保什么的都协调好了，分别审核完了，这些孩子材料过关了，由教委这儿网上登记，一个纸质的登记，都做完了，按照就近入学这种方式，是哪片的，就把孩子按片儿分了。分完了之后，到时候我们统一一个时间，我们到招办去把分给我们的孩子档案领回来，然后我们才通知孩子们、家长见面。在之前我们都没有接触。（公办小学校长，2016 年 4 月）

---

① 具体参见北京市教委等部门《关于贯彻国务院办公厅进一步做好进城务工就业农民子女义务教育工作文件意见的通知》，2004 年 8 月 25 日。

2015 年以后，"五证"直接与全国统一的《中小学生学籍管理办法》（2013年 8 月发布，2013 年 9 月实施）挂钩。新的学籍办法旨在清查和统一学籍，也在一定程度上达到了"标准化、规范化"管理的目的。但这也意味着，无法通过"五证"审核的流动儿童，只能回到户籍所在地办理当地学籍，其在统一的电子平台上显示的是户籍所在地的学生身份。在这种情况下，流动儿童如果想继续留京上学，只能在打工子弟小学暂时借读，做"无北京学籍"的学生。由此可以看到，原有的"五证"决定的是"学生能否进入公办学校"，现在的"五证"则直接决定了"学生能否获得北京学籍"。是否取得北京学籍，将和流动儿童的教育权利，以及国家教育政策的落实紧密相连。

2. "钱随人走"政策的转义

2015 年，国务院出台"钱随人走"政策，主要目的有两个：一是从国家层面，尽可能缓解北京等流入地因流动人口涌入带来的教育财政压力，以在流入地和流出地之间实现教育经费资源的合理配置；二是从流动人口角度，国家希望教育经费"可携带"，即随儿童流动纳入流入地的教育经费支出中，从而切实保障流动儿童的教育权利。

> 书费不用交、学费不用交，所有的费用基本上都不用交，包括现在孩子们的社会实践活动，这一块儿材料费什么的都给了大力支持。每年年初我们把学生人数报上去，报完之后剩下的都不用我们考虑的。所以这两年我们欣慰的就是，不像他们之前的校长说的，我们又得愁这又得愁那儿，又得愁着老师又得愁着学生，还得愁经费，还得想办法自个儿去"创收"去，我觉得我在这几年这块儿还挺幸运的。（公办小学校长，2016 年 4 月）

对于通过"五证"审核，在公办小学上学的流动儿童来说，"钱随人走"政策在中央财政和地方财政按比例分担的基础上，可以至少将中央承担的部分随着流动儿童的学籍获得而转到流入地，这等于真正实现了"钱随人走"。但是针对打工子弟小学的"无北京学籍"学生，"钱随人走"政策很有可能变成"钱随籍走"。即虽然流动儿童实际上在流入地接受教育，但由于其学籍不在流入地，用于其接受教育的中央财政支出无法转到流入地。

这个实现不了。你不要看国务院弄这个，我是河南的，这孩子你要转走，我绝对不让你转走。农村弄什么补助（两免一补），现在农村好多学生在北京上学的，学籍转不过来的原因就是这个。他要是转走了，以后对他们的补助就没有了，更不用说那个经费（生均公用经费基准定额经费）了。谁家经费宽裕一点事情不就更好办一点？（打工子弟小学校长，2015年12月）

国家除非是这样，你这个学校有多少人，给多少经费，这样的话才能有用。比方说，今年你把名单报上来，就这么多人在这里上学，经费就按照这个人头给你拨。要不然，最有可能的（情况）是你说让他携带着，他不让你带走。转学才能带吧？你落不上（北京）学籍你就带不走，我就不让你转学……对我们还是没啥意义，就是给他们（公立小学）准备的。（WM，女，打工子弟小学班主任，2015年12月）

也就是说，流出地政府为了保护地方教育的利益，面对从2001年开始实行的"两免一补"政策，实际上采取了一些应对措施，以阻碍流动儿童的学籍向外迁移。阻碍的方式有很多，如拖延时间、不开具某项证明，这都是在农村地区推行"两免一补"政策中存在的问题。并且，2015年教育新政之后涌现出的"无北京学籍"学生，其父母按政策要求先在老家为孩子办理学籍，然后让孩子在京暂时借读。也就是说，这批孩子的相关教育经费，很难随孩子流动到北京，而是"钱随籍走"地留在流出地财政经费中。

从社会学角度分析，教育资源的分配机制与社会排斥和团结紧密结合在一起。国家作为葛兰西意义上的力量主体，在对群体竞争或群体垄断进行干预的过程中，形塑和规范着阶层结构框架。[1] 在流动儿童教育这个问题上，国家面对已有的"城"对"乡"的资源垄断和排斥，显然持有保护和支持弱势群体，力求社会团结的态度。然而"钱随人走"，这一保障公民基本教育权利的国家政策，却在实际操作过程中遭遇两方面问题。一是"人（学）籍分离"。从国家层面，建立全国统一的电子学籍，理论上是希望"人（学）籍统一"，即通过注册学籍掌握儿童的流动状况，并且将相关教育经费拨付到学籍所在地。然而在

---

[1]　刘精明：《国家、社会阶层与教育：教育获得的社会学研究》，中国人民大学出版社，2005。

快速城市化的背景下，"人（学）籍统一"变成了中央政府最不想看到的"人（学）籍分离"。而这一情况的出现，引发了第二个问题：国家教育政策与地方政府及府际之间的功能和利益的冲突。从流出地层面，其和流入地的府际矛盾清晰可见，基本的做法是到了手的钱（如"两免一补"经费）不愿再拨出去，因此在实际操作中会设置种种障碍阻挡学籍的外迁。从流入地层面，我们看到"五证"收紧的时段是在2014—2015年，这正是北京等特大城市"十三五"规划出台的时间，严控人口成为这些城市推行新型城镇化的重要内容，这也的确是特大城市均衡发展的必然诉求。并且，严格控制城区人口500万以上的特大城市人口规模，在2014年3月颁布的、由国家发改委等部门提出的《国家新型城镇化规划（2014—2020年）》中也有明确表述。然而，教育部等部门倡导的教育平等理念又不得不执行，因此我们看到，地方政府以一种非常微妙的姿态，呈现在国家不同的行政系统之间，以及国家与地方之间的博弈关系中。

这样一种国家和地方的博弈，恰恰体现了决策一统性与执行灵活性的动态关系，这是国家治理的核心过程。[1] 在周雪光等学者看来，基层政府在贯彻实施中央政策指令的过程中，会根据当地情况对政策做不同方向上的偏移，以增强其解决地方实际问题的能力。北京等特大城市近些年来"五证"和类似"五证"办法的出台，恰恰提供了一个现实的清晰例证。一方面，针对流动儿童的义务教育问题，中央政府通过2015年"钱随人走"这一教育新政，希望将流动儿童的"两免一补"和生均公用经费基准定额经费的中央负担部分划入流入地财政[2]，以做到属地事权与财权的统一，但由于中央支持水平同地方支出水平之间存在着不小的差距，即使实施这项政策，落实"两为主"政策也无疑会为流入地政府带来不小的财政负担；在这一背景下，流入地政府落实"两为主"政策的积极性就会大打折扣。另一方面，对于诸如北京这样的特大城市，基层政

---

① 周雪光：《权威体制与有效治理：当代中国国家治理的制度逻辑》，《开放时代》2011年第10期。

② 根据《国务院关于进一步完善城乡义务教育经费保障机制的通知》（国发〔2015〕67号），在财政机制上，中央和地方对城乡义务教育将实行统一的"分项目、按比例分担"。具体而言，国家规定课程的免费教科书资金由中央全额承担；寄宿生的生活费补助由中央和地方按5∶5比例共同分担；公用经费中央和地方的分担比例，在西部地区为8∶2，在中部地区为6∶4，在东部地区为5∶5。此外，2016年中央统一确定的城乡义务教育生均公用经费基准定额，中西部的小学是600元，初中是800元；东部的小学是650元，初中是850元。统一公用经费基准定额和"两免一补"政策，固然可以促进教育公平，减轻流入地政府的财政压力，然而流动儿童大部分的教育经费仍需流入地政府承担。

府近期关注的首要问题，是如何克服城市不断膨胀引发的"大城市病"，以获取进一步的经济社会发展动力；在这一背景下，"功能疏解"和选择性的"严控人口"成为这一城市发展中的必然选择，并且《国家新型城镇化规划（2014—2020 年）》中"严控人口"的指导意见，无疑为相关措施的出台提供了最直接的支持。上述背景两相交叠，我们看到流动儿童的教育权利和防范城市发展中的"大城市病"发生冲突，地方政府进行基层治理意义上的"趋利避害"的理性选择，但这一选择却造成了流动儿童教育获得的现实困境。身处在现实困境中的流动儿童家庭，又是如何应对的呢？

六 "弱者的武器"：假离婚和买社保

面对严苛的"五证"审核，尤其是"异区社保"问题，朝阳区部分流动儿童家长的解决方法值得深思。

（一）流动儿童家庭的应对措施

1. 假离婚

现在（2014）政策要求，比如孩子在朝阳区上学的话，他要求你的社保也在朝阳上。我是在朝阳，我老公是在怀柔。如果这样的话我们要"假离婚"。好几个家长都是假离婚的，都是有一方的条件不符合。（GM，女，33 岁，2016 年 4 月）

夫妻双方的证件要挺多的，我当时做兼职，所以就没有保险。我们俩先离了婚，孩子户口在爸爸那边，他爸爸是有工作，有保险什么的。（JM，女，33 岁，2016 年 4 月）

通过"假离婚，再复婚"，部分流动人口成功地将自己孩子的身份变为了"单亲家庭"子女。这种身份的变化带来的是审核标准的变化，单亲家庭自然不需要提供父母双方的社保缴纳证明。但是，与其说他们"钻政策空子"，不如说是 2014 年政策突然严控之后，流动人口情急之下的权宜之计。流动儿童在不知情的状况下，以"单亲家庭子女"的身份开始学校生活。对于这种成规模的"单亲家庭子女"现象，学校表示了担忧。

> 这一政策设立的初衷在一定程度上是为了保障在公办学校上学的孩子
> 都有稳定的家庭环境。比如这里面很多孩子的家庭都是离异家庭，爸妈都
> 离婚了。爸妈连稳定的家庭环境都没有，孩子怎么安心学习？（公办小学教
> 导主任，2016 年 5 月）

可见，学校老师并不了解家长"假离婚"的情况，家长也不可能让老师去
了解。但是，家长会担心老师会无意透露出孩子父母离婚的"事实"，"怕孩子
知道"成为采用这种方式通过社保审核的家长的共同担忧。

2. 买社保

有些家长没有选择"假离婚"，而采取"买社保"的方式。由于审核只要
求连续三个月的社保缴纳记录，所以某些提前知晓政策要求的流动儿童家庭就
可以"挂靠"某单位进行社保缴纳。

> 跟那种机构代缴。就是买了之后给你公司下面挂个名，买三个月。有
> 的人就继续交下去了，有的人买完这三个月就不交了……你说你要是现找
> 工作缴社保也不可能，找工作还有一个适用期呢，到时候孩子上学基本都
> 不可能了。（JM，女，33 岁，2016 年 4 月）

（二）弱者的反抗与诉求

我们看到，社保审核中的城区划分背离了其希望流动儿童家庭收入稳定，
可为儿童提供良好教育环境等设计初衷，在实际操作过程中被转化成了权力寻
租的反转空间，这俨然是阶层较低群体对于教育排斥规则的反抗。按照詹姆斯
·斯科特的说法，这种反抗可称为弱势群体的"原始"的反抗。这种反抗对改
变宏大的国家结构没有兴趣，也没有组织化的社会运动，它只是在困难条件下
的从属阶级的日常策略。① 因此，就如斯科特研究的马来西亚农民采取消极怠

---

① 詹姆斯·C. 斯科特：《弱者的武器》，郑广怀、张敏、何江穗译，凤凰出版传媒集团、译林出版社，2011。

工、规避和破坏收割机等手段来达到自利的目的一样，流动儿童家庭采用"假离婚""买社保"等方式，以使自家孩子可以享受到和京籍适龄儿童相似甚至是相同的教育待遇。

从社会学的角度，与对利益的控制与反控制的物质冲突不同，符号性冲突则是对排斥规则的合法性的攻击与维护。① 显然，流动儿童家庭的反馈属于符号性的，他们以"假离婚""买社保"戏谑式地表达了对现有规则的不满和反击。然而这种符号性冲突，用斯科特的话也可叫作象征性反抗，却是将反抗与社会学意义上要革命、无自利的"真正"反抗做出割裂化的二元处理。② 斯科特更倾向于将满足基本生存需要的自利与反抗融合在一起，认为这是农民的日常政治和日常反抗的关键动力，③ 这也恰恰是调研对象没有说出，甚至并未意识到，却用行动表达出来的诉求。

调研对象用语言表达出来的需求，聚焦在北京参加中考或高考，这也是目前制度下，流动儿童在京生活学习多年后所必然面临的教育选择。在对流动儿童约占在校生80%的海淀区某公办中学的延伸性调研中发现，学生不断流回原籍，不仅对流动儿童自身，而且对教师和京籍学生都造成了负面心理影响。回到户籍地后，流动儿童还将面临"流动"变"留守"的另一重教育和社会困境，这也是家长的担心所在。

（三）社会资本对教育获得的影响

此外，笔者关注到弱势群体反抗行动的自助形式，他们缺乏正式的、系统的组织，避免直接与权威对抗，但又保持行动的默契。在流动儿童教育机会获得的过程中，恰恰是家长们的信息交流发挥了重要作用。这种信息交流基于经济、地位同质化个体所组成的社会网络，在本研究中呈现为以下三方面特征。（1）职业声望，相较打工子弟小学学生家长而言，公办小学学生家长较多从事专业技术、商业等受教育程度要求较高、职业声望较高的行业。（2）流动起始时间，80%的公办小学学生家长在2005年以前就开始流动，这一比例远高于打工子弟小学学生家长的55.6%。那些更早开始流动的家长在流入地生活的时间

① 刘精明：《国家、社会阶层与教育：教育获得的社会学研究》，中国人民大学出版社，2005。
② 詹姆斯·C.斯科特：《弱者的武器》，郑广怀、张敏、何江穗译，凤凰出版传媒集团、译林出版社，2011。
③ 同②。

更长，对于流入地各方面的情况了解得更为透彻。（3）流动路线的差异，公办小学学生家长的流出地分布较为分散，从东北到华南均有分布，而打工子弟小学学生家长的流出地集中在北京周边的几个劳动力输出大省，其中来自河北和河南两省的流动家庭数量最多。20％的公办小学学生家长有多次流动的经历，而在打工子弟小学学生家长中，这一比例仅为 7.4％，丰富的流动经历意味着更为丰富的阅历和更广的交往渠道。

以上三个特征呈现出流动儿童家庭的社会网络的差异性，打工子弟小学学生家长的生活比较封闭，虽然生活在北京，但社会网络局限在亲缘、地缘等"强关系"上；公办小学学生家长在京居留时间长，社会阅历广，职业声望高，社会网络更具"弱关系"的延展性，而基于网络的社会资本产生的各方面利益也就越大。因此我们看到，正是由于公办小学学生家长的信息通达，再加之彼此交流频繁，才找到"钻政策空子"的时机和空间，将制度加诸个体上的不利降至最低。或者说，除了家庭经济收入之外，社会资本造就了流动儿童家庭的进一步分化。

七　结论

教育作为社会所有成员的基本权利，以国家职能的方式加以保障，是 20 世纪之后在全球越来越多国家中出现的现象。教育权利最基本的构成，是以生存为取向的"生存教育"，在我国则主要是以义务教育的形式得以普及和发展。这种国家优先保障，旨在促进资源与机会平等分配的"团结"策略，显然与旨在"筛选"，或者"排斥"的精英教育与社会分层策略并不一致。社会学讨论中国社会的教育机会不平等，往往集中在中、高等教育的精英选择机制上，而家庭背景、高校扩招制度、重点中学等多元利益主体的共同作用，使得教育选择与国家意志之间的关系变得复杂且动态。耐人寻味的是，在教育政策和教育经费有力保障的前提下，生存教育均等化的进程中却出现了阶层分化和社会排斥的情况，且这种情况是国家教育公平政策、国家新型城镇化政策、特大城市可持续发展、个体家庭背景及社会资本综合作用的结果，这是本研究得出的主要结论。

从国家和地方的关系来看，教育具有资源分配物与资源分配体制的双重特性。在本研究中，资源分配物说明教育作为城市提供的公共服务产品，被纳入基层治理体系。资源分配体制代表科层组织内部，从中央到地方的制度安排和政策执行，以保障教育作为公民基本权利的实现。在实际操作过程中，可以预见"钱随人走"政策在公办小学借读的流动儿童群体中可以得到落实，然而在打工子弟小学就读的"无北京学籍"的流动儿童中，因其"人（学）籍分离"，"钱随人走"演变成"钱随（学）籍走"，"两免一补"和生均公用经费基准定额资金很难做到"可携带"。虽然在公办学校上学的约80%流动儿童享受到政策福利，然而政策设计初衷与政策执行的偏差现象不容忽视。城市发展的自身利益诉求，在获得新型城镇化进程中"严控人口"这一指导原则的支持后，促使地方政府在执行中央不同部门出台的"确保流动儿童教育权利"和"预防大城市病"这两套政策体系的过程中，进行了趋利避害的理性选择。而这一选择，不啻为通过教育政策的执行，形成国家和地方一种新的"拉""推"张力，也给作为政策受体的流动儿童家庭带来了直接影响。由此可见，政策执行本身是一个各种机制交织互动的过程。

"五证"在国家—地方关系中扮演了非常重要的角色，在不同情境中具有不同含义。（1）从教育机会获得上，"五证"从2004年以来，决定适龄流动儿童能否进入北京公办小学的基准，转变为2015年以来，决定适龄流动儿童能否获得北京学籍的标准。"五证"成为流动儿童在城市获取义务教育机会的中间机制。（2）从国家—阶层群体的关系模式来看，在既存不平等基础之上，"五证"有助于阶层结构中较高的地位群体，对较低的进城务工群体进行再次分化，也就是说通过"五证"筛选出一个新的阶层群体，即我们看到的通过"五证"审核，可就读于公办小学的流动儿童家庭，并将他们视为新市民群体，对其开放原本封闭的社会资源。这不啻是在新型城镇化过程中，通过教育完成了一轮新的社会筛选，并重新调整了社会阶层秩序。

教育获得研究的一项中心议题就是分析个人的家庭背景对教育获得的影响。以往的讨论集中在家庭背景对于精英教育获得，加之学业成就的"学校过程"的影响，而在本应无差异的义务教育（生存取向，而非精英取向）入学机会上却关注甚少。在本研究中，流动儿童家庭由于不同的社会经济地位，影响了儿童就读学校的质量，从而促进流动儿童群体的进一步分化。经济收入较低、租不起政策规定的"合法"房屋、无社保的流动儿童家庭，如果不回户籍所在地，则只能选择让孩子在"无北京学籍"的打工子弟小学暂时借读。经济收入较高、可租住合法房屋、但出现"异区社保"情况的家庭，则动用日常社会网络累积的社会资本，通过"假离婚""买社保"等信息渠道满足"五证"审核标准，从而让孩子就读于有北京学籍、且教育质量更高的公办小学。这种社会资本倚赖流动人口群体的职业、阅历和交往，从而成为除家庭背景之外，影响流动儿童教育获得的重要变量。

从社会治理的角度，"假离婚""买社保"应予整饬，然而从受教育主体的角度，面对越来越严苛的规定，这些行为实属争取教育权利的无奈之举。除公开呼吁教育权利的群体性行动外，本研究中的流动儿童家庭避免直接与权威对抗。他们使用"隐藏的文本"①，在生存教育的权力关系中悄悄地完成了自助。从某种程度上，他们以一种低姿态的努力，依靠非正式网络，实现了权力关系的反转，社会资本在自组织过程中发挥了重要作用。针对这种状况，有关区县对"五证"审核要求更为严格，比如海淀区规定"2016年3月至5月期间的社会保险缴费记录为补缴的不予通过，且申请人子女获得入学就读资格后，如不按月正常连续参保和缴费，将对升入初中产生影响"。然而，为适应形势变化，一些新的谨慎的反抗手段也很有可能出现。这种反抗行动恰恰通过教育，反映出流动儿童在日常阶层关系中的特殊位置。如果选择回户籍所在地读书，他们很可能面临"村小撤并、集中办学"、"流动"变"留守"的困境，这都是需要我们将教育置于国家经济转轨、社会变迁与发展的宏观背景中予以考量的现实难题。

---

① 斯科特意义上的"隐藏的文本"，是指在面对强权时，相对弱势的群体的完整文本只能展现其安全的和适于展现的那一部分，其真实意图被很好地隐藏起来。

直播带货：基层干部的群体行为
逻辑及内在机制
——基于权威新闻网站、消费者认知现状的调查

李华胤　罗　颖　程　锦　邓　华*

一　问题提出与文献回顾

国内学者从治理层级划分、治理范围等方面对基层治理的研究，主要聚焦于政府治理、市场治理、社会治理之间的关系，探讨基层治理理念、治理方式、治理机制的转变对推动基层社会治理转型、实现国家治理体系和治理能力现代化的意义。但是对于治理主体的研究，尤其是对治理主体的行为与治理逻辑的关系研究较少。基层官员作为"上传下达"的中间环节，向上承接上级党委政府决策，向下回应基层群众诉求，作为政府形象展现的关键环节，在国家治理现代化过程中发挥着关键作用。基层官员行为的展现与转变一方面体现了党委政府的决策逻辑，另一方面也反映了基层群众对基层治理现代化的诉求逻辑，成为体现国家治理与民众诉求关系互动的晴雨表。"基层官员直播带货"这一现象的出现，为研究基层官员行为转变背后的群体行为逻辑与内在机制，以及

* 作者简介：李华胤，华中师范大学中国农村研究院讲师；罗颖、程锦、邓华，华中师范大学中国农村研究院硕士研究生。

反映国家治理与民众诉求关系的互动提供了良好例证。基层官员出现了哪些行为的转变？构造了怎样的群体行为逻辑？反映了怎样的内在机制？其背后形成的深层次机制原因为何？本文试图从量化调查与统计数据方面给予回应。

关于治理层级，国内学者认为，国家治理现代化是经济社会发展的迫切需求，国家治理按层级可分为顶层治理、中层治理、基层治理三个层次，基层治理体系和治理能力的现代化是国家治理体系与治理能力现代化的重要组成部分，基层治理理念、治理方式、治理机制的转变对推动基层社会治理转型，实现国家治理体系和治理能力现代化具有重要意义。

关于基层治理范围，周庆智指出，"基层治理指政府治理，而中国的基层政府仍是全能型的政府，是权威性资源与配置性资源分配的中心，因此政府治理与市场治理、社会治理胶着不分"。由此，我国对基层治理现代化的研究大多是在政社分离的背景下探讨多元主体的参与能力和参与方式，寻求"党委领导、政府负责、社会协同、公众参与、法治保障"的治理格局，具体分为两个维度。一是横向上探索基层政府治理现代化，即在政府、市场和社会组织的三维关系中，寻求广泛的多元治理支持力量、有效的公共事务治理之道，要求政府简政放权，厘清与市场、社会的边界，平等地与其他治理主体进行合作，建设一个有限政府、法治政府，同时，维持经济社会秩序并提供公共产品和公共服务，建设一个服务型政府。二是纵向上厘清基层政府与上级政府、基层群众自治组织的关系，一方面进行以大部制和扁平化为方向的基层行政体制改革，实现权责一致，提升自身治理能力，另一方面发挥政府主导作用，激发基层群众自治活力，构建多元主体协商共治的城乡治理体制。

关于治理路径，国内学者认为，随着工业化、市场化、城镇化、信息化的发展，我国基层治理现代化面临新的挑战，基层政府的治理思维、治理方式与经济社会发展的多元化、多样性构成了现实的或潜在的对立、矛盾和冲突。学者从以下几个方面提出了多项建议：一是树立先进的治理理念，即以人民为中心，以多元民主网络化治理为方向，建设服务型政府；二是优化治理体系，即调试政府与市场、社会的关系，鼓励党政部门、社会组织、企事业单位、基层群众自治组织及公民个人等多元主体互动与协作；三是创新治理方法，一方面，要在经验积累上推进变革，总结和完善成熟稳定的经验和实践，并推进其制度化，另一方面，注重以"互联网＋"为代表的信息技术和现代社会技术的运用；四是营造治理环境，以法治为保障，健全相关法律制度。

现有研究理论为我们观察"直播带货"这一特殊时期的特殊群体的行为动机与内在机制提供了非常有价值的借鉴。但是，从现实来看，"基层官员直播带货"这一行为现象并不是一直就很热，而是在新冠肺炎疫情导致的地方经济受挫之后，全国各地都掀起了一股"基层官员直播带货"的热潮，某种程度上成为网络和地方治理中的一种浪潮和趋势，也极大地促进了地方经济的发展和地方性特点的对外宣传。那么，"基层官员直播带货"这一个发生在疫情特殊时期的特殊群体行为的背后，反映着怎样的官员行为？官员的行为动机是什么呢？在网络驱动下地方治理的逻辑和发展趋势又是什么呢？针对这些问题，本文以"基层官员直播带货"为研究对象，对背后的行为动机以及其所反映出来的群体行为逻辑进行深度刻描，构建了基层官员直播带货的规范性路径。

二　直播带货中基层官员行为的群体行为逻辑

（一）基层官员直播带货的缘起及发展历程

直播带货，就是通过视频直播平台，进行线上直播卖货的模式。与一般的销售模式相比，直播带货更能体现互动性、参与感。这一模式兴起于 2018 年初，在 2019 年的淘宝"双十一"期间直播带货销售火爆，为商家带来巨大盈利。伴随着互联网行业的发展，直播带货这一模式不断地入驻抖音、快手等一些直播平台，掀起了一场"直播带货热"。

直播带货通常由网红或一些流量明星进行，而政府官员这一特殊群体出现在直播间更加引人注意。基层官员直播带货最早兴起于 2018 年 12 月，在杭州举行的阿里巴巴脱贫攻坚公益直播活动中，全国 9 位贫困县县长参与推介 50 个贫困县的农产品。2019 年 5 月，山东省商河县常务副县长陈晓东直播带货，将直播间设在西瓜地里……2020 年初，新冠肺炎疫情突袭而至后，南方多数省市的官员开始直播带货，为解决农产品滞销问题亲自上阵，掀起了直播带货的新高潮。自中国官员直播带货的兴起至今，表 1 从代表性带货官员（含重要节点）、典型性时间节点、带货商品以及带货缘起等方面进行了列举。

表1　中国官员直播带货缘起及发展历程（重要节点）

代表性带货官员	典型性时间节点	带货商品	带货缘起
全国9位贫困县县长	2018年12月	当地特色农产品	借助阿里巴巴脱贫攻坚公益直播，助力乡村扶贫农产品销售
山东商河县常务副县长陈晓东	2019年5月	西瓜	助力当地农民解决销售渠道问题
陕西周至县、宁夏同心县、吉林靖宇县、陕西宜川县、黑龙江虎林市和重庆石柱县的6位书记、县长	2020年3月	当地特色农产品	疫情期间为解决无法到现场采购了解农产品问题，助力疫情期间企业复工复产，帮助农户致富增收
全国多数地市基层官员（含县长，书记，主管经济、商务发展、扶贫的副县长与贫困村第一书记等）	2020年5月	特色农产品、特色旅游产品、特色文化产品等当地特色商品	一方面助力贫困地区经济发展，帮助解决当地农产品滞销问题；另一方面提振疫情过后经济发展，打造具有当地特色的农产品品牌，促进地方经济持续发展
习近平总书记（重要节点）	2020年4月		4月20日，习近平总书记来到金米村调研脱贫攻坚情况。在金米村电子商务中心，就在李旭瑛和几个同事为直播卖货做准备时，习总书记走到直播平台前，与他们亲切交谈，鼓励他们：电商在推销农副产品方面大有可为。由此，史上最强带货诞生，为官员直播带货提供信心

注：信息整理收集来源为全国权威媒体网站。

（二）基层官员直播带货的形象展现及公众认知

"直播带货"中基层官员治理逻辑的转变隐匿于其行为的转变与消费者的认知之中，其行为的转变表现在其直播过程中所展现的形象，同时不同地区、不同职业、不同年龄的消费者的认知也反映出对官员治理逻辑的接受与否。由此，本文基于对新华网、人民网、光明网等权威新闻网站，以及抖音、快手、淘宝等代表性直播平台的数据调查，结合对消费群体的认知现状的调查，对基层官员直播带货的行为逻辑进行梳理，试图对隐匿在官员行为背后的治理逻辑进行解答。

1. 基层官员直播带货中的官员形象

第一，关于基层官员直播带货的发展规模。发展之初，基层官员直播带货发轫于官员个人与农户或企业合作，处于萌芽状态，管理亟待规范且影响力小。发展至中期，电商直播平台迅速发展，同时新冠肺炎疫情冲击经济发展，基层政府主动作为，于是官员直播带货不再是某一个官员的单打独斗，往往是通过某一县党委、政府下的组织部、宣传部、扶贫办、商务局、网信办等多部门之间进行协同合作。发展至目前，官员直播带货的影响力进一步扩大，开始出现市党委、政府组织或者省党委、政府联合组织，进行跨市跨省之间的大规模合作。

第二，关于基层官员直播带货中的官员形象。参与直播的官员大多以亲民、为人民服务的形象出现。就衣着风格而言，往往身着 Polo 衫、T 恤等较为休闲的服装，少数民族地区的官员还会穿上民族服饰；就语言风格而言，往往采取普通话，也夹杂着方言，善用网络词语，在与网友互动的过程中，常常妙语连珠，引得网友频频发笑；就直播地点而言，直播地点的选择包括政府固定的直播大厅，而更多的是基于推销的产品、直播活动的规模，在田间地头、商场大厅、风景胜地等进行直播。表 2 基于对新华网、人民网、光明网等权威新闻网站，以及抖音、快手、淘宝等代表性直播平台的数据调查，选取部分典型事件，从官员直播过程中的语言风格、衣着风格、社会评价等方面对官员形象做了细致刻画。

表 2　基层官员直播带货形象及社会评价

官员职务	直播平台	直播产品	直播成绩	方式/语言风格	衣着风格	社会评价
人大代表	淘宝	茶叶	/	唱山歌	民族服装	2 个多小时的直播，11.57 万网友在线观看，4.5 万点赞
党委副书记、县长		各类当地特色农牧产品	/	亲切随和	简洁大方	县长直播带货非常接地气……让我找到了宣传营销的新途径，更有信心
区长、副区长	京东、京喜	家用电器、数码、电脑办公、食品、生鲜等众多品类	5045 万元	熟用网络用语	简洁大方	消费者、优惠的价格是根本，加速当地产品上行，打造线上全链条消费品供应链的生态系统，推动当地企业与互联网融合发展

续表

官员职务	直播平台	直播产品	直播成绩	方式/语言风格	衣着风格	社会评价
副区长、区文旅局局长	电商	大樱桃	200万人次观看	富有历史文化底蕴	简洁大方	关键还是要靠产品的品质和品牌
区委书记、区长	拼多多、强国商城、红蚂蚁商城	辣椒酱牛肉干	2000万元62万单	亲切随和	Polo衫	打算让街镇领导直播带货
吕梁各县、市、区长		特色农产品	35.50万元	亲切随和	衬衫外套	从"县长"到"主播"的转换，在为企业和商户注入"新血液"的同时，也通过示范和引领，助推经济发展方式转变
县委书记、第一书记		农特产品扶贫产品	136.85万元	富有历史文化底蕴	简洁大方	为贫困地区农产品销售助力，为人民服务，为他们点赞
县、乡、村三级领导	拼多多	农产品	40余万元	流畅的表达和丰富的知识储备	衬衫西装T恤	带货天团带出了农产品，也带出了品牌
市长	抖音	特色美食特色旅游资源	/	亲切幽默	衬衫西服	为家乡代言

注：信息整理收集来源为全国权威媒体网站与直播平台。

2. 基层官员直播带货中的消费者认知现状

本次调查重点针对四川泸州、成都等地开展，共收集200份有效问卷。样本群体的特征如下：从性别分布来看，男性与女性分别占52.17%和47.83%；从消费者现居住地来看，城市、镇、乡的比例分别为17.39%、52.17%、30.43%；就消费者的职业而言，公职人员、学生、农民、工薪阶层和其他职业的比例分别为47.83%、17.39%、8.7%、8.7%和17.39%，调查的群体中公职人员占比接近一半；从消费者的年龄分布来看，主要集中在20~40岁以及40~60岁，这两类消费者占比分别为52.17%和43.48%，20岁以下的消费者占比仅为4.35%，而60岁及以上的消费者占比为零。

（1）超过一半的群众听说过官员直播带货，但没买过

如表3所示，受访者对于官员直播带货的了解程度占比最高的是听说过、没买过，占比为65.22%，没听说过官员直播带货的占比26.09%，从官员直播带货中购买商品的仅占8.70%，经常在官员带货中购物占比为零。由此可见，实际参与官员带货的消费者占比较低，大部分受访者对官员带货购物采取观望态度。

表3 群众对官员直播带货的了解情况

单位：%

官员直播带货了解情况	占比
没听说过	26.09
听说过、没买过	65.22
买过	8.70
经常在直播上购物	0

数据来源：作者依据问卷计算而得，余同。

（2）受访者主要通过社交媒体了解官员直播带货

如表4所示，受访者自主通过微信、抖音等平台了解官员直播带货的渠道占比为52.17%，另外有47.83%的群众是通过当地官方媒体的宣传了解到的，亲戚、朋友推荐和其他渠道占比均为17.39%。不难看出，消费者了解直播带货主要是靠自身的主动性和当地官方媒体的宣传，可见当地对群众进行的直播带货的宣传比较到位。

表4 群众了解官员直播带货的渠道

单位：%

了解官员直播带货的渠道	占比
当地官方媒体的宣传	47.83
自主通过微信、抖音等平台	52.17
亲戚、朋友推荐	17.39
其他	17.39

注：本项为多选，故比例不等于100%，余同。

（3）受访者中大多数人认同官员直播带货可以推动当地特色产品销售

从受访者对官员直播带货的看法来分析，73.91%的受访者认为带货可以推

动当地特色产品销售。此外，认为官员直播带货是为人民服务的表现的占比也接近一半，为47.83%，认为官员直播带货使商品更加值得消费者信任和认为是官员职责所在的占比分别为30.43%和21.74%（见表5）。

表5　群众对于官员直播带货的看法

单位：%

对于官员直播带货的看法	占比
商品更加值得消费者信任	30.43
推动当地特色产品销售	73.91
为人民服务的表现	47.83
官员职责所在	21.74

（4）官员直播带货吸引群众的原因

官员直播带货吸引群众的原因占比差异不大，认为官员直播带货亲民、语言幽默和形式新颖的占比最大，均为34.78%，认为官员直播带货可以实时解答消费者疑问的占比为30.43%，认为官员直播值得信赖的比例为26.09%，认为官员直播带货商品种类丰富，介绍详细的占比最低，为21.74%（见表6）。由此可见，官员直播带货吸引群众不是因为商品的种类，而主要是因为直播的形式以及直播的亲民特色。

表6　官员直播带货吸引群众的原因

单位：%

官员直播带货吸引群众的原因	占比
亲民、语言幽默	34.78
形式新颖	34.78
实时解答消费者疑问	30.43
其他	30.43
值得信赖	26.09
商品种类丰富，介绍详细	21.74

（5）接近一半的受访者认为官员直播带货的满意度一般

受访者对官员直播满意度差异较大，如表7所示，非常满意、比较满意、一般、比较不满意和非常不满意的比例分别为 17.39%、26.09%、47.83%、4.35% 和 4.35%。不难看出，将近一半的受访者对于直播带货的满意度一般，非常满意占比仅占 17.39%，因此，官员直播带货在群众满意度方面做得不够，还有提升的空间。

表 7　受访者对于官员直播带货的满意度情况

单位：%

对官员直播带货的满意度	占比
非常满意	17.39
比较满意	26.09
一般	47.83
比较不满意	4.35
非常不满意	4.35

（6）群众对于官员直播带货的态度

绝大多数受访者对于直播带货持支持态度，占比达到 87.5%，不支持官员直播带货的比例为 12.5%。支持的原因中占比最高的为"为产品解决销路问题"，占比 80.95%，另外"拉近干部与群众之间的距离"占比 76.19%，"重新定义官员在群众中的形象"占比 66.67%。由此可见，在支持干部直播带货的群体中，最主要的原因是可以解决产品销路问题，另外还可以拉近干群距离，改变传统官员的形象。在不支持干部直播带货的群体中，有 33.3% 的群体认为干部不应该参与直播销售，还有 33.3% 的群体认为直播带货不可持续，没有人认为带货是形象工程。在不支持直播带货的群体中表现出了对直播带货的质疑，一方面怀疑干部直播带货的合法性，另一方面怀疑直播带货的可持续性。

（7）群众认为官员直播带货存在的问题

如表 8 所示，受访者认为官员直播带货存在直播技术支撑不够的认同度最高，达 62.50%，还有 54.17% 的受访者认为农产品质量缺乏保障。此外，官员沟通技巧欠佳、农产品不符合消费者需求占比均为 37.50%。可以看出，受访者最关注的问题是直播技术支撑以及农产品的质量，此外官员的沟通技巧以及农产品需求也是官员直播带货要考虑的问题。

表 8 受访者对于官员直播带货存在问题的描述

单位：%

存在的问题	占比
直播技术支撑不够	62.50
农产品质量缺乏保障	54.17
官员沟通技巧欠佳	37.50
农产品不符合消费者需求	37.50
其他	12.50

（8）官员直播带货对当地经济发展的效果

从表 9 来看，只有 8.33% 的受访者认为官员直播带货无法推动经济发展，54.17% 的受访者认为短期内可以增加农产品销量，但是长远很难说，有 37.50% 的受访者认为官员直播带货能够拉动当地经济发展。不难看出，受访者对直播带货的经济推动作用的认同度极高，但是需要注意的是，受访者对官员直播带货的长久运行持观望态度。

表 9 官员直播带货对当地经济发展的影响

单位：%

效果	占比
能够拉动当地经济发展	37.50
短期可以增加农产品销量，长远很难说	54.17
没什么效果	8.33

（9）官员直播带货对干部形象的影响

大部分受访者认为官员直播带货塑造了更加积极、亲民的形象，如表 10 所示，占比达 70.83%，还有 29.17% 的受访者认为干部直播带货对干部形象没有什么改变，认为干部直播带货形象变差的比例为零。由此可见，官员开展直播带货，客观上也对官员形象的提升起了积极作用。

表 10 官员直播带货对干部形象的影响

单位：%

官员带货对干部形象的影响	占比
塑造更加积极、亲民的形象	70.83

官员带货对干部形象的影响	占比
没什么变化	29.17
形象不如带货前	0

（10）群众对于官员直播带货的期待

从表11可以看出，受访者对于官员直播带货期待强烈。75.00%的受访者认同政府应建立长效的市场农户对接机制，培育农民带货主播的认同度也达到了58.33%。此外，将官员直播带货常态化、成立专门机构负责带货、没什么期待的比例依次为25.00%、25.00%、12.50%。由此可以看出，受访者热切期待培育农民带货主播和建立长效的市场农户对接机制，政府要在这两个方面多一些作为。

表11 受访者对官员直播带货的期待情况

单位：%

期待	占比
将官员直播带货常态化	25.00
成立专门机构负责带货	25.00
培育农民带货主播	58.33
建立长效的市场农户对接机制	75.00
没什么期待	12.50

（三）基层官员直播带货的行为转变

基于对权威新闻网站以及消费者群体认知现状的调查，可以发现，基层官员直播带货过程中总体展现为亲民朴实、积极作为、自信大方、幽默风趣等形象，而这一形象展现为基层官员从公职形象到生活形象、从履职型官员到服务型官员、从规避责任到主动作为、从网络恐惧到主动触网四方面的行为转变。

第一，从公职形象到生活形象的转变。基于国内权威新闻网站的数据调查，可以看到参与直播的官员大多以亲民、为人民服务的形象出现。就衣着风格而言，往往身着 Polo 衫、T 恤等较为休闲的服装，少数民族地区的官员还会穿着民族服饰；就语言风格而言，往往采取普通话，也夹杂着些方言，善用网络词语。在与网友互动的过程中，常常妙语连珠，引得网友频频发笑。这样的形象一改往日正襟危坐的公职形象，更多的是给人以亲和、大方幽默的生活形象。

第二，从履职型官员到服务型官员的转变。基于基层官员直播带货中的消费者认知现状的问卷调查，从"群众对于官员直播带货的看法"的分析可以看出，73.91%的受访者认为带货可以推动当地特色产品销售，此外认为官员带货是为人民服务的表现的占比也接近一半，为47.83%，认为官员直播带货使商品更加值得消费者信任和认为是官员职责所在的占比分别为30.43%和21.74%。由此可见，基层官员直播带货向消费者群体展现了从履职型官员到服务型官员的转变，由"以履职为中心"到"以人民为中心"，充分反映基层官员治理过程中"以人民为中心"的发展思想。

第三，从规避责任到主动作为的转变。基于国内权威新闻网站的数据调查的"社会评价"一栏中，社会评价集中表现为"在为企业和商户注入'新血液'的同时，也通过示范和引领，助推经济发展方式转变"等方面，这一数据充分反映出基层官员由"消极地规避责任"向"积极地主动作为"转变，由"消极地完成任务式治理"向"积极地促进发展式治理"转变，展现了基层官员主动担责、主动作为的行为。

第四，从网络恐惧到主动触网的转变。基于基层官员直播带货中的消费者认知现状的问卷调查，从"官员直播带货吸引群众原因"的分析中可以看出，官员直播带货吸引群众的原因占比差异不大，认为主播亲民、语言幽默和形式新颖的占比最高均为34.78%，认为主播可以实时解答消费者疑问的占比为30.43%，认为官员主播值得信赖的比例为26.09%，认为商品种类丰富，介绍详细的占比为21.74%。这一数据充分反映出官员面对网络直播准备充足，同时与消费者的实时互动以及幽默的语言风格也展现了基层官员从"网络恐惧"到"主动触网"的转变，以在线直播实时互动的方式充分了解消费者的利益诉求，回答消费者疑问，反映了当下基层官员媒介素养的提升以及"互联网+"时代下基层官员主动触网的底气与自信。

三　基层官员直播带货行为逻辑背后的内在机制

基于对基层官员直播带货中"官员形象展现"与"官员行为转变"的梳

理，对基层官员直播带货的行为逻辑进行刻画，可以得出"治理主体与辖区企业""治理主体与治理客体""治理主体与特定行政事务""治理主体与舆论发生"四对关系，以及基于此四对关系的"政企协同治理""利益引导治理""行政指标治理""舆论数据治理"四层治理逻辑。

（一）政企协同治理：充分整合利益相关资源

基层官员直播带货中的"政企协同"主要体现在"政府与直播平台""政府与辖区企业"这两对关系中。在"政府与直播平台"关系中，基层政府与"淘宝""抖音""快手"等直播平台合作，借助互联网直播平台助力当地特色农产品销售，充分整合了政府与直播平台的相关资源，更加有效地提升了"互联网＋政府"模式的治理效率；在"政府与辖区企业"关系中，政府与当地"涉农特色企业"的合作，一方面实现了对辖区企业的经济提振，另一方面也形成了政府与企业的良性互动，充分整合了政府与辖区企业的相关资源，在"政企协同"中更为深入、更为直接地提升了基层治理的有效性。

（二）利益引导治理：激发治理对象的自身活力

基层官员直播带货中的"利益引导"主要体现在"政府与辖区企业""政府与辖区群众"这两对关系中。在"政府与辖区企业"关系中，基层政府通过直播带货助力当地涉农企业提振经济，为辖区企业带来利益增值的同时，也为政府自身促进经济发展提供了便利，激发了辖区企业的发展活力；在"政府与辖区群众"关系中，基层政府通过直播带货助力地方经济增长，为辖区群众带来致富增收的同时，也提升了基层政府在辖区群众中的公信力，激发了辖区群众参与社会治理的活力。

（三）行政指标治理：围绕特定行政事务进行

基层官员直播带货的行政运作流程基于特定行政事务。具体而言，当前的基层官员直播带货围绕"政府与企业""政府与群众""政府行政能力"三个行政指标展开，对"直播带货"这一行政事务进行系统规划，最终实现"促进企业增收，提升群众信任，提升行政能力"等方面达标。这一类针对"特定行政事务"的处理可用于同一类别的其他行政事务，即可基于"政府与企业""政府与群众""政府行政能力"等行政指标的达成与否对行政事务的完成情况进行评价，实现"单个指标突出，整体指标平稳，系统有序发展"的治理目标。

（四）舆论数据治理：基于网络舆情发生而言

基层官员直播带货的舆情数据是直播效果的重要指标之一，对于直播带货的舆情评价对政府公信力会产生系列影响。在直播过程中，出现了消费者对基层官员在直播带货过程中扮演的"服务员"角色高度认同的正面舆情，同时也出现了"网络水军无脑叫好""强制摊派"等负面舆情。基于此，政府在治理过程中应当形成一套完备的"舆论数据治理"体系，通过舆论大数据，及时收集与特定事件相关的舆情，形成舆论结构系统。用好正面舆情，激发基层官员治理主动作为的活力，同时也用好负面舆情，反向倒逼基层官员治理有所作为。用"舆论数据治理"体系促推基层政府治理主体能力发展的同时，充分保证政府公信力的持续提升。

四 基层官员直播带货的规范性路径

前文基于对基层官员形象展现、基层官员行为转变所刻画出的群体行为逻辑，又基于群体行为逻辑中"治理主体与辖区企业""治理主体与治理客体""治理主体与特定行政事务""治理主体与舆论发生"四对关系的研究中得出的"政企协同治理""利益引导治理""行政指标治理""舆论数据治理"四层逻辑，层层梳理，相互印证。由此，基层官员直播带货的规范性路径构建可基于以上四层逻辑，从"构建亲清政商关系""培育职业农民主播""建立行政流程档案""提升官员媒介素养"四个方面展开。

（一）构建亲清政商关系，推动政企良性互动

在基层官员直播带货过程中政企协同治理通过整合利益相关资源，可实现政企双赢，完成一场高质量的"基层官员直播带货"。政企协同治理的前提则是如何用好政府对经济发展的裁量权，通过政企良性互动，实现政企协同发展，推进政企协同治理。第一，构建"亲上加清"的政商关系，切实切断政企之间的利益输送链条，坚决杜绝"权钱交易""过从甚密""勾肩搭背"等违法违规

行为，营造优质营商环境与政商协同环境；第二，构建"清上有为"的政商关系，积极主动服务辖区企业，坚决杜绝"甩手掌柜""主动避责""不闻不问"等为举清廉而不作为的现象，打造清廉型政府、服务型政府。

（二）培育职业农民主播，激发群体自身活力

基层官员直播带货在直播带货这一电商新兴业态发展的历程之中只是一个初始阶段，要实现直播带货的长效发展不仅需要官员这一特殊群体的支撑，更需要带动利益相关群体的参与。当前基层官员直播带货主要集中于当地特色农产品、当地特色旅游产品方面，因此，最直接最庞大的利益相关主体便是当地农民。要基于年龄结构、知识结构等方面选拔培养一批业务精良、踏实肯干的专门为当地农产品代言的职业农民主播队伍。通过构建相应的直播培训体系，完善相关制度规范，同时在政府内部设立专门小组对其进行指导监管，推动直播带货这一新兴电商业态的常态化、持续化发展。

（三）建立行政流程档案，规范个案系统治理

基层官员直播带货在全国范围内的广泛兴起为新一轮的官员直播带货提供了大量案例，这其中既有值得借鉴的成功经验，又有值得反思的失败教训。由此，应当建立专属于基层官员直播带货的行政流程档案，从直播前的准备（直播人员选取、直播平台选取等）、直播中的表现（直播人员形象、直播人员表达）、直播后的总结三个方面展开。基于"政府与企业""政府与群众""政府行政能力"三个行政指标，对"直播带货"这一行政事务进行系统规划，最终实现在"促进企业增收，提升群众信任，提升行政能力"等方面达标。这一行政流程档案的建立，对于规范"基层官员直播带货"这一个案系统治理具有重要价值。

（四）提升官员媒介素养，完善舆情数据治理

社会舆情作为基层官员直播带货效果的一个重要指标，直接关乎政府公信力的提升与社会群体对政府治理能力的评价。一方面，从治理主体来看，应当着眼于基层官员媒介素养的提升，使其学会如何在"互联网＋政务"模式下更好地引导舆情，促进行政事务中社会反应的良好发展；另一方面，从舆情发展

本身而言，政府在治理过程中应当形成一套完备的"舆论数据治理"体系，通过大数据，迅速地收集与特定事件相关的舆情，形成舆论结构系统。用好正面舆情，激发基层官员治理主动作为的活力，同时也用好负面舆情，反向倒逼基层官员治理有所作为。

五　结语

本文基于权威新闻网站和消费者认知现状的调查，梳理了基层官员亲民朴实、积极作为、自信大方、幽默风趣四个形象的展现以及基层官员"从公职形象到生活形象""从履职型官员到服务型官员""从规避责任到主动作为""从网络恐惧到主动触网"四个行为的转变所刻画出的群体形象，分析了"治理主体与辖区企业""治理主体与治理客体""治理主体与特定行政事务""治理主体与舆论发生"四对关系，基于此四对关系的研究得出了"政企协同治理""利益引导治理""行政指标治理""舆论数据治理"四层逻辑。由此四层逻辑，从"构建亲清政商关系""培育职业农民主播""建立行政流程档案""提升官员媒介素养"四个方面构建了基层官员直播带货的规范性路径。基层官员直播带货行为说明了地方官员正在向"积极型官员"转变。积极型官员以服务性、责任性、发展性和前瞻性为主要特征。从这个角度看，"直播带货"本身就反映着地方官员的积极行为，他们积极地借助网络技术平台为地方经济社会发展服务。积极型官员的行为是地方治理现代化的基础。从长远看，乡村振兴、精准扶贫、三治结合等国家战略的实现都依赖于地方基层"积极型官员"的"积极行为"。

但是，伴随着社会环境与互联网环境的不断变迁，"直播带货"的新情况也在发生，基层官员直播带货的发展态势也在不断变化，因此需要不断地对这一现象进行持续跟踪调查。如聘请明星与官员一起直播带货，出现了"收支不平衡"的亏损现象，如何提升"直播带货"的质量，更好地服务地方经济社会发展还需要进行规范。总之，基层官员直播带货行为背后的群体行为逻辑与内在机制研究是一个值得进一步探讨和丰富的问题。

平台经济中"自由劳动者"的超时劳动与抗风险能力
——疫情前后滴滴司机劳动境遇调研

沈旭棋[*]

一 问题提出

（一）研究缘起："996"与"自由劳动"

近年来，关于"996"工作制的议题频频受到关注，并引发社会热议。"996 工作制"是对朝九晚九、一周六天的劳动时间安排制度的简称，这种每天总计工作 10 小时以上的现象，是盛行于互联网等行业中的强制加班文化的具体表现之一。2019 年，"996"成为年度十大流行语之一，人们开始越来越多地喜欢使用"社畜"这样的词语自嘲，人民日报[①]、新华社[②]也发文围绕此现象进行讨论……社会各界对此议题的敏感度从侧面表明，当今社会中超时劳动现象的广泛存在，也凸显了对当代劳动者过劳现象进行关注和调研的迫切性和重要性。

通常来说，在有选择以及收入有基本保障的情况下，大多数人并不会选择牺牲健康、主动超时劳动，但是企业却会通过加班文化、工作时间安排、管理效率、职业晋升等"逼迫"员工进行事实上的超时劳动。那么"自由职业"是否就能免于被迫超时劳动的境遇呢？

以"滴滴司机"为代表的网约车司机就是互联网时代下新的劳动形式中的一种。它依托类似于滴滴打车这样的网络大数据平台而存在，滴滴平台只对司机的服务做出要求、对顾客的投诉负责处理，但并没有约束司机的工作时长，滴滴司机能够自行决定劳动供给的时间和空间。[①] 然而，在笔者对滴滴司机劳动过程的调查中却发现，这种基于平台经济的自由劳动也不能幸免。

（二）问题提出

在田野调研中，我们发现了以下有趣的现象，滴滴司机这个分散且自由的职业，在实际中形成了以下相同的劳动时间特征：一方面，滴滴司机们"不约而同"地形成了一套近似的固定工作时间表。在访谈中发现，全职司机形成了稳定的、相似的工作节奏。什么时间段"赶工"、什么时间段休息的一天内劳动密度分布，对于不同的司机来说几乎是一致的。

另一方面，几乎所有全职滴滴司机都存在严重的超时工作现象，职业滴滴司机往往也会陷入碎片化的超时劳动中。对于大部分全职滴滴司机来说，每天工作十几个小时以上、几乎全年无休是司空见惯的事情。

长时间过度劳动的过程则会进一步地挤压劳动者的空闲时间、榨干劳动者的精力和意志力，最终限制劳动者劳动能力进一步发展的潜力。在有选择以及收入有基本保障的情况下，大多数人并不会选择牺牲健康、主动超时劳动。在滴滴司机这样一个被认为是自由化程度非常高的职业，司机们却自发地进行长时间工作，以至于几乎没有个人发展的空暇。平台经济内的劳动者原本应该受到较少的过程控制，却表现出类似的劳动被控制效果：时长、规律性等。因此，本调研试图通过田野观察探究的问题是：工作彼此独立且表面拥有自我劳动控制权的滴滴司机，为什么会自发地进行超时工作，同时在缺乏共同约束的情况下形成普遍的固定工作时间表？

认为自己可以"自由"地安排何时上班、何时休息的滴滴司机，为何最终

---

① 传统的公共交通运输业中，在没有中间承包公司的前提下，出租车司机会与出租车公司同时签订劳动合同和承包合同，因此与滴滴司机的劳动相区别。滴滴司机与平台之间不签订劳动合同。

不再拥有"自由",而是由于超额劳动,在工作之外没有任何闲暇时间呢?进一步来说,这种本质上和加班无异的超额劳动没有像传统企业加班一样带来那么强烈的负担和不愉快,实质上的超额劳动又是怎样被滴滴司机们所认可和接受的?

调研结论将从两个方面回答这一问题,一个是滴滴司机职业中伴随着"自由职业"的不确定性风险,一个是劳动过程中滴滴司机对这个行业的嵌入的不断加深。

二 研究设计

(一) 调研方法

本次调研运用扎根理论的研究设计方式进行。考虑到大城市的网约车产业发展更加成熟,调查主要在上海、重庆、长沙三个城市开展。在收集定性研究的实证资料的过程中,为了对滴滴司机进行访谈调研,调研团队首先来到滴滴司机的聚集区,以接触午休状态的滴滴司机——比如虹桥机场的停车站。在征求司机的同意后,进行深度访谈。后期,也通过 App 随机寻找接单的滴滴司机进行访谈。

考虑到 2020 年上半年疫情期间的停工对滴滴司机可能造成的影响,于疫情中后期就停工影响和工作的不稳定性等问题对一些滴滴司机进行了访谈,以考察滴滴司机面对外部社会的不确定性的抗风险能力。样本容量的控制也主要依照信息饱和的原则,对 56 个样本进行了访谈。

与问题提出相对应的,我们在调研中想要关注的也正是这几个方面的问题。

1. 滴滴司机是如何陷入超时劳动的境地的?

2. "甘愿"是如何形成的?

3. 滴滴司机真实的劳动处境如何?他们如何应对突如其来的社会风险给自身工作带来的影响?

(二) 调研对象与研究意义

选择滴滴司机来研究网约车行业的司机群体,是因为现如今的网约车行业中,滴滴打车已经成为行业的主要占有者。早在 2016 年滴滴打车宣布合并优步中国之际，二者就已经占据了网约车行业 93.1% 的市场份额①，时至今日，滴滴打车平台在网约车产业中所占比例一直高居 90% 以上。而从实际调研情况来看，大部分开网约车的司机即使正在使用其他平台，也会同时选择在滴滴上认证接单，很少出现只使用其他软件而不使用滴滴的情况。因此本次调研以滴滴司机为主要分析和访谈的对象。因为对于出租车司机来说，滴滴平台只提供派单服务，但并不从每一笔订单中抽成。所以调研设计中定义的滴滴司机是在滴滴平台上注册接单的全职或兼职的人群，但不包括注册滴滴接单的传统出租车司机。

其实，对滴滴司机的超时劳动的讨论，不仅是想探究滴滴司机作为一种脱离传统劳动关系的网络劳工的劳动境遇，本质上其实是对当今逐渐兴起的、由大数据驱动的共享经济下种种就业和劳动问题的探讨。平台经济的本质是一种全新的对劳动力和其他资源进行调动和整合的方式。与传统的雇佣关系相比，在劳动的许多方面产生了与传统不同的特征。而随着网络社会的不断发展，如滴滴司机这种性质的新型劳动关系和弹性用工的形式正在不断增多。本次调研要追问和思考的是，这些新的时代背景和经济形式，能否给传统的资本与劳动关系问题带来不一样的表现特征，甚至新的答案。

（三）调研创新点

既有研究以法学方面的研究为主，关注点集中于网约车司机劳动关系的认定、权责和劳动纠纷与事故中的求偿问题上。法学研究和实践中通常认为，分享经济中的外部雇佣适应更宽松的劳动关系认定标准。② 但与国外法律体系不同的是，现阶段我国劳动法一直采用"有劳动关系的给予劳动保护，否则不予保护"的二元框架。③ 而在目前关于分享经济平台的劳资冲突案件实务操作中，平台方几乎无一例外地拒绝承认和劳务提供者的劳动关系。以社会学为主的另一类研究事实上已经默认了事实存在劳动关系的前提：滴滴平台和滴滴司机之间虽然没有成文的传统劳动契约，但通过施加各种方式的劳动控制，已经形成了事实上的劳动关系。并且这个控制过程有一个隐性化和不断加强的过程。

---

① 《滴滴出行与优步中国宣布合并》，http://finance.china.com.cn/roll/20160802/3839422.shtml，最后访问日期：2020 年 9 月 1 日。
② 陆敬波、史庆：《中国分享经济平台典型劳资争议司法案例研究》，《中国劳动》2018 年第 11 期。
③ 王全兴、王茜：《我国"网约工"的劳动关系认定及权益保护》，《法学》2018 年第 4 期。

既有的滴滴司机劳动控制视角的研究从体系和研究深度上已经较为完整，但本次调研设计对于滴滴司机超时劳动进行调查研究的立足点在于以下两方面。

一方面，既有的关于滴滴司机的社会学研究多涉及劳动关系、劳动控制及相关认知结果。关于超时劳动的判断并未成为提问的焦点，大多作为劳动控制的结果之一被附带提到。但是调研设计中我们认为，关于滴滴司机的劳动控制中对于劳动时间的控制才是核心。

另一方面，既有的关于网约车的社会学研究及调研主要于 2016 ~ 2018 年完成。随着现实的发展，既有研究对于超时劳动的解释出现了部分的落伍。调研中我们发现 2018 年以后，平台高补贴的时代已经过去，曾经在分析体系中占据重要地位的"奖励和补贴制度对滴滴司机的引导"机制，随着平台补贴数额的大幅度降级而在适用性上发生了改变。而少有人说明，补贴时代结束后超时劳动是如何继续维系的。此外，双证制度的出台导致了行业环境的改变，对滴滴司机具体的劳动过程带来了影响，一些新的特征产生了，既有研究体系中的一些判断不再适用。进入稳定期后，网约车行业的一些消极影响也慢慢显露……

下文将先从滴滴司机劳动过程的具体内容讲起。

三　滴滴司机超时劳动的形成

（一）固定劳动时间表的形成

1. 一个滴滴司机的一天

根据访谈和观察的资料，我们首先对滴滴司机的劳动过程进行勾勒和描述，展现滴滴司机的劳动在时间和空间上的特征。

首先在此粗略勾画出滴滴司机的一天。一个身处上海的全职司机往往会选择在早上 6 ~ 7 点出门，开始接早高峰的单子，如果运气好的话，他或她便可以在住宅小区与地铁站或商业区之间来回奔波。虽然都是小单，但是早高峰时期单子会不停跳进来，从而减少了空车的时间。

通常来说，早高峰和晚高峰是一个全职司机一天中最忙碌的时候。滴滴司机虽然是一种依托于互联网平台而产生的新型职业，但从事的却是传统的城市公共交通运输行业，这种工作的特质导致了城市的运作节律本身也会对他们的劳动时间表的形成产生控制。上海这样的大城市普遍存在着潮汐交通的现象：在工作日早高峰时，车流流向和用车需求主要从居住地指向商业区，在晚高峰时，又从商业区指向居住地。到 9～10 点，随着出行需求的减少，订单也渐渐变少，司机们可能会到自己熟悉的地方等待接单或抢预约单，所谓的预约单一般是起止点为机场、火车站的"大单"。"快中午的时候就随便找个地方吃一点"。在停车没有风险的一些地段的中式快餐店（售卖 10 元左右的盒饭，可自己选菜，饭无限量供应）是大部分司机的用餐选择。工作日的中午也是一个小高峰，过了吃午饭的时间，单子又开始变少。

在用车高峰以外的时间，司机会选择自我休整（如吃饭、睡觉、上厕所等），以保持良好的工作状态。如下午两三点的时间段，派单速度明显放缓后，滴滴司机们便会选择靠边停下，一边等单，一边玩玩手游、听听广播打发时间，一些跑晚单的司机甚至会选择窝在车里睡一会儿。熟练的滴滴司机们往往会停在一些特定地方休息，例如断头路附近，这些地方一般交通管制较松、无人收费，可以免费停车较长时间也不易收到罚单。上海的柳杉路、锦绣路、雪野二路就是我们已知滴滴司机聚集休息的地点。一些公共厕所附近也常常聚集着大量的滴滴司机（还有出租车司机），因为对于经常在城市各处游走的司机来说，找到合适的厕所并不容易。

当被问及如何找到休息的停车地点时，接受访谈的司机们表示，主要是平时开车时的观察积累。"我会先观察一下（平时开车路过的时候），如果看到有很多车停在某一条马路上，那（我就会想）别人能停我也能停。"久而久之，自己常经过的区域哪里可以免费停车，司机们就心里有数了。

到了下午四五点钟，单子又开始多起来，晚高峰的持续时间更长，兼职司机们也往往会选择在这个时间开始平台上的工作。一些全职司机会一直跑到八点，然后就收工回家吃饭，一些则会一直跑到晚上，尤其是地铁快结束营业的时候。等在地铁站附近，往往会有很多生意。"一般做完这最后一波再收工"。这个时间段的劳动选择在性别上也存在差异：根据滴滴出行官网发布的报告，与男性司机相比，女性滴滴司机并不倾向于在早晚高峰时段接单，而选择在平峰期接单。截至 2017 年 11 月的滴滴平台大数据显示：女性滴滴司机在线数量每天在下午 4～5 点就开始下降，这是因为女性司机往往在晚间还需要承担更多的家庭职能。相比之下，男性司机数量开始下降的时间段则在 19 点之后[①]，结束工作的时间则多为夜里。

> （我的习惯工作时间为）正常上班时间，早上七八点到晚上七八点。家里有人，不可能说做的很晚。夜里危险，视线不好，车速快，容易出事故，所以一般不会做（夜班）。

一个典型的滴滴司机形象是：30～40 岁的中年男性。他们以外地人为主，教育水平一般为初中/中专水平，本人作为滴滴司机的收入占家庭收入的一半以上。据滴滴平台公布的《技术进步与女性发展：滴滴平台女性新就业报告 2019》显示，中国网约车司机中女性司机约占总数的 7.4%。总的来说，女性滴滴司机在滴滴司机中占比较少，全职的滴滴司机仍以中年男性为主，他们往往也是家庭经济重任的担负者。在个人的层面，每一个滴滴司机对于工作时间和空间有自己的偏好，他们的工作时间一方面受城市人群用车需求的影响，另一方面也受个人作息习惯和偏好的影响。前者导致了工作时间表的相似性，后者带来了特殊性。也会有一些喜欢跑晚班的司机，他们往往都是单身，不习惯早起，就做晚上的生意。原因是觉得晚上路空，没有交警查，单子价钱高，而且单子也比较集中。这些跑晚班的司机们一般都是中午 12 点出门，一直做到半夜 2 点（上海的酒吧一般 2 点打烊）。已经组建家庭的司机为了照顾家人，很少会跑夜班。

以上是通过质性访谈勾勒出的一个在上海工作的滴滴司机劳动过程的一天。前文曾提出关于滴滴司机在劳动过程的两点特征：超时劳动和固定工作时间表。通过本部分的深描，可以进一步得出的结论是：其一，大多数滴滴司机的确处于一个超时劳动的状态，一天十几个小时的开车经历使得他们往往深夜才能结束工作回家，而第二天天一亮又得出门进行第二天的工作，"平时除了开车就是睡觉"，工作占据了他们生活的绝大部分时间；其二，滴滴司机们对工作时间、地点的选择既是他们主动选择的，也是被工作中的环境特质所塑造的。

2. 关于城市运行节律的经验性知识

作为一种公共交通服务业，滴滴司机的工作时间表背后其实是这个城市的

---

① 《滴滴发布首份女性就业报告 去年 230 万女性在平台获得收入》，https://www.didiglobal.com/news/newsDetail? id=103&type=news，最后访问日期：2020 年 9 月 1 日。

运作节律。城市的公共运力在一天的不同时间段里的繁忙程度不同，这种运力的疏密变化形成了一定的稳定节律——就像一个城市的呼吸节奏。滴滴司机的工作时间与这种城市固定的"呼吸节律"是相适应的。他们在一天之内的赶工时间和闲暇的分布情况就是这个城市节奏紧密和放松的分布情况。例如经验丰富的滴滴司机们往往知道：早高峰时在家附近的小区和地铁站附近接单，便能来回跑车，以避免长时间空车。早晚高峰时是单量最大的时候，这时的单量比较多，空车率低。一些有经验的司机会在地铁站和附近小区来回奔波，使效率达到最大化。而且有经验的司机对城市路况较为熟悉，对在特定时间哪里可以接到单比较清楚。

比如滴滴司机对空间的偏好上最明显的一点就是对市中心区域没有什么好感，经验告诉他们，"一是市中心堵车的概率太大，二是找不到地方停车"。一些入行时间较长的司机会摸出属于自己的规律，比如用车高峰何时开始、何时结束，在哪些特定时间和特定地点会出现用车高峰，还有规避罚单的经验……

从某种意义上来说，上述滴滴司机在劳动过程中对时间和空间的某些稳定偏好其实是劳动经验带来的。根据这些经验，每个司机也会形成自己的一套出车规律。平台在滴滴司机端提供的城市热力图就是利用平台大数据、基于同样的规律设计生成的。① 然而，由于乘客发单、平台派单的数据具有实时性，所以对于距离司机较远的地方，热力图目前还缺乏参考价值。熟练司机们更多的还是依靠着自己的经验知识对自己的工作方式进行安排。

综上可见，滴滴司机们对于劳动时间和空间的偏好背后是每一个滴滴司机对城市运行节奏的经验性知识的总结和体现。这是塑造滴滴司机们公共工作时间表过程中的重要机制。滴滴司机独有的职业知识是经验类的。作为一个低门槛的职业，滴滴司机的大多数业务除了基本的驾驶技能以外不存在其他技能要求，而驾驶又是多数人早已具备、适用范围又极广泛的技能，并不构成一种职业技能常常具有的专门性。从某种意义上来说，正是诸如上述关于城市运行规律的经验，构成了某种意义上滴滴司机们的"职业技能"。也正是这种具有职业性质的"经验"，一方面造就了滴滴司机们"不约而同"的劳动时间表，另一方面为了使自己的工作时间段多包括一些"高峰时段"，这种劳动时间表也

---

① 如热力图可见，司机端所提供的这种城市热力图主要内容为向司机实时反映城市一段时间内特定地点的车辆供需，包括正在接单的滴滴司机和派单乘客的数量，旨在为司机规划接单时间和地点提供参考。

会拉长"出门—回家"的总体劳动时间。上文解释了滴滴司机工作时间表的形成机制。下文将关注滴滴司机为什么会陷入超时劳动的境地。

（二）超时劳动的形成

1. 被偷换的劳动准备时间

一方面，公共运输职业的从业者的劳动时间表受城市运作节律的支配。滴滴司机并不是一项低时薪、低报酬的工作。相反，上海对于公共运输的需求量大而稳定，且定价也偏高，尤其是早晚运输高峰时期的收入更为可观。但是城市的运力分配有高峰也有低谷，全职司机在安排自己的工作时间段时，需要考虑尽可能多包括一些"高峰时段"才能获得更多的收益，从而在某种意义上被"支配"，司机们处于工作状态的总体劳动时间从而被拉长了。这可以被理解为一种劳动控制的新机制，但从本质上来说，这种机制的背后寓意了一种劳动时间定义上的差异。

从概念定义的角度来说，广义的劳动时间概念不止包括真正作业时间，也包括由于停水、停电以及人为等原因造成的损失时间，理论上还应该包括工作准备时间，主要是上下班的路途时间和换工作服的时间，等等。因为实质上属于为了进行劳动准备而必需的时间，所以是资本方应当支付的劳动时间的一部分。在滴滴司机碎片"接单"式的劳动中，工作准备时间被排除，关于劳动时间的定义缩减，只有有效劳动时间，甚至只有切实产生劳动收益的劳动时间才能获得支付。而劳动准备时间则由劳动者自己负担。

在现代社会标准的 8 小时劳动时间设计中，劳动—闲暇—睡眠是均匀的三等份，足额的闲暇保证了劳动者自我提升劳动能力的时间，足额的睡眠保证了劳动者的健康和工作日更稳定的劳动能力。平台经济的派单方式，其实将滴滴司机的闲暇打散，分配到一天的生意清淡的时间中。从劳动时间表看，运单量少的时间段，司机们通常会一边等单、一边停靠休息、打打手游或者听听广播以恢复恢复精神。当然，这些等待劳动的时间是被虚耗的。这种情况下，超时劳动不仅受多劳多得的驱动，还包括被作息表绑架的因素在内。在等单的过程中，原本用于个人自由发展和支配的闲暇时间在被打散到一天之内的平峰阶段后，变得无效化和无意义化。

2. 滴滴司机所承担的劳动风险

碎片化的长时间劳动带来了碎片化的休闲时间。然而，延长劳动时间并非毫无负担或成本，超时劳动必然会带来劳动负担，被打散的闲暇时间名为"休闲放松"，实际上仍然停留在工作场所和工作状态中，滴滴司机并不能在碎片化的休闲中获得真正的放松，更难以用来提升自己的劳动能力，而只能进行短暂的解压，以恢复劳动状态。长时间劳动的问题也是滴滴司机劳动过程中挥之不去的阴影，长期驾驶会给滴滴司机带来和长途货运司机、出租司机一样的过劳负担。

> 开车呐，比较精神紧张，因为你开车，你肯定不可能随便看呀或者聊天，这个都不能的。也就是说你精神绷得很紧，然后尤其在上海这边开车就感觉比较累。我告诉你滴滴司机这个职业没有任何好处，首先成本往大了说，安全成本，那些全职司机泡的时间太长了，机场那里已经死了两个，疲累猝死，太累了。第二个是职业病，整天开车肯定会有，比如说颈椎啦、腰椎啦。

在这样的情况下，滴滴司机不得不自行负担无收益的劳动准备时间，被迫进入碎片化劳动的状态，并在此过程中被榨干精力和意志力。其他平台经济劳动也出现了类似的情况。

但与低水平工资下的长时间劳动不同，滴滴司机并不是一份传统意义上的低工资职业，尤其是在用车需求众多且稳定的上海，每天高峰期收入十分可观，全职司机单天的营业额流水也很大。与传统出租行业相比，成为滴滴司机不需要支付高额的"出租牌照承包费"，是一种门槛更低而灵活的就业方式。那么，是什么促使他们超时劳动呢？一种是伴随着"自由职业"的不确定性风险，另一种是劳动过程中滴滴司机对这个行业的嵌入不断加深。

3. "油"转"电"：全职司机的逐步嵌入

除了劳动时间本质概念的偷换，超时工作的另一个原因在于进行全职工作的过程中滴滴司机对这个行业的嵌入不断加深。杜鹃等在 2018 年的研究中就已经看到了这种转变，他们把早期的顺风车和一部分专车、快车称为有产者的游戏,而将平台所鼓励和培育的专职司机称为新型网络劳工。① 本调研想进一步指出的是,全职劳动过程中,滴滴司机对这个行业的嵌入处于一个不断加深的过程中,其中最突出的转变发生在劳动工具——车辆的变化上。

与雇佣关系下逐渐"自由的一无所有"的劳动者相比,滴滴司机作为自由劳动者的自主性的基础在于对生产资料——车辆的所有权。这同时也代表他们需要自己负责对生产资料持有和保养的成本。在访谈过程中我们得知,虽然全职的滴滴司机收入一般来说比较高,但也普遍面临收入不稳定的风险和高成本的问题。一个身处上海的全职滴滴司机一个月的总收入能有 8000 ~ 20000 元,但实际收入远没有这么多,每月的成本要占毛收入的一半左右。户口不在本地的司机往往会选择从滴滴公司合作平台租用已经办理好车证的车辆,租车费用按照上海的标准一个月要 6000 ~ 7000 元,油费每日至少 100 元,一个月大约需要 3000 元。光这两项成本加起来就接近 10000 元。除此之外还有一些罚单的支出,每月也要两三百元。全职司机表示这些支出要占总收入的一半。自有车辆的司机其实也并没有看起来那么轻松。他们有些要还车贷,每年还有 20000 元左右的汽车保养费和保险费,同样每月也会有一些罚单的支出。车辆的折旧费还不包括在其中。

> 这个车一月是 6800 元,然后油钱一个月是 5000 元左右,这个要看你平时跑多少,这个油钱和租车成本会占总收入的大概一半吧,其他还有违法成本,一年在外面跑不可能不违章,我去年光违章就交了不到 2000 元,这还不算扣分……这个钱是铁定往外扔的。

可见虽然网约车司机的毛收入很高,表面上来看劳动回报足够令人满意,但其中却包含了司机自身承担的固定成本、风险和较长的工时投入。正因如此,开始工作一段时间后,很多全职司机都会寻求降低运营成本的方法,最直接的方式是更换车辆。访谈中,司机告诉我们以油为燃料的车辆每公里成本为 0.6 元左右,而以天然气或电力为动力的新能源车每公里成本仅为 0.3 元左右。尤其是在被称为"山城"的重庆,司机表示"想要全职跑车全部都是加气,或者

---

① 杜鹏、张锋、刘上、裴逸礼:《从有产者游戏到互联网劳工——一项关于共享经济与劳动形式变迁的定性研究》,《社会学评论》2018 年第 3 期。

充电，不然烧油根本吃不消"。因此，如果要选择成为全职的滴滴司机，大多数人会选择把自己的运营车辆从"油车"换成"电车"或"天然气车"等新能源车辆。这个"油"转"电"的过程伴随着生产资料从纯粹的闲置个人财产向"为了职业劳动专门购置的劳动工具"的转变，也是原本可以随时脱离滴滴职业的司机们嵌入性增强的一个过程。

为了促进这一过程，滴滴平台设置了便利的车贷流程。从准入规则上来说，贷款期的车辆不可以注册成为滴滴运营车辆，但可以将与滴滴平台合作的中间公司作为中介以规避这一要求。中间公司与滴滴司机签订贷款合同并帮助办理车证、滴滴行车记录仪等全套手续，这样司机们就可以一边跑车、一边偿还车贷。

> 我这是从滴滴公司指定的公司买的车，我这个车，三万八的首付，还20个月的月供，每月3000元。估计（租车公司帮忙办手续）一辆车的抽成在两万元左右。每年车险一万多。

表 1　滴滴司机职业状态分类

劳动性质	自有车辆	自有贷款车辆	租车
全职司机	优惠倾斜	只能从与滴滴平台合作公司办理贷款	司机与滴滴平台和租车公司的双重互动
兼职司机	真正的零工		因为成本过高，几乎不存在

表 2　滴滴平台中车型及区别

车型	价格	服务	司机准入	车辆准入要求
快车	低	低	无面貌要求	车龄 6 年内；颜色无要求
优享（快车的一种）	中等	中等	无面貌要求	车龄 6 年内；颜色无要求
专车	高	高	五官端正	车龄 5 年内；颜色有要求

生产资料的性质从滴滴司机们的"独立所有资产"到成为对于职业的"投入"，甚至"负债"。这种嵌入性的结果增加了滴滴司机的行业退出成本和难度。各种沉没投入倒逼网约车司机长时间承受超时劳动。对于全职的滴滴司机来说，由于平台劳动的收入对他们来说几乎是唯一的经济来源，平台政策和计费规则的调整对他们的影响程度会更大，也会直接承受经济不景气带来的冲击。在对自己

的劳动时间进行安排时,司机需要考虑很多因素,这些因素有些是司机可以自我调节的,有些则是不可控的。这些未知风险的存在导致了司机对"亏本"的极度担忧,从而尽可能地延长劳动时间、进行超时劳动来确保自己能够获得足够的收益。

四 滴滴司机的劳动认知和负担的劳动风险

(一)"自由劳工"身份对其劳动流动能力的限制

滴滴司机职业本身劳动保障的缺乏使得他们在劳动中处于人身安全的无保障状态。滴滴司机是一份无底薪的职业,这意味着面对特殊时期的风险,这份职业的抗危机能力更弱。以2020年初的疫情停工为例,许多被访的滴滴司机迫于收入中断冒着风险继续出车,但仍面临车多单少、日流水大幅下降的局面。这样的劳动状态被概括为不稳定劳工,也就是面临不稳定性的劳动者。[①] 通过本次调研需要进一步了解的是:这种不稳定的劳工状态会带来什么样的影响。

什么样的人会选择滴滴司机这样处于不稳定劳动状态的职业?滴滴司机的学历普遍较低,通过访谈,我们发现他们的受教育水平大多集中在初中学历。低学历、相应的劳动技能和人脉的缺乏,使得他们在职业体系中处于不利地位。同时,网约车司机这份工作几乎不是被访滴滴司机的首份职业。访谈中发现,滴滴司机这个职业恰好容纳了经营失败或不景气的小个体户、厨师、创业失败者、从事季节性强的养殖业等行业的人等。尤其是2015年以来,上海中小餐饮店很多倒闭,破产的经营者或因此失业的服务人员在自身年龄和教育水平的限制下投入滴滴。从整体上来看,滴滴行业的迅速成长期恰好与中国经济转型、餐饮行业不景气对应。

"自由"带来的愉悦不仅冲淡了超时劳动带来的负担,甚至从心理层面和客观能力两方面影响了滴滴司机"跳槽"的可能性。从另一角度来看,长期从事滴滴司机的工作也会反过来削弱劳动者流动的能力。在既有关于劳动者流动的研究中,吴愈晓通过定量研究指出,大多数行业中,职业流动是低学历劳动

者提升收入水平的重要方式，人力资本因素（受教育程度和工作经验）对他们的收入没有影响，而过于频繁的职业流动会最终损害劳动者的收入水平。[1] 对于滴滴司机来说，不一样的是，从劳动流动机会的角度来看，滴滴司机的职业经历对低学历劳动者的下一份工作并没有好处。对于滴滴司机来说，全职从事这份工作的时间越长，随着年龄增长，只会削减他们"改行"之后获得更高收入的能力。这就为"自由"又增加了一层负担。

与宣传中自由的自雇者形象相比，全职滴滴司机更像是被迫进入一种碎片化生产方式的无保障者，需要独自承担收入下降或中断的风险。

（二）作为感知的劳动自由

这种超时劳动和固定工作时间表的现象，表面看来都是司机自发选择和安排的结果，因为平台并没有对他们的工作时间做出规定和限制。劳动者只要不接单，平台对其"是否立即结束工作"没有约束的权力。相反"自由灵活"是其招募滴滴司机入驻的三大宣传语之一。

滴滴平台在招募司机的广告中明确写道"收入稳定、时间自由……"，"想几点出车都可以，多跑就能多赚"。对于使用第三方租车公司车辆的滴滴司机来说，一些租车公司会建议司机每天接单满六小时，但这从来也不是硬性规定，通常是每月达成一定的接单时间会有奖励，不达成也不会有任何惩罚措施。滴滴司机通常觉得其奖励每月几百元不够有吸引力。

调研发现，平台规则体系中对于劳动者权利义务的碎片化以及隐形化处理，导致滴滴司机在认知过程中出现盲区，强化了工作的不稳定性。集中体现在两个方面：一个是对平台规则认知的模糊化，另一个是软件接单流程中的去思考化。

1. 对平台规则认知的模糊化

车主等级制度实际上将司机应享有的权利分割，同时通过服务分对司机做出激励和规范。根据司机的服务分和等级，平台会为司机逐级提供额外的服务，比如当司机达到青铜等级时，可享受申诉无忧和车费垫付的权益；到达白金等

---

[1] 吴愈晓：《劳动力市场分割、职业流动与城市劳动者经济地位获得的二元路径模式》，《中国社会科学》2011 年第 1 期。

级的司机可以享受每日提现的特权;获得"城市行者"徽章的司机可以享受专属客服和加油折上折的特权。但是这都是基于平台服务职能的一些细节性权益,并非滴滴司机真正在意的。

对于滴滴司机来说,"派单算法中的优先性"才是真正值得关注的指标,因为只有这个是直接影响甚至决定他们收入的因素。然而,除了明确三个车型等级彼此之间存在价格差异,服务分、车主等级制度和派单的关系是不明确的。

当被问到"认为评分高低应该与什么权益挂钩"或者"在乎高评分能带来什么权益"时,几乎所有司机都回答希望通过服务分获得"优先派单"。一位司机说道:"培训的时候,一位管理人员说漏了嘴,说服务分和派单没有关系。"甚至有一些司机会利用平台服务分机制的漏洞,故意刷低服务分,将服务分保持在较低的水平。

由于车费计费规则过于复杂以及奖励发布的随机性,司机对于自己每一单劳动应得的收入也难以估计。由于平台抽成规则的模糊化处理,司机并不知道自己的收入被平台抽取了多少,这样就难以将平台抽成纳入自己的成本计算中。访谈时,司机对于这些问题都表示"不太清楚"或是"没有精准核算过"。

> 大概20%的抽成吧;我记得在论坛上看过别人的分析,似乎是25%?因为我们只能看到自己这一单多少钱,看不到顾客的,所以其实这个我们也不好说。他要变(规则)我也搞不清;我没有算过,这个费用啊它每个时间段、每个地区会加价或者减价,挺复杂的。

与传统企业不同,平台经济所提供的新型就业形式将劳动合同中原本白纸黑字列出的劳动者权利和义务拆分甚至隐形化。对于通过第三方租车公司获得车辆的司机来说,付出多少价格就能租到相应等级的车型,如"优享"或"专车",一旦租下,由于相应等级需要相应的车型,他们的等级无法通过工作来提高。由于只能在实际驾驶过程中才能接触到自己这个等级的派单规则,刚入行的新司机根本不可能知道自己之后会享有怎样的权利;而对于资深司机来说,这些规定随着时间变化也在变动,导致规定的存在感变得"隐形化"。

规则的黑箱同时也导致司机对平台派单规则的种种猜测。网约车司机的分散化和劳动的片段化使得一方面规则不断模糊,另一方面无法团结起来反抗规则的变化。因此，虽然平台方宣称服务分与派单质量相关，而司机却发现该机制在实际操作中几乎不可能实现。为了满足客户需求，实际情况一般是优先派单到最近的车辆。实际访谈过程中，我们发现随着工作经验的增加，很多受访司机对滴滴平台的评分机制采取了无所谓的态度，认为评分机制实际并没有什么作用。

2. 去思考化的接单机制与即时激励

劳动碎片化的同时也伴随着劳动的简单化。简单化是指司机端操作上的简单化和容易上手，也是流程设计上的去思考化。滴滴平台按照单次劳动的金额计算收益，劳动者能感受到的是每一单收入即时计入余额的快乐，即时的激励促进他们不假思索地投入一段段碎片化的劳动。司机成为按照平台指令不断重复的"工具"，在这种派单中，劳动者的无用化趋势在一天天的循环中被强化。

> 在等单的过程中，不断有新的订单跳出来，只有 15 秒就要应答（订单），所以几乎不会怎么思考，一单结束以后接新的单子……只有当派单速度下降，等不到单子的时候才会考虑自己的需求，是不是要休息一下什么的。

自由带来的愉悦感冲淡了劳动本身的负担性。滴滴司机认为自己掌握了充足的劳动控制权：可以自由地决定何时开始工作、何时结束工作、何时休息。访谈中发现，这种"自由"不仅是被动地被生产出来的，也是滴滴从业者择业时非常重视的一个方面，甚至有人会觉得自由的感觉是他选择滴滴司机职业的主要原因。按照网约车平台的宣传，滴滴司机是自己拥有生产资料的独立合伙人，而在司机的认知中，平台方也只是服务的提供者。

> 与传统的雇佣工作不同的是，生产资料（即车辆）是由司机自己提供的。我感觉他们提供了一个平台就是服务呀，其实我个人感觉还蛮好的，因为它毕竟帮乘客解决打车难的问题，帮没有工作的人赚到钱，不像网上说的，滴滴怎么怎么不好。我觉得赚不到钱只能是你个人的原因，不能怪人家平台。滴滴是很好的平台，让你赚钱的平台。
> 比起之前单位的工作（会计），一个是多劳多得，一个做再多老板也

只给你这点钱，当然是这个（滴滴司机）更有收获感。如果说你这个月辛苦一点的话，比如说，上个月你拿8000元，那你这个月稍微辛苦一点，有可能就是1万元。做这个（滴滴司机）和做生意是一样的道理。

在访谈中发现，这种对"自由度"的感知是很多曾经的个体户、转业军人选择滴滴司机作为自己新职业的原因。与传统劳动合同中的劳动关系条款相比，滴滴司机的劳动关系的对应条款不仅不明确、不清晰（比如来自滴滴平台的保险服务到底是否存在、该如何理赔），而且被拆分成了碎片化的部分。这样具有不成文、不公开、不规则特征的劳动规则系统因为职业性质本身的"自由"而变得可接受了。看似自由的给予无法带来个体在劳动过程中的解放，但是这种控制将以"尊重自由"的方式，使得超时劳动状态的劳动者间接获得满足。

五　结语

滴滴司机这种职业，本质上是互联网经济环境下的非典型劳动关系。从社会资源配置的角度来看，网约车行业的整体发展具有积极意义，平台经济的发展使得许多劳动技能不足的劳动力能够在这种新兴行业中找到自己的谋生方式、获得一份相对稳定的收入，这是网约车行业发展的积极影响。

现实生活中，由于旧有法规难以或没有将其纳入，弹性用工往往在很多领域以混乱用工的形式存在。在每天动辄十几个小时的超时劳动的境遇下，比起宣传中自由的自雇者形象，全职滴滴司机更像是被迫进入这种碎片化生产方式的无保障者。不仅滴滴司机这种职业面临此类状况，许多互联网新经济、新产业中的劳动者也面临相似的境况。但是，灵活就业并不等于这个行业的劳动者应该长期处于无保障的状态，如何建构一套新的劳动关系、权益与信用保障制度才是新经济条件下要解决的问题。

关系互动与地方文化的再生产

——从宋庄画家村变迁看艺术介入乡建的实践策略

赵　跃[*]

2019 年 2 月 21 日，北京市通州区人民政府网站发布的《通州区宋庄艺术创意小镇规划编制取得阶段性进展》披露，新规划的小堡艺术区总建设用地面积约 1.9 平方千米，总建筑规模约 220 万平方米，加上宋庄其他行政村已建成的艺术区，目前宋庄已是全世界最大的艺术聚集区。宋庄的发生、变迁和重构是一个复杂的历史过程，充满了文化的交流和冲突。宋庄的变迁与改革开放 40 多年中国社会的文化巨变息息相关，更与中国城镇化建设发展历程密切关联，宋庄的当代实践无疑包含了丰富的文化象征图示。2017 年到 2020 年，笔者多次深入宋庄艺术区考察，宋庄从一个京郊的乡村，发展成为国内艺术创新的重要基地，其中体现了本土与全球化、前现代与后现代、精英与江湖、体制与边缘、公平与自由、消费与审美之间的冲突和弥合。

从文化人类学实践论的角度来说，北京宋庄艺术区可以理解为一个实践中的"艺术世界"，是本土语境中的后现代场域，它不单是艺术创新和艺术传播的地方，更包括了复杂的"文化自系统"。这个"自系统"具有"自我创生"的属性，包含了影响艺术创新和乡镇文化变迁的所有因素。文化人类学的当代精神在于回到本土实践，在"从实求知"中考察不同关系维度的复杂交互过

* 作者简介：赵跃，中国艺术研究院博士研究生。

程，去除功利主义和建构一个理论模型的幻想，从"关系交互"和"文化再生产"的角度考察地方文化的历史实践。那么，宋庄在当代艺术界的影响下，其发展历程都遇到了哪些变迁和建构？宋庄的发展历程表现了怎样的当代中国之变？宋庄重构的文化策略对当下中国的社会发展，尤其是艺术参与美丽乡村建设有什么意义？这些都是很有价值的问题。

一　大时代与小村庄的碰撞

宋庄镇位于北京东郊，通州区北部，距离市区直线距离 24 公里，宋庄镇镇域面积 116 平方千米，下辖 47 个行政村，笔者重点考察的地理范围是以宋庄小堡村为中心的艺术集聚区。考察的时间跨度是从 1994 年第一批当代艺术家进驻小堡村以来的 26 年。这 26 年间，宋庄发生了翻天覆地的变化，一个前现代村庄在一群当代艺术家的影响下，形成了一个复杂的后现代场域，并实现了精神共同体的建构和再生产，宋庄是如何完成蜕变的呢？

改革开放之后，受到西方现代主义、后现代主义文化思潮的影响，人们开始反思"文革"创作模式，艺术家开始转向主体意识的自觉与创作的自由表达，一些突破传统审美标准的当代艺术品和艺术家开始出现，主体自觉与文化环境的错位也促使体制外艺术家的出现。如果说 20 世纪 80 年代初期的艺术创新，如"伤痕艺术""生活流艺术"等还基本可以做到主体精神自觉与文化自觉的平衡，那么 80 年代中期出现的青年艺术运动"八五新潮"则将当代艺术引入了自由主义的飞地。艺术创新让位于文化反思，一些艺术家不满足于架上艺术的革新，开始在西方后现代哲学的刺激下，对表达权利展开偏执的追求，"重要的不是艺术"成为流行的艺术理论。在这样的背景下，游离于体制外的"盲流艺术家"和"盲流画家村"开始出现，这是时代转型期的特殊产物。

宋庄的源头可以追溯到 20 世纪 80 年代末、90 年代初期的圆明园画家村，当时这里被称为"盲流"的体制外艺术家的聚集地。"盲流艺术家"的出现非常具有时代冲突性，在本可以分配工作的 80 年代，一群高校毕业生却"别无选择"，非要选择与体制内的工作及过往的文化环境决裂，这其中不仅有年轻人的叛逆，还有属于时代的某些东西在当时的环境中无处安放。笔者在田野调查中感受到，冲突的内在本质可能就在于主体意识自觉与文化环境自觉的错位。

1995 年圆明园画家村在北京城市化进程中被遣散，这件事情本身并无太多解读空间，但画家村的遣散却与"艺术家的探索""时代的变迁""自由主义的困惑""精神的放逐""乌托邦的想象"等时代情绪相交融，在之后的当代艺术史书写中建构了中国当代艺术的精神底色，这也成为宋庄变迁发生的精神源头。

从 1994 年开始，一个非常偶然的机会，地处偏远的宋庄成为现代艺术家迁徙的目的地之一，但随之而来的不仅仅是体制外艺术家，还有历史形塑的中国当代艺术的精神。宋庄的头十年被很多人认为是"圆明园精神"的延续，是艺术家自我放逐、自由实践的"乌托邦"时代。甚至很多学者认为宋庄的价值在于边缘、亚文化、先锋和异端，"艺术家群体的特性决定了其在心理上与都市生活'若即若离'的状态"。[①] 但真实的宋庄变迁，远比我们想象的复杂。

"乌托邦"并不是单纯的想象，而是艺术家与村民交互的产物。据小堡村书记崔大柏回忆，有关部门确实明确下达过清理"不稳定因素"的建议，北京通州区委领导让他写保证书，保证艺术家不闹事，是他顶着压力，据理力争，才把艺术家保了下来。崔大柏当时是表面答应，背地消极怠工。他还不断在村里开会，反复强调艺术家的益处，动之以情晓之以理，打消村民的顾虑。有村民回忆说，"当时崔大柏书记说，别看这些人其貌不扬，厉害着呢，都是大学生，很多都是大学老师呢，人家都不能叫画家，都叫艺术家，比画家厉害多了，等着吧，这些都是村里的财富"。不仅小堡村，包括宋庄其他几个村子，房屋的空置率都在三分之一以上，很多村民都搬去了通州县城里，村民把闲置房屋卖给或者租赁给艺术家当工作室，各村都是极力支持的。崔大柏甚至规定了房屋买卖的最低价，努力促成房屋的高价成交，保障村民的利益，"只要是利于农民增收的，村委会都会尽力撮合"。[②] 虽然这些做法为日后埋下了隐患，但就当时的情况而言，这是务实且多赢的做法。

在调查中，时任宋庄小堡村民事调解委员会主任、村联防队队长的李学来告诉笔者，最早来宋庄小堡村落户的有 25 名艺术家，但是因为"盲流艺术家"身份特殊，自然也成了联防队重点盯守的对象。每逢节假日，公安及相关部门就会来检查。联防队并非体制内单位，但是，作为村委会成立的自治组织，必须配合相关部门做好工作，就像保安遇到了公安，李学来说，"刚当联防队队长

① 于长江：《宋庄：全球化背景下的艺术群落》，《艺术评论》2006 年第 11 期。
② 来源于 2019 年 12 月 16 日，笔者在小堡村对李学来进行的访谈。

时，见到警察还发怵"。① 所以，联防队身份就特别暧昧，一方面要配合相关部门做不定期检查，另一方面又暗暗保护着艺术家，时常叮嘱艺术家哪些可以做哪些不能做。联防队对极端艺术家抄过家，对违反规定的展览和行为艺术采取过强制手段，和艺术家打过架。但有趣的是，联防队渐渐和艺术家达成了一种默契，暧昧的身份成就了联防队和艺术家充分信任和依赖的关系，仿佛艺术家和这帮农民找到了精神契合。所以，李学来的联防队虽然起到治安管理和监督艺术家的作用，但其目的并不是要收集证据、驱赶艺术家，而是维护艺术家与小堡村的和谐生态。

按照李学来的说法，"外界都以为这些艺术家很难管理，其实并不是那么回事儿，这些艺术家都很有江湖义气，比较真实，没有什么大奸大恶。派出所不给他们好脸，他们有什么事情就找我们。男女之间，乱七八糟，都要管，那些年也是长见识了"。② 艺术家对联防队一方面怕，另一方面又依靠。有些艺术家因为受不了联防队的管，搬到其他村去了，但过段时间又回来了，他们还是觉得小堡村有这帮人管着是很不错的，这是很微妙的关系互动。更重要的是，当时，联防队成员还可以在画家那里揽一些活，供水、供暖、盖屋、修房、刷漆，都能赚一些钱。再后来，艺术家有活就直接找联防队介绍人来干。甚至有些艺术家没钱付工钱，就用画抵账，时间长了，很多村民家都藏有艺术品。农民的藏品有些是用小猫小狗换的，有些是抵工钱的，还有些是抵房租的，甚至有些是画家离开宋庄后扔掉的，被村民捡了回来。

为了留住画家，崔大柏对村民的要求是，当好一个好房东，像对待自己家亲戚一样对待艺术家，其他的一概不准干涉。而对于村干部，崔大柏在得知一些艺术家的画很值钱后，也对村里领导班子约法三章：任何人不得向艺术家乞画、派画、要画、求画，一经发现，立马开除。艺术造镇之后，小堡村家家都盖起二层小楼，租给艺术家当工作室，于是村委会通过规定，二层及以上楼房，只要是租给艺术家做工作室的，每平方米每月最高指导价 0.8 元，任何人不得高于这个价格，如果有高房租的，艺术家可以举报，也就说，一个艺术家租二层的 500 平方米的工作室，一个月只需要 400 元，这个指导价格一直到 2020 年都没有变过，小堡村为艺术家的创作提供了最舒适的环境。

---

① 来源于 2019 年 12 月 16 日，笔者在小堡村对李学来进行的访谈。
② 同上。

所以，谁创造了宋庄的"乌托邦"，宋庄是谁的"乌托邦"？是艺术家成就了宋庄，还是宋庄成就了艺术家？这其实是说不清楚的，这些努力最终得以成就宋庄的"乌托邦想象"。艺术家不像我们想象的那么精英与现代，而农民也并非像我们想象的那么落后与前现代，真实的本土实践是没有明确文化界限的，身份也是模糊的。真实的地方文化互动也为艺术乡建提供了一个参照：当代的地方社区环境是一个复杂的后现代场域，身份的标签和精神的认同是极度不稳定的，文化系统的各个主体，其自觉方式和自觉程度具有偶然性和差异性，实践的动力源于期待的不平衡，实践主体在自我观照中，涌现文化系统的自我创生与主动交互，这其实是乡村文化再生产的根本逻辑。

二 后现代社群与前现代村庄的精神互动

在田野调查中笔者发现这样一个现象：随着时间的推移，宋庄"乌托邦"里的身份交互就更加的暧昧和复杂，文化的自我生产也变得更加的吊诡。虽然从 20 世纪 90 年代中后期开始中国的文化艺术环境愈加开放，体制外艺术家也逐步摆脱边缘、亚文化、自我放逐等身份标签，但宋庄的艺术家们似乎更享受一种来自前现代文化社区的庇护和滋养，这是中国当代独立艺术家最令人困惑的一点，也就是说，自由独立的艺术精神并没有摆脱东方社群主义的文化传统，后现代的迷惘在本土的前现代环境中被重新形塑了，而这种重塑表明了精神具有再生产的能力。

其实，小堡村的头十年是艺术家自我放逐的十年，但却是农民在村干部领导下创业致富的十年。1988 年，31 岁的崔大柏当上小堡村支书，他带领村干部剪电线、改电路、挖排水沟，之后又带领村民办养殖场和铸造厂。根据当时的报道，1995 年，北京市场上 6 只鸡中就有 1 只是小堡村的。为了解决环境污染问题，小堡村花大价钱请英国专家合作开展"华北乡村水环境治理项目"，村里的环境得到了彻底的治理。崔大柏很明白一个道理：农民凭种地是永远不可能富起来的，必须把农民从第一产业中转移出来，所以，必须吸引投资，发展工业。1998 年，通州区政府出台大力发展"村级工业大院"的政策，小堡村率先办起了"佰富园工业区"，2003 年入驻企业 68 家，安置了 70% 的本地劳动力。2003 年，小堡村还无偿提供了 20 亩土地给当时的 938 路公交车做运输总站。于是，从小堡村坐公交车直接可以到国贸。由此可见崔大柏书记的眼光、魄力。2002 年小堡村 GDP 是 1.2 亿元，人均可支配收入近 10000 元，而且很多是土地分红和资金入股的收入。早在 2003 年，小堡村最后一亩农业用地就已经转移为建设用地，农民彻底从第一产业解脱，这也为日后发展艺术园区提供了基础条件。

而再反观这一时期的独立艺术家们，单从物质条件上来说，他们大部分人的生活状态并不及小堡村村民。由于国内艺术体制和当代艺术市场刚刚崛起，当代艺术的藏家依然主要集中在境外，这就造成了能在市场上获得成功的独立艺术家凤毛麟角，大多数的艺术家都挣扎在生存危机与艺术理想的撕裂中。宋庄艺术家马越在《长在宋庄的毛》一书中提到了这样一桩旧事，艺术家索探 2003 年 1 月发布了一篇大字报"给宋庄艺术家的公开信"，引发宋庄艺术家共鸣，比较能反映当时的情况。公开信说，"记得十年前，就开始有人在自己的名片上以职业艺术家示人，十年后的今天，我们自己的职业艺术家素质有多少？早晨想着钱是重要的，'职业'就是要靠手艺赚钱，晚上就变得不食人间烟火，大耍艺术家脾气，人格处于极度的分裂状态"。[①] 到 2004 年，宋庄聚集了 300 多名艺术家，分布在小堡村、大兴庄、辛店村等十几个村子里。艺术家群体在外界看来是一群敢于创新，并天然获得身份优越感的精英群体，但事实是，当时宋庄大部分的艺术家却陷入"小圈子"、阶层分化、生存危机和自我挣扎中无法自拔。在田野调查中，很多艺术家都反复强调一个事实，从开始到现在，宋庄大部分的画家并没有获得经济上的成功，而长期的乡村生活和自我放逐的精神状态，在市场大潮来临时，其内心会变得无比挣扎。这里面充满了现代艺术和中国乡村的邂逅，精神贵族与社群生活的交融，商业逻辑与艺术精神的错位，自由想象与窘迫生活的反差，等等。

所以，在一个后现代的社区内，农民和艺术家谁是弱势群体，谁处在认知的蒙昧中，是说不清楚的，毕竟自觉的路径是完全错位的。但不可否认，艺术与乡村在精神层面上获得了一定程度上的交融。独立艺术家们的实践赋予了宋庄文化气质，给宋庄打上了深深的烙印。江湖、自由、反体制、聚义、后现代、乡土、招安这些声音伴随着宋庄衍化的每一个动作。有艺术家回忆，那时候很

---

① 马越：《长在宋庄的毛》，甘肃人民美术出版社，2008，第 43 页。

多艺术家见到最早来宋庄的著名艺术评论家栗宪庭都会叫宋老师，为什么是宋老师，其实和宋庄没有关系，而是大家公认为栗宪庭是现代艺术界的宋江，大家来宋庄无异于"落草为寇"，宋庄突然被塑造为独立精神的水泊梁山。而在2004年"文化造镇"之后，栗宪庭被聘为宋庄艺术促进会的副会长，他与方力钧等艺术家和官方合作规划艺术家社区的行为还被解读为"被招安"。这种江湖性的想象很难定性，这也决定了宋庄的复杂度。从文化的角度，这些所谓的独立艺术家其实是鱼龙混杂的，栗宪庭本人也多次表达了对这种江湖想象的反对。但不管如何，人们或多或少都会认为那就是宋庄的独特文化，正是因为这种江湖想象蕴含的创造性和突破力，赋予了宋庄发展最核心的精神资源，而这种精神资源在历史中具有很强的实践性。

从2004年回望宋庄发展的头十年，其真实状况与"乌托邦"的想象大相径庭，宋庄既不能是知识分子式的，也不是官方的，既没有主导的文化形态，更不是市场导向的。如今学术界认为的自由主义精神，很多时候是一种想象的共同体，精英主义在民间的江湖性探索其实是历史与外围舆论场的再生产的结果。但是，艺术与乡村的互动，妙就妙在这种精神性的想象上，这种想象并不是虚拟的。

所以，本土化中的后现代含义正是无法定义和边界模糊的，而这种无边界决定了精神的再生产性一样可以赋予一个地方以文化资源，成为艺术乡建的动力。但换个角度说，后现代本质也是一个文化的错位、模糊和再造的过程。在田野调查中，我们会发现，关系互动的主体不一定是具体的人，也可以是文化、权力、资本、精神等因素的共同体，甚至只是想象的共同体。而互动的范围不仅仅包括共时性的社群或集体，也包括历时性的更大范围的信息流通。这个想象的共同体无时无刻不在衍化，这是以往文化人类学较少关注的。简言之，艺术参与乡村建设需要特别注意想象共同体的历史再生产能力。

三 "官民共创"与"身份交互"

艺术精神再生产实践集中体现在"官民共创"的宋庄模式上，这个模式最早可以追溯到小堡村书记崔大柏和艺术"乡绅"栗宪庭的合谋上。2003年，崔大柏正在思考农民富起来后怎么办，而栗宪庭已经隐居小堡村，想"退出江湖"，但大部分独立艺术家的生存状态又十分令他担忧。小堡村北边有400亩荒地沙丘，也就是现在宋庄美术馆附近，高压线纵横、土地七零八碎。2004年，崔大柏想在这里开发一个文化公园，他问栗宪庭的意见，栗宪庭否定了这个想法，他建议造"文化艺术园区"。当二人达成初步构想的时候，中国大地还没有可以借鉴的艺术产业园、艺术区先例，而艺术创意产业也仅仅是一个概念、一个构思。但是，一个务实的村书记遇上一个敢于创新的知识分子，"艺术乌托邦"能在他们手上成为现实，好像也并不是一件多么奇怪的事情。

栗宪庭对"艺术园区"的设想：里面是风格各异的特色建筑，其设计至少要有百年以上的艺术眼光；这里的工作室只能租给艺术家，确保这是一个艺术家的聚集地；艺术家社区里有美术馆、画廊、廉价的工作室、女性艺术区，有剧场、电影制作基地，还有不同档次的原创艺术品交易平台。[①]现在看来，这简直是天方夜谭，这其实就是栗宪庭自己心中的、精英主义的"乌托邦"，是一种艺术的想象。崔大柏不完全明白，但他相信栗宪庭，不仅相信，甚至完全信赖他。崔大柏给栗宪庭放权，按自己想法去做，崔大柏看到栗宪庭作为评论家也是囊中羞涩，他就让村里垫钱先把栗宪庭的房子先盖起来，其他艺术家自然也会跟着过来。那时候，文化创意产业园没有定位，艺术家的工作室不是企业，更不是工厂，园区也没有合法手续，一切都是试验。直到2006年12月，这个区域才被有关部门追认为"宋庄原创艺术与卡通产业集聚区"，最终取得了合法地位。

原宋庄镇党委书记胡介报2004年从通州区永顺镇调入宋庄，胡书记在接受采访时道出了当时的情形。"2004年我来到宋庄后也面临一个发展的瓶颈，一方面国家宏观调控，2004年左右工业的发展走向了规模化，小的工业企业、污染企业很难生存，前十年发展起来的工业区、工业大院，又搁置在那儿了，所以当时宋庄大量的工业厂房废弃。另一方面村民搬到了城区，大量房屋闲置。这些资产怎么盘活，产业如何进行飞跃式的置换，这是我们当时思考的问题。以小堡村为中心的区域有300多位艺术家，我当时的第一思考就是，能不能把文化艺术作为一个区域发展的要素，把它不断地集聚和放大，成为持续发展、永久发展的艺术经济要素，这是我当时的思考，思考的载体就是，我们能不能

---

① 参见王笠泽《宋庄房讼纪实》，中国政法大学出版社，2013，第175页。

打造一个'中国的苏荷区'呢？"①

2004 年，宋庄在原有基础之上提出了"文化造镇"的口号，并得到了宋庄艺术家们的肯定和支持。2005 年，《宋庄文化造镇战略实施纲要》开始实施，宋庄开始实施第一个"五年计划"，大张旗鼓征集 LOGO，注册商标。同年，打造了以栗宪庭、胡介报为顾问，洪峰、王能涛、马越、班学俭作为策划人的第一届宋庄艺术节，历时三天，到场观众 10 余万，境内外 60 多家媒体到场。当然，宋庄艺术节也足够有话题性，当时，宋庄还没有一家正规的画廊，更没有美术馆，画展就在小堡村的街市上举行，成为世界上规模最大的街市式的艺术作品展，许多画家的作品都找到了藏家。"中国宋庄"名扬海内外，"世界上最大的艺术家集聚区"也逐步形成名片。

第一届宋庄艺术节前夕，2005 年 9 月，宋庄艺术促进会成立，会长是洪峰（胡介报的秘书），副会长是栗宪庭、王能涛，艺术总监是评论家杨卫，理事有栗宪庭、洪峰、杨少斌、马越、王能涛，监事长崔大柏，监事方力钧、岳敏君，60 人成为首批会员。艺术促进会中，不仅有宋庄镇和小堡村的干部，还吸纳了宋庄的知名艺术家、评论家挂职。从此以后，宋庄艺术家就有了组织，很长一段时间里，宋庄的展览都会加上宋庄艺术促进会的名字，这个官民共创的自治组织成为促进宋庄协调发展的重要力量。

2005 年，宋庄还迎来了重要的政策环境的变化，北京市农村工作委员会确定宋庄为都市农民就业产业基地，鼓励农村土地依法开放，有序流转，规范对农民土地的补偿，促进农村向二、三产业转移。2006 年 12 月 8 日，北京市认定的第一批十个文化创意产业集聚区，宋庄原创艺术和卡通产业集聚区被列入第一批的序列。2008 年 1 月，北京市还批准成立"宋庄文化创意产业集聚区管委会"，属于正科级的事业单位。宋庄镇政府还借机以"保护宋庄文化特色"为由，宣布小堡村不进行拆迁，也稳定了很多当时想收回卖给艺术家房子的农民的心。"官民共创"的"中国宋庄"如火如荼地建设起来，原创艺术集聚区很快就成了规模，宋庄这个原创艺术集聚区并不是完全的"政府主导"模式，而是"官民共创"的产物，是艺术家、艺术机构自发聚集的开放的艺术区空间，是不规则的、松散的、与村民混居的生态模式。这也是宋庄前期的发展和基层

---

① 来源于 2017 年 9 月，笔者在树美术馆举办的艺术乡建学术研讨会上对胡介报的采访。

合作模式的政策性延续，是宋庄生态的有机生长。

表 1　2010 年宋庄产业生态

类型	数量（家）	营业面积（m²）	投资总额（万元）
艺术园区/集聚区	20	891747	17705
美术用品商店	10	4130	248
美术培训机构	4	3900	141
画廊	43	15824	1159.6
公益类美术馆和艺术空间	39	40333	6780
非经营类艺术机构	7	19822	6405

资料来源：宋庄文献资料馆。

　　2007 年，宋庄"文化造镇"逐步成为现实，不同资本背景的艺术机构相继落成，旧厂房或荒地改建的艺术区里，一些艺术家的工作室也已经建成并投入使用。小堡村的村民也拿着补贴翻新住房，盖成艺术家工作室，按照指导价格租给新来的艺术家。那一年，宋庄有了"八大美术馆"，还有88家画廊，18家画材店，50余家饭馆。画材店、饭店、宾馆等配套设施初具规模，每个投资人都怀着艺术淘金梦想来到这里，在几十万到上千万元的投资中，憧憬产业园区带来的丰厚回报。2006 年，宋庄镇全年利税 3.5 亿元，创历史新高。

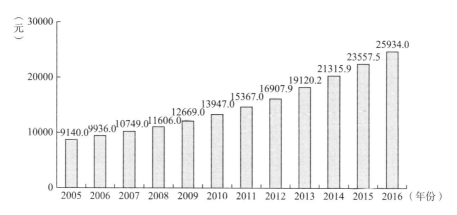

图 1　宋庄农民人均可支配收入变化

资料来源：宋庄文献资料馆。

　　从中国艺术品市场的大环境可以看到，宋庄的"文化造镇"正赶上中国艺术市场的"泡沫时代""热钱时代"，宋庄在土地方面的优惠政策，也吸引了一批艺术机构的进驻。从入驻宋庄的艺术家数量来看，从 2005 年开始急剧增长，在 2007 年、2008 年、2009 年三年达到顶峰。每年都有超过 500 名以上的艺术家入驻，这只是艺术促进会登记在册的艺术家，而实际在宋庄活动的艺术家要远远超过这个数。对比艺术市场走势图，我们可以发现，宋庄画家的数量和外在艺术市场环境有直接关系，艺术家数量的变化也直观反映了艺术市场的热度。到 2020 年，宋庄大小艺术区共有 60 多个，以平均每个艺术区 150 名艺术家计算，这就有不少于 9000 人。

更具后现代特质的是"文化造镇"带来的"身份交互"，在某种程度上，宋庄艺术家和农民实现了良好的互训。甚至很多会写字、做木工的农民都认为艺术家不过如此，于是自己搞起了艺术创作，或经营起画廊。如李营原来是宋庄一家汽车修理厂的老板，他对废旧的汽车零件非常有感情，他就试着把它们焊接成家具、动物等造型。他与画家魏林是好朋友，在魏林的鼓励下，李营开始创作，并参加宋庄艺术节，第二届艺术节上，他单件作品就卖了上万元，让一些艺术家都自愧不如。李营能用自己熟悉的材料把对生活、对生命的热爱表达出来，在这一点上，艺术家和农民是可以完全沟通和融合的，他们并不是两个世界的人。

韩燕画廊成立于 2004 年 7 月，是宋庄延续至今最早的画廊，也是全国第一家由农民开办的画廊，画廊在小堡村内，有 450 平方米，是在自家的宅基地上建成的。画廊的经营者是靳东升、韩春艳夫妇，他们是地地道道的农民，开过出租、做过小生意。在油画家李伦的建议下开起了画廊，这样就不用出去打工了，在家坐着就可以赚钱。如今，韩燕画廊已经成为通州区农村实用人才实训基地，每年除了举办画展，还开展工艺美术创作、画廊经营培训等，带动了一大批农民从事艺术创作、艺术工艺品展销等相关文化创意产业。

从文化精神的角度看，宋庄模式的重要启示是，文化资源的再生产和活力的激发与当地人文环境的互相尊重和"共生共创"密不可分，由于各方期待不同，怎么在文化交流中实现资源开发的"正和博弈"成为文化参与社区建设的关键。此外，精神的生产性实质是不同主体在共同体的感召下，在自我参照中实现期待的再生产，这其实是文化再生产最难实现的地方，这是宋庄最具文化价值的地方。

四 地方文化交互里的风险和调适

想象的共同体并非稳固，复杂文化系统的特点就在于：每个人都做出确定性的规划，但却产生了不确定的连锁反应。随着外部环境的变化以及宋庄自身的衍化，各主体期待的不对等带来创造活力的同时也带来了风险和冲突。文化作为动态系统，本质是异质性的，而共同体的存在表面上是一种和谐共创，实质是期待的错位和异质性的正和博弈，而突破和风险正源自这种异质性生态的被打破。文化有稳定的一极，也有突破和创新的一极，艺术参与乡建很多时候是在直面矛盾和冲突中展开的。

这种风险首先表现在宋庄房讼风波上。从 2006 年开始，也就是宋庄开始提出"文化造镇"的第二年，陆陆续续有十余位艺术家被农民告上了法庭，"后备案件"有 200 多个。画家被告的原因是出卖房屋的农民反悔了，想收回自己卖给画家的房子和地。也许是想利益最大化，也许是农民看到农村环境变好想搬回农村。总之，农民不承认卖房合同的合法性，即使合同上盖了村委会的大印。宋庄房讼的核心问题其实是农民宅基地的所有权和处置权的问题，双方各执一词，农民的依据是，国家不允许农民把宅基地卖给城里人，宅基地只能在本村集体经济内组织流转。而艺术家认为，既然双方签订了合同，合同就必须受法律保护。整个房讼风波中最有意思的是宋庄镇领导和村里干部的态度问题，因为基层领导干部一方面是农民利益的代表和集中反映者，另一方面，"文化造镇"的大势已经形成，又必须保护艺术家的利益。基层干部夹在中间，但又必须要有明确的表态和实际的行动，处理这种没有确切依据的棘手问题是需要智慧的。其实，宋庄镇领导和宋庄艺术促进会在其中并没有偏袒农民，甚至主要为艺术家发声，积极想办法从中斡旋，努力通过庭外调解的手段平息风波，并为艺术家安排诉讼律师。镇政府更多是主动和艺术家、村民沟通，这一点是宋庄房讼与其他案件的重要区别。

宋庄第二个意想不到的衍化方向是，2005 年之前进驻宋庄的大多是当代艺术家，而 2005 年之后有随着宋庄的产业布局与开发，进入宋庄的人也变得复杂，整体生态剧烈变化。宋庄成了大量江湖艺术家、传统书画艺人、民间手工艺人、个体商贩、自由职业者等聚集的地方。此外，很多官方组织、商业机构、专业培训机构也进驻宋庄，让宋庄变成了更加喧闹和混乱的地方。同时宋庄镇尝到了土地出让带来的甜头，随着土地租赁价格的不断攀升，艺术区的规划也走向了艺术地产的套路，"官民共创"的平衡被打破，艺术乌托邦的规划成为泡影。2012 年，办了 7 年的艺术节突然被官方主办的艺术品产业博览会取代，宋庄进入了官方单方面引导的"艺术品产业时代"。

但这个时代并未如预期那样蓬勃发展，宋庄管理者与当代艺术家之间的认知错位被逐渐放大。一方面艺术家群体内部加剧分化，艺术资本市场回归理性，新的精神自觉时代的到来，让中国当代艺术在全世界范围内遭遇了合法化的危机，这也悄悄改变了宋庄作为当代艺术空间的属性。另一方面产业规划与区域实际产出也出现了割裂，艺术产业在 2009 年之后，并没有能支撑起艺术区的宏大规划。2013 年之后，艺术区本身并没有如期待的那样具有价值生产的能力，中国的艺术区也面临了大规模拆迁和改造，很多知名艺术区"消失"或"萎缩"。艺术区在社会发展的新时期面临着再次消失的困境。随着 798 等市内艺术区的全面商业化，宋庄已然成为国内艺术区"最大的孤岛"，也可能是"最后的孤岛"。但是，我们没必要过于担忧。站在 2020 年回望宋庄面临的危机和风险，这些好像又被想象共同体的新形态所拯救。正是因为宋庄作为乌托邦的想象，在历史中衍生出"文化创新基地"这样的新标签，进而让宋庄与更大范围的关系网络相联通。宋庄从 2019 年开始了新一轮的"艺术创意小镇"的建设，宋庄的格局也将发生重大的变化：一方面，宋庄的发展被放在了"文旅融合"的视域当中，另一方面，宋庄将纳入北京城市副中心的整体规划当中，宋庄将在未来的国际都市圈中发挥文化功能区的作用。在如今的宋庄艺术区，年轻的学院派逐渐占据了艺术家主流，这与宋庄多是"江湖画家"的想象大相径庭。传统艺术品市场及协作关系发生了根本性变化，越来越表现出去中心化、去地域性的特点。宋庄有了更具生态性的定位，宋庄也迎来了新的发展机遇。而这些机遇与宋庄精神共同体的不断创新、调适、再生产有很大的关系。

五　精神共同体的再生产及在艺术乡建中的意义

在回溯宋庄精神的时候，逃避、叛逆、自由主义的"乌托邦"想象早已改变，支撑宋庄前行的当代艺术精神也早已与圆明园时期大相径庭，"乌托邦"在实践中完成了重构和再生产。在新宋庄艺术家的眼中，宋庄精神代表了包容和纯粹、荣誉感和集体感、创造力和自由度。从文化人类学的角度，文化不管如何衍生，有些内在的"理性"和象征"逻辑"是相对稳定的，这些"理性"是活的历史因子，就如同文化基因一样，在新的环境和新的关系网络中产生交互，表现出不同的文化面相，文化的精神没有消失。美国学者萨林斯认为，文化理性是相对稳定的一种思维和行为方式，"文化都是关于人与事物的意义秩序，既然这种秩序是系统性的，它们就绝不可能是由精神随意创造出来的"①，但其实这种稳定性在遇到文化冲突的时候更能看到其对文化形塑的强大力量。

具体到当下文化艺术参与乡村或社区建设，不管是在艺术人类学的理论中，还是在艺术参与乡村建设的实践中，我们在出发点上普遍存在两个错误：第一个是以艺术家、艺术作品为考察的核心要素，第二个是文化价值观的预设，以及历史所带来的偏见与隔阂，这些是我们在文化创新上的两大障碍。如果我们能构建起精神共同体，然后从去中心化、去价值化的视角观察"关系交互"和"系统衍生"，这可能会对我们重新发现社群的文化特性有重大帮助。

首先，文化的建构力量体现在对文化理性和精神共同体的塑造上。宋庄的历史实践证明精神共同体具有强大的生命力，从"乌托邦"到"艺术聚集区"再到"艺术小镇"，这股代表"期待"和"突破"的力量可以不断地吸纳新的关系维度，在实践中重新定义宋庄的文化属性，这是可以决定一个地方发展的文化驱动力，而往往我们忽视了精神共同体的意义，甚至没有耐心去培养一种可以"活起来"的文化因子。

其次，文化再生产的实质是地方关系系统的自发交互和自我衍化，并非以艺术品和艺术家为中心。很多社区错误地把艺术家定位为天然的精英阶层，导致在实践中出现自我观察的严重错位。其实，在后现代时代，乡村和社区里的身份并不天然存在，艺术也并非指艺术家和艺术品。艺术的文化功能是调动各个系统的自我活力，在自我参照中实现自我生产，文化的实践是去中心化的。

最后，艺术参与乡村建设，实质是在艺术与乡村的互动中实现参与者对"文化混融体"的全面自觉。文化并不指某一样识别系统，而是实践的混融体，

---

① 马歇尔·萨林斯：《文化与实践理性》，赵丙祥译，上海人民出版社，2002，第4页。

更不仅仅是行为和思维模式，文化是系统应对改变风险的整体模式，它有传统的一面，也有创新的一面。但文化的交互实践，本质是自我期待和自我实现的过程，它引导各个主体在互动中发现自文化的图示，这让我们过好自己的生活，同时它还启发我们理解不同文化的所思所想，让我们在"交流"、"创造"和"期待"的想象共同体中向更和谐的文化生态迈进。

城市生活垃圾治理的社会—技术创新研究

——以福建省厦门市的垃圾分类回收实践为例

彭滢睿　谭歆婧　李晨希　罗诗瑶　韩　聪[*]

一　引言

《中国统计年鉴》表明，2018 年全国生活垃圾清运量达 22801.8 万吨，较 2017 年增长 1280.9 万吨；2018 年生活垃圾的处理量达 27966.1 万吨，但实际的无害化处理量却只有 22565.4 万吨。垃圾分类的问题迫在眉睫。2016 年国家发改委、住建部联合发布《垃圾强制分类制度方案（征求意见稿）》，要求到 2020 年底，重点城市生活垃圾分类收集覆盖率达到 90% 以上，生活垃圾回收利用率达到 35% 以上。2019 年，国务院办公厅印发《"无废城市"建设试点工作方案》表明，实行生活垃圾分类制度有利于"无废城市"的建设。2020 年 6 月，国务院对《政府工作报告》的意见指出，应由国家发展改革委、住房城乡建设部、生态环境部等按职责分工负责，继续推进生活垃圾分类。

如上所说，我国城市生活垃圾产生量大，无害化处理能力和实际无害化处理量仍然有一定差距。这便会带来一系列不局限于"一时一地"的环境问题，

---

[*] 本文是调研组成员彭滢睿、谭歆婧、李晨希、罗诗瑶、韩聪于 2019 年 7 月至 2020 年 5 月在福建省厦门市所做的田野调查成果，研究对象涉及五个抽样点范围内的街道办、社区、居民及相关社会组织。

作者简介：彭滢睿，北京大学社会学系学生；谭歆婧、李晨希、罗诗瑶，中央民族大学民族学与社会学学院学生；韩聪，中央民族大学教育学院学生。

从而对当地居民身体健康和生活质量产生诸多不良影响。[①] 为缓解垃圾问题带来的负面影响，目前的生活垃圾治理主要有两种应对方式，即从源头切入与加强末端处理技术。我国现阶段解决垃圾问题主要聚焦在末端垃圾处理方面，但处理能力明显不足，且很难从根本上解决垃圾问题，因此，转换垃圾对策视点成为治理的关键所在，对垃圾进行源头控制、积极推广垃圾分类实践、完善相关产业链，成为垃圾治理的关注重点。[②]

垃圾分类是从源头对城市生活垃圾进行分类化、减量化、资源化治理的一种实践，通过建立分类回收体系，减少垃圾产生量，提高垃圾的回收利用率，降低垃圾运输成本和末端处理难度。[③] 我国先后在厦门、上海、北京、广州、沈阳等城市进行了垃圾分类试点，并试图进行更大规模的推广。但已有研究表明，我国垃圾分类存在管理不规范、法律不健全以及基础设施不匹配等情况，多数试点治理成效甚微，面临着高关注、低参与的治理困境，源头分类实效有限。[④] 在这背后，是诸如人口结构、实施主体、监督成本、认知—行为等方面的一系列问题。[⑤]

如何看待这一困境，学界有结构因素和个体因素两种讨论。

在结构层面，垃圾分类是一套"自上而下"推行的制度型设置，受技术与制度两方面的影响。现阶段，我国垃圾治理的技术聚焦在末端处理方面，但由于长期以来的垃圾混合收集，加之资金投入不足，垃圾收运处理设施相对滞后，一方面，我国的垃圾处理效率十分低下。[⑥] 另一方面，由于我国地区发展差异较大，最新的智能垃圾分类技术也难以在大范围内推行。同时，"自上而下"推行的垃圾分类制度意味着政府的主导地位，这确保了垃圾分类实践的合法性。但从中央到地方，层层关系结构下又有着差异化的利益需求与表达，地方政府

---

① 李国刚、曹杰山、汪志国：《我国城市生活垃圾处理处置的现状与问题》，《环境保护》2002 年第 4 期；王琪：《我国城市生活垃圾处理现状及存在的问题》，《环境经济》2005 年第 10 期。

② 吴玉萍、董锁成：《当代城市生活垃圾处理技术现状与展望——兼论中国城市生活垃圾对策视点的调整》，《城市环境与城市生态》2001 年第 1 期；张英民、尚晓博、李开明、张朝升、张可方、荣宏伟：《城市生活垃圾处理技术现状与管理对策》，《生态环境学报》2011 年第 2 期。

③ 乔露：《城市生活垃圾源头分类管理实效调查及对策研究》，《经济研究导刊》2017 年第 1 期；徐林、凌卯亮、卢昱杰：《城市居民垃圾分类的影响因素研究》，《公共管理学报》2017 年第 1 期。

④ 王伟、葛新权、徐颖：《城市垃圾分类回收多元主体利益博弈与差别责任分析》，《中国人口·资源与环境》2017 年第 S2 期。

⑤ 耿言虎：《城市社区垃圾分类的结构性困境及其突破》，《南京工业大学学报》（社会科学版）2014 年第 3 期。

⑥ 张英民、尚晓博、李开明、张朝升、张可方、荣宏伟：《城市生活垃圾处理技术现状与管理对策》，《生态环境学报》2011 年第 2 期。

的自由裁量可能会有同顶层设计的错位和不连贯问题，因此有诸多关于环保数据相关的谎报、漏报等现象出现。[①]

在个体层面，垃圾分类的推广受价值感知、知觉行为控制、主观规范、政策有效性感知、非正式回收系统有效性感知等 7 个方面因素的影响。[②] 而不同学历、年龄的群体在生活垃圾资源化的认知水平上也表现出了差异。[③] 然而，个体的行为意愿虽然能够对垃圾分类行为产生重要影响，但事实上，具有积极的垃圾分类意愿并不意味着良好的垃圾分类行为，情境因素在实际垃圾分类过程中发挥着重要的调节作用。[④] 因此，在分析个体因素的基础上，需要探究情境因素在个体心理因素向分类行为转化过程中的作用，成功进行垃圾分类实践的地区存在的情境因素值得进一步研究。

总而言之，垃圾分类的推广受到结构因素与个体因素的双重作用，这一方面启示管理者要对症下药，另一方面也为研究者提供了分析框架。

厦门市是我国垃圾分类的先行城市。2019 年第二季度，住建部对全国 46 个重点城市的垃圾分类工作情况进行考核，厦门以总分 86 分与上海并列第一，比第一季度高 3 分。厦门市连续 5 个季度总分排名全国第一。[⑤] 可见当前厦门垃圾分类工作成效显著。在垃圾分类实践推广多次遭遇困境的当前，厦门市垃圾分类工作的落地与展开以及其对居民日常生活的影响，激起了我们的研究兴趣。本文将关注垃圾分类这一新兴实践在厦门市的发展现状，以及它是如何被培育和推广的，进而探讨这一"厦门模式"的借鉴意义和特殊性。

在此基础上，根据厦门市各社区的特点，研究组最终选取 A 社区、B 社区、C 社区、D 社区、E 社区，共 5 个社区作为抽样点。所选的 5 个社区人口构成相异，兼具流动人口和本地户籍人口、低收入人群和高收入人群；社区属性也各具代表性，包含城中村（A 社区）、普通社区（B 社区、C 社区）、中心社区（D 社区）以及旅游风景区内的社区（E 社区）。进而，本研究组在查阅相关文

① 洪大用：《经济增长、环境保护与生态现代化——以环境社会学为视角》，《中国社会科学》2012 年第 9 期。
② 徐林、凌卯亮、卢昱杰：《城市居民垃圾分类的影响因素研究》，《公共管理学报》2017 年第 1 期。
③ 邵瑞华、王志：《陕西省居民生活垃圾资源化认知水平调查》，《西安工程大学学报》2008 年第 1 期。
④ 曲英、朱庆华：《情境因素对城市居民生活垃圾源头分类行为的影响研究》，《管理评论》2010 年第 9 期。
⑤ 《厦门垃圾分类工作 蝉联全国第一》，http://www.xm.gov.cn/zwgk/zwxx/201909/t20190909_2332531.htm，最后访问日期：2019 年 10 月 8 日。

献的基础上，以访谈法与问卷法①收集了资料，其中访谈的对象包括街道办或居委会负责人员（6 名）、垃圾分类督导员（10 名），以及社区内的居民（18 名），问卷则在五个抽样点及其周边地区发放，共发放 147 份，回收有效问卷 126 份，问卷回收率 86%。通过对该资料的整理和分析，本文将描述厦门市垃圾分类实践的现状，概括其实践培育和推广的经验和困境，并尝试性地提出相应的对策。

二　技术供应：从官方叙事到生活实践

官方叙事与真实的生活实践之间往往充满了悬念，大多数情况下，顶层设计的落实程度往往决定了一项政策或是技术可以发挥的作用。据此，厦门市垃圾分类实践的技术供应如何从官方叙事走向生活实践这一问题就具备考察的必要性。通过回答这一问题，我们能够更好地理解垃圾分类实践开展之后取得的诸多成效。

官方叙事中的垃圾分类带有统筹性和普遍性的特点，更适应于一般化的情况。厦门市推进垃圾分类工作的文件要求：要完善软硬件配备，加快配置垃圾分类设备设施，建立分类投放、收集、运输、处理的垃圾处理系统；要充分发挥物业企业的作用，确保小区垃圾分类工作的持久、有效②；应强化执法监督，明确奖惩机制；要引导居民不断增强主动参与垃圾分类的意识，③ 加强宣传垃圾分类的意义和方法，带动居民家庭自觉主动参与垃圾分类。我们绘图概括了厦门市官方叙事下垃圾分类的技术手段（见图 1）。该图左上侧展示了影响垃圾分类的结构因素，右上侧展示了影响垃圾分类能动因素，下侧展示了促进二者结合的辅助机制。

良好的基础设施供给状况是厦门市垃圾分类实践培育的重要前提条件，也是官方叙事具象化的第一步。基础设施供给是指政府与企业在各个社区内部的

---

① 本研究问卷除了设置基础的人口统计学变量之外，还针对居民垃圾分类的认知、行为、态度三个方面设置了相应问题。
② 《进一步推动生活垃圾分类工作》，http://www.xm.gov.cn/zfxxgk/xxgkznml/aqscxgdt/201903/t20190318_2235054.htm，最后访问日期：2020 年 9 月 8 日。
③ 《督查垃圾分类 文明创建再提升》，https://www.sohu.com/a/141059120_263868，最后访问日期：2020 年 9 月 8 日。

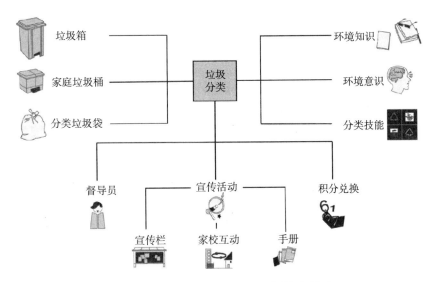

图 1　官方叙事下的垃圾分类技术供应

垃圾分类技术供应水平，以设备的投放率、设备运转情况以及配套设施完善性作为主要衡量指标。厦门市垃圾分类的主要设施是社区垃圾分类箱以及家庭分类垃圾桶，而配套设施则包括公共空间内的分类垃圾运载车、语音播报设备、垃圾分类宣传栏以及家庭空间内的分类垃圾袋等。

　　垃圾箱和投放点数量是衡量公共空间内技术供应水平的重要指标。一般的环境卫生标准认为每个 240 升的垃圾桶服务 35 户是理想状态，由表 1 计算可知，至少每 100 户住户可以拥有 3.7 个垃圾投放设施（抽样点 D 除外），即平均每个垃圾桶服务 27 户住户。可见，厦门市各社区的垃圾箱和投放点数量设置高于环境卫生认定的标准。

表 1　垃圾分类设备投放率总览

抽样点	住户数（户）	垃圾投放点数量（个）	垃圾桶数量（个）	设备投放率（%）
A 社区	—	31	—	—
B 社区	1296	10	79	6.1
C 社区	1776	10	95	5.3
D 社区	468	2	18	3.7
E 社区	805	34	164	20.3

　　注：A 社区由于人口流动频繁，因此垃圾投放点和户数均时常变化，在本次研究中暂无计算设备投放率。在本次研究中，设备投放率＝垃圾桶个数/社区住户数，例如，抽样点 B 设备投放率为 6.1% 就意味着大约有 6 个垃圾桶服务 100 个住户。

问卷与访谈从另一角度印证了这一情况。大部分居民表示垃圾投放点较为便利（占 41.46%）或十分便利（占 50.41%），即投放点的设置基本能够满足自身日常垃圾投放的需求。访谈中的被访者也表示了同样的观点。

> 垃圾分类以后社区的垃圾桶就多了嘛，原来我要走很远扔，现在门口就有一个。（R - M - 02）
> 垃圾一般就扔在楼下，很近，很方便。（R - M - 04）
> 我门口这边有很多垃圾桶，六七个一排摆在那里。（R - C - 01）

基础设施的质量是衡量公共空间内技术供应水平的另一重要指标。五个抽样点的分类垃圾桶运转情况良好，后期也得到了较好的维护，督导员或企业会定期对垃圾桶进行清洗，能够基本确保桶面洁净且不散发异味（"每天早上督导员会擦洗外壁一次，以保证桶的清洁状况"，G - M - 01）。政府和企业会定期对垃圾桶进行回收更换，故公共空间内的垃圾桶除表面喷漆受到磨损外，都是较为完好的。此外，问卷显示，89.25% 的被访者认为设备运转良好，没有一名被访者认为垃圾桶破损十分严重。由此可知，基础设施的质量也较高。

公共空间内政策落地的点睛之笔在于公共空间内基础设施的配套设施。宣传栏、分类垃圾回收运载车是厦门市所有社区的统一配置。每个抽样点均在垃圾投放点设置了垃圾分类宣传栏，通过反复呈现强化居民垃圾分类的意识。分类垃圾运载车则负责定时回收每个社区的各类垃圾，增强了居民对于垃圾回收系统有效性的感知。与此同时，这些配套设施根据因地制宜的原则使预先的理想设置充分扎根到生活实践之中，使得不同社区的配套设施呈现出不同的特点。抽样点 B 的语音播报系统能够根据行人的脚步声自动进行普通话—闽南语的双语播报，虽然与宣传栏的功能略有重合，但使垃圾分类更具日常亲和性；抽样点 C 实现了与企业的对接，拥有全市唯一的智能垃圾分类系统，提高了分类投放正确率；抽样点 D 设立了住户垃圾分类情况公示栏，实现了对居民的垃圾分类行为的实名制处理，增强个体责任感。制度的宏大方向在各地找到了具体路径，普遍性与特殊性在这一过程中巧妙结合，推动了垃圾分类实践的有序开展。

在私人空间内，社区提供了家庭分类垃圾桶、分类垃圾袋和宣传手册等技术设施。家庭分类垃圾桶是最重要的设施，它一方面是垃圾分类的容器，另一方面也向居民传达了"应该进行垃圾分类"的信息，增强了居民的分类意识。分类垃圾袋与垃圾分类宣传手册等配套设施的功能在私人空间内也得到有效发挥。它们进一步推动了垃圾分类从官方叙事到日常实践的转变，同时也实现了公共空间垃圾分类设施功能的延展，通过垃圾分类设施在私人空间的反复呈现强化了居民的垃圾分类意识并促进了居民的垃圾分类行为。

在基础设施更新的同时，居民垃圾分类的态度也发生了一定的转变，两者共同促进垃圾分类实践的推进。问卷统计数据表明，8.87%的居民已经意识到垃圾问题十分严重，27.42%居民则认为比较严重，认为垃圾问题不严重和不太严重的居民分别占比8%和21.77%。相应地，居民们也开始关心起垃圾处理的问题，29.37%的居民十分关心垃圾处理问题，50%的居民比较关心这一问题，仅有0.7%的居民对此毫不关心。绝大多数居民在垃圾分类上表现出了强烈的意愿（占59.52%），剩下的居民中大部分也表示自己比较愿意（占34.13%）。反映到垃圾分类行为上，有63.2%的居民总是参与垃圾分类活动，只有6.4%的居民从来不垃圾分类。居民的态度和行为也更多地呈现出一致性，即态度肯定—行为肯定。这通过市民身份意识和个体道德意识两大路径得以实现，即认为垃圾分类是作为公民理所应当履行的义务或对垃圾分类督导员产生的同理心。

结构和能动的一系列变化推动了生活实践的转型。首先，垃圾分类作为一种新时尚，将现代社会里孤立的个体又重新联结了起来，居民间形成了新的情感纽带，促进了社区整合。"如果居民自己丢不好的话，他们二次分拣的真的特别特别辛苦，当时看得我都掉眼泪了"（R–F–08）；"人和人之间也更亲切了一点。原来大家都不说话，现在因为会讨论垃圾分类，讨论这个垃圾要放在哪里，说的话比以前多了"（R–F–03）其次，垃圾分类重新塑造了人们的身体实践，成为新的生活习惯，更新了社会记忆。"现在不会随地扔垃圾、随地吐痰了……（现在）有的时候擦鼻涕、擦嘴巴的纸巾不用了就放袋子里，然后下车以后去扔掉……买菜的时候也有变化。原来一点点菜就用一个袋子，像什么白萝卜、红萝卜，我就会白萝卜一个袋子、红萝卜一个袋子，按菜来，现在会省一点，白萝卜和红萝卜就放一个袋子。"（R–F–03）至此，垃圾分类潜移默化地成为日常生活的一部分，居民也逐渐形成了对官方叙事的认可。

三 技术亲和：垃圾分类的社会动态机制

所谓技术亲和，是指垃圾分类技术以何种方式使居民乐于接受，包括软亲和与硬亲和两个方面。软亲和是指以引导服务在潜移默化之中使居民接受并实践垃圾分类的黏合手段，而硬亲和是指垃圾分类以法律法规形式被强制性推行并伴随一定惩罚措施的黏合手段。在顶层设计层面，这两者相辅相成，共同促进垃圾分类实践；但在实际操作层面，垃圾分类的推广是一场"持久战"，需要更多依赖软亲和机制。厦门市垃圾分类技术主要是通过督导员、宣传普及、家—校—社互动、积分兑换以及社会网络监督等软亲和机制实现的。

督导员是垃圾分类技术嵌入社会的关键主体，他们促进了各项亲和机制的有效运行。理论上而言，垃圾分类督导员的主要任务是定时定点地辅助和监督居民的垃圾分类行为。但在实践过程中，督导员们不仅直接介入居民垃圾分类的实践过程，矫正居民的行为和错误观念，使之通过反复操演习得正确的分类知识，同时还承担了一系列的衍生职责。他们是宣传员，直接参与社区宣传过程，向居民传授知识；他们是家—校—社互动的"桥"，代表社区监督和辅助学生垃圾分类作业的完成；他们还是积分兑换和公示制度的"守门人"，评判并登记居民的分类情况。督导员的存在增强了居民对于垃圾分类监督系统的有效性感知，成为居民进行垃圾分类的重要推动力。

强实操—弱说教的社区宣传是最基本的亲和机制方式，它对于提高垃圾分类意识与普及垃圾分类知识有着显著作用。常规的社区宣传主要包括入户宣传、设立宣传栏、投放公益广告等。值得一提的是，入户宣传并非进行简单的倡导，更重要的是传授分类知识，从社区分发的宣传册便可见一斑。简短的手册固然无法指导复杂的分类行为，但其作用更多在于普及分类并缓解居民的畏难情绪，增强居民分类的积极性。各种硬件设施为这些宣传方式提供基础支持，而居委会成员、督导员等行动者的参与和配合则进一步强化了宣传效果。除此之外，部分社区还会组织开展特色宣传活动。如，E 社区主动引进环保 NGO，帮助社区进行可回收垃圾的处理。"可回收垃圾量也很少，可回收率并不高……所以这一块呢，岛上我们是有'慈济'啦，他们会帮助我们去回收一些瓶子啦、纸箱啊，然后再去做公益"（G－M－04）不难发现，政府在积极调动社会力量参与垃圾分类实践的培育过程中，NGO、企业都成为政府重要的合作伙伴。实现政府—社会—个人的三方协调共治，发挥社区内外部的动能，是现有语境下培育垃圾分类实践不可忽视的内容。

家—校—社互动是实现垃圾分类最为有效的亲和机制，通过多方联动实现行为监督、知识传输与观念转变，是一种具有可持续性的培育机制。"小手牵大手"是其主要内容。青少年成为这一过程中的培育对象，部分社区专门针对孩子开展活动进行垃圾分类教育，并借助孩子天然的亲和性实现对成年人间接的知识、技能培育。"对小朋友，我们会有很多垃圾分类的小活动，比如以垃圾分类为主题的飞行棋、小垃圾分类箱"（G-M-04）与此同时，学校也通过"小手牵大手"参与到垃圾分类实践的培育过程中，发挥着培育学生垃圾分类知识技能的直接功能以及监督家庭分类行为的间接功能。学校向学生发放分类活动卡，社区设置打卡点，将垃圾分类作为学生社会化的重要内容，逐渐改变学生的垃圾处理观念和行为。"我们的暑假作业是关于垃圾分类的，要我们去调查、拍照。学校会发单子给你写，垃圾分类加家庭的具体内容"（R-M-05）家—校—社互动的重点在于对下一代的培育，并取得一定成效。这一机制在培育知识和技能的过程中有效强化了行动者对于垃圾分类的价值感知，同时将垃圾分类作为一种新的社会规范向下一代传递，强化下一代垃圾分类的行为意向。

积分兑换是垃圾分类技术推行初始阶段主要的激励措施，以积分作为评判居民的垃圾分类情况的指标，累积到一定的积分便可获得相应的实物奖励。"以前有登记，比如说几号房住户，他有积分，半年会换一次，积分到了多少可以换一些生活用品，洗手液什么的，但是今年好像就没有了"（R-M-03）这一措施在培育和推广垃圾分类实践的初期阶段发挥着重要作用，居民们在可感知的经济利益刺激下会增加垃圾分类实践，反向促进居民分类意识的形成。

社会网络监督机制是推动垃圾分类嵌入社会的重要机制，也是广而用之的垃圾分类实践培育机制，它包括居委会主导的正式监督，以及居民在进行垃圾分类的实践过程中自发形成的非正式监督。居委会的督导员与物业保洁员承担着最主要的监督职责，同时督导员拥有直接评判住户垃圾分类情况的权力，并且能够通过公示制度将情况进行反馈。D社区在公示制度的基础上，建立了党员带头制度，通过规范正式网络实现对非正式网络的掌控。同时，社区积极组织集体活动（如志愿者竞走），进行在场监督，强化了社区内居民的整合，提高了垃圾分类意识和增强了集体责任。居民的非正式监督则对居委会的正式监督起着补充作用，通过劝导、舆论等对行为不规范者产生群体压力，从而促使其进行自我修正。"人是有脸的，人家说你三次，你就不好意思了"（R－M－02）但现代社会的原子化趋势以及人口流动性增强，社区内的邻里关系发生了重大转变，非正式监督的效果不甚显著。"我们这边的人可能不太喜欢别人管自己的事，会觉得别人吃饱了撑的，还会觉得我很忙没空做这个……毕竟有管理人员在"（R－F－03）本质上，社会网络监督是运用社会成员间的正式网络和非正式网络进行监督，实现去匿名化，强化个体的责任意识。同时，这种通过社会网络相互监督的行为重构了原子化社区中的社会信任，对于克服集体行动困境有着重要意义，有效促进社区内垃圾分类行为的培育。

四 技术脱嵌：结构—个体的双重治理难题

然而，与社会—技术的亲和性相对应的是"脱嵌"状态。在这种状态中的垃圾分类技术会同其原本应该在的社会系统间呈现出一种分离趋势，从而表现出技术官僚主义的色彩，让居民产生诸如"不方便""麻烦"等想法，甚至是更消极的情绪。在厦门市的垃圾分类推广实践中，同样也遭遇了这样的困境。"要跑到那里（指50米外的垃圾分类投放点）去，一点也不方便，很麻烦。以前其实在附近是有一个旧垃圾桶的，但是搞垃圾分类后就撤掉了，我想啊，放在那可能是会影响容貌，但是现在就麻烦很多了。"（R－F－07）；"我们家里的厨余垃圾桶和其他垃圾桶是一样大的。实际上其他垃圾它比较蓬松，占位置很大，有的时候丢一个东西基本上就满了，所以如果空间再大一点的话会更好。但是厨余垃圾的话袋子又会空很多，并且两个桶是连在一块，一样大的。理想来说，厨余的桶应该小一点，其他垃圾的桶应该大一点，这样的话会好一些。"（R－M－03）；"大家都习惯用自家的垃圾桶，习惯了。再说因为社区发的垃圾桶有点小，你想，我一个垃圾桶放厨房，一个放客厅，只要分好了还不是一样的。"（R－F－01）

而这种困境的背后，实际上是结构—个体性的双重治理难题。

在结构层面，既有制度的设计和执行并未很好地耦合至居民所在的生活空间内，强硬的技术植入在一定程度上产生了与居民实际需求的偏差。而这具体又表现在执行力度欠缺的政策法规以及激励作用有限的积分兑换机制两个方面。

总的来说，厦门市整体的政策举措是较为保守的，虽然各区都有针对垃圾分类管理的相关条例，但鲜有将其文件规定的针对分类行为不当的惩罚措施予以落实。社区方不具备处罚的权力，因此政策执行过程中更常见的是教育和引导，只有对屡教不改的商户会通知相关部门予以暂停营业或罚款等处罚手段。"实际上是有处罚的，但是人家怎么会配合嘛。我们没有那个权力，处罚更多还是城管他们做的，所以并没有实际罚过谁"（S-M-02）；"对于这些餐饮店我们会去就是说做宣传啊，通过和执法部门一起合作，该曝光的就曝光"（G-F-01）此外，原定垃圾督导员的监督作用并没有得到充分的发挥，在操作过程中逐渐变为"拾垃圾者"，主要工作反而成为对未分类垃圾进行二次分拣。由于缺乏针对个体的强制性措施，个体责任感的缺失，垃圾分类技术与居民仍然是一种相对"割裂"的状态，增加了治理的时间和人力资源成本。

此外，积分兑换机制的运行也面临着尴尬的境地。由于其实物奖励均为生活必需品，加之社区统一采购的物品无法满足居民多样化的生活需求，因此实物奖励对于居民垃圾分类行为的激励作用并不大。"没有太在意那些东西，比如说这些东西对其他家庭都还好用，但是对我们家庭就不太合适，比如我们家就不用洗衣粉，我们用洗衣液。洗洁精、肥皂也很少用。家里都有了，就不太需要了"（R-M-03）加之居民的垃圾分类意识有所提高，部分社区逐渐取消了积分兑换机制。值得注意的是，E社区的奖励机制还存在着户籍歧视，不但没有发挥激励作用，反而增加了居民的抵抗行为。"我们家是有分的，之前他说分得好可以去拿奖励，奖励有100块钱的油啊、米啊这种东西，我们去找他要，结果他说我们是外地人，我是漳州的，结果就不给我发奖励。不发奖励谁愿意垃圾分类啊！我就不分了"（R-C-01）积分兑换本质上是一种经济激励手段，它将垃圾分类实践转化为可感知的经济利益，一定程度上促进了垃圾分类实践的培育与推广。但日用品较低的经济价值也使得积分兑换的激励作用十分有限，并在一定程度上贬损了居民对垃圾分类的价值感知，从而逐渐陷入一种尴尬境地。

在个体层面，居民是处于某种社会文化背景中的能动者，其一方面会根据既定情境选择相应的行动策略，另一方面也受到所处环境的影响，被形塑着行为的倾向。而对这一点欠缺考虑的制度设计有可能会带来意外的结果，具体表现为。

其一，在垃圾分类制度推行过程中处于被动接受地位的城市居民对垃圾分类采取阳奉阴违、偷工减料、浑水摸鱼的方式从而减少自身时间与精神成本的耗费。这一情形主要包括两种形式：一种是完全不进行垃圾分类，选择督导员不在的时间或者远离指定投放点随意丢垃圾；另一种是形式上在规定时间、地点投放垃圾，但是并不进行分类投放，最后的二次分拣实则交由督导员进行。

> "有的人会说'哎呀我上班来不及啦，我没时间'，就是随便找一个地方就扔。他不敢扔在点上，就悄悄扔。"（G-F-01）

> "有些个别的居民认为她（督导员）就是分垃圾的，我去扔然后她就去分拣，因此大家还不太理解，扔了就走了，不理你。有的人（指督导员）比较认真，就会追上去，难免会发生口角。"（G-M-01）

其二，存在厦门市的本地居民将"垃圾分类效果差"这一事实归因于外地人大量涌入的这一倾向，而这一观点在接待大量游客的 E 社区尤为明显。"我们是会做垃圾分类的，但是这边做得不好。外来人口太多了，他们那种住集体宿舍的，垃圾分类都做得不好"（R-M-01）与此相反的是，外来人口则认为是本地人的"主人翁"意识作祟，他们在自家门口不必做这样的"麻烦事"。"我觉得是一个观念的问题，他们有种优越感……可以理解成整个小区都没有进行垃圾分类。也许有一部分，但大部分都是没有。我觉得我们垃圾分类的垃圾桶都是乱丢的"（R-F-05）

其三，个别男性基于宗族文化影响，在既有家庭内部性别分工的模式中不会主动承担垃圾分类这一职责，而女性自身也倾向于认为垃圾分类是自己的分内之事。

> "我不懂得垃圾分类，你要问垃圾分类要问她（指他的妻子）。"（R-M-04）
>
> "我老公是不会分的，我会分。"（R-C-01）
>
> "我感觉大妈们分得好一点，厦门这里啊实际上有点宗族文化，就是大男子主义思想，哪怕是你想去做她也会说'这是你干的吗？放下来！我来干……'她会觉得很多事情就不是男人干的。"（G-M-07）

如此，我们也不难理解，技术的供应是实现垃圾分类技术嵌入日常生活的重要物质前提，并且对居民垃圾分类行为有重要影响。若社区内垃圾分类技术缺位，会极大地影响居民对于系统有效性运行的感知，进而影响其垃圾分类的积极性。"1996 年，我们搬到这个小区的时候就开始做分类，但是那个时候大家不是很认真，为什么呢？因为大家丢垃圾的时候会分类，但是他们车来收垃圾的时候全部一起收走，那其实就没有分类的效果，但是这几年，不同的垃圾有不同的车分开收走"（R-M-01）但即便满足了技术的在场及供应，如果技术无法同居民日常生活实现很好地结合，那么仍然有很大可能遭遇"脱嵌"的困境，而这种困境的生成是结构与个体双重因素的共同结果。

首先，技术的持续性供应借由一系列制度安排而得以成立。然而，制度一旦形成便具有一种惯性，在此环境中的居民相应地会产生一种路径依赖，而贸然改变或取消相应的措施难免会影响居民垃圾分类积极性。其次，制度自身也应具有弹性并能够适应实际情况。厦门市对于居民垃圾分类知识技能培育较为温和，受此影响，多数被访者在谈及如何提高治理成效时都指出应加强宣传教育，转变居民观念，强调应"慢慢习惯"垃圾分类。"垃圾分类不会麻烦，这是一个习惯问题，以前都是堆在一起，当然改变是需要过程的"（R-M-04）最后，渐进式的培育方法也使得厦门市的不同群体的知识技能水平有所差异，这一点更多体现在本地人与外地人混居的社区内。厦门市对于外来人口的培育受限于其流动特质及其他客观因素，很难在短期内获得理想效果。而这种知识技能的差异直接影响着社区内的垃圾分类结果，也生产着群际偏见。

> "还不都是那些商家、外地人进来了，鼓浪屿是我们自己住的地方，我们知道爱护环境，他们不知道，垃圾都不分类，直接扔进垃圾桶，我以前在鼓浪屿，街道干净得可以坐在上面，也没有苍蝇、蚊子，现在这个味道我都受不了。"（R-C-01）

可见，这种软性措施对不同群体存在适用性差异，而仅有的针对外来人口的知识培育多数流于形式，缺少监管，但一味地强硬，又同样会陷入窘境的怪圈中。那么究竟如何应对这种双重性治理难题，多元合作与情感治理提供了一种可能的方向。

五　可能方向：多元合作与情感治理

在厦门市垃圾分类回收技术从官方叙事转向真实的生活实践的过程中，我们能看到政府（街道办）、社区、督导员、居民、学校五大主体的充分参与和各自所做出的努力。然而，有效应对技术"脱嵌"困境既不是纯技术层面的讨论，也不是全然归因于某一行动者的问题，而是需要一种多元合作的思维和情感治理的逻辑。

所谓"多元合作"是强调主体参与的多元化，除了努力实现自上而下的行政力量同自下而上的社区动能全面融合外[①]，还可考虑加入企业、社会组织、社会工作者等主体的新思路。对于前者，政府要尽量提供社区及居民表达自身意志的平台，完善相关的设施与服务，也要积极探索社区力量的动员路径。对于后者，C抽样点已开始相关的尝试。"我们这个小区是厦门唯一一家，当时是跟企业对接的，但是企业也有它们自己的运营成本，我们只负责提供一个场地，其余所有的运营都由它们自己承担，可能中间有很多原因，没能把这个东西推广下去。那这个回收的话，我们还找到一家企业，是线上线下对接的，淘宝就有这家企业。如果你这边有数量比较多的可回收垃圾，就直接打电话，它会来你家。如果数量少，我们每个星期都会有一个回收日，它都会线下的进行回收。积少成多嘛，如果单纯依赖线上的话，居民可能没办法攒到那么多垃圾，所以我们才设了一个线下的回收日"（G-F-02）E抽样点的政府也积极寻求同社会组织慈济的合作空间。"我们慈济在鼓浪屿这边是政府提供门店，就是希望借我们慈济这个平台宣传环保，因为我们慈济成立得比较早，在环保慈善方面有自己的成果，所以政府提供这个场地给我们做些宣导"（S-F-04）此外具有社区营造等相关知识的社会工作者，也具备着推动工作开展的潜在素质及资源。

而"情感治理"则是对上述如何推动行政力量与社区动能融合的具体回答之一，也是强化社会—技术亲和性的有效策略，其具体有原生型情感治理与工具型情感治理两种类型。原生型情感治理是基础性的，通过群众基础的搭建和积极分子的挖掘，积累起必备的情感要素（如社区认同），从而形成良好的氛围；工具型情感治理则是策略性的，是治理主体将其所储备的情感资源调动于具体场景（如垃圾分类）之中的解决路径。① 在情感要素的积累阶段中，我们可以思考社区内领袖的培育和能力建设，使得治理客体情感的充分表达和被重视，进而可以更好地应对居民在垃圾分类中的不良情绪。而在一些特殊事件中，如垃圾分类工作开展中所遇到的争执，相关的治理主体可以充分调动感性、人情、思想等资源，去解决以往制度、理性和技术所难以处理的僵局。而这个过程中，无论是社区工作人员还是社会工作者都可以有相应的发挥空间。从而最终达成一个多元参与、协商共治、良性互动的新图景，推动城市生活垃圾分类实践开展的同时，也同社区治理模式转型、国家治理能力建设的广阔空间相适应。

---

① 田先红、张庆贺：《城市社区中的情感治理：基础、机制及限度》，《探索》2019 年第 6 期；马超峰、薛美琴：《社会治理中的情感回归与张力调适》，《兰州学刊》2018 年第 2 期。

优秀奖 ————————

缅甸的女儿：跨境女性移民在瑞丽的汇款实践与情感联结*

陈　雪**

一　"迁徙的鸟儿也有女性"

　　1984 年，欧洲学者米丽雅娜·莫罗科瓦西奇（Mirjana Morokvasic）发表论文《女性也是候鸟移民》（birds of passage are also women），系统介绍全球移民的女性化现象及趋势，呼吁各国政府、媒体以及学界去"发现"此前移民研究中，一直被忽略的女性移民群体。她指出，身处边缘区域的妇女，所处的本地生产环境无法提供更多的就业机会。在性别分割的国际劳动力市场上，她们成为一种现成的、既脆弱又灵活的劳力资源。她们在跨国高技术产业中的最底层，或者在劳动密集型产业中的"最廉价"环节工作。米丽雅娜不仅关注发展中国家流向发达国家的女性移民，还把目光投向了东南亚，认为发达国家在东南亚的离岸制造工厂的运转，正是受惠于东南亚年轻的、接受过高中教育的女性。①

　　在亚洲内部，各个国家/地区之间经济发展的不平衡，推动处于欠发展地区的女性，除了进行远距离、跨区域的南—北迁徙之外，也在区域内部，主要以跨国婚姻和劳工迁徙两种形式踏上流动的路途。伴随中缅两国经济发展不平衡

*　本文为 2018 年国家社科基金项目"中越老缅边境地区跨国女性'汇款效应'研究"（18BSH101）的阶段
性成果。
**　作者简介：陈雪，云南大学民族学与社会学学院社会学系副教授。
①　Morokvasíc, Mirjana. "Birds of passage are also women." *International Migration Review* 18, No. 4 (1984): 886 – 907.

差距的加大，越来越多的缅甸女性利用地缘优势，通过短距离跨境迁徙，来到西北、西南和东南三面与缅甸山水相依、村寨相连的中国边城瑞丽。她们是这座边境城市的底层移民，在这块所辖范围超过1000平方公里的"境内关外"之地上，从事着制造、服务等正规或非正规的经济活动。有的缅甸女性，一如候鸟徘徊在中缅之间；有的则通过跨境婚姻，转换身份从而栖息在当地。但即便如此，她们作为缅甸某个家庭中女儿的身份并没有消失，她们始终维系着与原生家庭、输出社区紧密的网络关系。

来自缅甸曼德勒省抹谷的玉仙①，她早逝的父亲是一位华人，母亲是缅籍傣族。父亲在世时，是一名珠宝商。2014年，拥有本科学历的她从曼德勒的一家外贸公司辞职，在瑞丽获得一份当地政府提供的工作：白天在姐告口岸的国门图书社做讲解、接待员；晚上7点至9点在图书社开设的免费语言学习班授课，先教1小时的中文，再教1小时的缅语。玉仙是我访谈到的缅甸女性中受教育程度与收入较高的一位，却也跟众多我接触到的缅甸女性一样，都来自位于缅甸中部的抹谷。

据2014年缅甸的一份人口普查报告披露：缅甸人口总数超过5100万人，70%的缅甸人生活在农村，女性占总人口的51.78%，总和生育率高达4.03。②产业的破灭、战争与贫困的交织影响，加之无计划的人口再生产使农村劳动力剧增，推动着农村家庭的成年与未成年子女陆续远走他乡。缅甸农村的跨国人口流出率是城市的1.5倍。③孩子们的离开，不只是为了自己，更寄托着身后的家庭的生存希望。2015年缅甸生活在国外的移民中，男性占据61%，女性占据39%，70.2%的缅甸移民集中生活在泰国，其次是马来西亚。中国则是接收缅甸移民的第三大国家，接收缅甸移民人数超过9.2万人，占缅甸海外移民的4.6%，其中女性移民人数接近4万人，占总人数的42.4%。④2015年，移民通过正规通道寄回缅甸的汇款接近35亿美元，约占缅甸GDP的5%，如果算上非

---

① 为保护受访者的隐私，本文所有受访者的名字均为化名。

② Department of Population Ministry of Immigration and Population. "The 2014 Myanmar Population and Housing Census – The Union Report – Census Report Volume 2," https://reliefweb. int/sites/reliefweb. int/files/resources/ 2B_Occupation_and_Industry_EN. pdf, accessed on September 1, 2020.

③ Akee, Randall, Devesh Kapur, "Myanmar remittances," https://www. theigc. org/wp-content/uploads/2018/06/ Akee-and-Kapur – 2017 – Final-report. pdf, accessed on September 1, 2020.

④ Spoorenberg, Thomas. "Provisional results of the 2014 census of Myanmar: the surprise that wasn't." *Asian Population Studies* 11 (2015): 1, 4 – 6.

正式移民的汇款，以及采用非正式方式传递的汇款，缅甸接收的汇款总金额达到 80 亿美元，占 GDP 的 13%。① 留守家庭极度依赖于这些汇款，用于购买基本生活的必需品。

将目光进一步聚焦到缅甸女性移民这一特定移民群体时，会发现以往的研究较多关注的是身处泰国的缅甸女性移民，及其汇款生产和传递。② 有关中国边境地区缅甸女性移民及汇款实践却鲜少被提及。移民的汇款观念与实践具有"很深的情境化差异"（profound contextual differences）。③ 中国正逐渐以一个快速的新兴经济增长体，成为国际移民新的目标国，在边境特殊的地缘社会空间中，缅甸女性移民进行的汇款连接了跨国家庭、移民，以及移民接收国，既维系着原有的跨国关系网络，也在特定的跨国情境下，不断生产和再生产出新的社会关系和情感网络。无论是从比较泰缅、中缅边境女性移民汇款实践的角度，还是从理解中国与周边国家边界互动的层面来看，考察中缅边境女性移民的汇款行动及其连接性，都具有特殊意义。

故此，本研究旨在完成三个任务：一是通过跨国汇款实践，去发现缅甸女性所施展的微小却真实、柔软又坚韧的力量，展示未婚与已婚女儿对原生家庭的资助策略；二是关切低收入的缅甸跨国女性在进行汇款生产和传递之后，她们在中国的生活境况，以及能动性施展的过程；三是关注女性移民所建构的跨国的、在地的社会和情感地景，及其对移民输出和输入社会的意义。

二　田野进入与数据采集

自 2014 年起，因为参加区域移民组织"湄公河移民网络"（Mekong Migration Network）组织的女性移民健康调查，以及撰写博士学位论文，瑞丽成为我最主要的田野调查地。这里是云南最早开放的边境内陆口岸，也是云南打造面向东南亚辐射中心的重要枢纽。早前的调查中，我已发现女性移民与原生家庭

---

① Akee, Randall, Devesh Kapur, "Myanmar remittances," https://www.theigc.org/wp-content/uploads/2018/06/Akee-and-Kapur‐2017‐Final-report. pdf, accessed on September 1, 2020.

② Hoang, LA. *Transnational labor migration, remittances and the changing family in Asia.* London: Palgrave Macmillan, 2015.

③ Harper, Robin A., H. Zubida. "Being seen: visibility, families and dynamic remittance practices." *Migration and Development* 7, no. 1 (2018): 5‐25.

保持着割舍不断的经济和情感上的往来。虽然她们中有的人已经成为经济独立的工作者，有的甚至组建了新的家庭，成为别人的妻子、儿媳，孩子的母亲，但她们依然没有抹去"缅甸女儿"的身份。作为一条从家乡流出的"沉默而又浩瀚的河流"（silent and mighty river）[①]，她们将跨国行动中累积的经济性、社会性的资源传回缅甸。这种传递有如涓涓细流，国家交往、区域发展的宏观视角和叙事方式，很容易因为性别盲视，忽略它的存在。

2018 年 7 月至 2019 年 6 月，我数次回到瑞丽做调查。当地人士估计至少有超过 5 万缅甸人常年生活在瑞丽，这还不包括那些每天或者经常往返于中缅之间的往返式迁徙者，涵盖不了那些通过边境便道随意进出的无证移民。在瑞丽一家专门从事缅籍劳力中介服务的公司，我从公司统计用工需求的软件上看到，当地劳力市场对女工的需求，既涉及建筑、水电、玉石加工等无性别限制的工种，还有诸如保洁、家政、美容美发、按摩、玉石在线销售直播主持，以及保姆等具有女性针对性的工作。缅甸女性在瑞丽的收入与她们掌握中文的程度直接相关。缅甸华侨大多具有较强的中文读写能力，常常受聘于翻译、文秘以及车间流水线上的管理岗位，每月的工资收入在 2000～3500 元区间；而只懂得缅语或者其他族群语言的女性，如果不掌握特别的技能，只能在劳力市场上寻找到每月 500～1400 元的工作。因为薪酬很低，无论是懂汉语的华侨，还是低价、低技能的女工，都能很快在劳力市场上寻找到工作机会，而雇主一般都会提供包吃包住的补充性条件来留住工人。劳力中介公司负责人还告诉我，他们发现瑞丽很多家庭对缅籍家政服务人员有着强大的潜在需求，计划在明年开办专业的家政服务人员培训体系，从而进一步开发整个家政服务市场。瑞丽市工业园提供的数据显示了制造企业对缅籍女工的用工偏好。2018 年，工业园区内共有 4075 位缅籍工人，其中女工人数接近 65%。[②]

通过偶遇、滚雪球、朋友介绍，以及劳务中介组织和之前联络的 NGO 组织的帮助，我进入多个行业陆续访谈了 25 名缅甸女性移民。25 位受访女性分别来自缅甸的四个邦或省，除了与云南毗邻的克钦邦与掸邦之外，很多还来自中部的曼德勒省、中南部的马圭省。

---

① UNPFA. 2006. "State of world population 2006: a passage to hope: women and international migration," https://unfpa. org/sites/default/files/pub-pdf/sowp06-en. pdf, accessed on September 1, 2020.

② 相关数据由瑞丽市工业园区提供。

三 "义务网络"、角色转变与流动的汇款图景

2000 年出生的苏苏，来自掸邦首府东枝旁的一个小村庄。2018 年，我第一次见到她时，她还未满 18 岁，才到姐告一家按摩店工作三个来月。那时，她已经向家里汇过三次钱，最多的一次是 40 万缅币（不到 2000 元人民币）。[①] 从姐告国门迈入与之毗邻的缅甸掸邦木姐市后，再步行 10 分钟左右，到达一座三层高的小楼前，小楼上悬挂着 "MCB" 的标识，是缅甸公民银行（Myanmar Citizens Bank）的一个营业点。银行每周一至周五营业，苏苏就是从这里向家里汇钱。

在东南亚地区，佛教传统下的性别观念，以及对男童和女童的社会期待和教化的差别，赋予女性更多的家庭责任，使她们对家庭尤为重视。大崎庆子（Keiko Osaki）指出：在泰国由于信仰南传佛教，人们在尘世间修功德的方式形成了性别化的路径，男性通过脱离俗世，去做僧侣来积功德；女性的修行则更加世俗化，提升家庭福祉是她们积功德的主要方式。也因此，女性在经济活动中扮演了重要的角色。[②] 在越南，女孩在成长的社会化过程中，不断地被灌输这样一种观念："如果不能从家庭发展的角度出发，不通过物质和情感的支持来实现她们对父母的报答、对家庭的责任，那么她们的存在就没有价值。"[③] 宗教观念和社会教化的双重作用力下，女性成为更具有奉献感和 "利他精神" 的汇款生产者和传递者。

早在进入殖民时代之前，缅甸妇女就拥有较高的经济地位。传统的缅甸佛教社会，推行从母居（matrilocal），且女性和男性一样，拥有平等的土地和继承权。[④] 佛教对女性功德修行的要求，使其在家庭经济事务中拥有较高的参与权和掌控权。[⑤] 久崎骏（Kyoko Kusakabe）通过对身处泰国的缅甸女性移民进行调查，认为与其说缅甸女性享有较高的经济权利，毋宁说她们背负着更为沉重的

---

① 2019 年 7 月，人民币对缅币的汇率约为：1∶185。

② Osaki, Keiko. "Economic interactions of migrants and their households of origin: are women more reliable supporters?" *Asian and Pacific Migration Journal* 8, No. 4 (1999).

③ Bélanger, Danièle, Tran Giang Linh & Le Bach Duong. "Marriage as emigrants: remittances of marriage migrant women from Vietnam to their natal families." *Asian Population Studies* 7, No. 2 (2011).

④ Khaing, MiMi. *The world of Burmese women*. London: Zed Books, 1986.

⑤ 缅甸 85% 的人口都信仰佛教，加之跨族群之间的通婚，使佛教的传播进一步延伸，也影响了更多的家庭。

"义务网络"（network of obligation）。"义务网络"是指家庭会挑选特定的成员进行移民，通过他们打工寄回的工资，使家庭收入多元化，从而保证家庭成员更好地应对社会风险。对父母孝顺、对家庭供养，是缅甸女儿价值内化（value introjection）中的重要部分。① 缅甸女性，尽管远离故土，依然与原生家庭保持着紧密的联系，通过汇款来履行她们作为女儿的责任，即便作为跨国底层空间中的低收入劳动力，面临海外生活的种种艰难，女儿们依然会排除困难，向家中寄钱。

怀着对原生家庭的感恩与责任，25 位受访女性中，有 15 人每月固定向远在缅甸的家庭寄回现金。她们的月收入只有 500 元至 3500 元，每月汇款占收入的平均比例却达到了 63.06%，一些女性甚至将每月收入的 95% 以上都寄回家。其余 10 人中，有 3 人会根据家庭的需要，不定期地进行汇款；有 4 人是往返中缅之间从事原石售卖，或经营小吃摊位的日常跨国流动商贩，会直接把钱带回缅甸的家；另有 1 人是随行配偶，对家庭经济收入没有支配权；还有 1 人刚到瑞丽落脚 2 个月，尚在实习阶段，因此还未向家中汇款，但在来中国之前，已经通过勤工俭学，向家中汇去 10 万缅币；最后 1 人离异后，找到了新的中国籍配偶，将与前夫所生孩子，以及家里所剩的母亲和弟弟都带到了瑞丽。

在泰国，研究者发现缅甸移民主要通过非正式的"亨迪系统"（hundi system），即由民间中介建构的跨国金融网络来汇款。② 瑞丽虽然也有很多类似的机构，当地人将之称为"地下钱庄"，受访女性却没有人通过这种方式进行汇款。通常只有在中缅边境线上做贸易的人，转移的货币金额较大，才会选择地下钱庄。女性移民汇款金额较小，国界另一边的缅甸银行是她们首选的汇款渠道。除了上文提到的缅甸公民银行外，在距离姐告国门几百米的地方就是缅甸嘎莫萨银行（Kanbawza Bank），周一至周五银行开业时，经常都能看得到女性移民排长队汇款的景象。除此之外，受访女性还会通过微信、缅甸移动金融服务商 Wave Money，以及自己或者亲属带回的方式向在缅甸的家庭汇款。③

---

① Kusakabe, Kyoko, Ruth Pearson. "Remittances and women's agency: managing networks of obligation among Burmese migrant workers in Thailand," in Lan Anh Hoang, Brenda S. A. Yeoh (eds.), *Transnational Labor Migration, Remittances and the Changing Family in Asia.* London: Palgrave Macmillan, 2015.

② 同上。

③ 2016 年 7 月，中国开始对所有互联网产品实施实名制交易，同时对社交和金融 App 开始执行严格的身份证与银行卡关联管理。访谈中，仅有一位华人受访者及其在缅甸的家人是在 2016 年以前申请的微信，因此可通过微信转账。

由于中缅两国的银行都还未开放缅币和人民币之间的直接兑换服务，移民要先在街上随处可见的私人货币兑换点将人民币换成缅币，才能进行汇款。① 在这种汇款行动中，"兑"与"汇"的行动是分离开的，汇款结合了非正式的货币兑换与正式的银行传递两个环节。在劳务公司做翻译的山月，通过电话中介 Wave Money，可以完成即时转账。但她首先需要到 Wave Money 的摊点前把人民币兑换为缅币后，再通过短信进行下一步的操作。在缅甸的家人通过短信收到一个账号，再结合山月告知他们的动态密码就可以去把钱取出来。两国货币未能实现直接兑换，给女儿们的汇款增加了成本。在兑换环节，她们会被中介拿走一部分汇率差价；在汇款环节，山月告诉我若是通过银行汇款，在嘎莫萨银行汇寄 1 万~20 万缅币的手续费为 700 缅币，20 万以上汇费则更高；若以 Wave Money 汇款，每汇约等于 500 元人民币的缅币，手续费就达 10 元左右。然而，尽管手续费高昂，大部分女性移民还是尽可能地把在瑞丽辛苦赚到的钱按月及时寄回家。

（一）未婚女儿的奉献与期许

在按摩店工作的苏苏，三个月里就给家里汇去了 5000 元。她的父母不知道这么一大笔收入，苏苏是怎么赚到的。苏苏打工这家店的老板娘也是一位缅甸女性，在从事按摩服务这一行 5 年之后，自己开了店。说是按摩店，其实包括一个按摩店和一个 KTV。这是躲在城市角落的灰色生意，女孩们来来去去，流动性很强，常来的客人大多为穿梭于中缅之间的缅籍卡车司机。店里有 12 个缅甸女孩，年纪从十七八岁到三十来岁不等。女孩们白天待在按摩店，晚上在 KTV 陪唱。苏苏说，给客人按摩，或者跟客人外出的收费为 50 元每小时，老板娘抽走 35 元，她可以留下 15 元；若是在 KTV 陪唱收费为 30 元每小时，她可以从中拿到 10 元。老板娘包吃包住，钱就这样一点点积攒下来。来瑞丽之前，苏苏已经在老家读完了 10 档，没能考上大学，于是外出打工。她先是在木姐一家商店做售货员，卖了几个月的东西，但工资太少，家里又急等钱用，就来瑞丽做了这行。16 岁的弟弟在私立高中读书，一年学费和生活费加起来折合人民币 1 万多元，父母都是农民，赚不到什么钱，所以都指望她。苏苏告诉我，缅甸

---

① 瑞丽一家银行的负责人告诉我，目前中国银行瑞丽支行已经启动了人民币和缅币直接兑换的业务，但只对企业开放，尚未对个人用户办理兑换业务。

一个普通公务员的工资折合人民币约为 600~800 元/月，她寄回的钱是一笔极为可观的收入。她把在这里所做的一切都严严实实地瞒着家里人，瞒着她以前的朋友。她的好朋友都进入了大学，她和她们也不再往来。我问："如果不是为了弟弟，你还会在这里工作吗？"苏苏看着我先摇摇头，但马上又补充道，这是她应该做的，她并不后悔。

联合国的调查显示，在亚太地区，女性移民的汇款帮助她们的原生家庭摆脱贫困。妇女汇款中的一大半用于购买日常消费品、提高卫生保健条件，以及教育投资。尤其是未婚女性移民的汇款，常常用于供养父母以及兄弟姊妹。[①] 受访的 7 位未婚女性移民中，有 6 人每月都向原生家庭汇款，汇款占收入的平均比例高达 66.49%。她们的汇款既用来回报父母，改善他们的日常生活，支持他们的医疗费用，还有很大一部分用来支付家中未成年弟妹们读书的费用。

需要强调的是，先前一些研究指出妇女通过向原生家庭进行汇款，获得了婚姻的自主权。[②] 我在瑞丽的调查发现，对于是否结婚，以及配偶选择等与婚姻相关的决策，缅甸女性都拥有充分的自由。然而这种自由，并不是通过汇款实践所交换而来，而是长久以来，缅甸宽容的佛教社会文化赋予男性和女性在婚姻上的自主权。汇款虽然与缅甸女性移民的婚姻自主权无关，但她们的汇款仍然是一种长时段且含蓄的互惠机制，具有布迪厄针对礼物交换所概括的特点：它们传递时都指向一个不需要立刻回应，但在未来却有所回报的期待。[③]

玛心和另一名未婚女性都告诉我，她们的汇款在当下帮助了家里的兄弟姊妹，等她们步入老年，不能赚钱了，若没有自己的孩子，那么兄弟姊妹的孩子肯定会来照顾她。但她们都从未与缅甸的家人谈论过这件"太遥远的"事，就像她们也从来不问家里人如何支配汇去的钱。丽莎·艾克森（Lisa Åkesson）认为汇款传递所暗含的互利期待，在传递者与接纳者之间不会直接表达出来，它是"言明的禁忌"（taboo of making things explicit）。对缅甸未婚女儿来说，汇款既是原乡社会和家庭教化力量所引导的女性自我奉献；也是缅甸社会保障体系

① Bhadra, Chandra. "International labor migration of Nepalese women: the impact of their remittances on poverty reduction," Working Paper Series No. 44, 2007.
② Deere, Carmen Diana, Gina E. Alvarado Merino. "Asset accumulation through international migration: gender, remittances, and decision making in Ecuador." *Latin American Research Review* 51, No. 4 (2016): 249-270.
③ Åkesson, Lisa. "Remittances and relationships: exchange in cape verdean transnational families." *Ethnos* 76, No. 3 (2017): 326-347.

缺失之下，大家庭内部移民者与留守者之间建立的虽无契约，却彼此默认的互助策略。

（二）已婚妇女的负担与策略

大部分的研究都认为原生家庭对女儿的汇款期待停留在婚前，婚后女儿们要照顾新的家庭及自己的子女，很难保证再向原生家庭提供规律和持续的汇款。[①] 通过在瑞丽的调查，我发现尽管婚后缅甸妇女的汇款分配和流向发生了改变，但这并不意味着妇女向娘家输送汇款的终结，又或者她们只会将汇款输送给帮助她们照料孩子的亲人。当缅甸女性成为妻子、儿媳和母亲之后，她们作为女儿的角色并不曾消失，她们担负起照料娘家、婆家以及新生小家三个家庭的责任。只是，移民女性在家庭内部的地位，以及她们与丈夫的关系等多重因素，共同决定了已婚女性以怎样的分配方式和形式开展对三个家庭的汇款和照顾。

1996 年出生的南珠和丈夫都在瑞丽工业园区的一家帽业厂工作，她的收入为 1300 元/月，丈夫收入为 1500 元/月。他们 3 岁的孩子，由南珠远在曼德勒瓦城的父母帮忙照料。南珠和丈夫每个月寄回娘家 2700 元，夫妻二人只在每年点灯节返乡时才给公婆捎去礼物。做保洁员的卡茵却采用另一种汇款方式。卡茵的丈夫、孩子都和婆家共同生活在马圭省，娘家则在曼德勒省。和丈夫协商后，她每月都将 1400 元收入中的 1000 元寄回缅甸，但单月寄回婆家，双月则寄回娘家。她的母亲身体不太好，一直卧病在床，两个弟弟虽然也都在外打工，但她始终不放心把父母托付给他们，仍然坚持隔月汇款给父母。

女儿们之所以在婚后，依然没有斩断与原生家庭的"义务网络"，是因为她们是缅甸家庭中不可或缺的养家糊口者，她们不得不用柔弱的肩膀扛起与自己牵绊的几个家庭的生计和发展。世界卫生组织 2016 年的数据显示：缅甸年龄在 15～60 岁区间的男性，死亡概率为 229 人/千人，显著高于女性 163 人/千人的比例。[②] 25 名受访女性中，有 7 位女性的父亲都已去世，且去世时年纪均未满 55 周岁，与之相对的是她们的母亲都还健在。除了疾病之外，战争、矿难、

---

① Niimi, Yoko, B. Reilly. "Gender differences in remittance behavior: evidence from Vietnam." *The Singapore Economic Review* 56, No. 2 (2011): 215 – 237.

② 数据援引自世界卫生组织网站，网址链接为 https://www.who.int/countries/mmr/en/，最后访问日期：2019 年 9 月 1 日。

酗酒、车祸，以及吸毒都是受访者男性亲人意外去世的原因。玉仙的姐夫就是10 多年前在曼德勒省山林深处采矿石时，被正在附近交火的军队意外打死的。加上父亲，家中已有 2 位男性成员相继离世。玉仙说，姐姐到现在还不能接受姐夫的死亡，只要没有看到他的尸体，她就会选择相信他依然活在这个世界的某个角落。她忍耐着痛苦，把自己变成父亲，变成丈夫，一人承担起娘家、夫家和自己小家庭的生活开支，通过一己之力尽力去照顾家里的每个人。

家庭男性劳力的缺失，使女性移民包袱沉重，如果有资源可以利用，移民女性的负担就能减轻，移民家庭也能获得新的发展可能。在瑞丽一所乡镇中学，我访谈了 3 位缅籍华侨初中学生。他们中的两位——弘平和付之的父亲因为吸毒和车祸很早就去世了。母亲带着孩子们穿过边境，在瑞丽或者打工，或者勉强做点小生意维持一家人的生活。瑞丽市面向适学儿童超越国界的义务教育政策，解决了很多缅甸女性移民的子女照料和教育问题，弥补了跨国母职缺席对家庭和孩子带来的影响，也减轻了缅甸妇女的部分负担。

在瑞丽包容的社会环境中，一部分移民女性选择与中国人结婚，建立新的家庭。受访女性中，有 3 位与中国男性结为夫妻。但她们在瑞丽城市中缔结的跨国婚姻，与边境农村的跨国婚姻是有区别的，后者多为跨境族群内部或族际通婚。而在市区，缅甸女性移民选择跨国婚姻对象的范围会更广，3 位受访女性的丈夫都不是瑞丽当地人。这也说明当缅甸女性以务工形式流入中国边境城市，而不再只是农村时，她们就有可能建立超越传统族群关系的新型跨国社会关系网络，并由此创造汇款以外的家庭照料方式。

原籍社会的"义务网络"，塑造了缅甸女性对留守家庭根深蒂固的"照管支持"理念。缅甸女儿和她们的汇款之间形成了一条人与金钱、物资逆向流动的纽带，把她们和缅甸的家紧紧联系在一起。与未婚女性移民相比，已婚女性由于身处三个家庭，扮演多重角色，所承担的经济负担和照料压力更大。她们是女儿、妻子、母亲和儿媳，是家庭的经济支柱，也是维系家庭团结、促进家庭发展的核心力量。她们除了向原生家庭汇款之外，还成为跨国网络的构建者和维护者，帮助家庭成员也迁徙到瑞丽。虽然身处流动的地理空间与变动的社会环境之中，她们依然充分施展能动性，懂得利用公共与私人资源，不断地整合着家庭关系，形成新的发展动力。

四　汇款之外的生存脆弱性与应对

身份带来的动荡与不安全感，频繁的跨境通关，低收入、低技能工作引发的健康风险，都是缅甸女性移民面临的生存困境。跨国环境下，移民身处"结构脆弱性"（structural vulnerability）中。[1] 性别身份带来的用工歧视和异国生存危险性，使她们成为更加脆弱和更不稳定的群体。对缅甸女性来说，汇款的使命使她们的处境难上加难。窘困的处境之下，她们只能持续地延用和调适着自我与原生家庭、跨国移民网络，以及当地人，尤其是雇主的关系。在瑞丽工业园区各个工厂，女性移民总是以集中式务工的方式，例如"同乡同厂""亲属同厂"，以及"夫妻同厂"来抵御跨国工作和生活中的种种风险。瑞丽工业园区一家工厂的负责人告诉我，雇主和缅甸工人们在日常交往中是需要"艺术"的。比起工资，工人们更在意"老板的尊重"，以及他们身处的集体。曾经有其他厂的老板想高薪来挖他的女工却失败了，因为女工们只愿意和自己的同乡工作。也有老板因为辱骂辞退一个工人，导致厂里大批工人集体辞职。

湄公河区域内部，历史上各国之间边界的概念都较为模糊，长久以来人们将区域内部的迁徙，作为逃避社会风险的一种策略。但由于各国政策的变化，他们常常需要通过原有社区，或者所处族群的集体力量，开启共同迁徙，并团结起来应对之后生活中的种种困难。跨国的原乡关系网络，是边境底层空间一种深厚稳定、机动灵活、自发稳固的互助生存方式。缅甸女性移民不仅利用这种集体能动性流动、生存，她们还是移民网络关系的维护者。例如，玛心每个月汇款后只剩300元的生活费，却会在缅甸同乡因为触及"三非"（非法入境、非法居留以及非法务工）问题被公安局拘留之后，慷慨地拿出700元帮老乡交罚款、渡难关。玛心说："谁有困难，大家都帮一下，我们才能一起在这里生存下来。"

当女性移民和亲密的家庭成员（尤其是孩子）分开时，她们还忍受着分离和孤单带来的痛苦。信息与通信技术的发展，一定程度上平复了缅甸女性移民缺乏情感支持的危机。南珠和丈夫每月向家里汇回2700元之后，只剩下100块

---

[1]　Ball, Rochelle, Nicola Piper. "Globalization and regulation of citizenship—Filipino migrant workers in Japan." *Political Geography* 21, No. 2 (2002): 1013–1034.

钱。这 100 块钱中有一笔雷打不动的开销，就是手机话费。夫妻两人共用一部手机，手机卡是缅甸带来的，因为在边境地区两国的信号都能覆盖，他们就一直在用。这部手机成为南珠最重要的宝贝，因为她可以用来和远在缅甸的孩子说话，那是她最幸福的时刻。手机带来的实时跨国连接，使女性移民能够从家人那里获得情感上的支持回报，也尽可能地弥合了物理空间所分离的跨国家庭关系。手机于是成为女性移民维持情感联系的必需品，话费是女性移民每月最为固定的一笔开支。无线网络信号在瑞丽大多数工作场所的免费普及，又使一部分女性移民除了通话之外，还通过视频通话软件和家人联系。只是比起微信，她们更多是翻墙后，再用"脸书"（Facebook）和家人视频。通信工具带来的碎片化互动，纾解了女性移民异国生活的无根感。

五　社会与情感的新地景

移民深度参与原籍国和接收国社会的生产活动与日常互动，带来钱和物的流动，更传递和交换着观念。迁徙中的适应、定居、思乡、挫败、歧视以及归属等亲身经历，塑造了移民在跨国社会中层次丰富的情感；而位于接收社会的本地人，在与"他者"的互动中，同样也会产生复杂的情感。透过情感的生产与互动，不仅可以理解移民与当地人的交往，还可以更好地理解两个发展不平衡的社会，处在一种什么样的关系之下，未来的发展趋势又会通向何方。

自 2014 年就在国门书社教中文和缅语的玉仙，曾和家里人有过两次"冲突"。第一次是在工作的第一年，试用期月薪只有 1000 元。从母亲到姐姐，还有家族里的其他人都不支持她从事这份工作。母亲不相信中国政府会聘请一位缅甸人来给中国人和缅甸人上免费的语言课，担心她会卷入政治风波，担心她在中国遭遇危险。彼时恰逢打击国际人口拐卖成为缅甸各大媒体集中报道的议题，母亲看了之后更是寝食难安。姐姐因为经常往来于中缅之间，了解中国局势，并不担心安全问题，但从生意人的角度出发，认为做老师收入低，没有太大意思。玉仙专程把母亲接到瑞丽，把姐姐也叫来，让她们参观她上班的地方，去课堂上听她讲课。母亲牵挂的心放了下来，姐姐也发现"教书其实也不错"。

第二次是在工作的第二年，家乡有长辈到瑞丽探亲，顺道去她上课的地方看她，发现她身着洋装，扎着马尾，回到缅甸就和家乡人议论起来，说她为人师表，穿着打扮太随意，有违做老师的样子，丢了缅甸人的"脸面"。话传到家里人耳里，大家心里都不好受。玉仙却觉得长辈们说得有道理，自己站在课堂上，代表的就是缅甸人。后来，她每天上课前都会换上专门缝制的缅装，那是花色鲜亮圆领的对襟上衣，下身是包裹到脚踝的筒裙。她将长发整齐地梳理到脑后，挽成一个发髻，脸上涂抹上淡黄色的"特纳卡"——用黄香楝树枝加水后研磨成的粉末，是缅甸传统的化妆品，再去课堂。后来，再没人质疑她"不像"缅甸人，或者"不像"老师了。3 个月一期的语言班结束后，总有学生和她成为朋友，和她分享学习汉语的收获：有的长了工资，有的找到更好的工作。女孩子们受她影响，也穿上缅装，涂上特纳卡来上课，出去见朋友。缅甸人有尊师重道的习俗，每逢点灯节，学生们都要来向她跪拜、送礼，为她祈福。他们看到她总穿缅装，就会给她送上做缅装的布料。学生们大多为底层的移民，只能送她廉价的布料，而做缅装的工钱很贵，但她感激大家的心意，还是花钱请裁缝把每一块布料都做成缅装。学生们看到她穿着自己送的衣料，跟她越发亲近。她在移民中渐渐有了威望，来学习中文的缅甸人越来越多。学生们在工作和生活中遇到困惑和困难，也诚心向她请教。她读书识字，会教他们甄别谣言和流言，了解中国的法律和当地文化。

社会性汇款既源于女性移民异国生活实践，更在女性移民与家庭成员、原乡群体的互动中不断形塑，汇集成理解和共识，并最终成为移民生产的知识、观念和精神财富。这种财富不仅跨越地理边界，抵达缅甸家乡，也在瑞丽移民群体中产生影响，跨越了人们内心的边界，使他们更好地适应在瑞丽的生活，既帮助他们坚持原有认同，联结彼此感情，又增进了对于中国的理解。

"何时回家"是触动女性移民尤其是孩子留守缅甸的女性心底的一个问题。当我在帽业公司的会客室询问南珠时，想念孩子的她，眼眶红了，我将访谈停了下来。总公司派驻当地的负责人坐在会客室的另一边，他默默起身，从冰箱里给南珠拿了一听可乐，送她出去。转身进来时，我看到他的眼眶也微微泛红。这个创下外来企业在瑞丽投产最快纪录的企业家，在短短 1 个月时间里，几乎认识了每一个工人，包括他们的工种、家庭情况、技能熟练程度，以及工人之间的网络关系。1996 年他也是告别陕西农村家人，到广州一家台资工厂做产业工人。那时月薪 480 元，一加班就是连续几天几夜，每月加班时间累积起来有 300 多个小时，而加班费只有 2.8 元每小时，一个月总共能有 1000 元左右的收入。那时的他和缅甸移民一样，吃住都在厂里，就把所有的钱都寄回去，每个月只给自己5元的生活费，其中1元5角买洗衣粉，1元钱买香皂，8毛钱买牙膏。他说，这些工人就是一面镜子，让他看见以前的自己。他因此理解他们的艰难。工人们每周都必须去边境办理一次出入境手续，他不忍心看工人们在烈日下步行往返1个来小时，每次都花钱包车接送工人。厂区宿舍一直没有热水，他为工人们的洗澡发愁，到处去协调关系，请相关部门解决热水供应问题。他说："我们都是从那里（贫穷）过来的，知道有多苦。"

玉仙说南传佛教里有一句话是她的座右铭，缅语为：ta oomyint tar ta oosay-tanar，意为："如果你有一颗充满爱的心，真心待人，也会同样得到他人的坦诚相待。"这就是她在瑞丽所感受到的。缅甸女性流向瑞丽，是一个有别于南—北人口流动的故事。全世界都在追问"中国制造"和"中国崛起"究竟会给其他发展中国家来什么样的社会、经济、政治和文化影响。[①] 当大多数研究站在自上而下的视角，从政治结构去过度解读中国模式带来的影响时，站在边界，从外来移民的视角，从个体的生命故事以及渴望期盼，从底层民众面对面的相遇来审视中国与其他发展中国家的交往，却会发现：女性移民与当地人产生的情感联系，超越了雇佣关系，超越了边界，既包含着族群的、区域的和历史的共通情感，同时也基于两国人民对贫穷的共同记忆和对未来共同发展的向往与追求。过去几十年，中国在发展道路上历经磨难，甚至在离当下不太远的时间里我们也还经历着一穷二白。今天的瑞丽，既是一个跨境移民集聚地，同样也是国内移民的集聚地。相似的迁徙和贫困经历使得移民与当地的中国人之间能够生产出更为真切的感受力和同理心。这种情感体验是中国边界地带特有的社会与情感生产，能够形成一种力量，推动中国与周边国家朝着一个方向前行。

六　结语

当下中国边境地带的移民，有别于内地发达城市的国际人口输入，需要将之放置于湄公河区域内所延续的历史、族群和文化的网络关系中来观察。以瑞

---

① Nyiri, Pal, Danielle Tan. "China's 'rise' in Southeast Asia from a bottom - up perspective," in Pal Nyiri, Danielle Tan（eds.）*Chinese encounters in Southeast Asia：how people，money，and ideas from China are changing a region.* Seattle and London：University of Washington Press，2017.

丽为代表的中缅边界地带，是一个"有边无界"的特殊场域。只有在这里，女性移民才能通过集体能动性来抵御生存的困境，才能在汇款之后，往返于边界之间，满足她们较低的消费需求，解决诸如生病之类的日常所困，通过便宜的缅甸手机卡来保持与家人的情感联系。边境成为低技能跨国移民生存和发展的一个缓冲地带。两个国家在这一地区一些具有弹性的出入境、务工、居住和其他福利政策，使湄公河区域内人们所传承的迁徙生存策略得以延续，让更多周边国家的居民受惠于中国边境地区的发展。

　　"边界是文化生产的区域，是意义制造与再造之地。"① 除了关注看得见的资金、物资跨国流动，我们还应该去把握那些看不见的社会和情感联系。在缅甸女儿与中国人相遇的边城瑞丽，社会和情感的新联结，在两国人民的互动中蓬勃生长。女性移民在跨国流动中担当的责任，付出的努力，展示的柔性力量，都在说明一个事实：她们不仅仅只是"缅甸的女儿"，她们中的很多人通过流动与连接，成为边境地区无数个新家庭的妻子、母亲和儿媳。她们是促进两个国家友好往来的使者，是区域共同发展的维护者和建设者。她们是与我们血脉相通、命运与共的姐妹。

---

　　① Hastings, Donnan, Thomas M. Wilson. *Border: frontiers of identity, nation and state.* London: Routledge, 1999.

责任自治与数字泰勒主义：外卖平台资本的双重管理策略研究

陈　龙[*]

一　问题的提出

随着我国互联网与城镇化进程的不断发展以及生活方式的加速转变，外卖市场潜力逐渐释放。根据《中国在线外卖商业模式与投资战略规划分析报告》，2015—2018 年我国外卖行业交易金额从 1348 亿元增长到 4613 亿元，年均复合增速达 50.69%。外卖用户规模从 2015 年的 2.10 亿人增长到 2018 年的 3.58 亿人，年均复合增长 19.46%。[①] 交易金额和用户规模的增长同时带动了外卖骑手数量的突飞猛进。据蜂鸟配送发布的《2018 外卖骑手群体洞察报告》估计，目前内地骑手从业人员数量约为 1300 万人，活跃骑手达 100 万人。[②] 但是，外卖骑手只是新兴的互联网平台经济创造的庞大就业群体中的"冰山一角"。根据国家信息中心发布的《中国共享经济年度报告（2019）》，未来我国"共享经济"仍将保持年均 30% 左右的高速增长，提供超过 1 亿的就业岗位。[③] 面对如此庞大

---

[*]　作者简介：陈龙，北京大学社会学系在站博士后。

①　《2019 年中国外卖行业市场分析：全年用户规模将突破 4 亿人》，https://www.sohu.com/a/381688665_99922905，最后访问日期：2020 年 9 月 1 日。

②　《2018 外卖骑手群体洞察报告：77% 来自农村，33% 已买房》，https://www.headscm.com/Fingertip/detail/id/2374.html，最后访问日期：2020 年 9 月 1 日。

③　《中国共享经济年度报告（2019）》，http://www.sic.gov.cn/News/557/9904.htm，最后访问日期：2020 年 9 月 1 日。

的用工规模，摆在每一个平台公司面前的首要问题便是如何加以管理。

通常来说，管理面临的最大挑战来自劳动力的"不确定性"。资本购买劳动力以后，总是希望将购买的劳动力百分百地转化为实际的劳动。但是转化过程由于工人表现出的自主性而充满了"不确定性"。围绕对工人自主性的控制问题，马克思以来，先后出现了以布雷夫曼（H. Braverman）、埃德沃滋（R. Edwards）为代表的专制控制和以布洛维（M. Burawoy）为代表的霸权控制两种思路，弗里德曼（A. Friedman）则在一定程度上对两种控制思路进行了综合，他针对不同类型的工人——边缘与核心——提出了两种不同的控制策略——直接控制与责任自治，前者是专制控制思路，后者是霸权控制思路。

但是在互联网大数据时代，"分享经济平台与传统雇佣组织对劳动过程的控制存在着巨大的差异，最根本一点在于，分享经济平台仅对劳动者完成工作任务的过程进行监管和控制，而其他时间不加以管理和控制；与此同时，劳动者也可以自由选择工作时间和工作地点，拥有一定的工作自主权"。① 因此，如何理解互联网平台资本的控制逻辑？首先，平台资本在哪些方面采取了专制的控制思路，在哪些方面又采取了霸权的控制思路？其次，平台资本赋予工人自主性发挥的空间，除去服务业本身对工人自主性需要的考量以外，是否还有其他原因？换言之，在平台资本眼中，自主性是否一直被看作劳动力"不确定性"的顽疾从而要被竭力克制？最后，与其他互联网平台相比，外卖平台最为显著但又被长期忽视的特点是用游戏包装骑手——网络游戏的称谓、等级、装备、排行榜都被应用到实际送餐场景中，而且平台资本还乐于高调宣传"送外卖就像打游戏"的工作理念。② 那么，游戏在平台资本整体的控制逻辑中究竟扮演了什么角色？

二 文献回顾

资本主义的特征是买卖劳动力。③ 但从增殖的角度来说，劳动力却是可变资

---

① 吴清军、李贞：《分享经济下的劳动控制与工作自主性——关于网约车司机工作的混合研究》，《社会学研究》2018 年第 4 期。

② 《听说，送外卖像打游戏？》，https://mp.weixin.qq.com/s/ty0OVEQo5kQG8_7g2PO8cw，最后访问日期：2020 年 9 月 1 日。

③ 哈里·布雷弗曼：《劳动与垄断资本》，方生、朱基俊等译，商务印书馆，1978。

本。^① 这意味着雇主购买劳动力以后，面临的首要任务就是如何把劳动力百分百地转化到自己所要生产的产品和服务中。其中，工人对劳动过程的自主控制构成难以转化的重要原因，因此"对资本家来说，将劳动过程的控制权从工人手里转移到自己手里就非常必要了"。^② 这也意味着工人自主性与资本控制之间存在不可调和的矛盾。所以工业资本主义兴起之后，如何遏制工人自主性、降低劳动的不确定性就成了资本控制的首要目标。马克思以来，经典劳动过程理论对资本控制劳动的考察通常分为两种思路：一种是专制，即资方全面接管劳动过程并用各种手段压制工人，工人被迫进入劳动过程之中；另一种是霸权，即资方让渡一部分自主性给工人使工人无法认清资本主义剥削的本质并心甘情愿地加入劳动过程之中。弗里德曼的观点在一定程度上综合了上述两种思路。

马克思指出，"资本主义的管理就其形式来说是专制的"。^③ 而将这种专制发挥到极致的莫过于弗雷德里克·泰勒（Frederick Taylor）提出的科学管理。科学管理"把对劳动过程的控制权转移到经理部门手里来，这不仅是在形式的意义上，而且要控制和指挥劳动过程的每一步骤，包括其操作方式"。^④ 布雷夫曼在深入剖析泰勒思想的基础上，归纳出科学管理的三大原则：收集和发展关于各个劳动过程的知识；集中这种知识到经理部门；经理部门利用这种对知识的垄断来控制劳动过程的每一个步骤及其执行方式。简而言之就是布雷夫曼在《劳动与垄断资本》一书中提出的核心观点：概念与执行的分离，又被理解为"去技术化"。

但是泰勒的科学管理并没有被大规模推广。因为它极易引发劳资关系紧张，并有可能导致劳动过程的中断。^⑤ 埃德沃滋认为资方对劳动过程的控制不能仅从获取剩余价值的角度来考虑，还需要考虑通过控制的方式减少劳动过程中断的可能性。因此他拓展了控制的定义。在他看来"'控制'是指'资本家或管理者从工作者身上获得想要的工作行为的能力'"。^⑥ 而这种能力应当通过两种制度化控

---

① 《资本论（第一卷）》，人民出版社，2004。

② 哈里·布雷弗曼：《劳动与垄断资本》，方生、朱基俊等译，商务印书馆，1978。

③ 同①。

④ 同②。

⑤ Edwards, Richard. *Contested terrain: the transformation of the workplace in the twentieth century.* New York: Basic Books, 1979.

⑥ 同上。

制的方式获得：技术控制（technical control）与科层制控制（bureaucratic control）。前者针对生产工人对生产过程的具体操作加以控制的企图；后者针对雇主希望非生产工人同样接受更加严格控制的愿望。[1]

但是随着资本主义的发展，西方国家通过立法等手段干预劳动过程、保障劳工权益，导致工人对工厂的依赖性下降，于是促使资本控制手段由专制转向霸权。布洛维（M. Burawoy）对布雷弗曼"概念与执行分离"的结论提出挑战便是这种时代背景转变的结果。他结合自己作为工人的经验发现工人不是被迫或强制进入劳动过程的，相反他们积极参与了对自己的剥削。这种"同意"在劳动过程中表现为一种"超额游戏"——"操作工们在其中试图达到可以挣得激励性工资的生产水平"。[2] 由于"超额游戏"使"工人控制自己的机器而不是被其所控制，而这提高了他们的自主性"，所以"游戏成为获得相对满意，或者马尔库塞所称的压抑满足的一部分……需要的满足不仅再生产了'自发的奴役'（同意），也产生了更多的物质财富"。[3] 换句话说，资本通过"出让"对工人自主性的部分压制换来了工人与资本的共识，使"超额游戏"成为可能，只不过这样的自主性在工人那里依然十分"脆弱"，因为"当游戏真的威胁到经营目标，即危害到利润空间时，资方又会强硬地介入"。[4]

弗里德曼在一定程度上综合了布雷夫曼、埃德沃滋的专制思路和布洛维的霸权思路。他认为复杂的机器设备和公司规模的增加强化了工人反抗管理权威的能力。这种能力体现在个人的破坏行动和有组织的集体抗争上。[5] 因此在管理方式上需要使用两种不同的策略："直接控制"和"责任自治"。前一种管理方式和泰勒提出的科学管理很相近，而后一种方式是把管理权交到部分工人手中。两种策略分别对应两类不同的工人——边缘与核心。对于管理者来说，核心工人"一方面能够给顶级管理者带来稳定的长期利润，另一方面有很强的集体反抗能力"。[6] 所以资方赋予核心工人的责任自治权并不是为了消除其剥削的意图，而是软化对他们的管理。但是，弗里德曼的最大贡献在于，他把控制看作

---

① Edwards, Richard. *Contested terrain: the transformation of the workplace in the twentieth century*. New York: Basic Books, 1979.

② 迈克尔·布若威：《制造同意——垄断资本主义劳动过程的变迁》，李荣荣译，商务印书馆，2008。

③ 同上。

④ 同上。

⑤ Friedman, Andrew L. *Industry and labor*. London: Macmillan, 1977.

⑥ 同上。

一个连续统，直接控制与责任自治分别代表两个不同的方向，高级经理根据业已建立的权威系统从中选择合适的策略。①

这种综合专制与霸权的思路随后也体现在服务业的劳动管理中。罗宾·莱德纳（Robin Leidner）在《速食，速讲》（Fast Food，Fast Talk）中探讨了程式化管理对快餐业和保险业劳动者的影响。服务业劳动过程的程式化管理实际上是泰勒的科学管理制从制造业向服务业延伸的事实。② 对于快餐业服务人员来说，资本借鉴工厂模式约束他们以降低劳动的不确定性；对于那些中高端服务行业的劳动者（以保险从业人员为例），资方在为他们提供标准化的互动脚本之外，也允许他们在与潜在顾客的互动过程中享有较大的自主权。

随着互联网平台经济的兴起，同样的议题和思路结合互联网技术以及新兴的就业形态被重新讨论。美国学者罗森布拉特（A. Rosenblat）在《优步：算法重新定义工作》一书中揭示了算法是如何监督和操控优步司机的。与平台宣扬的"放手式"管理相反，罗森布拉特认为通过详细记录司机行踪的各种细节——从司机的手机震动到每位乘客对行程服务的评分——优步在实行严密的专制监控。③ 尽管所有的平台都在使用算法管理指导和评估工作，但不同的平台之间却存在差异。格里斯巴赫（K. Griesbach）等发现，作为美国最大的日用品配送平台，Instacart通过对配送时间和活动的严格管理——工人对工作中的时间和活动的控制最小化——对平台工人实行"算法专制主义"（algorithmic despotism），以算法的形式再造了"雇主的专横（tyranny of the bosses）"。④ 凯西·奥尼尔（Cathy O'Neil）则在《算法霸权：数学杀伤性武器的威胁》中把算法比喻为上帝，因为算法的运作被藏在"黑盒子"当中，人们无从了解算法的具体运作方式，也就无法对其提出质疑或者抗议，最终只能"努力工作，遵守规则，祈祷模型记录并回报他们的努力"。⑤

国内学者围绕相同的议题和思路在制造业、建筑业、酒店餐饮业、家政服务业、交通运输业、IT业等诸多行业进行了研究。李静君通过香港和深圳两家

① Friedman, Andrew L. *Industry and labor*. London: Macmillan, 1977.
② Leidner, Robin. *Fast food, fast talk*. Berkeley: University of California Press, 1993.
③ 亚历克斯·罗森布拉特：《优步：算法重新定义工作》，郭丹杰译，中信出版集团，2019。
④ Griesbach, Kathleen, Adam Reich, Luke Elliott – Negri, Ruth Milkman. "Algorithmic control in platform food delivery work." *Socius: Sociological Research for a Dynamic World* 5（2019）：1 – 15.
⑤ 凯西·奥尼尔：《算法霸权：数学杀伤性武器的威胁》，马青玲译，中信出版集团，2018。

制造工厂的比较发现，由于劳动市场组织不同，女工带进厂内的性别关系也不同，两家工厂出现了"地方专制主义"和"家庭霸权主义"两种截然不同的车间政治和工厂政体。① 周潇的研究则发现，建筑工地普遍存在老乡、亲戚、朋友关系网络，形塑了"关系霸权"这种独特的控制与反抗的形式。② 何明洁的研究则发现，酒楼内部的"大姐"和"小妹"分别被置于"专制"和"霸权"型的管理之下。③ 佟新在研究星级酒店时则发现，由国家力量积极推动的星级评定制度要求建立国际统一标准的管理系统和"麦当劳化"的工作模式，而为了使标准化能够有效落地，酒店对服务员的控制专制多于霸权。④ 苏熠慧、马丹针对家政工的研究发现，与酒店餐饮业雇主控制不同，家政工同时接受雇主与客户施加的专制控制。⑤

梁萌针对家政工的研究发现，平台经济借助互联网技术进一步强化了对家政工（主要针对小时工群体）的专制控制。⑥ 赵璐、刘能针对外卖骑手的研究也发现，外卖骑手受到超视距的多元主体控制，而且控制具有隐形强迫的特征。⑦ 冯向楠、詹婧对外卖骑手的研究得出相似结论，认为人工智能技术应用强化了互联网平台对劳动过程的监督和控制。⑧ 但与专制控制的论调不同，吴清军对网约车司机的研究发现，平台对劳动过程的控制和劳动者拥有工作自主权同时并存。⑨ 庄家炽的研究则进一步指出，在资本严密的监控与管理之下，快递工人仍然可以通过各种方式来增加劳动过程的自主性，在这个意义上工人劳动过程的自主性构成一个连续的谱系。⑩

---

① Lee, C. K. "Engendering the worlds of labor: women workers, labor markets, and production politics in the south China economic miracle." *American Sociological Review* 60, No. 3（1995），378 – 397.

② 周潇：《关系霸权：对建筑工地劳动过程的一项田野研究》，硕士学位论文，清华大学，2007。

③ 何明洁：《劳动与姐妹分化——"和记"生产政体个案研究》，《社会学研究》2009 年第 2 期。

④ 佟新：《我国服务业的工作和劳动关系——以星级饭店业的工作和劳动关系为例的研究》，《江苏社会科学》2013 年第 2 期。

⑤ 苏熠慧：《控制与抵抗：雇主与家政工在家务劳动过程中的博弈》，《社会》2011 年第 6 期；马丹：《北京市家政工研究》，《北京社会科学》2011 年第 2 期。

⑥ 梁萌：《强控制与弱契约：互联网技术影响下的家政业用工模式研究》，《妇女研究论丛》2017 年第 5 期。

⑦ 赵璐、刘能：《超视距管理下的"男性责任"劳动——基于 O2O 技术影响的外卖行业用工模式研究》，《社会学评论》2018 年第 4 期。

⑧ 冯向楠、詹婧：《人工智能时代互联网平台劳动过程研究——以平台外卖骑手为例》，《社会发展研究》2019 年第 3 期。

⑨ 吴清军、李贞：《分享经济下的劳动控制与工作自主性——关于网约车司机工作的混合研究》，《社会学研究》2018 年第 4 期。

⑩ 庄家炽：《资本监管与工人劳动自主性——以快递工人劳动过程为例》，《社会发展研究》2019 年第 2 期。

作为经典劳动过程理论的主要贡献者，布雷夫曼和埃德沃滋的观点代表了专制控制的主要思想，而布洛维的观点由于考虑到工人的主体性而首次把霸权控制的思想带入劳动过程研究的视野。弗里德曼的观点在某种程度上是两种思想的综合。以后的研究，无论西方还是中国，都基本沿袭了他们的总体思路。值得讨论的是，尽管埃德沃滋和弗里德曼在布雷夫曼和布洛维的基础上提出了针对不同类型的工人采取不同控制手段的想法，但都没有考虑到不同手段在同一人群中的运用。埃德沃滋区分了结构控制的两种类型——技术控制与科层制控制，但前者主要针对生产工人，后者主要针对非生产工人。弗里德曼虽然看到了控制作为一个整体而存在，不存在绝对的直接控制或责任自治，但也认为要根据不同类型的员工——核心与边缘——采取不同的控制策略。在后续的经验研究中，针对不同的工人采取不同的控制思路——专制与霸权——也体现得非常明显。但是受时代限制，互联网技术在管理中的应用以及平台资本积累模式的转变鲜有被涉及和讨论，因此有必要结合当下的互联网技术应用和资本积累模式的转变重新进入劳动过程的管理框架中进行再分析。本文的主要目的就是从资本积累模式的转变——从劳动创造价值到技术（数据）创造价值——分析两种截然不同的控制策略——责任自治与数字泰勒主义——如何相得益彰地作用于外卖骑手身上，并借以重新审视资本控制与工人自主性之间的关系。

本研究的实证材料主要来源于两部分，一部分是笔者以骑手身份在为期半年的送外卖过程中积累的田野日记和访谈资料。重返生产的隐秘之处将被遮蔽了的劳动过程和生产场景暴露在研究者的视野之下是劳工研究的题中应有之义。[①] 因此对这部分资料的整理一定程度上有助于如实真切地还原和概括外卖骑手的劳动过程。另一部分是"美团"外卖的技术团队在网络上分享的技术资讯和博客。这部分技术文献资料有助于揭示骑手劳动过程背后的技术世界——数据、算法和模型——对外卖骑手的操控和平台资本积累模式的转变。

三　责任自治：外卖骑手的劳动过程

当顾客通过手机平台系统（"饿了么"或"美团"App）下单以后，外卖订

---

① 闻翔、周潇：《西方劳动过程理论与中国经验：一个批判性的述评》，《中国社会科学》2007 年第 3 期。

单便进入外卖配送的流程当中：顾客下单—线上支付—商家接单—商家呼单—系统接单—系统派单—骑手接单—骑手配送。除了最后的骑手配送环节，其余环节都可以在平台系统上快速实现，因此外卖配送的整个流程可以看作线上＋线下的流水线，而骑手的劳动过程就是外卖配送的线下部分。

骑手从手机平台系统（"饿了么"蜂鸟配送或"美团"配送 App）接单以后，就正式开始配送。由于骑手在配送过程中每完成一个阶段的任务都要通过手机向平台系统反馈，所以根据阶段性任务的不同，骑手配送又分为三个环节：骑手到店—骑手取餐—骑手送达。通常，骑手接单以后，首先骑行到订单所在的商家附近，然后停车步行前往商家取餐；到达以后，骑手可能需要等单，尤其在送餐高峰期，等单时间可能更长；取餐以后，骑手步行回到车点，然后骑车配送，并在快到达顾客所在地时打电话通知顾客；到达以后，骑手会在顾客所在地等待顾客取餐或上楼当面交付，最后确认送达。图 1 是骑手配送的流程展示。

尽管骑手配送是一系列标准化操作的组合，但在实际配送过程中，由于平台劳动力的特殊组织方式，骑手的劳动过程呈现与传统制造业、服务业不同的特点，这些特点表明对骑手劳动过程的管理并非仅沿袭了泰勒的科学管理。换言之，相比直接控制的策略，外卖平台公司对骑手的管理更多运用了责任自治的策略。

图 1　骑手配送流程

资料来源：作者绘制。

（一）去雇主化：分包策略下的劳动力组织

外卖平台的"去雇主化"通过用工模式的不断调整逐步实现。外卖平台公司先后有过三种用工模式：自营、分包和众包。最初，外卖平台公司如"饿了么""美团"与骑手签订劳动合同，骑手因此享受法律规定的薪资、福利和待遇。但随市场订单需求的增加，外卖骑手的规模越来越大，出于成本考虑，平台公司逐步把配送业务分包给代理商，而只负责平台系统 App 的运营和维护，如"饿了么"旗下的"蜂鸟配送"系统和"美团"的"超脑配送"系统。分包模式下的骑手又称为团队骑手，他们以外卖平台公司的名义工作，但与平台公司只存在用工关系而无劳动关系。最后一种是众包骑手，相比团队骑手他们更加自由，不受雇于任何单位，只需登陆平台、注册账号就可以抢单配送。

通过分包和众包策略，外卖平台公司不仅逐步放弃了对骑手的直接管理，降低了管理成本，而且模糊了雇佣关系与责任。因平台经济雇佣关系模糊导致劳动者合法权益受损也成为学界关注的热点。但是对于骑手来说，"去雇主化"的直接影响便是骑手在实际劳动过程中摆脱了"现场管理"（scene management）的束缚，变得更加自由。"蜂鸟配送"发布的《2018外卖骑手群体洞察报告》指出，工作"自由"是吸引骑手的重要因素。超过60%的蜂鸟骑手最看重自由的工作时间，另外还有将近30%的人表示是由于喜欢骑行穿梭在城市中的感觉。

（二）人机协作：互联网技术在劳动管理中的应用

尽管骑手摆脱了雇主的直接管理，但是在实际配送中，骑手每完成一个阶段任务（到店、取餐和送达）都需要向平台系统App反馈。事实上，骑手与平台系统App的人机协作贯穿骑手的劳动过程。首先，骑手通过平台系统App的刷脸认证功能上下班；其次在配送过程中，骑手除了到店—取餐—送达的反馈以外，还可以从平台系统App中获得完成阶段性任务的协助，譬如骑手拿到订单以后，平台系统会给出餐厅预计的出餐时间，骑手就可以根据出餐时间合理规划取餐路线；开始送餐以后，平台系统会提供智能导航地图，骑手只需按照平台系统给出的导航配送即可；如果遇到突发情况，骑手还可以通过平台系统App进行转单、延长送餐时间、报备异常等操作。最后当骑手完成配送以后，平台系统App会帮助骑手累积"蜂值"、提升等级，并根据用户给骑手的评价——好评、差评甚至投诉——自动奖惩骑手。

因此，集中体现互联网技术应用的平台系统App不仅替代了雇主的直接管理，而且将这种管理变成了协作。互联网技术在劳动管理中的应用一方面起到"技术遮蔽"的作用，转移了传统的劳资冲突，因为平台系统App（互联网技术）的介入，"工人与老板之间的冲突被技术调解（mediated），工人反对生产线的速度，而不是来自老板的专横"。[①] 另一方面，协作意味着骑手拥有更大的自主权，并不需要完全听命于平台系统App的指挥，这表现在实际送餐中，骑手

---

① Edwards, Richard. *Contested terrain: the transformation of the workplace in the twentieth century*. New York: Basic Books, 1979.

并非必须按照平台系统 App 提供的预计出餐时间取餐，也不一定非要按照平台系统 App 提供的智能导航地图送餐。在一些特殊情况下，譬如面临超时风险时，骑手会绕过标准化操作流程提前确认送达。因此，从资本的角度来说，技术遮蔽了传统劳资关系，但从劳动者角度来说，技术同样遮蔽了骑手的灵活化操作。诸如此类的灵活化操作经常会通过老骑手向新来的骑手传授送餐经验表现出来。

> 拿着单子你就坐这儿挂会单，把「确认到店」给它点了，你不点，回头你想报备时间都不够，你转给别人还挨骂，连个「到店」都不会点。（20180323SM）
>
> 不用管那个导航，你按我说的，你走那个小路，直的走下去再一右拐就到了，先把这个送了。送完这个，你再送这个，最后送这个。（20180401SX）
>
> 最后来不及了，就给顾客打电话，说你要超时，自己也不容易，商量着来，只要顾客同意，你就先把「确认送达」点了，完后你再给人家送过去就行。（20180403SQ）

（三）一人多点：骑手劳动过程中的自主空间

由于骑手配送时间的碎片化和场所的灵活化突破了传统的时空局限，所以骑手在劳动过程中要处理的"生产中的关系"也更加多元。除了消费者，商家的前台、后厨，商场、写字楼以及社区、学校的门卫、保安还有马路上的交警都成了骑手配送过程中需要协调的对象与关系。"一人多点"就指骑手在劳动过程中要独自一人处理多种场景下的人际关系。在这种情况下，由于没有雇主的直接管理，互联网技术也没有发展到指导如何处理人际关系的水平，所以骑手往往要相机行事。骑手劳动过程中"一人多点"的特点就给骑手发挥自主性创造了空间。

首先在停车场，骑手要和商场保安处理好关系。保安的主要职责是维护商业街道的秩序，因此对于随意乱停放电动车的骑手，他们往往会采取特定手段对骑手进行惩戒，如挪车、锁车甚至以乱停车为由扣留骑手的电动车。为了缓解与保安的关系，骑手往往会利用等单的间隙主动与保安搭话、递烟攀关系。其次在等餐过程中，骑手为了尽早拿到订单，往往要在餐厅前台和后厨之间周旋。前台如果缺一道菜无法完成打包，骑手就会自觉跑到后厨催单；有时候发现前台打包应接不暇，骑手还会自己动手打包，一方面节省时间，另一方面通过替前台分担工作可以落下人情，方便以后取餐。在送餐路上，骑手为了加快速度，经常闯红灯、逆行以及超速，这时候要警惕随时可能出现的交警。最后在即将送达的时候，什么时候通知顾客取餐，如何取悦顾客以及如何在超时、撒餐的情况下避免顾客给差评，都需要骑手积极发挥自主性。

> 你要是撒了餐，怕顾客给你差评，你就主动给他赔。上次我给 Y 大法学院一个女同学送奶茶，半路发现奶茶漏了，我赶紧就给她打电话说自己愿意赔偿。人家那个女生也很好说话，再加上我道歉很诚恳，所以没有难为我。她告诉我她点的那杯奶茶 14 块 5，我立马给她转了 15 块钱。你以为我亏了 15 块钱？点了这单赔付的「确认送达」以后，我还能赚回 8 块钱的配送费，比起差评扣我 20 块钱，停半天号和再参加半天培训的损失可要划算得多。（20180624SQ）

图 2 下半部分是骑手配送的标准化流程，上半部分是骑手在标准化流程各个阶段的自主决策。尽管骑手配送是标准化的，但是在实际配送过程中，由于"去雇主化""人机协作"以及"一人多点"的特点，骑手需要不断地做出决策，尤其是在配送过程中，骑手要接连面对商场保安、餐厅前台、路上交警以及最终的顾客，劳动过程的场景和对象不断发生改变。因此通过强制威胁、紧密监督以及最小化工人责任的方式限制劳动力的不确定性，采取直接控制的策略是不合实际的。[①] 相反，责任自治策略可以发挥劳动力作为可变资本的优势一面，即利用劳动力对环境的适应能力，通过赋予他们自主性并鼓励他们以对公司有益的方式适应不断变化的情境。[②] 而且由于骑手在不同场景中处理不同对象与关系时，并没有来自雇主与平台系统 App 提供的标准操作指南，因此只有通过赋予他们自主性，才能确保他们在错综复杂又不断变化的场景中按时完成配送任务。

---

① Friedman, Andrew L. *Industry and labor.* London：Macmillan，1977.

② 同上。

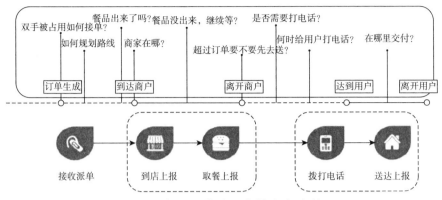

图 2　骑手配送过程中的自主决策

资料来源：《美团外卖骑手背后的 AI 技术》，https：//tech. meituan. com/2018/03/
29/herenqing-ai-con. html，最后访问日期：2020 年 9 月 1 日。

四　数字泰勒主义：外卖平台的管理策略

（一）劳动过程背后：平行的数据采集

在骑手配送的过程中，平台系统 App 不仅协助骑手配送，还在隐秘地通过
骑手身上的可移动设备收集各种数据，譬如手机蓝牙、Wi-Fi、GPS 以及传感器
数据。通过将这些数据与配送场景结合，外卖平台公司可以挖掘更多有价值的
信息，如骑手的上下楼时间、到店时间、出餐时间等，同时还能以数字还原骑
手的送餐行为，如骑行、步行、停留、走楼梯、坐直梯，等等。而为了获取更
精确和全面的数据，外卖平台公司也会在骑手身上部署更多的硬件，如智能耳
机、头盔、餐箱等。

外卖配送是线上＋线下的流水线，平台系统 App 通过骑手采集的数据是线
下数据。相比平台系统 App 记录的线上数据（如顾客什么时候下单、选择过哪
些餐厅、偏好哪些菜肴、餐厅多久接单、平均多长时间出餐、系统多长时间完
成了订单—骑手匹配等），线下数据（骑手在不同情境下如何取餐——走路/跑
步/直梯/扶梯上楼，在路线安排上是否存在送餐捷径，给不同位置的顾
客——写字楼、社区、学校……打电话的时间如何选取，楼宇单元门的准确位
置在哪里，等等）由于真实世界的错综复杂往往不易获取。但对于外卖平台公
司来说，数据的完备性至关重要。因为越是完备的数据越有利于外卖平台公司
对订单配送进行调度、定价和规划。以规划为例，外卖骑手在配送过程中对地

图的依赖极大。常见的智能导航地图如高德、百度等目前都难以精确到具体的楼宇单元。可想而知，如果依靠这类地图，骑手进入社区以后面对高楼林立、错综复杂的环境，很难快速准确找到楼宇入口。因此准确定位楼宇单元就成了外卖平台公司针对现有智能导航地图必须做出的改进。而实现这一改进，就必须依靠数以百万计的骑手。

通常，骑手在结束实际配送以后会尽快向平台系统 App 反馈确认送达的信息，这同时也意味着一条完整的送餐轨迹数据产生。尽管这些数据起初呈现出杂乱无章的样子，但实际却蕴含非常高的价值。因为外卖平台公司每天有数以千万计的外卖订单，同时生成数十亿字节的骑手轨迹数据，这些数据可以充分覆盖每一个小区、楼栋以及单元门。以楼宇单元门的校正为例，图 3 是清华大学紫荆学生公寓，左图是骑手完成配送以后上报给平台系统的定位数据，由于不同骑手上报定位数据的时间和位置存在稍许差异，所以上报的定位数据显得杂乱无章（左图中的圆点）；右图则是基于骑手以往的大量定位数据进行去噪、分类与聚合后的校正数据。校正数据（右图中的圆点）就是楼宇单元门的准确位置。有这样的校正数据以后，骑手就可以准确找到楼宇单元的入口，从而节省配送时间，提高配送效率。

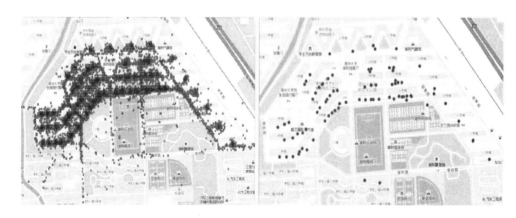

图 3　左边是骑手上报的定位数据，右边是校正后的定位数据
资料来源：作者根据美团数据绘制。

（二）数据采集：外卖骑手劳动价值的再认识

马克思在《资本论》中指出，资本是按照时间顺序通过生产领域和流通领域两个阶段完成运动的。资本完成它的循环的全部时间等于生产时间和流通时间之和。① 但由于资本在流通时间内不执行生产资本的职能，因此既不生产商品，也不生产剩余价值。"一切只是由商品的形式转化而产生的流通费用，都不会把价值追加到商品上……投在这种费用上的资本（包括它所支配的劳动），属于资本主义生产上的非生产费用。这种费用必须从剩余产品中得到补偿，对整个资本家阶级来说，是剩余价值或剩余产品的一种扣除。"② 因此流通时间越接近零或等于零，资本的职能就越大，资本的生产效率就越高，它的自行增殖就越大。③

按照马克思的观点，骑手的劳动具有两方面特点。一方面，由于骑手的劳动发生在流通环节，没有"生产"出新的产品，因此本质上也没有产生剩余价值。但是另一方面，没有骑手的劳动，商品无法转移和交易，剩余价值在长期得不到转移和交易的情况下会不断地损耗，因此流通环节的劳动间接确保了剩余价值的完整性，而且这部分劳动的时间越短，效率越高，剩余价值的完整性就越高。因此，外卖骑手的劳动价值首先体现在对商品剩余价值完整性的维护上，是对生产环节的剩余价值的一种追加，弥补了剩余价值在流通环节的损耗。

但是对于外卖平台公司来说，数据的完备性极其重要。由于骑手送餐的实际需要，外卖平台公司对地址的精确度达到了楼宇单元的级别，而国内拥有这一级别的精细化地址数据的公司屈指可数。事实上，百度、高德等智能导航地图目前也只能精确到社区。④ 因此相比百度、高德，外卖平台公司拥有更加完备的地址数据。而从社区大门到楼宇单元小门的数据飞跃（如清华大学紫荆学生公寓楼宇单元门位置的确定），正是通过骑手"生产"出来的。因此，外卖骑手在互联网技术与大数据背景下拥有双重身份，他们不仅是从事体力配送业务的劳动者，还是互联网平台的数据采集者。

如果把"数据"看作产品，那么外卖骑手的劳动价值就不仅仅是维护外卖的剩余价值，而是独立创造新的剩余价值。由于骑手可以触达城市的每一个角

---

① 《资本论（第一卷）》，人民出版社，2004。

② 同上。

③ 同上。

④ 读者可以尝试用百度或高德地图定位自己所居住的楼宇单元，在百度或高德地图上，能够定位到的一般是楼宇，但是无法具体到单元，换句话说，根据百度或高德地图，读者可以找到自己所居住的楼宇，但是无从知道自己所在的楼宇单元的入口在哪里。

落，因此他们可以收集到更加"细枝末节"的精准数据，而这些数据本身又具有非常高的商业价值。早在 21 世纪初，就已经出现"数据是新时代的石油"的说法。[①] 但是由于数据采集的隐蔽性，这部分剩余价值被掩盖和攫取。而由这些数据驱动的技术与知识进步也一并被资本所占据，作为新的生产资料不断被投入使用，为资本创造出更多的利润。在互联网技术与大数据时代，外卖平台资本积累的逻辑也因此发生转变。"由于数据本身对价值创造与价值实现具有重要意义，因此资本积累的一个重要组成部分就是获取并占有更多的数据资源，并且积累数据资源的方式也有别于以往。"[②] 平台系统会为了收集数据在不知不觉中让平台使用者——也是数据生产者——按照平台的意愿行动，以至于"地图软件的用户可能会在不知情的情况下被指向一条并非最佳选择的路径，以便让以数据为中心的系统收集这条不常用的路线的相关数据……但这条对系统收集数据有利的路线对这位用户来说不一定是最佳选择。"[③]

（三）数字泰勒主义

骑手"生产"的数据除了用来优化平台系统 App（根据骑手的轨迹数据，不断优化订单指派、路径规划、预计送达、定价补贴）以外，反过来也在规制骑手自身。随着数字时代的到来，外卖市场发展迅猛。对外卖平台公司而言，即时配送的核心是效率、成本和体验，其中效率优先。因为只有提升配送效率才能降低配送成本。成本的降低使商家和顾客都能以更低的价格享受同样的服务，从而确保了用户体验的质量。由于整个配送过程是线上（平台系统）和线下（骑手）的"密切配合"，因此想要真正提升配送效率，除了优化平台系统（订单指派、路径规划、预计送达、定价补贴）以外，还要进一步提升骑手效率。

图 4 展示了平台系统在站点终端上显示的一个订单从产生到送达的全部流程。平台系统详细记录了每一环节的用时长短。从中可以看到，从顾客下单到商户接单用时 25 秒；从商户接单到呼单仅用时 1 秒；从商户呼单到团队接单用

---

① 英国数据科学家及数学家克莱夫·哈姆比（Clive Humby）在 2006 年发出的口号"数据是新时代的石油"。在他看来，能够从庞大数据集或大数据中获得客户偏好、未知关联性、隐藏的市场趋势及其他有利信息中拥有独特见解的公司，将在数字时代享有繁荣发展的最大优势。因为这些公司将能够作出更佳、更快及更明智的决策及预测。

② 乔晓楠、郜艳萍：《数字经济与资本主义生产方式的重塑——一个政治经济学的视角》，《当代经济研究》2019 年第 5 期。

③ 亚历克斯·罗森布拉特：《优步：算法重新定义工作》，郭丹杰译，中信出版集团，2019。

时0秒；从团队接单到智能调度（骑手接单）用时7秒；从骑手接单到骑手到店用时10秒；骑手等餐、取餐用时11分钟，最终送达用时25分钟。前面以秒计时的基本都是通过平台系统App完成的，而真正用时"比较长"的部分（以分钟计时）是由骑手完成的。因此如何提升骑手的配送效率才是提升整体配送效率的关键。

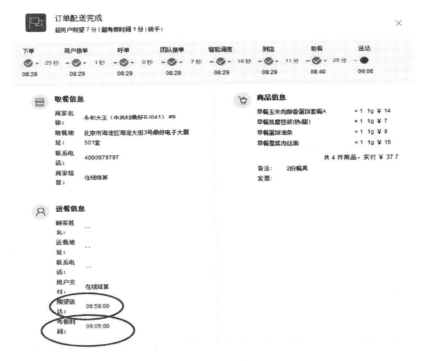

图4 订单配送流程

资料来源：美团网站。

美团在2018年推出了"智能语音助手"，目的是让骑手在送餐过程中通过自然语音的交互完成接单、上报等操作，而不再需要手动操作手机，同时系统还将根据骑手骑行状态自动唤起交通安全提示、推荐打电话时机，这样既可以节省时间，又可以提升骑手配送的效率和安全。

以推荐打电话时机为例，骑手以往在即将到达顾客所在位置时会面临两个紧迫问题。第一是要不要给顾客打电话，因为有些地方不需要打，譬如住宅楼，顾客很大概率是在家的；但有些必须打，比如一些写字楼不允许骑手出入，这就需要提前打电话让顾客下楼。于是第二个问题就是提前多长时间打电话合适，如果打早了，顾客提前下来，会出现顾客等骑手的情况；如果打晚了，假如顾客在 10 层办公，那么他乘电梯下楼的时间很有可能超过 10 分钟，这会影响骑手下一单的配送。

智能语音助手的出现有效改善了这一问题。因为在要不要打电话以及什么时间打电话合适的问题上，智能语音助手会根据骑手的实时数据以及历史数据进行分析，然后就骑手是否需要打电话以及什么时间打电话在恰当时刻进行提示，骑手只需要根据提示回答"是"与"否"即可。

但是，就在智能语音助手提升骑手配送效率与安全的同时，事实上也剥夺了骑手一部分自主决策的能力。因为平台系统通过对骑手"生产"的历史数据的不断学习，逐渐对真实场景有了感知、认知和决策的能力，这种原本属于骑手的能力逐渐被智能语音助手所取代。因此在一定程度上，智能语音助手折射出了泰勒主义的身影。布雷夫曼总结泰勒主义的三大原则：收集和发展工人在劳动过程的知识；集中这种知识到计划或设计部分；利用对这种知识的垄断来控制劳动过程的每一个步骤及其执行方式。[①] 以推荐打电话的时机来说，智能语音助手就是集中知识（数据）、分析与垄断知识（数据），最后应用知识（数据）于骑手的过程。智能语音助手决策的依据来自大数据分析，其中包括骑手以往打电话的时机数据，在收集了这部分数据并加以分析以后，智能语音助手再把数据分析的结果反作用于骑手身上，骑手不再需要思考是否需要打电话以及盘算打电话的时机。

智能语音助手只是泰勒主义在外卖平台经济的应用之一。美团外卖在 2013 年启动的"超脑"即时配送系统[②]更像是一个数字泰勒大脑，它可以基于轨迹大数据，通过运筹优化、机器学习、数据挖掘、地理计算等智能算法，为每一份订单预估送达时间、计算配送价格、指派最合适的骑手，并为骑手设计最优的配送路线。而且骑手产生的轨迹数据仅仅是"超脑"即时配送系统收集的部分数据。按照对象的不同，除了骑手以外，"超脑"还会潜在地收集来自商家、顾客和商圈的数据，如商家的位置、楼层、平均出餐速度，顾客的类型、偏好和历史订单记录，商圈的天气、路况和交通管制，等等。"超脑"背后体现的是

---

① 哈里·布雷弗曼：《劳动与垄断资本》，方生、朱基俊等译，商务印书馆，1978。
② "超脑"即时配送系统集调度、定价、规划、感知、LBS、机器学习和 IoT 于一身，运算覆盖全国 1300 多个城市，每天匹配 60 多万外卖小哥，服务全国 200 多万商户、2.5 亿消费者，日峰值订单超过 1800 万，每小时执行约 29 亿次算法，确保均配送时长不超过 28 分钟，是目前世界上规模最大、复杂度最高的多人、多点实时智能配送调度系统。

大数据与人工智能的结合，也是新泰勒主义——数字泰勒主义——的生动体现，因为"超脑"借助智能设备无时无刻不在收集数据，并将数据分析结果潜移默化地应用到骑手身上。

五　作为中介的"游戏"

（一）泰勒制工厂中的"游戏"与自主性

责任自治策略一定程度上是为了让骑手充分施展自主性以适应不断变化的现实（物理）场景，与此同时，数字泰勒主义在源源不断地收集来自骑手的自主性数据。因此，问题的关键在于如何进一步释放或激发骑手的自主性，因为只有如此才能最大化发挥数字泰勒主义的功效。

在泰勒主义盛行的年代，工人的自主性是不被允许的。操作工每周工作6天，每天忍受超长的工作时间，并且重复着简单枯燥的操作，于是他们普遍面临这样一个问题，那就是如何对付令人生畏的"单调猛兽"，避免在枯燥的工作环境中"疯掉"。幸运的是，即使当行动的细节已经被以最极致细微的程度所规定时，并依照泰勒系统的最新指导原则，仍然为工人留下了某些漏洞，某些可以逃脱惯例的机会。所以当实际工作时，他会发现有可能不时地享受自我决断的奢华。因此，即便面临再严格的管理，工人自主性也不会被完全压制。因为只有这样工人才能找到工作的快乐和意义。工业民族志学者唐纳德·罗伊（Donald Roy）以他自己在工厂的工作经历写道：

> 我就在那连续不断地将塑料片切割成小椭圆形、手指形和梯形的工作中寻找意义……我确实发现了"某些发挥主动性的空间"，也就是变换工作活动的自由，而且工人从这种极其有限的自由中发展出一种工作游戏。这种游戏相当简单……它基本包括：变化材料颜色、摆弄冲模形状以及所谓的"打磨印模"。

"某些发挥主动性的空间"成为发展出一种工作"游戏"的沃土。而这种工作"游戏"不是别的，就是变换工作活动本身。因此，工作中的"游戏"实际上是工人面对严苛管理时的自主性表现。发现"赶工游戏"的布洛维更是直接说道："游戏确实是起于工人的自主性，起于寻找忍受劳动过程的从属地位的手段，但是它们是被资方所管制、必要时被强制的。"[1]

（二）外卖平台公司的游戏设计

如今，资本对工作中"游戏"的态度发生了很大的改变。在布洛维描写的芝加哥联合工厂，车间主任、工头都默许或者积极协助了按说是破坏资方利益的"游戏"的进行。但是当"游戏"真的威胁到组织或公司的利润危机时，资方又会强硬地介入。与之不同的是，在外卖平台经济中，资本对"游戏"的态度从默许参与变成了积极建构。最明显的就是资本高调地宣传"送外卖就像打游戏"的工作理念。而为了践行这一理念，中国最大的两家外卖平台公司——"美团"和"饿了么"——都不约而同地参照《王者荣耀》构建外卖骑手的游戏世界，所有工人都是这个现实游戏中的主角，并且拥有类似网络游戏的名称——骑手、骑士和飞侠。"装备"用来指代骑手的配送工具——电动车、餐箱、头盔；"站点"用来指代骑手更换"装备"的地点，每个骑手根据跑单"战绩"还会获得相应的等级称号——青铜、白银、黄金、钻石、铂金和王者。在工作中植入游戏话语，是工作游戏化的重要表现。

工作游戏化（work gamification）指"通过有选择地实施游戏设计和游戏互动的原则，将某些工作流程转化为游戏一般的体验"[2]。换言之，就是把不是游戏的东西（如工作）变成游戏。简·麦戈尼格尔（Jane McGonigal）在《游戏改变世界》一书中指出，游戏具有四个典型特征：目标明确、规则约束、反馈系统和自愿参与。[3] 无独有偶，在外卖平台公司的运作过程中，也潜藏着类似的游戏机制。

1. 限时计件工资

对于骑手来说，工作的目标就是挣钱。而几乎所有的外卖平台公司都采用计件工资制度，即骑手每配送完一个订单就获得相应的提成。因此跑单量决定了骑手的收入。但几乎所有外卖平台公司都在强调速度的重要性，因此不成文

---

① 迈克尔·布若威：《制造同意——垄断资本主义劳动过程的变迁》，商务印书馆，2008。
② Florin, Oprescu, Christian Martyn Jones, Mary Katsikitis. "I PLAY AT WORK—ten principles for transforming work processes through gamification." *Frontiers in Psychology* 5（2014）：14.
③ 简·麦格尼格尔：《游戏改变世界》，闾佳译，浙江人民出版社，2012。

的规定是，骑手必须在规定时间内配送完相应订单才可以获得提成，如果超时，会按照超时时间累积扣除直至提成全部扣完；还有一些外卖公司采取"超时白跑"的一票否决，只要超时提成就被全部扣除。由于外卖平台公司普遍推行限时计件工资制，所以骑手要想多挣钱，就需要多跑单的同时提高跑单速度。

2. 送餐奖惩规则

骑手配送要按照标准流程依次完成到店—取餐—送达的任务，在没有完成相应任务而提前确认的情况下，平台系统会自动认为骑手存在"欺诈行为"，譬如骑手没有把外卖送到顾客手上就提前确认送达。平台系统会根据 GPS 定位锁定骑手和顾客的位置，通过距离判定骑手是否欺诈。平台系统还会根据顾客的评价自动奖惩骑手。通常好评奖励 1~2 元，差评扣除 10~20 元，投诉扣除 200~1000 元不等。因此骑手总会在送达订单时开口向顾客要好评，而出现超时、撒餐时，又总会通过与顾客的"周旋"避免差评和投诉。

3. 等级绩效反馈

骑手的工作表现会通过等级和"战绩"排行榜及时反馈。外卖平台公司照搬《王者荣耀》的玩家等级赋予骑手，划分青铜、白银、黄金、铂金、钻石、王者六个等级。每个等级下又分为四个小等级，如青铜 1~4 级。骑手的等级越高，平台系统随机派发订单的可能性越大。而且青铜身份以上的骑手，每完成一个订单，在提成的基础上还可以额外获得 0.1 元的奖励。而骑手的等级取决于骑手的跑单量、好评数以及出勤率。因此跑单越多，好评越多，出勤时间越长，骑手的等级就越高。另一个反映骑手工作表现的是跑单量排行榜。骑手通过手机平台系统 App 可以实时查看自己当前在团队内部的排名，跑单量位居第一的便是"单王"。排行榜的出现实际上加剧了骑手内部的暗自竞争，因为人人都想成为"单王"。

4. 自由自愿参与

外卖平台公司区别于传统公司的最显著的一条原则便是允许骑手自由上下班。"饿了么"和"美团"的报告都显示，超过 60% 的外卖骑手是因为自由的工作时间才选择加入骑手团队的。骑手只要打开手机平台系统 App"刷脸"认证即可上班，下班时直接"退出"系统即可。骑手也不限于在一家外卖平台公司工作。事实上，经常有穿着"饿了么"工服的骑手跑着"美团"的外卖。因为骑手只需要通过手机在不同的平台注册即可在不同的外卖平台公司之间流动，也可以在不同身份的骑手—团队骑手与众包骑手—之间随意切换。

（三）骑手自发的"游戏"

虽然外卖平台公司设计的游戏在一定程度上增加了工作的趣味性，但没有一个外卖骑手会真的把"送外卖"当作"打游戏"，用骑手的话来说："你见过打游戏有这么累的吗？"因此，外卖平台公司设计的游戏并不能直接起到激发骑手自主性的目的。但是外卖平台公司的游戏包装、限时计件工资、送餐奖惩规则以及等级绩效反馈的游戏设计却间接地激发了骑手在外卖平台公司设计的游戏下进行自发的"游戏"，即布迪厄所谓的"双重游戏"：一方面游戏参与者必须按照游戏规则行事，并确信自己站在了正确的一方；另一方面，在服从游戏规则的前提下尽可能为自己的利益行事，无论嘴巴上说的是多么崇高与世无争，但掀开虚伪面纱后始终都是一种"趋利避害"的本能驱动。[①] 骑手自发的"游戏"和罗伊、布洛维提到的"游戏"一样，都是工人面对管理规则时的自主性迸发，骑手可以从中获得完成任务的成功欢愉。因此，在外卖平台的既有游戏规则之下，在外卖骑手的实际送餐过程中，出现了很多骑手自发的"游戏"。

1. 取餐——"挂单"游戏

"挂单"就是通过已有的订单"挂"出更多的订单。原则上，骑手拿到一个订单以后，应该立马前往餐厅取餐。而在骑手「确认取餐」之前，如果有相同餐厅或相同方向的订单，平台系统也会把新的订单派给同一骑手。但是否会有这样的订单完全取决于运气。所以骑手会通过"挂单"来碰运气。"挂单"的唯一不足是以延迟「确认取餐」为代价，这会造成了订单送餐时间的延误。但是平台系统在设计之初预留了「报备」功能。当餐厅出餐慢影响骑手配送的时候，平台系统允许骑手通过「报备」延长送餐时间，而且只需要满足 3 个条件：①在餐厅附近；②到店 5 分钟以上；③餐厅没有在预计时间出餐。但是「报备」的三个前提条件又很容易被满足。首先，骑手等单的地方距离大部分餐厅的直线距离都在 500 米以内；其次，由于在 500 米以内，所以骑手在原地就可以点击「确认到店」，在"挂单"的同时就消磨掉到店 5 分钟的要求；最后在

---

① 皮埃尔·布迪厄：《实践感》，蒋梓骅译，译林出版社，2012。

忙乱中，即使餐厅已经出餐，骑手可以咬定餐厅没有在预计时间出餐或者找不到订单。因此，利用「报备」规则的"漏洞"，骑手实现了"挂单"目的。

2. 送餐——近路探寻

以到中国人民大学知行楼的配送为例。由于中国人民大学有很多学生住在知行楼群（1～5楼），因此每到饭点都有大量来自知行公寓楼的外卖订单。但由于中国人民大学只允许骑手从校园北门入校，所以平台系统在计算骑手送餐时间时会以北门作为依据。而从北门到知行楼的距离是 850 米左右，电动车骑行需要 4 分钟。而在知行楼以北的校园围墙上其实有一扇小门——西北 4 门。只不过西北 4 门小到只允许行人步行入校，自行车和电动车都无法通过。因此，如果骑手只送知行楼的订单，那么他可以选择把电动车停在这扇小门外然后步行到达知行楼，这样距离只有 20 米，步行时间不过半分钟。但是这扇小门并没有在平台系统 App 提供的送餐地图上被标注出来。因此，最早发现这一地图"漏洞"的骑手就迅速地完成了知行楼的送餐任务，节省了大量送餐时间。

3. 交付——提前「确认送达」

由于骑手必须在规定时间内完成配送任务，因此当骑手面临超时危机时，会主动打电话给顾客，解释自己延误的原因，并恳请顾客允许自己提前向平台系统反馈「确认送达」。因为这样一来，骑手即便送餐超时，也不会影响这一单的提成。但是提前「确认送达」需要满足一个条件，那就是骑手当时所在的位置距离顾客的位置直线距离不能超出 500 米。如果超出，骑手只能以"顾客地址"有误的理由修改顾客地址到距离自己 500 米的范围内。但是骑手修改顾客地址以后，平台系统会把骑手的修改行为报告给顾客，因此为了彻底"欺瞒"平台系统，骑手在给顾客打电话时必须向顾客解释修改地址的缘由。提前「确认送达」的一个隐患在于，一旦骑手「确认送达」，顾客便无法在手机平台系统上查看骑手的位置，也就无从跟踪骑手的行迹。因此，骑手提前「确认送达」需要顾客给予骑手极大的信任，并配合骑手共同"欺骗"平台系统。骑手也正是利用了平台系统无法监管顾客的"漏洞"规避了超时的风险。

毫无疑问，"挂单""近路探寻"和"提前确认送达"迟早会被数字泰勒主义所发现。因为骑手在发挥自主性的同时，数字泰勒主义也在发挥数据收集和分析的作用，并将分析结果反作用于骑手。以中国人民大学知行楼送餐为例，当大量骑手跟风效仿从西北 4 门而不是北门到知行楼公寓以后，骑手的送餐轨迹普遍发生改变，由于没有骑手再按平台系统规划的路线送餐，因此平台系统很快发现异常并按照西北4门重新设计送餐路线。由于骑手在实际送餐过程中总会寻找更加便捷的送餐路线，而当不符合平台系统规划的送餐路线的轨迹数据越来越多时，数字泰勒主义便借此发现了原有地图上的不完备之处，进而修改原先的送餐路线。

骑手的自发"游戏"——"挂单""提前确认送达""近路探寻"是骑手在既定的平台游戏规则和现实物理世界之间展现出的自主性一面，同时暴露了数字泰勒主义与虚拟数字世界的盲点，因此骑手自发的"游戏"成为连接责任自治与数字泰勒主义、现实物理世界与虚拟数字世界的中介。在人工智能的时代，没有人工的支撑，智能便无从谈起，因为再聪明的"超脑"配送系统也需要通过向骑手不断学习，并且通过人工的力量不断对技术偏差进行纠正。因此，骑手通过自发"游戏"表现出的自主性成了数字泰勒主义不断学习的对象，而后者通过骑手自发的"游戏"收集到的数据本身又具有很高的价值，如骑手发现的送餐捷径增加了路线规划的选择、骑手上报的定位数据精确了楼宇单元门的位置。得益于这些发现，数字世界对现实世界的映射也变得更加精准。在这一过程中，资本追求的已不仅是骑手体力劳动创造的价值，还有骑手"生产"的数据红利。"价值这一取决于人类劳动时间耗费的财富形式，与现代科学与技术所具有的惊人的财富生产潜能之间的张力日益加剧。"[1] 因此，相比泰勒制工厂中资本为追求利润而采取的遏制工人自主性的态度，如今在互联网平台经济中，出于同样的目的，资本一定程度上允许骑手释放自主性以激发骑手面对复杂多变的现实场景中的适应能力，因为只有随着对现实物理世界的探寻与感知的不断深入，甚至融入每一细枝末节，资本通过数字泰勒主义才能建构无限逼真于现实的虚拟数字世界。届时机器换人将变得更加容易。2018年京东推出配送机器人就引发了快递员何去何从的讨论。[2] 因为配送机器人可以像人一样有效地躲避开障碍物、辨别红绿灯，还可以驾驶、变更车道、识别车位。而配送机器人对每一场景的精细化识别、感知和决策的能力毫无疑问都来自对以往配送

---

① 莫伊舍·普殊同：《时间、劳动与社会统治》，康凌译，北京大学出版社，2019；Moishe Postone、康凌：《重读马克思：关于"时间"与"劳动"的省思——Postone教授访谈》，《杭州师范大学学报》（社会科学版）2012年第5期。

② 《京东配送机器人618上路 快递员将何去何从？》，http://www.sohu.com/a/237451151_181944，最后访问日期：2020年9月1日。

员生成的数据的学习。换言之，由于虚拟（数字）世界与现实（物理）世界的无限逼真使得数字技术的产物——配送机器人——具备了在现实世界取代人工的可能。

六　总结与讨论

看似矛盾的两种管理方式——责任自治与数字泰勒主义——在外卖平台经济的管理过程中相得益彰。前者释放骑手的自主性而后者从骑手的自主性中获取对数据（知识）的垄断。布雷夫曼总结了泰勒科学管理的三大原则就是对工人所掌握的知识进行收集、分析与应用的过程。对比来看，美团的"超脑"就是一个数字泰勒大脑。因为"超脑"时刻在收集来自骑手、商家、顾客和商圈的数据，如骑手的轨迹数据、商家的位置、楼层、平均出餐速度，顾客的类型、偏好和历史订单记录，商圈的天气、路况和交通管制，等等，然后基于以上数据，通过运筹优化、机器学习、数据挖掘、地理计算等智能算法，为每一份订单预估送达时间、计算合理配送价格、指派最合适的骑手，并为骑手设计最优的取送路线。

值得注意的是，作为20世纪最伟大的科学管理革命，泰勒主义从一开始便受到猛烈的批判，因为泰勒主义把人完全当作机器。因此，来自工人的现实抵抗导致泰勒主义没法大规模推行，结果泰勒主义的理论贡献远远大于实际。与传统泰勒主义不同的是，数字泰勒主义在外卖平台经济中普遍推行。主要原因是数字泰勒主义与传统泰勒主义在收集和剥夺工人对知识的占有的方式不同。"泰勒收集工人生产活动信息的主要技术是时间研究，即测量工作过程中每一个组成部分的运行时间，所运用的主要工具是秒表。"[1] 泰勒的继承者，弗兰克·吉尔布雷斯（Frank Gilbreth）则更进一步，通过动作图片（motion pictures）和频闪观测器（stroboscopes）对人的所有身体行为进行调查和分类。数字泰勒主义并不像泰勒主义那样"明目张胆"地收集工人数据。如前所述，在指导骑手配送的途中，平台系统就在默默收集骑手的轨迹数据；数字泰勒主义也不如泰勒主义那样直接剥夺工人自主性，就如同智能语音助手以提升效率和安全为由

---

[1]　哈里·布雷弗曼：《劳动与垄断资本》，方生、朱基俊等译，商务印书馆，1978。

取代了骑手对打电话时机的决策一样。

在数字泰勒主义下，骑手的劳动具备了双重价值。一方面，按照马克思的观点，资本在流通时间内不执行生产资本的职能，因为它既不生产商品，也不生产剩余价值。因此流通时间越接近零或等于零，资本的职能就越大，资本的生产效率就越高，它的自行增殖就越大。对于一般商品而言尚且如此，那么对于食物这样的特殊商品，流通时间越短越有利于商品价值的维护。"一种商品越容易变坏，因而生产出来越要赶快消费，也就是越要赶快卖掉……因此，一种商品越容易变坏，它的物理性能对于它作为商品的流通时间的绝对限制越大……商品只有在人口稠密的地方，或者随着地域的距离由于运输工具的发展而缩短时，才能成为资本家生产的对象。"① 因此，骑手提供的体力劳动实现了商品的快速转移，起到了维护商品剩余价值的作用。

另一方面，在骑手劳动过程中，平台系统无时无刻不在收集来自骑手生成的轨迹数据。现有的手机导航地图只能提供社区楼宇的位置，却不能明确指出楼宇单元的具体位置，因此给骑手送餐造成很大困扰。但外卖平台公司每天收集上亿字节骑手轨迹数据，可以覆盖社区楼宇的全部楼宇单元，经数据降噪、分类和聚合，外卖平台公司可以通过骑手提供的定位数据准确定位楼宇单元的准确入口，填补了从社区大门到楼宇单元小门的数据缺口，而这一数据的生产者便是数以万计的骑手。因此，骑手同样还是数据的生产者，如果把数据看作产品，那么骑手就在创造剩余价值。而由骑手"生产"的数据驱动的技术与知识创新与垄断也将成为外卖平台公司利润的重要来源。

由于数据成为外卖平台资本积累的重要来源，因此互联网平台的资本积累模式相较其他行业有所不同，这也意味着传统意义上的劳动与价值范畴所具有的历史特殊性。"价值是社会财富的一个特定历史形式，它在本质上联系着一种历史特定的生产方式，这种财富形式的历史特殊性意味着，社会财富在不同社会中并不一致。"② 因此，劳动是社会财富的唯一来源这一传统马克思主义的理解应该被限定在特定阶段的资本主义生产方式中。事实上，"随着大工业的发展，现实财富的创造较少地取决于劳动时间与已耗费的劳动量……相反地却取

---

① 《资本论（第二卷）》，人民出版社，2004。
② 莫伊舍·普殊同：《时间、劳动与社会统治》，康凌译，北京大学出版社，2019；Moishe Postone、康凌：《重读马克思：关于"时间"与"劳动"的省思——Postone 教授访谈》，《杭州师范大学学报》（社会科学版）2012 年第 5 期。

决于一般的科学水平和技术进步"。① 而互联网大数据与人工智能技术的日益兴起也表明资本积累的模式正从劳动创造财富更多向技术（数据）创造财富转变。②

资本积累模式的这一转变导致资本对工人自主性的态度也发生了改变。以往，自主性被认为是造成劳动力"不确定性"的主要原因，因此遭到了资本的严密监视和遏制。如今，自主性的另一面——面对复杂多变的现实场景的调节和适应能力——更被资本看中。因为后者不仅是骑手在劳动过程所必需的能力，而且生成的数据具有更高的价值，如骑手"近路探寻"发现的便捷送餐路径，不仅提高了配送效率而且填补了智能导航地图的空白。因此，如何激发骑手的自主性并从中发现有价值的数据，才是互联网平台资本当下考虑的重要内容。

在泰勒主义盛行的年代，工人的自主性是不被允许的。工人为了面对"单调猛兽"，避免在单调枯燥的工作中"疯掉"发展出自己的"游戏"。工作中的"游戏"实际上是工人面对严苛管理时的自主性发挥。尽管资本对待工人自发"游戏"的态度是默许的，但在公司面临利润危机的情况下，资本会强势介入阻止"游戏"的进行。而在数字泰勒主义主导的外卖平台经济中，资本不仅宣扬"送外卖就像打游戏"的工作理念，还用游戏包装骑手，甚至在工作中加入游戏设计。责任自治策略允许骑手在外卖平台公司设计的游戏之下进行自发的"游戏"，而自发的"游戏"恰恰是骑手自主性张扬的表现。"挂单游戏""近路探寻"以及"提前送达"等都是骑手在既有游戏规则和现实场景中发现的允许自我决策的漏洞，同时也是数字泰勒主义和数字世界的盲点。但由于骑手发现的漏洞很快会被数字泰勒主义发现和填补，因此，骑手自发的"游戏"成为连接责任自治与数字泰勒、现实物理世界与虚拟数字世界的中介。而以数字泰勒主义为支柱的平台系统将逐渐对真实的场景世界具备感知、认知与判断的能力，智能语音助手的出现就是机器替代人做决策的最好说明，而美团"超脑"系统的不断完善或许预示着不远的将来机器换人时代的真正来临。

---

① 《资本论（第一卷）》，人民出版社，2004。
② 2020 年 4 月 9 日，中共中央、国务院印发《关于构建更加完善的要素市场化配置体制机制的意见》，首次将数据与土地、劳动力、资本、技术并列为五大要素。

离海不离港

——海南岛环三亚河口的渔港空间重构与海洋社会治理

区　缵*

一　岛屿港口城市的渔港空间重构

岛屿的港口区域是陆地社会与海洋社会接触、碰撞与交融的地方，在港口区域可以很好地观察岛屿的海陆互动以及海洋社会治理的演进。港口区域成为流动的海洋族群与陆地社会连通的结合点，也是它们的落脚点、中转站和集散地。本文研究的港口区域在海南省三亚市，主要探讨渔港空间重构与海洋社会治理，分析渔港搬迁、海岸改造、渔村建设等不同项目的社会影响，从生计与栖居的角度呈现作为海洋族群的疍家渔民在此过程中所经历的不同治理实践阶段。2012—2021 年，笔者曾多次到三亚的港口区域展开疍家社会的田野调查。遵循研究伦理，所提及的访谈对象已做匿名处理。

三亚渔港地处临春河与三亚河交汇的出海口，河流三角洲的岛屿具有相当的空间效益，是港口功能发展的理想选择，而三角洲岛屿的有限土地利用率促使岛屿城市的港口形成高密度的中心区域。[①] 城市发展过程中，将市中心的滨水区域改造成旅游休闲地是国内外常见的模式。三亚地形为丘陵地貌，北部是山地区域，受限于现有城市功能的位移影响，城市区域进入内陆扩张相当困难。

---

*　作者简介：区缵，中央民族大学民族学与社会学学院讲师。

① Grydehøj A. "Island city formation and urban island studies." *Area* 47, No. 4 (2015): 429 – 435.

随着三亚城市的发展，三亚渔港占据的海岸地块成为旅游开发的黄金地段。三亚要成为国际旅游城市、打造全球知名的游艇港，关键在于市中心河口港区的空间重构，特别是港口地区的升级改造。

当前，海南岛沿海渔港群分六个经济区[①]，在大三亚圈渔港经济区里有两个中心渔港，分别是陵水新村中心渔港和三亚崖州中心渔港。新村中心渔港是以疍家渔民为主的多族群聚居地，[②] 崖州中心渔港则是由鹿回头山下的三亚老渔港搬迁建成。三亚港是天然良港，处于市中心的绝佳位置。港口依山傍海，港内风平浪静，水域宽阔，南以鹿回头为起点，东以三亚桥为界，介于鹿回头岭与马岭之间，东与榆林港相邻，周围群山环抱，能避诸向风。三亚港在港口空间重构以前一直是商渔共用，属于比较典型的"都市型渔港"。

三亚港自 20 世纪 50 年代从渔港增建为商港后，除了渔业码头，还有货运和客运码头。1983 年三亚港被国务院批准为对外开放口岸，成为广东、广西、福建、山东等省区以及港澳台地区的渔船往来交易、补给和避风停靠的港口，是海南岛南部最大的多功能综合性港口。老渔港的南北海岸主要有两个疍家渔民聚居地，分别是北边海渔村和南边海渔村。渔村的土地主要归榆港社区和南海社区管辖。北边海渔村主要是指榆港社区的水居巷和南海巷，南边海渔村主要是指南海社区的一巷到十三巷。疍家渔民在三亚渔港逐渐发展出一套与港口及周边海域互存共生的"海陆两栖"生活方式。

在三亚的城市发展、转型与升级过程中，早在 1996 年市政府就已有动议，花了十年时间做规划准备，于 2005 年底推出了"三港分离"项目[③]，即三亚港的港区重点发展客运、旅游运输，客运港从三亚河口迁至白排人工岛，货运港搬到城市西部的南山，渔港从三亚河口迁至城市西郊的崖州湾，促使三亚港的渔业生产功能从市中心向市郊区转移。在海陆转型的过程中，三亚渔港由生产型港口转向开发消费型港口，港口区域的海洋社会治理伴随着村—港关系的变动而发生改变。

[①] 其余五个经济区分别是：海澄文渔港经济区、琼海—万宁渔港经济区、东方—昌江渔港经济区、儋州渔港经济区、临高渔港经济区，《国家发展改革委、农业农村部关于印发全国沿海渔港建设规划（2018—2025 年）的通知》。

[②] 刘莉：《南湾：多族群聚居地的生境、历史和港湾发展》，《北方民族大学学报》（哲学社会科学版）2019 年第 6 期。

[③] 程范淦：《三亚：三港分离推进城市西拓》，http://www.sanya.gov.cn/sanyasite/syyw/201708/f657ddd66b934d97aaa55edc5e41672f.shtml，最后访问日期：2021 年 8 月 26 日。

二 海陆两栖：村—港合一时期的社会治理

"天高皇帝远，海阔疍家强"，这是在南中国海区域流传的谚语，也是历史上疍家人对地处边陲与向往自由的隐喻，暗指疍家人可以不臣服于帝国王朝的政治秩序而自由流动。对于这群以船为家而又萍踪难觅的疍家人，那些统治机构有时显得过于臃肿和笨拙。与传统上"被土地束缚"的农民相比，浮家泛宅的疍家人在海洋上纵横驰骋，是广阔的南海区域里相对自由的行动者。但自由和保障是个体始终要面对的两难之境，二者如鱼与熊掌，难以兼得。个体如何在差异中求得一致，便成为自由和保障并存的前提。① 流动性的自由和海洋生活的不确定性使得海洋生计难以自给自足，必须要与陆地社会进行交换，于是港口就成为疍家人追求保障的基础。

疍家人又称"水上居民"，分布在华南地区乃至东南亚地区，是南海区域最具代表性的海洋族群之一。自宋元以来，环海南岛北至海口、临高，西至儋州、昌江，南至三亚、陵水，东至琼海、文昌，只要有海港处就有疍家人的足迹。据海南的地方志载，宋代已有疍家人的记录。1097 年，苏轼责授琼州别驾，移昌化军安置，称该地"黎蛋杂居"。后来，他从昌化军迁回廉州居住，也是"乘蛋船过海"。② 在明朝正德七年（1512），海南人口有 54798 户，疍户有1913 户，约占总户数的 1.27%。崖州③人口 2435 户，疍户 349 户，约占 14.33%。④由此可知，崖州自明代以来就是疍家人的主要聚居地之一。据《崖州志》载，"蛋民，世居大蛋港、保平港、望楼港濒海诸处。（《旧志》）今无疍民"。⑤ 清代时期，由于崖州附近河港淤塞，疍家人逐渐离开，大蛋港也遭废弃，据《崖州志》载，"大蛋港，城西南八里。港浅，不能泊船。昔为要隘，今废"。⑥ 三亚港与榆林港隔山相连，港口条件优良，疍家人口不断增加。据《崖州志》载，榆林港"此地独佳。往来轮船多于此取水"；三亚港"有浮沙一带，以障

---

① 齐格蒙特·鲍曼：《个体化社会》，范祥涛译，冯庆华审校，上海三联书店，2002，第 97～115 页。
② 何格恩：《蛋族事迹年表初稿》，《岭南学报》1937 年第 6 卷第 4 期。
③ 崖州是三亚的古称，民国时期改为崖县。
④ 《天一阁藏明代方志选刊 琼台志》第十卷户口，上海古籍书店，1964，影印本，第 507、509、530～531 页。
⑤ 张嵩、邢定纶、赵以谦纂修：《崖州志》，郭沫若点校，广东人民出版社，1983，第 34 页。
⑥ 张嵩、邢定纶、赵以谦纂修：《崖州志》，郭沫若点校，广东人民出版社，1983，第 44 页。

海潮。渔船入内停泊。冬春渔业极旺，足供十万人之用"。①

笔者与潘英海教授在 2014 年 7 月、12 月先后进行过两次环岛考察，发现当前海南疍家人主要分布在文昌铺前港、昌江海尾新港、三亚港、陵水新村港等岛屿港口区域及附近村落。潘英海教授曾专门撰文分析，根据疍家人的生产体系、交换经济体系、海洋知识体系与文化生态体系，可以认为其是不折不扣的"海上民族"，拥有一种"游捞"的移动或迁徙的生产模式。②

疍家人由水上移到陆上的过程是逐渐发展的，先是住家艇泊岸，然后在临水的无主空地搭盖棚屋，逐渐发展为砖瓦屋。有的进一步离开邻水区域，散居在陆上居民之间；有的老一辈将自己住的疍家艇停泊在离儿孙新居不远的湾口。这在珠三角地区③、香港④、厦门⑤、福州⑥等地都有类似的过程。在疍家人聚集地附近，往往形成地摊式疍家渔市，这是疍家人进行物质交换的重要场所。沿海疍家人的住家艇则直接停靠在临海港口附近，以集中型聚落为主。沿海各渔港既是避风港，也是海洋鱼类交易中心，有利于疍家人的生产生活，加上出海捕捞的时间比较久，故成为疍家人住家艇停泊的主要场所。⑦ 如今三亚 50 岁以上的疍家人都有住过疍家棚的生活经历，1948 年出生的杨先生说："我在 1950—1981 年一共住过十间茅草房。七间茅草棚在海边水里，三间茅草屋。"⑧ 1964 年生的梁先生说："我们都住过疍家棚，我 1979 年才移到现在的（南边海）渔村，一直住到如今。疍家棚夏天凉爽，冬天很冷，大小便都往海里下，因为房顶是用毛草盖的，墙壁用椰子叶编织围成，台风袭击时到处漏水，如果遇 12 级以上台风，还有把房顶的毛草吹走或是把棚吹歪，很凄凉。我们的棚曾被吹歪，

① 张嶲、邢定纶、赵以谦纂修：《崖州志》，郭沫若点校，广东人民出版社，1983，第 45 页。
② 潘英海：《疍家物质文明与海洋文化：一个文化生态的视角》，《天涯华文》2015 年第 4 期。
③ 叶显恩：《明清广东疍民的生活习俗与地缘关系》，《中国社会经济史研究》1991 年第 1 期；黄新美：《珠江流域水上居民的历史与现状》，《岭南文史》1995 年第 4 期；张寿祺：《疍家人》，载张寿祺著，罗志欢、戴程志选编，东莞市政协编《张寿祺集》，广东人民出版社，2017，第 164～167 页。
④ 华德英：《香港的一个渔村》，朱立德译，载华德英：《从人类学看香港社会——华德英教授论文集》，冯承聪等编译，大学出版印务公司，1985，第 1～18 页；郑锦钿：《一个水上人家庭的故事——从水上人空间运用的生活文化寻找被遗忘的历史》，《岭南文化研究》2011 年第 28 期；王惠玲、罗家辉：《记忆景观：香港仔渔民口述历史》，三联书店（香港）有限公司，2015。
⑤ 钟毅锋：《厦门港疍民生计方式及其民间信仰》，《中国社会经济史研究》2007 年第 1 期。
⑥ 陈碧笙：《关于福州水上居民的名称、来源、特征以及是否少数民族等问题的讨论》，《厦门大学学报》（文史版）1954 年第 1 期。
⑦ 吴水田、司徒尚纪：《岭南疍民舟居和建筑文化景观研究》，《热带地理》2011 年第 5 期。
⑧ 访谈 1，对南海社区疍家人杨先生的访谈，2020 年 6 月 16 日。

用人力拉正后又继续住。不过有留下孩童时代的快乐。"① 疍家人的居住形态是对自然和社会双重环境的文化适应，居住空间不仅是物质的空间，更是社会和文化构建的空间，包括居住环境、房屋形制和居住格局的历史演变。

　　三亚疍家社会的组织化治理从 20 世纪 50 年代开始。1950 年，崖县的疍家人成立南边乡人民政府，党和政府从此成为海南疍家渔民上岸居住、建设港口的主导力量。1952 年 12 月至 1953 年 3 月，广东省民族事务委员会派出调查组到阳江沿海与中山港口沙田、粤东和粤北，了解广东省沿海和内河疍家的历史与现状，考察他们是否具备成为少数民族的条件。② 基于"名从主人"和"尊重本民族意愿"的原则，政府听取了疍家人自己的意见。尽管政府对少数民族有优惠政策，但可能受历史上长期被排挤、歧视的痛苦经历影响，疍家人大多数不愿意被划为少数民族以区别对待。他们非常希望得到政府的允许和帮助，能够迁到陆地居住，可以享受到与陆地居民同等待遇。③ 1957 年 3 月，陈序经在全国政协会议上发言指出，疍家人作为少数民族来处理没有问题，但是否作为少数民族实际上是次要问题，主要问题是他们在经济和文化上都极为落后，需要特别加以照顾。④ 许多年以后，同样是面对搬迁，鹿回头的黎族村民有少数民族政策照顾，一些疍家人反过来感慨当年错过被识别为"疍族"的机遇。当时，海南岛隶属广东省管辖，崖县人民政府为照顾这些贫苦的水上居民，打算划拨给他们如今三亚市解放二路靠近内城里的路段，但疍家人习惯于濒水生活，放弃了这一安排，选择继续在崎港相邻的北边海、南边海这两块海边沙洲定居。自此，港口渔村成为疍家人的合法聚居地，逐渐形成"村—港合一"的渔村社区。

　　根据疍家老人们的回忆，1950 年以后三亚疍家人的基层治理过程大致如下：1953—1954 年疍家人进行"海改"，崖县人民政府开始组织部分贫困渔民把渔网、渔具集中，成立渔业互助组，短短两三年内先后组建初级渔业合作社和高级渔业合作社，均由疍家人担任正、副社长。1958 年，崖县成立炮艇、鱼雷、天涯、海燕、洪流五个人民公社。1959 年，鱼雷公社先改为榆林公社，再

---

① 访谈 2，对南海社区疍家人梁先生的访谈，2020 年 6 月 16 日。
② 广东省民族研究所编《广东疍民社会调查》，中山大学出版社，2001。
③ 伍锐麟：《民国广州的疍民、人力车夫和村落》，广东人民出版社，2010，第 17～18 页。
④ 陈序经：《华南水上居民需要特别加以照顾》，载余定邦、牛军凯编《陈序经文集》，中山大学出版社，2004，第 128 页。

改为三亚公社、榆林公社、南海公社、南海水上运输公社。南海乡更名为榆港大队，隶属于南海公社。南海公社主要负责捕鱼，主要管辖榆港大队、后海大队、西岛大队和南海船舶修造厂。南海水上运输公社主要负责运输，分为五个大队，一队、二队在三亚，三队在红沙，四队在港门，五队在藤桥，一队和二队的队员主要居住在北边海的水居巷。

互助组、合作社这些新的地方社会组织的建立，意味着政府对港口区域渔民群体的改造与治理初步完成。当时，开发西沙是保卫和建设南海边疆的主要任务，疍家人的生产方式与船队技术能够满足当时政府的需要。在渔业初级合作社成立后不久，第一批疍家青年就响应党和国家的号召，自愿报名前往西沙海域捕鱼。南海公社成立后，为了完成当年特殊时期提出的高额产量要求，同时继续开发西沙，公社领导亲自带领疍家船队前往西沙"做海"。疍家渔民的渔船主要是风帆船，航向只能看指南针，根据气象判断风向，作业方式是比较传统的四角罾，粮食和淡水难以补给，每天要控制供应量。即使生产条件如此艰苦，有组织支持的疍家人依然在南海上乘风破浪，一往无前。在回顾这段历史时，1936 年出生的卢先生是第一批社员，他认为："那时候国家一穷二白，人们最听党的话，讲什么就做什么，不讲钱不讲力的，有力就拼命做。因为人穷，卖力不讲钱，听党的话才能找到社会主义道路。"①

1979 年，榆港大队里负责后勤业务的疍家人从中分出来，组成南海大队。南海大队的土地主要是 1972 年由榆港大队申请，经原崖县革委会批准获得的。当时，港口南岸多荒山滩地，曾是疍家人的坟地。大队干部组织社员炸山取石、挖土填海，1943 年出生的卢先生回忆当年大队干部的气魄："不建设出新渔村，死都唔眼闭。"② 开发出的土地由榆港大队统一建房，卖给社员。当时的房子分为三种，第一种是瓦房，第二种是半钢筋水泥房，第三种是全钢筋水泥房，价钱也是从低到高。1980 年代改制以后，房子归私人所有，不再统一建房，改为根据社员的户口人数划拨土地，不另外收取费用。在港口两岸先后建立的渔村成为三亚疍家人口规模最多的聚落，榆港大队和南海大队日后改制成为榆港社区居委会和南海社区居委会，由于南海大队是从榆港大队分出来的，也造成了日后两个社区管辖的土地和人口犬牙交错的状况。

① 访谈 3，对南海社区 1936 年生的疍家人卢先生的访谈，2021 年 8 月 12 日。
② 访谈 4，对南海社区 1943 年生的疍家人卢先生的访谈，2021 年 8 月 10 日。

1950—1980 年，疍家人在三亚渔港的海岸建房定居，这是他们第一次集体上岸，并逐渐形成疍家渔村共同体。在这一时期，地方政府对疍家社会治理的特征主要如下。一是将流动的疍家人定居化。原来只是用来停泊、交换与补给的渔港成为他们在岸上居住的家。自此港口土地使用合法化，"海陆两栖"的生活方式得到进一步延续。二是对基层的疍家社会组织化。以生产为单位建立的各级行政组织有利于动员和组织疍家人，既能稳定渔村生计，又能维护海疆安全。具有奉献精神的渔村干部在其中发挥了重要的带头作用。这个时期的定居化与组织化的社会治理，正式形成了疍家渔民"海陆两栖"的生产生活方式，这种情况一直持续到 2005 年后才发生根本性变化。

三　"混沌"的港口：村—港分离时期的社会治理

三亚市政府在 2005 年 12 月启动"三港分离"工程，初步确定将渔港搬至六道湾。后因战略需要，于 2008 年重新选址崖州湾，2009 年底正式开工建设。[①] 2016 年 8 月休渔期结束后，崖州中心渔港正式启用。海岸改造工程包括 2005 年启动的北边海"水居巷旧城改造"项目，[②] 以及 2017 年启动的"南边海环河口棚户改造"项目，[③] 搬迁对象几乎都是港口疍家人。自 2005 年至今十多年的时间里，这些项目的实施彻底改变了疍家人"海陆两栖"的生活状态，尤其是北边海的疍家渔村共同体遭遇解体，同时面临着不同于陆地社会的生产生活问题。在港口的空间重构过程中，疍家社会暂时处于转型中的混沌状态。

（一）船—港分离

20 世纪 70—80 年代是疍家渔船进入机械化的时期，自此之后渔业生产进入快速发展阶段。1990 年代，三亚渔港的船只数量已经超过港口的容纳量。当时，渔港、商港共用，货运、客运并行。平时在港口停泊的渔船就有 1000 艘左

---

① 程范淦：《崖州中心渔港"渔利"可期》，http://hnrb. hinews. cn/html/2009 – 12/28/content_4_4. htm，最后访问日期：2021 年 11 月 12 日。
② 该项目的拆迁范围为"东至三亚西河，西至建港路，南至港务局码头入海处，北至解放一路"，涉及拆迁面积达 26 万平方米，约 1600 户，包括三亚航运第一小学和南海小学，人口约 6000 人。
③ 该项目的征收范围为"东至南边海鸿洲码头，西至三亚河口，南至南边海南海山庄，北至三亚河口"，涉及占地面积约 260 亩，征收房屋及建筑附属物总建筑面积约 23.0939 万平方米，273 栋楼，征收户数约 553 户，人口约 1240 人。

右，热带风暴期间停泊的渔船更多，另外还有交通船、加油船、运输船等上百艘其他船只。由于近海渔业资源面临枯竭，大量小而旧的渔船在三亚港停泊，缺乏生存竞争力，又容易对港口环境产生污染。但是很多疍家渔民并不看好崖州湾的新渔港，他们凭借丰富的做海经验，认为崖州湾的地势、沙形和流水都不适合做渔港，选址和设计存在生产隐患。新渔港首先是出港方向设计有问题；其次是不像老渔港有鹿回头山做屏障，新渔港的空旷地没有避风能力，泊港的船只会直接承受风力，港区海底均为沙地，船舶抛锚难以固定，一旦遭遇强台风，容易受毁坏；最后是港湾内没有活流水，容易造成污染。[①] 这些意见与三亚市政协的调查结论大致类似："中心渔港出口设计存在严重的技术问题，港口出港方向与岸线垂直，直接向大海开口，朝西南方向。如此开口的港口，渔船进出港航行很危险。……到现在未有人发现这个问题。综观国内外渔港的建设，垂直角度向大海极少看到。"[②]

不仅是生产安全问题，渔民搬到新渔港还意味着渔业生产成本的增加。疍家渔船以灯光围网作业为主，面对的渔场主要分布在海南岛的东南部和南部海域，以文昌七列洲岛渔场（航程来回 20 小时）、万宁大洲岛渔场（航程来回 40 小时）、西沙群岛（航程来回 48 小时）、中沙群岛（航程来回 96 小时）和南沙群岛渔场（航程来回 148 小时）为主要作业区域。新渔港位于老渔港的西边，要到达渔场需要经过老渔港的航线，渔船行驶期间要改变两次方向，避开南山岭和绕过东岛，航程因此增加了 25 海里，按照渔船的时速 8 海里，来回一趟要多花七八个小时。渔船找鱼群，鱼群随流水，流水有时限，由于渔港西迁导致远离渔场所多出的生产时间，在生产效率不变的前提下，生产成本大幅提高。当时，大部分疍家渔船的动力是柴油机，没法安装最新的压缩式制冷机。灯光围网船主要采用微冻和加冰保鲜，装鱼时需加入适量冰块，保鲜时间有限，容易破坏鱼的卖相，从渔场返回港口交易，航程越远，渔获的新鲜度越低。例如，金枪鱼若达不到保鲜要求，造成肉质松散不能进行深加工，价值就大大降低，原本可出售 20 元/斤最后也许只能卖到 5 元/斤。

此前，政府对搬迁的渔船实行一次性补贴 3 万元的政策。新渔港启动的

---

① 根据笔者于 2012 年、2014 年对崖州湾新渔港的实地考察以及多次与疍家船长的访谈所得。
② 三亚市政协经科委课题组：《加快渔港搬迁 推动经济发展——我市崖州中心渔港搬迁调研报告》，2016 年 4 月 22 日。

2016 年，还实施针对新渔港远离渔场造成损失的搬迁补贴政策，为每月 1500 元。对疍家渔民而言，这每月的补贴远不够支付新老渔港来回的油费。有渔民提出，只要不搬迁，宁愿每年交 3 万元给政府作为老渔港的使用费。在新港建设的同时，政府计划逐步淘汰小渔船，以自愿为原则，要求渔船随迁到崖州新渔港，不允许停在老渔港，否则按征收处理。当时针对的小渔船长度在 24 米以内，吨位在 20 吨～30 吨。渔船征收政策表明，政府试图通过减少渔船数量来保护海洋资源。2013 年纳入报废的编内渔船 72 艘，2017 年征收近 200 艘，政府对这些渔船进行估价征收，并折旧回收渔网等生产工具，同时以千瓦数为单位作一定的补偿并回收渔船发动机功率的马力指标贴花。小渔船一般是夫妻家庭作业，很多夫妻船因为成本过高而放弃，有的夫妻船在渔港搬迁后还想坚持，但也只是多硬撑了 7 个月，就不得不选择卖掉渔船上岸。① 征收小渔船后，政府承诺在三年内每月按每船 980 元的标准发放生活补助，作为转产转业过渡阶段的最低生活保障。

在政策上，政府转而鼓励渔民造大船、出远海。2003 年，榆港社区居委会陈书记在市人大代表会议上提议，三亚市政府要做好"海的文章"，得从重视渔业开始。当时的三亚市委书记采纳了这个建言，第二年便推动市国资委投资渔业，建造钢质渔船。这批渔船的编号统一是"琼三亚 720XX"。疍家人的渔船完成了从木质渔船向钢质渔船的转型，实现全船机械化和电信化。一开始疍家渔民以承租的方式使用，但这样不利于生产和维护，后来榆港和南海社区的船主联合发起成立三亚海榆合作社，以贷款的方式购置使用。三亚海榆合作社自 2010 年成立，拥有 54 艘灯光围网渔船，多在 130 吨～180 吨。社区居委会这一有力举措，让疍家渔民的近海捕捞至少又延续了 10 年。但是多数疍家人在资金和人力方面不一定跟得上技术的进步，只有一部分人能继续组织生产。

渔船的人员结构需求既可反映劳动力多寡，也可反映生产力高低。以人员构成和分工为标准，结构如表 1 所示。小型船如地网艇、扛罾艇等，在沿岸只需要 3 人就能完成作业。中型船以风帆船和机帆船为主，船上人员一般配备 8～11 人，由一名船长及甲板工组成。大型渔船，如机拖渔船与灯光围网船，体积相差不大，采用的渔网也相同，只是使用拖网作业与灯光作业的不同渔法。船

---

① 访谈 5：对南海社区疍家人卢女士的访谈，2021 年 8 月 2 日。

上的人员构成也大体一致，由船长、驾驶员、轮机长、轮机员以及女性后勤人员再加上 10～12 位甲板工人组成（见表1）。

表1　渔船上人员构架与分工表

单位：人

船只类型	船长	驾驶员（大副）	轮机长	轮机员（大管）	甲板工人	后勤人员	总人数
小型船	1	0	0	0	2	0	3
中型船	1	0	1	0	5～8	1	8～11
大型船	1	1	1	1	10～12	2	16～18
大型机拖船①	1	1	1	1	4～5	1	9～10
负责工作	全面负责渔船安全、决定捕鱼海域等	协助船长各项工作	全面负责船上机械设备运转及维修等	协助轮机长各项工作	负责下网、收网、渔获分类与保鲜等	负责船上渔民的日常生活配置和饮食等	

海洋渔业的生产风险很高，渔船并非每次出海都会有收获，也可能空载而回。如今船主选择与渔工分担风险，为了降低风险成本，同时提高渔工的积极性，渔获按约定的比例分配。分配原则根据技术、劳动力和资本来确定，南海社区居委会已退休的梁书记从事渔船生产和管理有 40 年的经验，他这样解释：

> 渔船出海捕鱼按比例分成，在 20 世纪 60—70 年代，渔船由公家提供，那时没有按比例分成，所有的渔获都要交给公家，公家再把渔获出售获得金钱，再购买一些粮食等生活用品分配给渔民。后来按比例分配，渔船出海捕鱼时一个甲板工人抽成比例是 1.6% 到 1.8%。直到近年来生活水平提高，这个抽成比例也提高到 1.8% 到 2.2%，就算这样都很难招到捕鱼的工人。捕鱼的比例分成再高，如果捕的鱼少，获得的钱还是一样不多。如果船主对鱼群的习性和捕鱼的海域有很好的了解，每次出海都能大丰收，就算你分 1.5%，都会有很多渔民跟你出海的。关键还是要看渔船的捕鱼数量吧。②

---

① 机拖灯光围网渔船的不同之处在于加装机拖架进行改造，大大地节省人力。28～32 米长的渔船，甲板工人只需 4～5 人。

② 访谈 6：对南海社区居委会退休梁书记的访谈，2013 年 12 月 25 日。

以灯光围网船"琼三亚 11190"为例，船长即船主，船上的人员构架是 12～13 位甲板工、一个轮机长以及一名女性后勤，算上船主一共是 15～16 个人。只有轮机长和后勤的工资固定按月计算，轮机长是 8000～10000 元/月，后勤是 5000 元/月，工作相对固定，不需要参与捕鱼，无论渔船收获多少都与他们无关。甲板工人的分成按 1.8% 到 2.3% 不等，由渔工的工作年限决定，在船上工作越久，所获比例会越高。有一部分的船长并不是船主，是由船主聘请的，也会按照比例分成，船长负责渔船的航向、对鱼群位置判断等关键工作，一艘渔船的渔获量直接取决于船长的技术，因此分成比例相对较高。

渔船渔获分成比例一般是船老板占 60%，船长单占 18%，甲板工人群体占 22%。渔船在码头出售的渔获总额，在不扣除任何生产成本的情况下乘以 0.22，得到的就是甲板工的收入。计算公式是：渔获销售总额×渔工分成比例＝渔工收入。船老板所占 60% 的部分需要支付燃油费、生活用品等，扣除生产成本后即船老板所得。

但渔船所需劳动力依然日渐匮乏，主要是聘请工人的难度越来越大，雇用渔工的薪酬有"水涨船高"的趋势。南海区域的疍家渔船出海有固定的季节和月份，休渔期（5—8 月）不出海、冬季（11 月—次年 2 月）不出海。在合适的季节和月份，灯光围网渔船是否出海还要视天气而定，月圆前后也不能出海。由于休渔期时间长、看天出海、出海质量低等原因，越来越多的工人不愿意到渔船干活了。

很多小渔船的船主表示，不会让后代从事渔业，自己也有转产转业的倾向。通过一艘小渔船"琼三亚 11084"的生产数据，可以分析其选择背后的缘由。这艘船的船主在 2013 年转产转业，已经不再出海。根据他提供的 2004—2013 年的渔船账簿计算得出，该船在此期间的渔获总收入为 2317190 元，加油费用 1282185 元，支付工人工资 643895 元。跟船出海次数最多的是李渔工，一共 22 次，他当时 32 岁，渔船总收入是 2203985 元，按 2.3% 分成，实际收入是 53310 元。李渔工的老婆跟船出海 3 次，渔船总收入是 239389 元，按 1.8% 分成，实际收入是 4315 元。跟船出海次数排第二的是付渔工，一共 12 次，他当时 29 岁，渔船总收入是 929890 元，按 2.2% 分成，实际收入是 20990 元。付渔工的老婆跟船出海 6 次，渔船收入是 644040 元，按 1.8% 分成，实际收入是 11645 元。据上述数据计算这两对夫妻在 10 年间从事渔业的家庭年均收入，李渔工夫妻年均不到 6000 元，付渔工夫妻年均仅 3000 元多一点。面对三亚年年上涨的物价水平，仅靠这样的收入根本无法满足家庭生活的需求。而除去支付油费和工人工资等，船主到手仅 391110 元，加上领取的油补 42 万元，一共是 811110 元，平均年收入约 8 万元，可见，经营小渔船的收入也并不可观。

因此，造成渔工转业的主要原因是工作时间不固定、危险系数高、收入低。而资源减少、政策收紧导致渔获产量不高，船主的分成比例虽多，也抵消不了所需的油、冰、网、食物、维修等支出和消耗，更容易入不敷出，这是船主转产的关键原因。渔民说过最心酸的一句话是："付出最多的是渔民，回报最少的还是渔民。"渔业生产投入高，而渔民所得利润低，一艘渔船从造船到报废的二十年里，养活了造船厂、加油厂、制冰厂、加工厂、渔具厂、运输船、鱼贩以及海鲜排档等，而从事捕捞的渔民只不过能维持温饱。

由于政府提供的资金贷款造大船的政策仅适用于富裕的疍家渔民，这部分疍家人建造大型渔船、搞渔货收购转卖，有的还承包了冷冻厂、制冰厂，生活较为富裕，盖起了新楼。更多的疍家人缺少文化，没有资金，只能从事一些体力活，做渔船员工、冷冻厂和制冰厂的雇工或者到航运公司上班，也没有能力盖楼，仍然住着父辈留下的砖瓦房。

此外，新渔船、新渔港等新时代建设与治理的措施，使得原来村—港合一的生产生活体系出现分离趋势。疍家渔民认为三亚老渔港所在区域治安好，安全系数高；但到新渔港，则需要守在船上以确保财物安全。疍家人平时到南海各渔场捕捞作业，逢年过节或遇到陆上事情要处理，返港上岸即归家。渔港搬迁后，疍家渔船在老渔港失去了在家门口固定的停泊码头和海域。对于疍家渔民而言，渔船按渔业季节随渔场过港，但"家"与老渔港是海陆两栖生活的保障，而新渔港不过是渔船过港的一个新地点而已。从这个意义上来说，不管是否继续从事捕捞工作，他们都必须面对在港口"船—港分离"的局面。传统渔船作业只能停留在 80 米等深线内的岛礁渔场进行生产，长久以来造成浅海区过度捕捞，这使得三亚老渔港近海的渔获资源逐渐难以满足生产需求（见表 2），有些渔船宁愿在港口休整也不敢轻易出海。

表2　三亚主要渔获的种类与资源情况

渔获品种	资源情况
巴浪鱼（蓝圆鲹）	捕获量巨大，资源易遭破坏也易恢复，是灯光围网渔船的主要渔获
带鱼	资源变动不大，较为稳定
金线鱼	资源具有一定恢复力，但是呈逐年下降趋势
短尾大眼鲷	呈逐年下降趋势
刀鱼	资源具有较强恢复力，但因过度捕捉呈逐年下降趋势
昌鱼	属于优质鱼类，资源呈逐年下降趋势
妈仔鱼（黄尾巴鱼）	具有一定恢复力，资源量较为稳定
鱿鱼	属于特别鱼类，资源量稳定
康氏马鲛	属于优质渔获，资源量稳定
炸弹鱼（扁舵鲣）	制作罐头的最好原料，保鲜加工技术落后，资源未被充分利用

"村—港"分离的过程也与国家海洋渔业政策的导向密切相关。南海区域的休渔期在1999年首次实行，后来逐渐延长，2010年由原来的两个月增为两个半月，2018年再增为三个半月。面对渔业资源枯竭、休渔期延长的状况，渔民的生产日渐艰难，面临转产转业的选择。现在，疍家渔民必须到更远的海域才能有更多的捕获量。目前海榆合作社有2艘600吨位级远洋渔船建成投产，还有2艘同样吨位级的正在建造。①

"三港分离"项目中的渔港搬迁导致越来越多的疍家渔民下决心卖掉渔船上岸，2018年，海榆合作社只剩下13艘渔船。船—港分离的治理实践也体现了政府对"治渔先治船，治船先治港"的一贯思路。这是疍家人第二次集体上岸的标志事件，意味着"村—港合一"时期疍家渔民习以为常海陆两栖的状态被彻底打破。

在三亚河口东岸，"时代海岸"楼盘及岸边的游艇区显得整齐划一，而三亚河口北岸与东岸仍是低矮不平的砖瓦楼房，岸边和内港水域停靠的是本地渔船和外地渔船。一河之隔，海岸风光迥然不同，在城市化和旅游开发的进程中，北边海水居巷和南边海河口棚户成为重点改造空间。当年的建设工地上印刷着蓝底白字的广告语——"三亚：进入游艇社区新时代"。这条标语让人印象异常深刻，资本的力量正在瓦解疍家渔村共同体。

---

① 该数据由三亚市天涯区榆港社区居委会提供。

图 1　三亚港北边海水居巷海岸改造前后对比（2012 年与 2021 年）

图片来源：作者拍摄。

（二）家—港分离

对于疍家居民而言，如果说渔港搬迁促进了"船—港分离"，那么海岸改造则推动了"家—港"分离。榆港社区水居巷是疍家人从海上到陆上定居的第一块划拨地，上岸定居是缓慢推进的过程，由于时间过长，以至于缺乏统一规划。从目前城市规划的角度看，社区整体布局的规则性差，属于典型的沿道路布置和见缝插针式的建造。大部分楼房的间距小，光照通风条件不好，各种因素导致早期建造的房屋质量不断下降，居民也不注意修缮和维护，许多房屋有所损坏和老化，对日常生活有较大影响。社区内公共基础设施落后，缺少一般的绿化以及必要的休憩场所。因此，政府有必要对此区域进行旧城改造。

旧城改造易地搬迁的安置房主要位于南边海的景山花园、市郊红沙的碧海佳园和荔枝沟的同心花园这三个地方。但居住在水居巷的疍家人享受着三亚市中心发展所带来的配套设施和便捷服务，围绕着渔港、码头与市场，他们很容易就能在渔业生产中维持一般生计。他们不愿搬迁的主要考虑有：首先，搬迁后生计机会减少，疍家人的生计主要围绕海洋开展，迁至远离海边的区域，难以为继，而一些基础性的服务行业工作只有在市中心地区才容易找到；其次，搬迁后生活成本增加，如出行的交通费、公寓的物业管理费等成为额外的开销；最后，搬迁后邻里关系弱化，原来居民大多是亲戚和朋友，邻里相处融洽，社会认同与归属感较强。有一部分疍家人甚至认为，"我们这些疍家人很早就在这里（北边海）住了，那边的渔港（南边海）是我们挖出来的，以前那边都是山，岸就只有一点，都是我们用炮炸出来的。有的人手都被炸掉，都是为了捕鱼。现在政府要开发那边做游轮港，我们这些人应该有股份的"。

2012—2015 年正是水居巷拆迁快速推进阶段，笔者当时遇到的每户居民所讨论的话题均绕不开搬迁赔偿这一热点。鸿洲公司按照三亚市政府 2005 年公布的文件制定了"水居巷旧城改造项目拆迁补偿方案"，拆迁采用货币补偿与安置相结合的方式，提供安置房补偿款与实际安置房物业维修基金。被拆迁人可使用补偿款向鸿洲公司购买安置房，物业维修基金按实际安置房的面积计算。根据调查所得，笔者和调查团队讨论了多次，并跟当地人反复核对，也不能确定赔偿方案是否按《水居巷居民拆迁手册》上的标准统一执行。赔偿方案复杂且不一致，每一户居民对方案的说法都有所出入。随着时间的推移，后来尚未搬迁的疍家人担心仍旧按照 2005 年的标准进行补偿安置，基本生活将得不到满足和保障。这可能是开发商公司使用"分而治之"的策略使然。整体搬迁并不能一次完成，而且明面上是采取"先造屋，再拆迁"的方案，因此，需要有步骤、有针对性地跟每户人家进行具体的谈判签约。由于疍家人的经济状况、家庭结构、人口数量等情况不一，居住需求也因家而异。在居住方式上，疍家渔民延续了一船一家的传统。疍家渔民第一次集体上岸定居后，分到一块土地建房，很多家庭都居住一栋房子里。在水居巷改造过程中，这些家庭面临搬迁后，由独栋居住改为公寓居住，无法应对家庭成员增多的居住问题。

当时，水居巷桂先生一家的房子刚被拆掉，他有 6 个儿子和 2 个女儿，其中二儿子过继送人，大儿子、三儿子已先后搬迁到景山花园，自己与四儿子、五儿子、六儿子住在一起，共有十五口人。

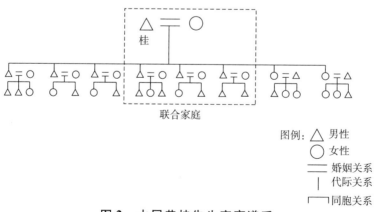

图 2 水居巷桂先生家庭谱系

图片来源：作者绘制。

桂先生的五儿子这样描述搬迁的情况：

> 我们屋的三层楼建筑总面积就有 400 多平方米。当初，鸿洲公司他们愿意商谈，说会给我们三套 102 平方米的房子，但只有一套 5 万元装修费，我们当然不肯啦。这赔偿都不合理，安置房比我们现在居住的面积少了大概一百来平方，还得自己出钱装修两套房。我们跟鸿洲公司一直谈不拢。后来，他们在拆我们邻居房屋的时候，故意让挖机在我们屋的墙上挖个洞。我们去居委会投诉，要求赔偿损失。居委会居然说，这不是他们拆的，叫我们去找鸿洲公司。鸿洲公司那边就讲，他们只负责开发，拆迁的事宜归执法部门管。于是我们又跑去找执法部门问，接待的人说，他们以为我们跟鸿洲签好协议了，要找鸿洲赔偿。[①]

海榆合作社梁老伯有这样的看法：

> 我们虽然是疍民，但我们在陆地上有自己的房子，而且在这里已有一百多年的历史了，对那片土地有着很深的感情，那就是我们真正的家。居住问题是我们考虑的最主要的问题，现在住的房子虽然说是国家土地，但我们自己可以在原有的房子上面加盖，满足子女的住房问题。现在渔港搬迁，政府的补偿措施没有一个明确的说法，补偿措施不能达到 1∶1，满足不了疍民以后的生存需要。渔港搬迁对我们渔民的生存与发展没有进行合理考虑。如果在崖州港居住区内给我们房子按照 1∶1 的比例来算，还是不能解决子女的住房问题。举个例子，现在我家里有 4 间房子，4 个男孩子，现在还是能住在一起的。但等孩子长大了就要考虑结婚生子之类的问题，就会在原有的楼顶上加盖一层来解决房子的问题。要是搬迁到住政府分配的商品房，就不能在上面加盖，子女的住房问题就得不到解决。[②]

在搬迁过程中，有不少疍家人从中获益，改善居住环境。例如，一位疍家人对拆迁补偿表示满意，按照合同里的 1∶1.2 的比例，在景山花园选择更大的

---

① 访谈 7：对榆港社区水居巷桂先生的五儿子的访谈，2012 年 12 月 17 日。
② 访谈 8：对海榆合作社梁老伯的访谈，2012 年 12 月 7 日。

房屋，并按照规定以 1900 元/平方米的价钱选购安置房。购房后，安置款还剩余近 4 万元。该家庭的两名男性以捕鱼为生，搬迁后唯一不便的是交通方面，从南边海渔村到崖州中心渔港出海捕鱼，再将渔获从新渔港运送到市区进行销售，往返耗时过久，对市场交易也不利，家庭面临较大的经济压力。

在 1980—2000 年，疍家渔民往往将捕捞收益投入建造更多更大的渔船上，而不是建造陆地上的房子。本来新渔村的土地比较宽裕，当时分配给社员，有的社员还嫌对岸交通不便，不愿意接受。但随着人口增多、港埠用地紧张，土地成为稀缺资源，很多疍家人只有在原来房子的基础上加高才能满足居住需求。疍家人不愿去安置房居住，而愿意搬迁到新渔村，那样既能与亲友们继续同住一村，而且离海岸不远，也符合原有的栖居习惯。

水居巷旧城改造项目自 2005 年起持续拆迁 16 年，2021 年底最后一批留守户将完成搬迁。这批疍家人坚守到最后，最终获得 1∶2 的居住面积赔偿。其中有两户是社区的退休干部，一位对即将搬离港口家园十分感慨："如果当时疍家人能够团结一致面对鸿洲公司，是应该可以争取到原址回迁，不至于现在从市中心港口四散到三亚各个角落。鸿洲公司做事不地道。"[①] 与旧城改造项目的缓慢推进不同，南边海棚户改造项目可谓进展迅速，从 2017 年出台方案，历时 7 个月，就完成从启动到签订再到开始动工拆迁的全过程，社区干部主动带头签订搬迁协议，没有一户上访。

两个项目拆迁进度与效果如此不同，原因如下所述。第一，拆迁主体不同。水居巷旧城改造项目由鸿洲房地产公司负责，天涯区政府只是指导与监督；南边海棚户改造项目的拆迁主体就是天涯区政府，拆迁工作由区政府与社区居委会各级干部具体负责。第二，拆迁赔偿不同。水居巷旧城改造项目的货币补偿根据 2005 年三亚市政府制定标准（框架结构是 1180 元/m^2，混合结构 1030 元/m^2，砖木结构 780 元/m^2），并针对水居巷居民在此基础上增加 80%；而南边海棚户改造项目的货币赔偿则直接按照 15000 元/平方米，并可上浮 15%，两者差距有 7～11 倍之多，前者的安置地主要在市郊区，后者的安置地在吉阳区东岸，更接近市区，周边环境更好，配套更完善。第三，拆迁环境不同。水居巷开始拆迁时，渔港搬迁项目才选好新址，很多疍家居民依然靠海为生，对搬迁以后的

---

① 访谈 9，对榆港社区水居巷一留守户的访谈，2021 年 8 月 16 日。

生计出路甚是彷徨；等到南边海河口棚改时，老渔港已完成搬迁，水产码头也不能再使用，大部分疍家人已经接受抛船上岸的现实并开始转产转业后的生活。

综上，疍家渔村经历了"船—港分离"与"家—港分离"的两个阶段。在渔港、水居巷和棚户搬迁以后，村—港分离的变动让疍家社会面临巨大转型：一方面，习惯的生活环境遭到改变，疍家人被迫完全向陆居城市人的角色进行转换，这将是一个长期的调适过程；另一方面，传统的生计方式无法继续，尤其是对 1960—1979 年出生的疍家渔民来说，难以在岸上找到合适的新工作。这时，处于混沌状态的疍家人成为"历时性海陆边缘群体"，[1] 他们整体上缺乏协调和适应完全陆居的能力。在这一时期，地方政府对疍家社会治理的特征主要如下。一是"船—港分离"的治理实践在港口转型中不断重新调整疍家人的生产生活空间。这使他们要么卖掉中、小渔船上岸，要么建造大渔船出远海，面对南海资源枯竭与渔业技术升级，需要在海洋生态与海洋生计之间寻找平衡。二是"家—港分离"的治理实践，实际上是对以海为生的疍家人实行陆地化治理，秉承"治海如治陆"的思路，完成搬迁治理工作。

四 离海不离港：村—港一体化趋势的社会治理

港口空间对世代居住的疍家人而言，是一个真实的生活世界，有他们赖以生存、成长、生活的渔村。从根本而言，混沌的状态很大程度上来源于传统渔业生产方式的衰落，这种衰落部分是由于近海资源枯竭、港口形态改变和政府发展政策所导致的。渔民所从事的海洋捕捞业，在相当长时间里成为当地港口的基础产业之一。但随着岛屿城市对旅游业的定位和扶持，加上地方政府用政策引导产业转型，原来相对稳健的港口混合经济从彼此包容、互补趋向新的形态。当疍家人的渔业生产逐渐让位于工商业以及旅游开发，资本市场以旅游业的形式进入港口，疍家社会原有的经济结构被改变，甚至被外来资本所支配。以渔为生的时代一去不复返了。疍家渔民上岸，需要在陆上城市寻找一席之地。在三亚发展的进程中，疍家人与城市发生的空间分化，实质上就是空间区隔，不仅在地理空间上，而且在社会空间中，港口空间的结构变迁与疍家渔民的生

---

[1] Ou Zuan, Ma Guoqing. "Marginalisation of the Dan fishing community and relocation of Sanya fishing port, Hainan Island, China." *Island Studies Journal* 2（2017）：143 – 158.

活世界产生难以调和的矛盾。一些当地疍家居民对此颇有怨言：政府大力发展的岛屿旅游，所营造的氛围和创造的经济收益，大多数都被外地人占据了。

党的十八大以后，我国社会治理的基本原则是"以人民为中心"，有效途径是"以民生为根本"，重心则在城乡基层社区。[①] 渔港搬迁至崖州湾、榆港社区水居巷整体改造后，"村—港合一"的渔村社区成为历史。从前以海洋生活为中心，疍家渔民发展出捕捞、养殖、运输、码头市场、海上鱼排等一系列的生计方式。自从第二次上岸以后，他们失去了海洋的经营权，却又没有得到港埠土地的使用权。环顾三亚河口港区，南边海新渔村成为岛屿城市最后一处的临海聚居地，疍家人从"海陆两栖"转向"离海不离港"的生活。在乡村振兴战略与自贸港建设的背景下，如何治理好这个港口渔村，成为摆在三亚市政府面前的一道难题。与北边海水居巷旧城改造、南边海河口棚户改造的整体易地搬迁不同，三亚市政府决定原地整体保留南边海新渔村，以建设港口美丽疍家渔村为目标，尝试消除海陆互动中不平等的社区衔接，推动渔村社区与港口社区建立联合体。

南边海新渔村地处鹿回头山脚，斜"L"字形的走势就是西南高而东北低，东达大东海旅游景区，南靠鹿回头旅游景区，坐落于渔村路和南边海路的交叉口，其区位优势随着三亚的城市化与旅游开发而日益凸显。社区人口规模将近两万人，其中有一半是流动人口，村内十三个巷子成为外来度假、务工租屋、养老寓居的好去处。主干村道两旁设有社区居委会、便民服务中心、派出所、老年活动中心、南海学校、幼儿园、诊所、药店、银行网点、超市、理发店、餐饮店、水果店、服装店等，村口旁还有菜市场、停车场和公交站，涵盖衣、食、住、行、教、医、行政、休闲等需求，社区不算大，功能却一应俱全。南边海渔村疍家人认为："我们就是市中心，什么吉阳啊，那些都是乡下，我们虽然叫村子，可生活在村子里的人哪个不比住公寓里的人舒服？"

渔业由于渔港搬迁陷入发展困境，劳动力在更替上又遭遇"断代"，65岁以上的渔民几乎歇业在家，45岁以上渔民仍旧出海，但也大多转产转业，18岁以上的青年既无意愿也无能力投身渔业，多是谋求其他出路。在当前渔村的产业结构与收入水平中，南边海渔村的房屋租赁成为疍家人上岸后的主要收入来

---

① 李友梅：《中国社会治理的新内涵与新作为》，《社会学研究》2017年第6期。

源。在 2008—2018 年这 10 年间，渔村租房需求有增无减，为疍家人带来了不菲的收入。房屋出租会分淡旺季，每年 4—9 月是淡季，单人间租金是 700～800 元/月，当年 10 月至次年 3 月是旺季，单人间租金会涨到约 1200 元/月。渔村超过一半多的房子是 5～6 层，一般留两层自住，其余有 3～4 层出租，每层平均约有 3～4 间房，在客满的情况下，每年租房的收入在 8 万～16 万元。渔村临街门面的商业价值尤高，居民可以自己摆摊做生意，或出租给外地人开店。借助新渔村的地理优势，租房给外来人口成为很多家庭的主要谋生手段。2018 年 6 月，天涯区政府在南边海渔村正式启动"南边海渔村精品街区改造"项目，尝试打造出一个疍家文化风情渔村。项目的公告上有这么一段描述。

> 通过"拆、削、加、改、活"即拆除堵塞山海通廊、消防通道的建筑，将高层房屋削至四层，加建坡屋顶和高脚楼，改造建筑立面，盘活业态和社区治理重塑，提升南边海渔村整体风貌，完善公共基础设施，改善居民生活环境，弘扬和传承疍家文化，对标厦门曾厝垵将南边海渔村打造成为拥有风情餐饮、渔家民俗、文创工坊等创新业态，充满活力的宜商宜游宜居的疍家风情渔村。

对标厦门曾厝垵渔村，打造疍家风情渔村，在发展理念上有可商榷的地方，但参照国内现有的旅游规划，并没太大的问题。唯独"将高层房屋削至四层"这一要求以及随后的落实行动，遭到了疍家居民的反对。

政府招商引资的企业是万科集团，其"万村模式"颇受认同，政府希望通过这一模式，保留渔村风貌的同时，搞活渔村的经济发展。根据当时万科集团的一位项目经理介绍，[①] 渔村精品街区的改造完成后，万科集团后续将会把渔村打造成五个区域，分别是滨海旅游、生活娱乐、餐饮购物、原住生活和广场空间，由万科跟渔村疍家居民签订房屋租赁合同，然后交给公司统一经营。在渔村的旅游项目中，疍家的装饰艺术品、文化习俗等会作为旅游的吸引物。在当初万科集团项目团队与居委会代表草拟的改造方案中，已经充分考虑到整体出租的房价以及根据市场浮动的涨幅，还颇有预见地讨论到按照疍家习俗操办红

---

① 访谈 10：对万科集团一位项目经理的访谈，2018 年 7 月 23 日。

白喜事需要临时使用临街一层房屋可能造成的营业影响。①

南边海渔村精品街区改造项目包括两个部分：一是打通十二巷的消防通道，将鹿回头公园与南边海路的山海道路连通，需要整栋拆除房屋22栋；二是对渔村1091栋房屋进行改造，其中需削层596栋。② 改造项目实际上是对渔村空间进行内部重构。2018年7月，天涯区区长、南海社区居委会书记在居委会办公室与疍家居民进行现场协调对话。区长首先是肯定了疍家人对三亚发展的贡献：

> 疍家人移山填海，安居乐业，在船上逐海为家，勤劳勇敢。应该说，疍家人为三亚的整个城市建设做出了牺牲，做出了巨大的贡献。

然后这样解释改造项目：

> 南边海社区划到天涯区（管辖），是考虑到跟水居巷一脉相承，市、区政府对这个是认可的。渔村改造有当年报建的历史原因，我们也承认，否则也不会有后面的改造。正因为考虑到历史的因素，经过接近一年时间的反复考虑，去年提出这个方案，给疍家人在城区保留一块地方，如果散掉了，疍家人就没有聚集区，要把这块地方保留下来。省领导要求三亚河口改造成游艇社区。三亚的市中心就在这一块，按照市里的要求，打造成三亚必去的观光点。凤凰海岸的整片打造是全球招标，这一片区域打造游艇港。上一周调研，决定将南边海社区与对岸用地下隧道连接起来。未来这一片区域是我们的城市中心，把渔村放到凤凰海岸里面，景区和社区融合起来发展。游客消费，在渔村住一晚上，按宾馆收费，还可以购买疍家小吃、疍家工艺品等。市里面原本说要整体拆掉，后面是鹿回头山，按照规划不该建房子，有房屋安全的问题。现在之所以这样改，是在尊重历史的情况下，（政府）想办法把它合法化。要合法化，只能做到四层半，才

---

① 访谈11：对渔村改造项目指挥部一工作人员的访谈，2021年8月15日。

② 天涯区南边海渔村精品街区改造项目指挥部编《三亚市天涯区南边海渔村精品街区改造项目宣传手册》，2018年8月1日，第7页。该项目的改造范围是"东至榆亚路，西至小洲岛，南至鹿回头，北至南边海景观大道"，总占地面积约21.7万平方米，涉及人口1098户，5545人；改造房屋1091栋，削层房屋和部分整栋拆除房屋面积12.7万平方米，立面改造面积约12.4万平方米。现状改造面积125428.71平方米，需削层面积108559.80平方米，需整栋拆除面积11796.34平方米，还包括因道路拓宽和景观提升改造涉及需拆除的其他房屋等。

能给你办（房产）证。从整体风貌上来讲，削完四层以后做坡顶，层高在2.1米以上算建筑面积，办证时会把这个面积写在你的产权证上。做完坡顶后，要求上面加一个阁楼，现在要加防水的、防火的，合理的诉求，我们都采纳，都会加以改进、落实，并把改完的设计图纸给你们看。这个产权证上面积是不一样的，拿去卖是要算钱的，保证能得到利益。做一个项目它需要有规划，我希望大家在这方面能理解，如果各家各户都按照自己的来建，没有一个总体的设计，渔村就不是一个美丽的渔村……①

区长给疍家居民描述了一幅未来精品渔村美好生活的图景，这与时任三亚市委书记对南边海渔村的定位如出一辙："要充分发挥好南边海拥有山、海、河、城、村，以及邮轮港、游艇港和疍家文化的优质资源优势，将其打造成为国内外游客到三亚后非来不可的旅游目的地"。② 区长给出的承诺更具体，削层以后由政府协助居民办理房屋产权证，将原来无证住宅进行合法化，保障居住权益和提升房屋价值。根据改造方案，房屋及建筑附属物四层以下（含四层）部分予以保留并进行立面改造，四层以上部分进行削层拆除。很多疍家居民对这种一刀切的做法并不认同。

在疍家人的认知里，经过渔港搬迁、旧城改造、棚户改造等一系列项目，他们已经失去了渔港、渔船以及部分渔村土地，如今很多人只能依靠出租渔村的房子为生。对政府而言，"削层"改造是建设特色渔村的必要步骤；但对疍家人而言，拒绝削层则是希望保留赖以为生的房屋空间。这样改造直接影响到很多疍家居民的现实收益。首先，削层导致房屋居住面积减少，产生的影响各有不同。有的是家庭成员共有房屋，每人一层，削层实际上是剥夺了四层以上的居住空间；有的是合资建造房屋，削层部分会损害合资者的利益；有的是靠出租房屋为生，如果遭遇削层，则经济收入会大受影响。其次，是削层的赔偿过低问题。按照改造方案是超过四层的建筑部分每平方米补偿800元，最多赔500平方米，超出部分不再赔偿。河口棚改项目的高额赔偿方案就在跟前，居民自然会拿来比较。最后，是房屋结构安全问题。削层后，房屋整体安全性受

---

① 访谈12：对三亚市天涯区区长在南海社区讲话的记录，2018年7月20日。
② 陈吉楚：《三亚南边海渔村要这样建"全球眼光、世界水准、三亚特色、高点定位"》，https://mp.weixin.qq.com/s/P6HLt007xUHLreh_jJgavA，最后访问日期：2021年10月9日。

到的影响难以估计，虽有保证维修的承诺，但很难让居民彻底放心。

对此，村里有一位疍家老人直言：

> 渔村这样改造是劳民伤财的，为什么要削层？以什么理由削层？要改造房屋，就改表面就好。房子建得高高低低才好看嘛。全部拆成四层，千篇一律有什么好看？一点都不好看。搞了半年多，听说没有钱，去哪里拿钱？招又招不到商。财政又不够，哪里能拿钱来？你削层又要补贴钱。拆下来要钱，装回去又要钱，浪费这么多钱，何苦呢？千篇一律，体现不出渔村的特色。[①]

这也许代表了相当多疍家老人的意见，作为见证"村—港合一"到"村—港分离"的亲历者，他们感觉到三亚城市发展与港口转型并未给疍家人带来宣传中的预期效益，短时间内很难接受港口区域的一系列变化，同时对疍家人的未来发展充满了担心和忧虑。这种心态的弥漫与传播，让协调渔村与上级部门关系的南海社区居委会在改造项目中承受着巨大的压力和质疑，年轻一代的社区干部虽干劲十足，但似乎缺乏老一辈的威信与能力，在区政府的政策实施、万科集团的项目利益与普通村民的发展诉求之间周旋，稍显力不从心。

对于万科集团的开发改造，渔村有一位社工机构人员的看法则相对中立：

> 万科集团进入社区，将疍家文化打造成产品经营出售，应该说是保护多一点，居民本身没有意识去做这个事情，你跟他说这个东西重要，但是他不理解也不会去做。但里面如果有利益驱使，作为他们的收入来源，同时跟他说这个对疍家文化的保护有一定作用，他们可能会更愿意去做。企业进入社区，利大于弊，不能光看到他们是为了赚钱，也要看到他们的介入对文化的开发和保护。居民会意识到这个东西有价值，然后去重视。[②]

渔村里对项目支持的村民也不乏少数，他们认为这是有利于渔村发展与振兴的项目，一方面能带动疍家人提高经济收入水平，另一方面也能让渔村环境变得更加美丽。不过 2018 年 10 月以后，由于各种复杂原因，项目整体进入暂

① 访谈 13：对南海社区一位疍家老人的访谈，2019 年 1 月 10 日。
② 访谈 14：对渔村社工机构一位工作人员的访谈，2018 年 8 月 3 日。

缓推进阶段。随后，万科集团事实上退出参与改造。如今，改造项目中剩下关于十二巷消防通道的建设与南边海路的连通工程尚在进行。后来社区一名负责人谈起渔村整体改造项目，扼腕叹息之情无法抑制。他强调万科参与这个项目实际上可能是接受了政府领导分配的"政治任务"，因为项目本身属于不赚钱的买卖，但这将会是渔村得以整体保留的难得机会，以后很难再有企业会愿意主动投入这么多资金参与渔村改造，仅有的转型机遇就这样错过了。① 渔村改造项目的计划是保存疍家文化，将疍家渔村与旅游港融为一体，成为三亚的国际旅游目的地。如果改造顺利完成，渔村将与凤凰岛、凤凰海岸、环港口和将要建设的三亚河口海底隧道连在一起，建成"村—港一体化"的港口社区，成为三亚未来市中心的重要组成部分。毋庸置疑，这个构想的改造项目是渔村目前最能契合岛屿城市化进程的发展方向与节奏。

疍家人从传统"海陆两栖"转向如今"离海不离港"的生活方式，需要新的生计方式来支撑基本的消费需求。结合岛屿旅游的开发，最好的方式莫过于鼓励发展特色渔村旅游。三亚老渔港的搬迁，并不意味着老渔港区域应该全部让位于游艇港，可以重新规划其区域功能发展休闲渔业，保证原有的渔民顺利转产转业。在渔村精品街区改造项目实施后，榆港社区书记作为三亚市人大代表与一名海南省人大代表相继提议，从南边海已经划拨的土地中留出 10 亩作为渔民转产转业项目的就业用地。② 这提议如果得以采纳落实，就可以留给疍家人开发渔民转产转业项目，同时为未来可能重返南海的渔民留出港口空间。

在这一时期，港口区域的海洋社会治理面临不同以往的矛盾和张力的叠加。一是旅游开发与疍家人转产转业的矛盾。旅游业已经完全在城市发展中占据主导地位，政府要考虑如何让原本以海为生的疍家人融入旅游城市的发展潮流中。二是市场介入与疍家文化传统的张力。在渔港向游艇港转型的过程中，三亚市政府对疍家文化传统的保护与挖掘力度尚有不足。由企业集团进入疍家渔村投资建设，结合疍家文化打造产品经营出售，如果操作得当，这可视作资本介入疍家文化保护与开发的有效模式。三是基层社区追求发展与普通民众求稳的张

① 访谈 15：对南海社区一位基层干部的访谈，2021 年 8 月 15 日。
② 《王永秀建议：划拨用地 开发渔民转产转业项目》，https://www.sohu.com/a/127110995_124767，最后访问日期：2021 年 8 月 29 日；《关于要求从南边海 38 亩划拨土地中留有 10 亩作为渔民转产转业项目就业用地的建议》，http://www.sanya.gov.cn/sanyasite/rdjy/202011/d0f957ed9ad748d5a67c25454983b201.shtml，最后访问日期：2021 年 8 月 29 日。

力。短短 20 年间，港口区域的疍家社会经历了如此频繁的改造与搬迁，在群体内部实际上也造成了相当程度的混沌。社区干部推崇的渔村改造一度暂停也许并不是坏事，疍家人如何调整自己在港口转型中的角色，找到主体性的位置，融入岛屿城市发展的节奏，是需要长时间共同思考与探索的问题。

五　结论与反思

岛屿港口城市的"村—港"关系从合一到分离，也是三亚疍家渔民从上岸定居到面对"失海、失船、失港"的过程。在"村—港"合一时期，疍家人采取"海陆两栖"的生活方式。港口发展商港、客港乃至旅游港，疍家人"海陆两栖"生活方式的延续性与港口新兴的经济发展方式从开始的磨合升级到后来的冲突状态。当"村—港"进入分离过程，疍家人既要面对船—港分离，也要面对家—港分离，生产生活乃至心态都发生很大改变。

正如科塔克（Conrad Kottak）描述转型后的巴西渔村阿伦贝尔居民"不在捕鱼，就在巴西钛业上班"[①] 那样，环三亚河口老渔港区域的疍家人在"村—港分离"过程中，不是在捕鱼，就是在三亚旅游公司或酒店打工。由于旅游开发、环境保护和国防建设的需要，除非是远离港口城市的海域，渔民不被允许在三亚原来的海域从事养殖渔业，邻近榆林港红沙一带的养殖渔排也已拆迁完毕。疍家人从捕捞转向养殖、休闲的渔业升级，需要大量的资本投入，而且有诸多政策限制。

发展的话语权跟社会地位或经济地位相连，这直接影响疍家人在转型时是否能争取到主动权的机会，否则在发展过程中会出现"错位"。疍家人的社会团结性不足，既有地理因素，也有历史问题，更有群体的内部差异。一些疍家人由于上岸时间不同，获得发展的机会也不同。渔村社区内部还因家庭经济的差异出现发展诉求不一致，反映在族群身份认同上有偏差，在建设文化陈列馆时还出现选择自称"疍家"还是"渔民"的名字争论。

港口空间重构导致有限的资源发生重新配置，疍家人选择转型的出路时，更多是进入能延续传统生产生活方式并与之契合的行业。在"村—港合一"时

---

① 康拉德·科塔克：《远逝的天堂：一个巴西小社区的全球化》，张经纬、向瑛瑛、马丹丹译，北京大学出版社，2012，第 125～142 页。

期，很多疍家子弟从小跟随父母出海捕鱼。渔业生产需要大量劳动力，而且捕鱼的收入远高于当时读书后的产出，因此很多人选择小学或初中毕业就上船出海。这是传统渔村的普遍现象，与费孝通先生在太湖边上的庙港渔村遇到的情况类似，捕捞的生产方式不需要文字，而是需要丰富的区域自然地理知识；不靠文字传递，而是口口相传并在实践里体验，[①] 因此那时的学校职业教育并不受重视。随着渔港向游艇港转型，游艇业成为疍家人的转业选择之一。要获得开游艇所需的驾照，需要培训和参加考试。对原来受教育程度不高且年龄偏大的部分疍家渔民来说，这是他们面对转型的主要门槛。

港口城市的海洋社会治理面临的主要问题在于没有充分考虑疍家社会与海洋的相互依存，尤其对海洋的生态依存度很高，渔村共同体离开了港口也就难以存在。这些问题的形成，实际上是由于"村—港"分离时期出现"以陆治海"的治理偏差。

南边海疍家渔村已经成为典型的海洋城市渔村，在市政府决定整体保留港口南边海渔村的前提下，"村—港"关系向一体化进程迈进，疍家人由此得以"离海不离港"。"村—港一体化"是我国渔港渔村建设倡议的一个发展方向，[②] 但如何实现"村—港一体化"，并没有太多的成功经验可借鉴，这很考验地方政府的政治智慧和治理能力。结合三亚渔港渔村的田野考察，对如何推进港口城市的海洋社会治理现代化，本文认为，第一，要形成跨区域、跨部门的整体治理形态；第二，要开展以当地人为中心的海陆治理实践；第三，治理实践要突出岛屿与海洋特色。

岛屿社会自成体系的社会规范与文化价值虽然在"村—港分离"时期受到较大影响，但疍家人依然保存相当多的历史传统和文化要素。岛屿港口城市的旅游业发展水平与原来渔业背后深蕴的海洋文化传统密切相关。在港口区域文化形态的保存与发展中，以文旅融合搞活疍家渔村，疍家文化的存续至关重要。2021 年，三亚疍歌顺利入选第五批国家级"非物质文化遗产"名录，渔村越来越多疍家人愿意投身疍家文化的保护、传承与发展。"非遗"疍歌有望发展成为港口城市未来发展旅游港过程中海洋文化的一个重要品牌。具有疍家棚特色

---

① 费孝通：《小城镇 大问题》，载费孝通著，麻国庆编《美好社会与美美与共：费孝通对现时代的思考》，生活·读书·新知三联书店，2019，第 120 页。

② 孙龙：《发挥渔港在振兴渔村经济中的作用》，《中国渔业经济研究》1999 年第 6 期；陈自荣、王刚：《我国渔港建设的回顾与展望》，《中国渔业经济》2010 年第 3 期。

的文化陈列馆、龙王神州庙、节庆仪式以及疍家美食，这些地方性海洋文化都能成为发展港口旅游的吸引物。因此，如何发掘与激发疍家人的内生发展动力与文化自觉，推进港口渔村的社会与文化建设，采取与岛屿城市发展契合的方针与措施，是村—港一体化趋势中海洋社会治理急需解决的主要问题。

危机与韧性：变局下的小微企业

——以温州市凌渡村童装产业为例

张文军　陈　澜　刘叶琪[*]

一　引言

2020 年 5 月 24 日，习近平总书记在参加十三届全国人大三次会议湖北代表团审议时表示："帮助解决企业特别是中小微企业面临的实际困难，抓紧出台和落实各项刺激消费的措施，千方百计把疫情造成的损失降到最低。"在新冠肺炎疫情面前，国家对于中小微企业的生存和发展格外重视，其直接影响到民生、就业等多个方面。

中小微企业在国民经济中发挥着极为重要的作用，作为国民经济与社会发展的生力军，中小微企业是扩大就业、改善民生、促进创业创新的重要力量，并发挥着稳增长、促改革、调结构、惠民生、防风险的作用。[①] 然而受到新冠肺炎疫情的影响，小微企业出现了绩效下滑、运营困难等诸多问题。[②] 在此情况下，国家提出通过减免税款和行政事业收费进行财政扶持、强化融资担保和加

---

　*　作者简介：张文军、陈澜、刘叶琪，北京大学社会学系。

　①　《中共中央办公厅 国务院办公厅印发〈关于促进中小企业健康发展的指导意见〉》，http://www.gov.cn/xinwen/2019 – 04/07/content_5380299.htm，最后访问日期：2020 年 9 月 1 日。

　②　张大伟、孙文凯、王秀平：《新冠肺炎疫情对小微企业的影响及对策》，《清华金融评论》2020 年第 3 期。

大信贷支持力度进行金融扶持等措施帮助中小微企业复工复产。[①] 比如在小微企业占全省企业总数97%的浙江，从2020年2月开始已经相继出台三轮小微企业扶持政策，截止到6月，已经累计为各类小微企业减免各类税费563.15亿元，办理缓缴税费924.3亿元。

从现有研究来看，小微企业在疫情中凸显出的问题与其本身的局限性紧密相关，这具体表现在以下方面：第一，融资贷款难，由于小微企业难以提供充足有效的抵押和担保，并且财务体系的透明度较低，因此很难获得商业银行贷款[②]；第二，管理结构不成熟，在路径依赖下没有发展出一套有效且成型的员工管理体系[③]；第三，缺少核心技术，追求低成本运营导致缺少开发核心技术的能力[④]；第四，劳动力素质不高，对高素质人才缺乏吸引力，人力资本提升困难[⑤]；第五，市场竞争性不足，产品附加值低，恶性竞争激烈，产能严重过剩，市场销路难以打开。[⑥] 在这些多重因素的影响下，小微企业往往被贴上"落后"的标签，针对这些问题，国家也针对性地出台了许多措施进行扶持。

基于此，本文的研究问题是：看似脆弱的小微企业是如何应对疫情的？其真正的困境和需求在哪里？不同于通过大数据分析的方式把握小微企业的全貌，[⑦] 本文选取浙江省温州市下属的一个村庄"凌渡村"[⑧] 作为田野点，通过2020年8月8日至21日的调研，并结合对该村童装企业长达五年的追踪调查，以及于湖州织里童装镇的调研，在对企业主、工人、村干部和街道干部等对象的访谈和观察的基础上，力图在微观层面切实地展现小微企业的生产图景，并在实践层面上反映小微企业的真正诉求。

凌渡村位于浙江省温州市永嘉县，常住人口430户1710人。正如费孝通先生在《小商品 大市场》中描绘的一般，以生产和销售童装为主的家庭作坊的

---

① 《工业和信息化部关于应对新型冠状病毒肺炎疫情帮助中小企业复工复产共渡难关有关工作的通知》，http://www.gov.cn/zhengce/zhengceku/2020－02/10/content_5476684.htm，最后访问日期：2020年9月1日。

② 郭斌、刘曼路：《民间金融与中小企业发展：对温州的实证分析》，《经济研究》2002年第10期。

③ 张颖：《中小企业人力资源管理困境及对策》，《智库时代》2020年第7期。

④ 胡春生、蔡锦松、丁毅：《民间金融、技术研发与我国小微企业发展协同机理分析》，《商业经济研究》2015年第10期。

⑤ 王明鹏、姚启昌、孙启明：《基于社会和人力资本的数字内容小微企业发展研究》，《北京邮电大学学报》（社会科学版）2015年第5期。

⑥ 王俊峰、王岩：《我国小微企业发展问题研究》，《商业研究》2012年第9期。

⑦ 朱武祥、张平、李鹏飞、王子阳：《疫情冲击下中小微企业困境与政策效率提升——基于两次全国问卷调查的分析》，《管理世界》2020年第4期。

⑧ 村名已进行匿名化处理，下文中的工厂名与人名亦进行匿名化处理。

形式比较普遍，被称为"温州童装第一村"。目前，村庄中的童装企业已经超过400家，来自安徽、湖南、江西等地的务工人员超过一万名。凌渡村的童装企业规模多样，小至两三人的作坊，大至六十人左右的工厂，都属于小微企业。在经营时间上分为上下半年，6—7月会休息一个月。在经营模式上，多数企业自产自销，有相对固定的客户。但也有部分企业只进行代加工，即有加工能力但无销售渠道。作为小微企业的一种类型，凌渡村的童装企业为微观层面上的观察提供了一个切入点。

二　韧性：小微企业对上半年疫情的应对

（一）劳动力流失与生产能力的再造

凌渡村童装产业属于劳动力密集型产业，其需要大量的生产工人，主要分为三种：第一，车间工，有一定的技术，能够完成整件生产，计件薪酬；第二，普通工，负责打版、裁剪或者烫染，固定月薪；第三，临时工，进行剪毛或者整理包装，按天结算。工人年龄多在35～50岁，且多以夫妻为主，极少有年轻人进入车间。

对于凌渡村童装企业而言，能否有一支稳定且足够数量的生产队伍是发展的关键。从疫情之后的复工来看，工人数量较去年同期有一定程度的减少。以"英谊"童装厂为例，作为凌渡村规模前三的童装企业，原本有三条生产线（合约40人）和一个整件加工小组，3月20日复工之后，只有两条生产线的工人到位，另一条生产线的十余人并没有返工。规模稍小的"弦佰"童装厂也有部分工人没有返回。从访谈过的企业来看，绝大多数都有工人流失的情况。

部分工人的流失与疫情的"蝴蝶效应"有关。就整个凌渡村的工人结构来看，夫妻工占了相当的比重。一对夫妻虽然可能不在同一个厂工作，但一般会同时在凌渡村务工。但由于凌渡村所在地区的高房价，以及需要缴纳社保，子女才能异地入学的条件下，大部分夫妻工会选择将孩子留在家乡念书，课下时间由爷爷奶奶照顾。而受疫情的影响，开学普遍推迟，学生大部分在线上上课。在这种情况下，为了协助孩子上课并进行有效监督，部分夫妻不得不留一人在家中，由此在不少工厂里都能看到疫情之后一对夫妻只回来一位的情况。除此之外，在疫情留滞的影响下，部分工人持观望的态度，有些年龄较大的工人在已经完成"人生任务"（帮助孩子买房与娶妻）和攒够一定的养老钱后，会选择在老家谋一份工资不如做服装但轻松不少的工作。① 因此，在这些因素的共同影响下，童装厂的工人相较 2019 年同期要少。

工人的部分流失对凌渡村童装企业最大的影响在于难以保证生意高峰时期的出货量，但从实践来看，这些小微企业有一套特殊的应对机制。一方面，通过流水线和整件小组的管理者将大部分老工人"带回来"。在车间中，亲戚或者同乡等社会网络的联结能够保证工人队伍的相对稳定性。以"英谊"童装厂为例，从表 1 能够发现，在它的一条流水线中，管理组长宋春华在同乡、同事和朋友等多重关系下，与流水线上的每一位工人都保持着紧密联系。正如企业老板所言："他们都是老乡嘛，管理组长打个电话跟他们说，还在老家干吗，自己直接开个车接回来收拾一下就能上班。"② 因此，在疫情之后，童装企业主能够通过管理组长将工人组织回来。

表 1　"英谊"童装厂生产线工人情况

姓名	工作年限	籍贯	工种	关系
宋春华	12 年	四川	流水线管理	夫妻
文道	12 年	四川	拉袋	
李运	10 年	四川	拉腰	宋春华的老朋友
张培江	10 年	四川	做门牌	宋春华的同乡
白齐晨	10 年	四川	打单线	张培江的亲戚
黄维	8 年	江西	做脚口	与宋春华是老同事
刘鹏月	5 年	江西	上腰	黄维的同乡
胡润兴	3 年	江西	无线	
侯韵	2 年	江西	贴扣袋	
李中林	4 年	安徽	订袋	宋春华的朋友介绍而来
李云	半年	贵州	上袋布	夫妻（宋春华的朋友介绍而来）
魏晓光	半年	贵州	贴扣袋	

另一方面，当技术工不足，且遇到订单高峰时，童装厂老板会通过"外加

---

① 多位童装厂老板在访谈中都有过此描述。
② 荆陵光，访谈时间，2020 年 8 月 13 日。

工"的方式补足超出本身生产能力的订单。在凌渡村，外加工厂的类型较为多样，既有三十人左右且有大面积厂房的工厂，也有散落在家庭里由夫妻两人生产的小作坊。外加工厂的特点在于其仅仅有一支工人团队，具备生产能力，但是没有稳定的销售渠道和客户；同时，他们也不需要负责布料和水洗环节。按照"弦倌"童装厂老板的说法："接单的基本上都是安徽、江西这块的外地人，他们原本就是谁家的裁剪师傅、管理人员或者工人出身，他自己家在这里的亲戚招起来也有七八个人，租个房子过来自己裁剪自己包装，一条龙都可以自己干。"① 因此，当童装厂的出货量难以匹配订单量时，外加工厂成为必要的选择。

就童装厂和外加工厂的关系而言，两者的合作是持续且稳定的。以"恬宜桥"童装厂为例，有两家外加工厂，工人数量约 15 名。这两家童装厂专门为"恬宜桥"生产，不接收其余童装厂的订单。在"恬宜桥"老板看来，自己家的"恬宜桥"是"内厂"，而这两家是"外厂"，这种不同于外加工厂的称呼实质上能够反映出两者之间的紧密联系。为了能稳定住外加工厂的工人团队，让工人能够有活做以此有足够持续的收入，许多童装厂都在"养外加工厂"，即在本身工人能够完成生产的情况下仍然拨出一部分订单交给外加工厂生产。除这种专门为某一家童装厂加工的外工厂外，不少外加工厂会有 2~3 个大客户，在不忙的时候接一些散单。对于童装厂而言，这些外加工厂虽然不只为自家生产，但与其建立起一种相互信任的关系能够保证自身在订单量高峰时，外加工厂能够在要求的时间内优先为自家生产。以"英谊"童装厂为例，现在每月外加工厂的出货量稳定地占其出货量的 30%。也就是说，童装厂和外加工厂的关系不是即时性的"一锤子买卖"，而是持续的合作共赢关系。也正是在此种关系结构中，童装厂能够应对疫情之后部分工人流失导致的生产能力下降问题。

综上所述，在疫情之后，凌渡村童装企业面临着一定程度的劳动力流失问题。童装企业通过村庄和企业内部的关系网络将这种危机降到最低，同时也通过其余途径进行弥补。能够发现，虽然童装企业的规模不大，但是其关系结构具有相当的韧性，能够在一定程度上帮助其度过危机。

---

① 王密松，访谈时间，2020 年 8 月 10 日。

（二）"压货"与同一起跑线上的竞争

就童装行业而言，疫情突袭而至的影响可以分为两个阶段。

第一，在初期至中期，村庄中的所有童装企业都陷于停产状态，相比往年的生产时间，童装厂至少推迟了一个月至一个半月。对于本村老板而言，由于厂房都是自家房屋改造而成，因此无须交纳租金。但对于外地经营者来说，停产之后租金并没有减免。以"韵松"童裤外加工厂为例，其租借的一栋四层厂房，一年的租金18万元，按照外加工一条裤子一块钱的净利润来看，一年只有加工20万条裤子才能够才能够保本。对其而言，停产一个月但租金照付对后续生产造成了不小的压力。① 同时，疫情使得规模较大且提前进行铺货的企业出现了严重的"压货"现象。对少数处在第一梯队的凌渡村童装企业而言，一般会提前一个月生产下一季的服装，由此能够在下季初期快速占领市场。以"英谊"童装厂为例，其在2020年1月已经生产了5万条春季的童装裤子，为回暖之后做准备。但由于疫情的缘故，春季童装需求锐减，其中1.5万条裤子积压卖不出去，另外3.5万条裤子以比平常低10元到20元的价格甩卖。② 对于这部分企业而言，疫情对童装销售造成了极大的冲击。

第二，在疫情的后期，即复工复产之后，凌渡村的童装生意反而较去年同期更好，订单量不减反增，正如"弦佀"童装厂老板所言："上半年两个月做的比去年4个月都多。"③ 一方面，当4月疫情逐渐稳定之后，商场等消费场所逐渐开放，加上天气转热，童装的市场需求迅速打开。另一方面，就市场竞争性而言，正如上文所说，大规模的童装企业会提前铺货以抢占市场。在这点上，凌渡童装业的主要竞争对手为台州童装业和湖州织里童装业，后两者的产业集群度更高。以湖州织里童装城为例，占地600亩，现有童装企业6000余家，并且布料厂、水洗厂等童装生产的上游环节一应俱全。从织里的调研情况来看，其规模较大的童装厂工人普遍在200人到300人。因此，在正常情况下，提前铺货的大厂能够在最短时间内占领下一季的主要市场。但是在疫情的影响下，浙江各地复工的时间基本一致，因此面对高涨的市场需求，台州和湖州的童装

---

① 庞明，访谈时间，2020年8月11日。
② 章崧，访谈时间，2020年8月16日。
③ 王密松，访谈时间，2020年8月10日。

业"先发制人"的优势不再明显，不同规模的童装企业整体上被拉回到同一竞争起跑线上。在这种情况下，凌渡村童装企业的优势开始凸显。

首先，当市场出现需求时，凌渡村童装企业能够通过关系网络在最短时间内提升产量。对于生产规模较大的企业而言，当出货量无法满足订单量时，会迅速调动起平日里"养的加工厂"，将部分订单交由其生产。同时，这些加工厂在这一时期也不再接收散单，而是全力出货。而对于规模中等和较小的企业来说，由于批发客户相对要少，如果与其关系不错的大厂因生意火爆而出货困难时，其也会在完成自身订单的同时代生产部分订单。以"弦宿"童装厂为例，当客户要求的订单量较大时，老板会拿出部分订单交给弟弟的"绮陌"童装厂来生产。这种模式与代加工不同，而是完全出让全部利润。正是在此种以关系网络为基础的合作中，大厂能够在时间紧急的情况下通过调动资源最快地完成订单量，而规模较小的童装厂和外加工厂在完成自身订单的同时也能够有更多的生产机会和利润。

其次，在与批发商的紧密的关系网络中，凌渡村童装企业具有应对"后疫情时期"的灵活性和稳定性。与湖州织里童装企业依靠地理位置和产业集群所带来的客流量不同，凌渡村童装企业主要与"老客户"合作。复工之后，虽然全国人口的流动性逐渐增强，但织里的客流量较去年同期仍然有一定的差距："去年上门拿货散客多的是，今年上门的人比去年少多了。"① 这对湖州织里的生意造成了一定的冲击。但凌渡村童装企业并未受此影响，由于都是合作多年的老客户，"微信图片看货"成为疫情之后的选择，客户看中图片中哪一版的服装，便可以直接下单。这种信任关系更直接地反映在"控货"问题上，凌渡村童装企业在一个地区只会为一个固定客户发货，其原因在于："你一个市场里要是有两家都卖你的货，这家降价五块，那家降十块，恶性竞争，谁都没得挣。"② 因此，为了保证客户的利益，凌渡村童装企业长期以来都采取"控货"原则。正如下图1所示，根据村庄托运站3月到5月各个企业出货的情况③来看，绝大多数企业在一个地区只有一个收货商。以"恬宜桥"童装厂为例，其主要发往郑州和成都两个地区，在这两个地区，全部服装分别发给一位客户。

---

① 湖州织里"西巴卡"童装厂老板蔡思，访谈时间，2020年8月20日。
② "恬宜桥"童装厂老板章晓蕙，访谈时间，2020年8月14日。
③ 根据托运站3月至5月共1742条出货记录整理所得，左栏的5家童装厂为出货量最高的企业。

在"控货"的原则下，虽然损失了部分客流量，但童装生产者和固定客户之间的关系更加紧密。"散客交易，付了钱就走了。这些老客户会告诉你市场的行情是什么，哪里可以改，而且会尽力去帮你卖掉，优先推荐你的产品。"① 因此，在这种信任关系下，复工之后，老客户实质上也在帮助童装厂进行恢复，并在行情的推动下给予足够多的订单支持。

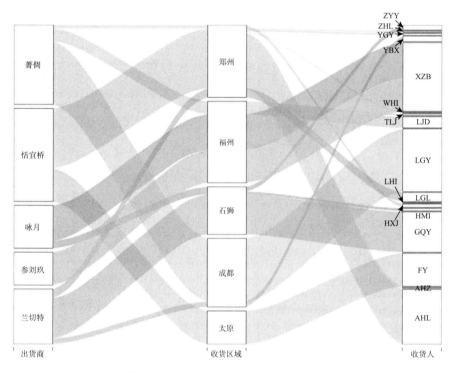

图 1 凌渡村部分童装企业 3 月至 5 月出货记录

综上所述，在疫情发生后，由于停工停产，凌渡村童装厂等小微企业面临着压货、房租和劳动力流失等多方面的压力。当疫情稳定，企业复工后，在市场行情向好的形势下，童装厂企业主在内借助车间组长的关系网络稳定工人团队，并通过与外加工厂建立的稳定关系保证高订单量时的生产，以此缓解了劳动力流失问题。而在企业订单问题上，疫情的不确定性反而为小微企业提供了一个与湖州和台州等大厂在同一起跑线竞争的机会。同时，在"控货"原则下塑造出的与客户的紧密关系也为童装厂提供了一定的订单保障。正是在多重关系结构中，凌渡村童装企业得以在这场公共危机面前保持着足够的韧性。

---

① 章晓蕙，访谈时间，2020 年 8 月 14 日。

三　危机：疫情对小微企业"长期效应"的展现

相较于 2020 年上半年生意的稳中有进，凌渡村童装企业下半年的童装生意开始走下坡路，疫情的"长期效应"开始显现。以"簌簌"童装厂为例，下半年的订单量较去年同期骤减，出货量也随之减少，工人隔段时间便会休息，没有活干。在这种情况下，为了节约开支，老板将部分固定月薪的烫染师傅改换成计件的临时工。"弦宿"童装厂的老板也说："像去年这个时间，工人们就算加班到晚上也根本生产不出来，现在晚上不用赶都做得完，这几天好几个人都打电话给我说生意好差。"① 这一现象确实存在，在不少工厂，工人并不在车间，而是聚在一起打牌，或者回到宿舍休息。那么，为什么下半年的行情会出现如此大的转变？

首先，童装的市场需求量较上半年下降。长期从凌渡村拿货的西安批发商梁肃所言："疫情之后人们口袋里的钱少了，现在来我手里拿货的那些零售商比以前少多了，因为他们的门店里也不怎么有顾客去。"② 从侧面来看，这实质上也反映出疫情对于大众消费能力的冲击。除此之外，进入立秋之后，天气依然比较炎热，这也使得人们对秋款童装的需求不高。在两种因素的叠加下，整个童装市场的行情相对下行。

其次，在复产复工之后，台州和湖州织里等规模较大的童装厂在铺货等措施下竞争力重新凸显。当浙江在 3 月下旬开始复产之后，虽然规模不同的工厂在夏季童装市场的竞争上处于同一起跑线，但在秋季市场的布局上，大厂遥遥领先。其一，在服装版型的设计上，湖州织里等大厂有专门的设计团队，会根据市场的最新行情预判哪种款式更受欢迎。而凌渡村的童装厂虽然也会跟进市场，但并未形成一个团队，往往由老板自己敲定。其二，在凌渡村，中小规模的童装厂并不会做"首单"，即提前铺货，它们往往根据大厂在新季投放的第一批产品的销售情况跟进模仿。其三，对于像上文所说的"英谊"童装厂等规模较大的企业来说，虽然提前进行铺货，但在生产能力远远不及工人数达200～300人的大企业，因此抢占市场的优势并不大。所以，在这些因素的影响

① 王密松，访谈时间，2020 年 8 月 10 日。
② 梁肃，访谈时间，2020 年 8 月 21 日。

下，凌渡村童装厂的销售市场相对压缩。

最后，童装出口企业向内销的转型进一步挤压了销售市场。当国内疫情逐渐控制，其余国家疫情逐渐蔓延之时，童装外销企业的客源跌至谷底，为了能够继续生存，这部分企业开始调整版型，向国内市场进军。在这种情况下，原本拥挤的服装市场竞争更加激烈，部分企业的订单逐渐减少。

综上所述，在疫情效应逐渐释放，全民消费能力受到冲击且外销转内销的影响下，凌渡村童装企业，尤其是中小规模企业的劣势逐渐被放大，研发能力较低，习惯于跟风模仿，这些软肋使得村庄的小微企业在逐渐饱和的市场竞争中缺乏核心竞争力，始终处于不利地位。

四 凌渡村童装小微企业的真正困境

通过对凌渡村童装企业的调研能够发现，小微企业之间也存在着需求差异，不同规模和产业特征的小微企业在发展过程中面临的问题是不同的，因此不能一刀切地给予同质化的扶持措施。以税收优惠政策为例，减税确实减轻了部分企业的负担，但对于凌渡村童装产业来说，一直以来都通过"包税制"的方式缴税，且负担并不重，因此实质上并未从这项政策中受惠。就担保和贷款政策而言，资金的高流动性使得企业更倾向于基于关系网络的民间拆借而非向银行贷款，甚至不少企业觉得贷款"不划算""太费事"，因此对凌渡村童装企业而言，这项政策也没有针对性。

那么，对于扎根在村庄中的童装企业来说，真正的困境在哪里，这需要从童装企业的实践中更加具体且实事求是地得出答案，虽然可能无法代表整个小微企业，但是其无疑代表了一种类型，并能够在一定程度上窥探整个群体的部分特征。

（一）青黄不接：产业工人的年龄断层

对于尚属劳动力密集型的凌渡村童装企业而言，"厂内工人流失和老化，年轻工人不好找"成为很多企业主普遍的反映。对于这个问题，最根本的原因在于工人年龄的断层。尽管童装厂的技术工平均每月能获得九千元左右的"高薪"，但对于年轻人并没有吸引力。用"博斯茂"企业车间组长的话来说："十几年前我进车间看到的都是美女帅哥，现在都是大爷大妈了，帅哥们都去理发厅工作了，不想干这么累的工作。"① 也就是说，年轻人宁愿到工资较低但轻松不少的服务业工作，也不想追随父辈到凌渡村来做童装。

这一现象不仅发生在凌渡村，而且普遍存在于整个童装行业。年轻人之所以不愿加入，主要原因在于这项工作本身极其辛苦。正常生产时，工人的工作时间为早上 6 点 30 分到晚上 10 点，除去吃饭的时间都在工作，这样高强度的工作使得工人普遍不希望自己的孩子进入车间。

在凌渡村，劳动力短缺造成的生产能力不足虽然暂时能够通过订单外加工的方式进行弥补，但从长远来看，童装等劳动力密集型的小微企业如果想要升级发展，必须改善用工环境，制定规范的工作时间，给予稳定可预期的工作保障，这样才有希望吸引年轻人加入，解决劳动力匮乏的问题。

（二）厂房不足：消防安全与规模生产的双重受限

从凌渡村童装企业的发展路径来看，扎根于村里的家庭作坊模式一直是其发展的基因。利用自建的房屋，只需要购置设备招揽工人即可生产，启动资金相对较低。家庭式工厂的核心特征在于"三合一"，即将住宿、生产和仓储集于一体。但是这种生产安排的消防隐患极大，之前便发生过火灾事件。因此，在地方政府的要求下，厂房多次进行整改，但很难一次到位。同时，厂房的规模也限制了生产的扩大。对于"英谊""恬宜桥"等规模较大的企业来说，随着订单的增加，都希望有更大面积的厂房来扩大生产。

对于这一问题，湖州织里提供了一种解决方案，由政府规划统一建房，产权属于原业主，然后租给企业生产。这一措施既能够保证工厂有安全的生产环境，消除安全隐患，同时也可以由企业根据自身规模和发展规划自行选择租用面积。

事实上，凌渡村也进行过此种努力，在 2018 年建成的小微企业园区即是为解决村庄企业的厂房问题。但园区的入园标准为年税收超过百万元，对于并不纳税的童装产业来说，根本没有机会在其中租用厂房。在调研过程中，多家企业都曾提出过这一问题，若以税收这一指标作为衡量标准，小微企业的规模和

---

① 吴迪，访谈时间，2020 年 8 月 17 日。

发展都受到了限制。

（三）动力缺失：研发不足与温州精神消退

在《小商品 大市场》中，费孝通先生对温州人做生意这样描述："温州地区的历史传统是'八仙过海'，是石刻、竹编、弹花、箍桶、缝纫、理发、厨师等百工手艺人和挑担卖糖、卖小百货的生意郎周游各地，挣钱回乡，养家立业。"在这一时期，温州商人敢闯敢拼的精神成为其迈向全国的关键。但是在近些年，温州精神逐渐消退甚至出现"断层"的危机。

一方面，对于一代创业者而言，虽然在"控货"原则下建立起的老客户关系能够保障相对稳定的订单量，但近些年"坐吃老本"的现象越来越严重。村庄中的童装企业没有在研发方面着力，大多数企业主依旧通过模仿市场上热销的版型，或者凭借个人"经验"进行生产，未能够建立起一支能够有效了解市场需求并具备自主设计能力的团队，因此市场上少有打得响亮且高附加值的品牌。同时，不同于创业初期的全国跑客户，现在的凌渡村童装企业很多都倚靠常年建立起来的老客户作为销售出口，很少在新地区开发新客户。在市场行情下行的近些年，部分企业主甚至直接关掉工厂，将设备出售，依靠每年十余万元的租金生活。在访谈中，有不少企业觉得这种方式"不用操心""很舒服"，这已经成为村庄中的一股"局部风气"，这也是凌渡村越来越多的外地人进驻当老板，而本地人逐渐退出的原因。

另一方面，对于二代创业者而言，接班父辈继续创业的情况极为少见，很少有年轻人继续从事童装行业。其一，在已经积攒到足够多的物质财富之后，一代创业者深知经营的辛苦，因此不愿让子女继续进入这个行业，更想让子女进入政府部门或者大公司"求一个安稳"。其二，对于二代来说，在长期的教育中，"温室里"长大的他们无法体会父辈们当年走南闯北的艰辛，没有形成一种敢闯敢为的创业精神。相反，部分年轻人在优沃的物质条件下逐渐"迷失"，偏好安乐和享受，学习成绩也不尽如人意。即使接班，也很难有所突破。

正是在多年以来经营心态的变化中，凌渡村童装厂这些小微企业逐渐失去了锐意进取的动力。原先敢闯敢拼的温州精神在物质生活逐渐提升之后已经逐步让位于求稳求安的心态，研发不足和销售渠道窄化正是此种心态转换的体现，这也成为小微企业难以突破的瓶颈。

综上所述，凌渡村童装厂这类小微企业真正面临的问题并不在税收和贷款上，而在于青黄不接的劳动力、厂房安全和面积受限以及内部创业精神的消退上。正是在这多重因素的影响下，凌渡村童装小微企业的发展遭遇到瓶颈，难以在市场中获得核心竞争力并进而转型升级。

五　结论与建议

通过对凌渡村童装企业的考察发现，在多重因素的影响下，这类小微企业具有正反两面的特性。一方面，在应对新冠肺炎疫情这一公共危机面前，它们能够通过长期以来的"养外加工厂"和"控货"等方式建立起一套稳固的关系结构，以此在同一起跑线的竞争中快速调动起生产能力，并在市场行情打开的情况下维持稳中有进的销售量。这表明，小微企业在危机面前具有相当的灵活性和韧性。另一方面，当疫情逐渐平稳，市场的竞争性重新激烈化之后，小微企业本身存在的诸多问题开始暴露出来，比如工人队伍的年龄断层，因厂房政策造成的规模受限，以及研发设计上的不足和内在经营动力的缺位。对于凌渡村童装企业而言，这些问题成为限制其转型升级的瓶颈。因此，我们既应当承认小微企业本身的韧性和优势，也应该看到不同规模和类型的企业实质上面临着不同的问题。以下是具体建议。

首先，完善用工制度，为工人提供有保障的工作环境。为了吸引更多年轻工人和高素质人才加入，小微企业必须建立起一套规范的工作标准，比如对工作时长做出明确限定，对车间生产环境进行改善。同时，应当为工人提供必要的福利和保障，解决其生产生活的后顾之忧。

其次，完善厂房政策，解决企业规模扩大和升级的需求。地方政府不能仅仅以税收作为衡量企业贡献的指标，童装小微企业虽然纳税不多，但在解决就业方面具有相当的带动作用。对于有意愿并有能力产业升级的企业，政府应当给予足够的厂房扶持，这也是实现小微企业高质量孵化的必经之路。

最后，激活温州精神，涵育内在动力和创新能力。改变坐吃老本的现状，重拾敢闯敢拼的创业精神，是小微企业重获竞争力的关键。只有不忘初心，培养品牌意识和升级观念，主动吸收先进的管理经验，紧跟市场的需求，才能够走出低附加值的"低水平徘徊"，在激烈的竞争中勇立潮头不被淘汰。

重建社区：历史文化街区的"可沟通性"研究

梁　轩[*]

迄今为止，中国的城市化已经高速推进了近 20 年。[①] 伴随着经济发展进入新常态，中国的城市发展也开始由"增量"转向"存量"。《北京城市总体规划（2016 年—2035 年）》（以下简称"新总规"）提出"保护北京特有的胡同—四合院传统建筑形态，老城内不再拆除胡同四合院"，并要求"将核心区内具有历史价值的地区规划纳入历史文化街区保护名单，通过腾退、恢复性修建，做到应保尽保，最大限度留存有价值的历史信息"，便是北京城市发展进入"存量"发展时代的体现。历史文化街区保护，也在这一趋势下得到了前所未有的重视。那么，历史文化街区目前存在哪些问题？需要留存的"有价值的历史信息"具体是什么？在现有条件下又应该如何保护？为回应这些问题，本文以史家胡同博物馆为研究对象，探究作为德布雷媒介学意义上的媒介，史家胡同博物馆是如何增强东四南历史文化街区的"可沟通性"，从而实现对历史文化街区的保护的，以此展现一种历史文化街区保护的可能路径。

一　封闭的东四南历史文化街区

德布雷在《政治理性批判》一书中称人类历史是合二为一的两个历史，即

---

* 作者简介：梁轩，浙江大学传媒与国际文化学院博士研究生。
① 陈忠：《城市文脉与文明多样性——城市文脉的一个本真性问题》，《探索与争鸣》2017 年第 9 期。

人与人的关系史，还有人与物的关系史。[①] 本文将从人与人的关系和人与物的关系两个角度，探讨东四南历史文化街区的封闭性。

（一）人与物的封闭性

1. 东四南居民与东四南历史文化街区

东四南历史文化街区作为"新总规"13 片文化精华区之一，对于历史建筑的保护要求很高。由于居民缺乏修缮的资金和能力，无法依靠自身力量对自己居住的历史建筑进行保护性修复，"新总规"又决定了居民不能对房屋进行成本较低的现代式改建。而作为东四南地区房屋产权主体之一的房管局，也只能提供基本的维修资金，无力按照"新总规"要求整修四合院。因此，居民与自己居住的历史建筑呈现封闭隔绝的状态，无法通过改造房间满足自己现代生活的需要。由于居民的生活条件得不到改善，很多东四南地区的原有居民都已迁到条件更好的现代化小区生活。"我很多同学原来都在这胡同住，现在都不住这儿了。"（cxsqc）曾经在史家胡同人艺大院生活了 20 年的陈先生说。原有居民的迁出，带走了老北京传统的胡同文化和生活形态。胡同居民的迁出，加剧了东四南的封闭性，导致了传统胡同文化的衰败，仅靠保护胡同肌理和历史建筑无法挽回这种颓势。

2. 游客与东四南历史文化街区

东四南地区，属于居住型的历史文化街区。这意味着虽然从文化资源角度来说，这些历史文化街区可以作为旅游资源。但是，由于其自身的居住属性，以及房屋腾退的艰难，这些历史文化街区的旅游价值很难被发掘出来。因此，当游客慕名而来，进入东四南地区，会感受到强烈的疏离感。由于历史文化的断层，使得游客并未掌握历史建筑的"符号"，因此无法对东四南历史文化街区进行"解码"。"你看第一个大门，跟三个桃子似的门儿，我说这门儿……挺好奇的。而且那一块儿在路上还有个影壁，是吧，那是啥意思呢？这影壁怎么修到这儿了？"（wxsgr）面对胡同这种无法"解码"的陌生居住形态，游客是疑惑的。在访谈过程中，很多受访者都提到东四南的胡同"和城市不一样"，也就是说，在他们的印象里，城市只应该是高楼林立的景象，而不会存在胡

[①] 雷吉斯·德布雷：《普通媒介学教程》，陈卫星、王杨译，清华大学出版社，2014，第 34 页。

同这种居住样态。游客并没有渠道感受到北京胡同最真实的生活形态，也无从了解东四南街区的历史底蕴及文化价值，人与物之间是隔离、封闭的。

3. 规划师与历史文化街区

城市规划的方案，是顶层设计的产物，即使规划师做实地调研，也不过是"两个人骑着自行车，两三个小时就能扫完一个街区，决定拔哪个楼"（xmfghs），这样产生的城市规划，不管是城市总体规划，还是历史文化街区的保护方案，都是："从直升机的视角看城市，那么谁又对城市生活负责？"[①] 这样的规划，本身就是规划师和历史文化街区、当地居民缺乏沟通的产物，规划推行所遇到的困难和当地居民的阻力可想而知。

综上，在人与物的关系中，东四南历史文化街区作为传统的"物"，已经和现代的"人"存在某种程度的分离和割裂。调和东四南街区与居民、游客、规划师的关系，就需要有新的"发明"，使"物"能够适应"人"的需求。

（二）人与人的封闭性

1. 居民间的封闭

传统公共空间的消失，造成了居民间的沟通减弱。"小时候都在人艺大院玩，现在都停上车了。"（cxsqc）就史家胡同而言，目前能够让居民聚集在一起聊天的，仅剩下胡同东口的两张座椅和胡同西口国赫宫前面的草坪，其他位置均被车辆停车位占据。根据观察，胡同东口由于缺乏树木遮挡，座椅的位置长期被阳光暴晒，白天少有人气，流浪汉和保安是这里的常客；而胡同东口的草坪虽有树荫，但并无座椅，只有几块石头可以勉强休息，因此人气也不高。而整个东四南历史文化街区，也缺乏传统的公共空间。"咱这儿没公园，东单公园太远，要去你必须经过长安街，过了长安街就到了，差不多 1.5 公里吧。"（ldyba）

公共空间的缺乏，也带来代际间的隔阂。东四南历史文化街区，老年人比重高，他们的子女绝大多数并不与老人一起居住，早已迁到现代化小区。由于街区公共空间缺失，以及老人居住空间的逼仄，儿童缺乏玩耍的空间，也没有可以参与的活动，因此周末子女并不愿意带着下一代回来探望老人，代际隔膜

---

① 黄旦主编《城市传播：基于中国城市的历史与现实——跨学科的视野》，上海交通大学出版社，2015，第 10 页。

由此产生。

实体空间如此，线上沟通空间也不乐观。东四南历史文化街区的人口结构以老年人居多，他们多年来养成的交流习惯，更倾向于线下面对面交流，而对线上的微信沟通不是很热情。根据笔者对史家胡同居民群的参与式观察，胡同居民线上沟通意愿不强，因此大多数居民即使有微信，也并未加入社区的微信群中。目前，东四南街区的微信群，只有 36 个人。即使加入微信群，群内容的质量也很低，沦为广告和"拼多多"砍价的集散地。

因此，对于东四南地区的居民而言，由于缺乏有效的线上线下沟通渠道，居民间的沟通遭到阻碍，增强了东四南历史文化街区的封闭性。而东四南的社区，由于种种原因，并不能有效发挥组织居民参与活动的作用，不能为居民搭建起沟通的平台，这导致居民无法形成有效的沟通，滋生种种矛盾，如占用院落公共空间等问题无法得到解决。另外，居民也缺乏热情和渠道参与社区事务，这也导致了历史文化街区的衰败。

2. 居民与游客间的封闭

东四南历史文化街区，本来属于居住区域，但是由于近年来人们对于传统历史文化街区的关注，越来越多的游客开始进入这一街区，将其作为一个景点进行游览。东四南及其居民，在无意识、未经同意的状态下，成为游客观看和"凝视"的消费对象。"游客来看看也挺好，但来的人多了，有时候很吵"（43ayjm），旅游团带来的噪声，以及游客私闯民宅等问题，都是游客与居民缺乏沟通造成的矛盾。

但实际上，游客是希望能够与居民沟通的。"肯定愿意和胡同里的人聊天，聊一聊，聊聊北京的历史"（wxsgr），"很多东西人家不说，你还不知道"（hnsxs），但是由于缺乏游客与居民沟通的空间，这种愿望往往无法实现，而且一些阻碍沟通的因素也因为缺乏空间被放大了。"不敢（和居民）聊天。我觉得大妈比较厉害，有点害怕。"（hnsxs）

居民与游客间的隔绝，一方面导致游客对居民的干扰问题得不到解决，居民对于游客日益排斥。另一方面，也阻碍了游客进一步了解胡同文化，造成游客和胡同的隔绝，无法深度游览胡同，只能走马观花。

（三）封闭的危机

东四南历史文化街区的封闭性，使得东四南的社区力量非常薄弱。居民无权修整自己的房屋，导致居民生活水平无法得到提升，无法享受现代生活带来的便利，这为保护历史文化街区的合理性和合法性带来了挑战，也为资本和权力的介入提供了表面上的正当性。

紧邻东四南历史文化街区的金宝街，便是资本与权力合谋的产物。历史文化街区的衰败，使得政府能够以"市政带危改"的名义，与资本联手，拆除数百座四合院，为金宝街的建设及王府井商圈的扩大铺平了道路。

正如列斐伏尔所说，资本主义的生产已成为空间本身的生产。在资本逻辑下，利于增殖的空间被大量生产，阻碍增殖的空间被大量消灭。作为中国传统城市文明遗存的历史文化街区，其空间形态并不适合增殖，因此，在资本逻辑下，必然面临被拆除或者大规模商业化的危机。封闭带来衰败，如果东四南历史文化街区仍然封闭，不能提升自身"可沟通性"，也会面临如金宝街一样的危机。

而居民间的隔绝和公共空间的匮乏，更使得胡同文化逐渐僵化，甚至消失，居民无法组织在一起，形成社区共同体。街道和社区本身，由于人员、能力和资源有限，举办的活动并没有得到居民的积极响应。"围着社区转的居民也就一两个，社区没办法调动居民"（xmfghs），因此也无法为居民搭建沟通平台，形成社区共同体。这使得东四南街区实际上并未形成真正意义上的"社区"，并未形成社区共同体。居民力量的孱弱，使得东四南历史文化街区几乎不存在抵抗资本和权力入侵的可能。如史家胡同西口国赫宫的建设，就是资本和权力入侵东四南，拆掉大片四合院的产物。国赫宫的建造，使得自元代保留下来的史家胡同的肌理不再完整，极大地破坏了这一历史文化街区。居民即使想要保护也无可奈何。

（四）小结

综上，从人与物和人与人两个视角，可以看到东四南历史文化街区由于缺乏沟通媒介，具有很强的封闭性，这严重损害了东四南历史文化街区历史建筑和胡同文化的保护，造成了街区某种程度的衰败。因此，要复兴历史文化街区，必须改变现有的封闭性特点，引入新的媒介。

这里的媒介，是德布雷媒介学中的媒介概念。具体来说，德布雷的媒介（中介）包括了组织性的物质层面（MO）和物质性的组织层面（OM），或者说是技术系统和社会组织。前者是物质化、工具性的可见的部分，后者则是不可见的部分。本研究将史家胡同博物馆视为媒介中组织性的物质层面，将北京市城市规划设计研究院和朝阳门街道视为物质性的组织层面。

在德布雷看来，OM 和 MO 的关键区别在于：MO 对应的是即时的传播活动，其主要功能在于实现人与人、人与物在空间上的连接；而若要实现时间的连续和象征系统的联结，使之与简单的传播行为（空间上的信息传输）区分开来，则需要以机构的存在进行判定。史家胡同博物馆作为 MO，通过开展一次次的活动进行即时传播，实现了人与人、人与物在空间上的连接，从而增强了社区的“可沟通性”。

二　作为媒介的史家胡同博物馆

谈及史家胡同博物馆，先要谈谈史家胡同。史家胡同位于北京东四南历史文化街区内，是北京旧城内典型的以居住功能为主的胡同，胡同全长 700 多米，宽约 9 米，留存下来的平房院落有 80 余处，[①] 民国时期，大量人口涌入北京，掌握实权的达官新贵开始迁入史家胡同居住，其人口结构也由单一的镶白旗人转变为有名望的汉人为主，奠定了今天史家胡同的名人文化。

厚重的历史文化，使得史家胡同具有独特的社区性。其一，由于该胡同院落多为名士所居，所以“居民是很自豪的”（mxsgz），在访谈中，也能感受到社区居民对于能够居住在史家胡同有着溢于言表的自豪感。名士文化，本身就实实在在地改变了史家胡同乃至东四南的空间，造就了这一地方的特性，正如物理学家 Niels Bohr 和 Werner Hciscnberg 关于克龙贝格城堡（Kronberg）的讨论，“如果只是因为哈姆雷特曾经住在此地，那么本来不应该有什么改变，可是事实上它已经被彻头彻尾地改变了”。[②] 其二，当前胡同里居住着许多单位的退休职工，居民之间较为熟识，并且文化素养也相对较高，凝聚力较强。其三，史家胡同本身的名气和价值，吸引了多方人士相继参与到社区营造活动中来，多个院落改造项目完工，志愿者力量不断壮大，并且也吸引了“向左转、向右转”

---

① 付丽：《北京史家胡同博物馆的社会参与研究》，《中国港口》2018 年第 S1 期。

② Werner Heisenberg. *Physics and beyond: encounters and conversations*(World Perspectives Series). New York: Harper & Row, 1972, p. 51.

"细活里"等具有文艺气质的商家入驻，成为史家胡同的"新居民"。其四，现在仍未迁出的居民，觉得"胡同住着比楼房好"（43ayjm），有着强烈的保护好胡同文化和历史建筑的愿望，也具有较强的社区更新意愿。也正是基于史家胡同独特的社区性，史家胡同博物馆才能够在胡同居民和街道社区的共同商议下得以成立。

对于参观者来说，通过参观史家胡同博物馆，得以了解史家胡同的历史变迁、名人往事以及文化特色。史家胡同博物馆成为史家胡同乃至整个北京胡同文化对外传播的媒介；对于史家胡同的居民来说，居民积极参与博物馆的运营，并在博物馆的公共空间中参与活动。史家胡同博物馆作为媒介，提供了社区居民间交往的公共空间。

总之，作为媒介的史家胡同博物馆，增强了东四南历史文化街区的"可沟通性"。

三 "可沟通"的东四南历史文化街区

"可沟通性（Communicativity）"这一概念来源于"可沟通城市（Communicativecity）"。杰弗里（L. W. Jeffres）从不同的角度总结出"可沟通城市"的三个主要特点：第一，城市需要能把所有居民整合为充满活力的整体；第二，帮助市民积极参与社会公共事务并在日常生活中有机会扮演各种社会角色；第三，城市作为一个传播系统整体能够在移动与稳定之间找到平衡，比如既有创新又不忘历史。[①]

复旦大学学者强调，沟通是城市的构成基础，而"可沟通城市"，则强调各参与主体"通过信息传递、社会交往和意义生成等多种传播实践活动，实现城市的多元融合、时空平衡、虚实互嵌与内外贯通"，并提出一套评定城市"可沟通性"的完整体系。[②] 本研究将参照该指标体系，从多元融合、时空平衡、虚实互嵌三个维度，分析史家胡同博物馆建立之后，东四南历史文化街区的"可沟通性"，内外贯通其实蕴含在前面所述的三个方面之中，因此不再单独展开论述。

---

① Jeffres, Leo W. "An urban communication audit: measuring aspects of a 'communicative city'." *International Communication Gazette* 70, No. 3 (2008): 257 – 273.

② 复旦大学信息与传播研究中心课题组，谢静、潘霁、孙玮：《可沟通城市评价体系》，《新闻与传播研究》2015 年第 7 期。

（一）“多元融合”：作为沟通平台的博物馆活动

多元融合强调“可沟通性”打破区隔的作用。具体来说，是指城市需要给不同生活方式提供足够的存在空间，给不同的价值观、审美趣味以充分的尊重，促成异质人群之间的聚合、交往；最大限度促成市民之间的对话、交流和理解，以建立广泛的社会联系，并实现社会共治。

史家胡同博物馆开展的活动，大体可以分为讲座、曲艺相声表演、民俗活动和休闲文化四大类，可以满足不同年龄、不同层次居民的文化需求，为异质人群的沟通打造了平台，大大增强了东四南街区的“可沟通性”。

这些活动的举办，一方面使得社区不同年龄，不同文化层次的居民有了相互沟通的场所，能够增进彼此的了解，重回传统的胡同生活，形成胡同内的熟人社会。另一方面，由于胡同的常住居民老年人居多，博物馆开展的亲子活动也能够打破代际隔膜，使得祖孙三代一起参与到活动中来，也使得青年一代更愿意带孩子回胡同看望父母，实现了代际的沟通。

（二）“时空平衡”：作为东四南“新居民”的责任规划师

北京市东城区是北京最早开始责任规划师制度的城区，而朝阳门街道则是最早的试点之一。2014 年，朝阳门街道联合北京市城市规划设计研究院共同注册史家胡同风貌保护协会，以史家胡同博物馆为基地，开展东四南历史文化街区的社区活化工作。2017 年，北京市城市规划设计研究院和朝阳门街道合作运营史家胡同博物馆，使得朝阳门街道的责任规划师能够以史家胡同博物馆为据点，长期扎根东四南历史文化街区，成为社区的新成员，能够以地方居民的身份发现之前无法发现的问题。

责任规划师通过长期观察，发现当地的居民喜欢种花，所以带领居民一起，以临时展览的形式，开展了胡同微花园的活动。居民反应非常积极，主动照料花园。之后，部分展览的成果也得以保存，成为东四南历史文化街区长期的胡同微花园，实现了微观的空间改造，为古老的胡同生活增强了现代审美趣味。再如 2015 年，史家胡同风貌保护协会启动了“咱们的院子”项目，史家胡同有 5 号院、45 号院入选。改造后，院落景观符合老北京传统的同时，院子低洼、缺少照明、杂物堆积等问题也一定程度上得到解决，满足了居民现代生活方式的需要。

史家胡同博物馆作为社区博物馆，为责任规划师提供了一个能够了解东四南在地实际、与居民交流的空间，从而推动了东四南城市规划的修正和时空平衡。依托史家胡同博物馆空间的、正在推动的"胡同茶馆"计划,[①] 将成为在地责任规划师与社区居民沟通的另一有效渠道。

因此，史家胡同博物馆作为媒介，打通了宏观城市规划和微观在地实际的障碍，使得保护历史文化街区的规划得以真正落地。

（三）"虚实互嵌"：作为"地方"的史家胡同博物馆

史家胡同博物馆作为一个"不需身份证，不需门票，没有门槛"[②] 的免费社区博物馆，已成为东四南历史文化街区居民的一个重要公共空间。"附近单位的人每天中午吃完饭，都过来晒会儿太阳，每天都来，就比如隔壁《妇女杂志社》的人。"（ldxba）史家胡同博物馆的门卫刘大爷提供了自己的观察，"附近的居民经常上这儿来，每天都来，主要在后院儿玩"。在调查过程中，后院确实成为附近居民尤其是带孩子的居民休憩的空间。居住在东四南街区的 42 岁的王女士作为保姆，是博物馆的常客。"很干净，能带孩子在这儿玩，对我们来说很有利，我们出了门就能在这儿玩。"（wnsbm）可见，史家胡同博物馆的无门槛，以及干净整洁的院落，对于东四南历史文化街区的居民而言，已经成为段义孚所论述的，具有"安全性和稳定性"的"地方"，不再是"开放、自由但具有威胁性"的空间了。[③] 在"地方"，所有人似乎都有个人专属物品，都需要个人空间，王女士每次都会带孩子来到后院的空地和草皮上玩，后院成了王女士和孩子都非常熟悉的"地方"，而《妇女杂志社》的工作人员，往往会坐在后院的石凳或者前院一进门处的长廊里。史家胡同博物馆作为媒介，培养了居民的"地方意识"，增强了居民对于东四南的情感认同，使"人"能够与"物"进行沟通，为形成社区共同体打下了良好的基础。

对于虚拟空间而言，东四南乃至北京胡同的可见性，也随着"史家胡同博

---

① "胡同茶馆"是史家胡同博物馆正在推进的计划之一，旨在通过请居民免费喝茶的形式，让责任规划师深入了解居民生活中的问题，从而制定、修正详细的东四南城市规划方案，提升居民生活品质。另外也希望借此搭建居民与游客的沟通平台。

② 来源于一位游客的朋友的朋友圈，这位游客正是因为看到这条朋友圈，才专程来史家胡同博物馆参观。

③ 段义孚：《空间与地方：经验的视角》，中国人民大学出版社，2017。

物馆""东四南"公众号的推送得到提升。"史家胡同博物馆"公众号是一个具有强大功能的公众号，其内容与博物馆的线下活动结合紧密。在公众号中，可以第一时间得到博物馆的活动资讯，并且可以网络报名参与；此外，还可以通过公众号预约博物馆讲解，更好了解史家胡同；最后，还可以通过公众号报名，加入博物馆的运营之中，真正成为博物馆的主人。而"东四南"公众号，内容多为在史家胡同博物馆举办的各种探讨城市更新和老城保护的论坛总结，学术性更强。两个公众号，提升了东四南及北京胡同的"可见性"。

四　重建社区：实现空间正义

史家胡同博物馆作为社区媒介，增强了东四南的"可沟通性"，提高了"可见性"。作为一个依托朝阳门街道和北京市城市规划设计研究院两大组织的机构，史家胡同博物馆通过持续不断的传播活动，以及为社区居民提供"地方"，渐渐培育出社区共同体，史家胡同风貌保护协会的成立和运营，就是社区共同体逐渐形成的体现。

社区共同体的形成，借助社区居民、街道、责任规划师以及社区外的多方力量，共同解决社区问题，进行多元共治，实际上提升了东四南居民的生活质量，保存了东四南传统的胡同文化，使得封闭的东四南"可沟通"，实现了社区活化。这在增强社区共同体力量的同时，也展现了一种非西方化的，具有中国传统的城市更新的另一种可能，为保护历史文化街区，抵御权力和资本的社区入侵，实现空间正义提供了支持。

从"八坊十三巷"到"茶马古市"

——文旅融合后临夏州民族手工艺的转型与变迁

牛　乐　刘　阳　王　锐　王京鑫[*]

临夏回族自治州古称河州，地处古丝绸之路南路之通衢，是宋代以来汉藏民族茶马互市的中心。近年来，随着文化产业的发展和"三区三州"扶贫工作的开展，文化产业与旅游业已成为临夏地方经济的支柱产业，二者的深度融合发展已成为地方经济发展的新思路和新导向。同时，临夏也是近代历史上西北河湟地区民族手工艺的集散地，有多个驰名国内外的手工艺品种已被列入国家级非物质文化遗产名录。

作为古河州历史文化和民俗风情集中呈现的窗口，临夏州八坊十三巷的改造工程充分考虑了以上诸多需求和区位优势，致力于将其打造成为临夏州的地标性文化景点，同时兼顾市场经济发展和文化传承、扶贫就业等多种愿景，在景区内设置河州民族手工艺展馆及销售门店，使传统手工艺与旅游文化协同发展，带动当地经济发展和精准扶贫工作。

2018 年，基于八坊十三巷改造项目的另一文化旅游项目"茶马古市"开业招商。八坊十三巷是以文化旅游为主、文化产业为辅的市场模式，茶马古市则与之相反，以手工艺工作室为主，致力于在文化传承的同时发掘、表达深度的民族文化内涵。二者同为临夏地方政府重点打造的项目，分别在相关政策的推

* 作者简介：牛乐，西北民族大学美术学院教授；刘阳、王锐、王京鑫，西北民族大学美术学院艺术理论专业硕士研究生。

动下稳步进行，目前已成为临夏州重要的经济增长点和扶贫工作抓手。

一 身份、经营模式和生产方式的转变

八坊十三巷是河州（临夏）传统的穆斯林社区，居民以回族居多，文化传统悠久独特，以深厚的商业文化传统著称，民风民俗自成体系。八坊社区由八个清真寺坊组成，建筑格局为连片的传统河湟四合院民居，由十三条巷道分割连接。① 由于历史变迁，近代的八坊社区已逐渐失去传统的历史风貌和商业文化功能，亟须改造振兴。

八坊十三巷的基础设施已于 2016 年完工，原有的建筑被翻新整合，并增加了诸多文化景点和服务设施，如在八坊十三巷中设立地域文化气息浓厚的"盖碗茶"广场，既可加强社区居民之间的情感沟通，又可供居民和游客休闲娱乐，并致力于烘托出近古以来河湟多民族聚居区的生活样态和多元文化气象。

2016 年，八坊十三巷对外招商，众多手工艺类非物质文化遗产传承人开始进驻营业，这些商家多为河州本地手工艺人和特色文化的企业，也包括八坊十三巷中的原住居民，前者经营河州特色文化产品，后者经营传统的穆斯林饮食。基于社区居民民族成分和文化习俗的特殊性，八坊十三巷商业经营的各项规定在尊重民族文化习俗和生活习惯的基础上制定，旨在维护原有的生活形态和文化生态。

2017 年国庆节，笔者曾前往八坊十三巷调研，店铺大多仍处于锁门待招商状态，街道上过往人群以当地居民为主，游客尚少，生活气息仍得以保持。经过近两年的发展，至 2019 年 9 月，八坊十三巷中的店铺招商基本完成，在多种方式的文化推广和宣传下，游客人数逐渐增多，景区内的基础设施也在完善之中，已具备旅游、休闲、住宿的整体功能。

八坊十三巷建有专门的手工艺馆，截至目前已经有葫芦馆、泥塑馆、砖雕馆、铜艺馆、刺绣馆、地毯馆、经字画、蛋雕馆以及掐丝珐琅画等手工艺馆进驻开张。这些手工艺店分为"企业"和"个体"两种进驻模式，企业模式为经

---

① "八坊"指围绕着大寺坊、祁寺坊、西寺坊、北寺坊、铁家寺坊、前河沿寺坊、老王寺坊、新王寺坊八座清真寺形成的教坊；"十三巷"是由大旮巷、小南巷、坝口巷、北巷、沙尕楞巷、专员巷、大南巷、仁义巷、细巷、拥政路、铁家寺巷、王寺街等十三巷组成。

营、生产分别由专人负责，二者之间各司其职，经营者只负责店面销售，产品生产和店外订单由公司统一管理。其产品生产者成分多元，既有技术工人，也包括许多贫困家庭妇女和残障人士。个体模式保持了传统手工艺作坊的生产形式，生产制作与经营销售均由手工艺人自己负责，除亲自参与生产外，帮工者多为徒弟和家庭成员。

企业经营者

"常天平泥塑文化公司"是最早进入八坊十三巷的手工艺商家之一，公司原来的业务是寺庙彩塑，于2013年转型制作表现河州民俗风情的小型泥塑。常天平个人只负责公司的运营，拓宽公司品牌知名度，产品制作由徒弟和技术工人完成，日常生产多为接受订单制作。展馆吸引了较多的旅游消费者，明显提升了泥塑的销量，但是大宗订单多来自博物馆与企业，大众消费占比例较小，同时由于手工制作成本较高，成本控制尚不理想。

"掐丝珐琅画"是由临夏州妇联在八坊十三巷设立的政府经营项目，其业务主要针对国家开展的精准扶贫项目，所以生产者以临夏州贫困地区的妇女为主，并吸纳了少数残障人士，旨在带动贫困家庭的脱贫工作。这些妇女们农忙时料理家务，农闲时从事工艺品生产以增加家庭的经济收入。

"兴强地毯"是家族式企业，此前已建立较好的销售网络，公司在本地及拉萨、西宁均有销售点，产品主要针对临夏本地和藏区客户。八坊十三巷展馆的设立提升了品牌的知名度，原有的产品规格较大，价格在千元以上，普通观光游客较少购买，故公司针对八坊十三巷门店的销售情况开发了不同规格（包括价格在50～100元专门针对游客的小型坐垫）的产品，并给予不分产品、价格一律包邮的优惠，此种旅游产品的年销量可达数千件，故整体效益可观。

个体经营者

以个体生产模式进驻八坊十三巷的手工艺人较多，"苟记铜艺"是其中的典型，其生产与经营皆由苟学贤一人管理。河州传统铜艺是纯手工制作，技术含量高，费时费力，传承人群较少，基本靠其本人完成，获得了"手工制作"的社会美誉。在八坊十三巷设立展馆之后，苟记铜艺的订单大幅上升，产品价格也相应上涨，现在的收入比展馆设立之前增加了一倍。

同为纯手工制作，展馆的开设对白正兵的葫芦雕刻生意也产生了很大的影响，由以前的间接销售变成了现在的直接销售，经济收入提升明显。此前由于作品的技术要求较高，故作品均由本人制作，但是现在为了迎合游客的消费水平，白正兵也找人代工，开发了一部分中低端产品来适应市场，除此之外，还面向学校开办研学班增加收入。

身份转换

从实际情况来看，从"生产者"向"经营者"的身份转换是个体手工艺人存在的普遍现象，这一趋势对技术含量较高的手工艺项目产生了较大影响。在设立展馆之前，艺人们的经营分散在临夏市各处，经营渠道主要依靠口碑和客户间相互介绍，虽然注册了各自的品牌，但是营销渠道和品牌效应十分有限。虽然艺人们有充足的时间和精力去制作作品，但是由于产品单价较高，产品销量过低，实际的经济效益十分有限。设立展馆之后，产品销量的增加也影响了产品的价格和定位，如何适应旅游市场成为一种新的挑战，因此细分自己的产品系列，优化工艺，改进生产方式成为最重要的工作。

与此同时，从"手艺人"到"传承人"的身份转变促成了文化传承方式的转变，许多手工艺人不仅致力于生产经营，还被职业技术学校或大专院校聘为教师，大大拓宽了手工艺文化的传承途径和受众面。

复线发展

可以看到，八坊十三巷对临夏民族手工艺文化的推广起到了积极的作用，但是基于八坊十三巷的旅游文化定位，手工艺展馆面积较小，故艺人们只是将这里作为文化宣传和产品营销的窗口，借此展示自己的作品，提升自己的品牌知名度。

继八坊十三巷之后，另一文化旅游区"茶马古市"于2018年建成对外招商，比较二者的文化内涵，前者主要展示了临夏地区独特的民族特色和生活情趣，而后者则致力于发掘和呈现临夏地区的历史文化内涵。可以看出，茶马古市侧重于"文化"，而八坊十三巷侧重于"旅游"，此种思路无形中契合了政府"文旅融合，深度发展"的宏观思路。

与八坊十三巷不同的是，茶马古市的展馆面积较大，接待游客较少，营销对象主要为经济实力较强的收藏者。基于这种定位，茶马古市的招商对象仅限于文化产业的从艺者，并根据手工艺人的要求建设了面积较大的展示场地，可集展示、工作和文化体验为一体。茶马市安静的环境和宽裕的场地很快吸引了众多手工艺工作室的加盟，弥补了八坊十三巷营业面积局促主要针对普通旅游者的营销局限，同时由于客户群体的高端化，有利于推出高工艺水准和高价格的产品，故目前临夏地区的很多手工艺人同时在两个地方设立了展馆。

显而易见的是，八坊十三巷与茶马古市的市场功能互补，文化内涵相互呼应，已经形成了明显的复线发展趋势。二者共同为临夏民族手工艺的传承创新与消费市场之间搭建了桥梁，促进了传统文化的活态性、流通性和价值转化。

二 政府工作及实际效益

两年来，地方政府对进驻"八坊十三巷"的民间手工艺者提供了很大的帮助，各种费用均予以减免，同时通过报纸、电视、自媒体等渠道进行广泛宣传。2019年初，中央电视台推出了人文纪录片《八坊十三巷》极大地提升了其知名度，其中第一集《艺术八坊》着重推出了泥塑、葫芦雕刻、蛋雕等手工艺项目，此举显著提升了八坊十三巷的社会知名度，效果十分显著。

随着政府宣传力度的持续加大，八坊十三巷和茶马古市复线经营，文旅融合的模式日渐成熟，其带来的社会影响和效益十分直观，直接体现在所有入驻企业、手工艺人，包括其他服务机构的经济收益都有了明显提高。以八坊十三巷的兴强地毯公司为例，其2017年收入约30万元，2018年达到50万元，2019年约为70万元。从事个体生产的苟记铜艺年收入由进驻前的年均五六万元提高到15万元左右。

同时，经营方式与经营渠道也有所拓展。几乎所有商家的发展计划都有明确的旅游文化指向，部分手工艺商家有意引进机器设备，实行量化生产，同时根据游客的需求开发新产品。此次调研过程中，所有从业者均对政府、媒体直接与间接的帮扶效果持肯定态度。

宏观地看，类似于八坊十三巷等文化旅游区的建设只是文旅融合发展的物质基础和外在形式，基于此种基础建设衍生出的其他帮扶手段是文旅融合事业的内在表现，并以此衔接和打通了"三区三州"精准扶贫，非物质文化遗产保护与传承、文化产业发展、劳动力就业等社会事业的协同发展。自 2015 年起，由文化部发起的"中国非物质文化遗产传承人群研培计划"、《中国传统手工艺振兴计划》（由文化部、工业和信息化部、财政部制定，2017 年 3 月 12 日经国务院同意并发布）为先导，各级政府、媒体和社会事业单位针对民族手工艺开展的帮扶项目层出不穷，手工艺传承人除经营生产外，还定期参加政府开展的各类培训，并广泛参与不同形式的文化传承、宣传、推广活动，这些活动的开展共同促进了临夏州经济建设和社会文化事业的共同发展。

从工作细节来看，多数手工艺项目可以依托非物质文化遗产保护等相对成熟的支持平台，并可借助非遗展览、非遗进课堂、非遗研学等活动获得社会化的认知，同时可依托其他文化产业政策获得资金和政策上的支持。

相对于媒体的宣传，艺人们的口述更直接地体现了一系列政府工作的内在成效。

> 我以前做过货车司机，也做过个体户，后来偶然一次看到蛋雕觉得很有挑战，然后我就尝试去做，就当自己的一个爱好。后来我就在八坊十三巷这边设立展馆了，每天来看的人也很多，也有打电话问价格的，慢慢地收入就提高了，也有很多人表示要过来和我学。我在西安那边的一个景区也设立了一个展示体验馆，与一些机构有合作，设立了蛋雕课程，学习的有参加夏令营的学生。我在这边也和政府合作，有毕业的学生就分配到我这里，先培训一段时间然后再让他们去管理、教学生，慢慢地，了解蛋雕的人就多了。从事我们这行的全国也就几百人，所以我希望通过我的努力让更多人了解蛋雕。（蛋雕艺人杨国星口述）

在茶马古市设立工作室的车国栋是 90 后青年砖雕艺人，他认为文旅融合对于临夏砖雕的影响主要让手艺人从"行走的艺人"转变为"坐着的艺人"，就是临夏民间说的"行商"与"坐商"。他也提出了另外一个观点，认为八坊十三巷对于民族融合、民族团结有重要作用。改造后的"八坊十三巷"表现出了一种民族文化的融合，使它不再是单纯的少数民族生活区和民族文化展示区域。

由于市场由大型外包转变为普通旅游经济，车国栋为适应市场的变化萌发了研发小型文创产品的想法。原本临夏砖雕的材质为青砖，材质较重而且易碎，在运输方面存在问题。他改变材质并融入临夏砖雕特色，生产了一批文创产品，可惜因为成本高导致价格居高不下，最后的销售并不成功。同时，车国栋也看到了培训和研学体验对于文化传承的意义，在工作室的展示柜里面放置着大批研习学生的作品，他认为这种文化传承要从小开始培养，耳濡目染，深深扎根于内心。

蛋雕艺人杨星国现在考虑的问题是如何将已经成熟的蛋雕发展成更具市场价值的"蛋文化"系列产品。基于这种构思，他计划将蛋雕与生活中常用的夜灯、台灯、加湿器等物品结合起来，开发出"蛋文化"文创产品，融合蛋雕的观赏价值和实用价值，使其更容易被普通消费者接受。

采访中艺人们表示，销量增加、收入提升以及品牌影响力的扩大只是一个方面，更重要的变化体现在自身的从业思想和传承意识上，从前只是想依靠手艺挣钱吃饭，现在通过和社会的广泛接触，加上参观、接受培训以及其他政府帮扶工作的开展，文化传承意识的提升十分明显。同时可以看到，产品销量增加的同时也激发了他们拓展市场的能力和新产品的开发能力，游客的低价消费倾向极有可能制约产品的工艺水平，但是也会成为开发新产品、新工艺，优化经营模式的潜在动力，尽管存在种种问题，这种基于文化"流动"和"互动"的发展趋势确实在宏观层面有利于手工艺文化的创新。

根据目前的状况来看，在地方政府和社会各界力量的帮扶下，临夏手工艺文化产业的发展推进了"乡村振兴战略"和"三区三州精准扶贫"项目的顺利进行，带动了贫困地区人均收入上涨，一些类似八坊十三巷的"城中村"也依此模式进行改造，社会风貌和景观发生了巨大的变化。

三　相关问题与思考

（一）品牌化与价值化

除了经济学的意义之外，品牌化是文化价值转化的重要表征之一，意味着除货币化之外，文化价值的内化和张力储备应被视为文化价值化的高层转化。手工艺作为文化具有多重内涵：作为社会生产的形式，手工技艺是特定历史时期和特定生产力条件下的产物，只有在特殊的社会生产力条件下才具有普遍的价值和资本转化能力；作为一种后工业时代文化的表征，手工技艺在当代社会是特定文化场域的产物，其发展需要相应的经济环境的支持，其价值和资本的转化依赖该竞争场域的特殊机制，难以适应所有的竞争环境。

微观的考虑，只有在旅游文化产业成熟，被体系化、动态化的情况下，品牌和价值才能体现充分的互动关系，其在一定阶段并不一定能体现价值的货币化，而是首先以文化的物化、物的价值化作为中介和先导。文旅融合之后的一系列政策和行动实践取得了丰硕的成果，这些成果表明，人的自觉性、能动性的提升是重要的指征，手工艺回归当代生活，回归人民性是重要的思想基础。关于非物质文化遗产的保护、传承理念和政策，事实上已经表现出明确的发展取向，并在理论和实践层面达成了一致。

从价值流来看，相对分散的手工生产与工厂化生产相比更难控制人力成本和直接、间接的资源消耗，而这种消耗必然转化为产品价格，对手工艺生产来说，较低的产量使其利润往往更依赖产品的增值。成功的品牌即意味着产品内涵的外化，也是产品增值的基础。因此，品牌化也意味着内涵、技术、生产成本的价值转化。

此外应该重视的是，"价值转化"不只具有经济学意义，作为一项长期的事业，传统手工艺的价值化不能简单地等同或体现为货币化的实现，而应与人的幸福感、获得感，社会的稳定性、能动性、积极性、创新性保持融洽和沟通，并在动态发展中得到体现和转化。

（二）纵向设计，横向帮扶，侧向支撑

当前的现实问题是，传统手工技艺在当代中国社会环境中复兴，其宏观的社会效益（文化传承、经济增长）已经初见成效。但是在微观层面使之落地生根，滋养民生，壮观文化气象，并恰如其分地成为微观经济结构的重要组成部分则需要进一步提供策略性的支撑。

可以看到，文旅融合后的多种实践成果已充分达成社会共识，这些实践方式构成了纵横结构的手工艺振兴发展体系。这种体系呈现结构的稳定性，但是作为多元化、动态化的社会行动，其仍旧需要强有力的辅助性结构支撑。

"侧向支撑"本来是建筑学名词，指建筑结构之间起稳定和强化作用的结构。本文中的侧向支撑，指纵向的政策支持、财政支持和直接的横向帮扶之外间接性的社会能动因素，包括学术研究、教育机构、网络媒体、商业渠道及其

他处于上下游的隐性社会力量，这些力量对于手工艺振兴的整体社会行动起到了结构强化作用，并可动态转化，对整体结构和行动策略提供多方面的有力支持。

几年来的实践证明，各种政策的顶层设计是有效的，但是在日益多元，复杂的社会结构下，计划、统筹管理的效果仍然有限。基于这种现状，采取顶层设计，横向帮扶，侧向支撑相结合的发展方式应成为近期手工艺振兴与发展值得尝试的策略（参见图1）。

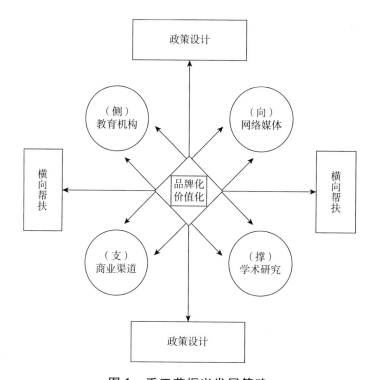

图1 手工艺振兴发展策略

（三）人力成本的价值转化

近年来，随着政府的牵头组织，多种针对手工艺人才的培养计划在很大程度上提升了从业人员的创作、生产能力及社会竞争力。同时，各高校、科研机构、企业建立的非遗工作站，研创平台和线上、线下并举的营销网络已经有效地拓展了手工艺产品从研发到推广、销售的脉络。但是，普通手工艺品从业人员的收入仍然需要大幅度提升。综观当下手工艺品市场，结合旅游文化开展的研创产品开发已经成为手工艺生产的主流，但是其销量、价格却受制于手工生产的人力成本而居高不下。在这种局面下，手工生产所蕴含的文化价值不能直接融入产品的价值中，而其高人力成本反而显著地体现在销售价格中。或者说，被市场接受的品牌化、高文化附加值的手工艺产品仍旧凤毛麟角。作为普通消费品，高人力成本，低文化附加值的手工产品不可能成为市场销售的主流。

尽管许多代表性的非遗传承人和手工艺人已逐渐成为市场赢家，但是基于手工艺生产的普遍性以及普通商品属性，以个别生产者的社会地位和影响力实施的价值转化不可能获得普遍的社会效益。对于手工生产来说，由于生产形式的制约，人力成本不可能大幅度降低，文化内涵及其价值的实现过程也会部分地回馈、转化为人力成本，故有效的策略应集中在使高昂的人力成本转化为其他便于被市场接受的价值形式。例如，尽管对于手工生产者来说，品牌营销会在短期内增加产品的销售成本，但是从长远考虑，用品牌化策略部分地吸收和转化人力成本是切实可行的。

结　语

"文旅融合，深度发展"是一项具有宏大愿景和社会意义的行动，以复杂的社会实践活动展开。因此，其既是自上而下的政策实践，也是自下而上、纵横连贯、充满互动的社会整体行动，这种复杂结构决定了其不可能依据一致的行动方略、理论框架或实践模式。从以上田野调查的结果可以看到，振兴传统手工艺，尤其是民族地区手工艺是一项策略性的社会行动，其内涵包括个体、集体与社会行动之间的互动关系，同时具有文化、观念、实践方式上的整合性。在这种整合过程中，地域文化、行业文化被适当解构和重构既不可避免，也是必需的行动策略。综合考量，这一趋势既是文化传承与文化发展之间矛盾的延续，也是"融合""借力""助力"等新文化传承与发展策略得以实施的内在机制。

北方农村厕改的新问题及出路

——基于宁夏黎明村的调查研究

王晨旨[*]

一 问题提出

2016 年底，国家卫生健康委员会统计数据显示，在第三次农业普查中，全国 60 万个村级单位中，完成或部分完成了厕改工作的占 53.6%。[①] 在调查的 2.3 亿农户中，使用水冲式卫生厕所的农户和使用普通旱厕的农户分别占 36.2% 和 46.2%，而使用水冲式非卫生厕所的农户、卫生旱厕的农户和无厕所的农户分别只占 3.1%、2.4% 和 2.0%。可以看出我国有将近一半的农户在 2016 年没有厕所或使用普通旱厕，由于受地理位置，经济发展，气候等多种因素影响，这种情况在各地区又有不同，东北地区无厕和使用旱厕的农户高达 83.4%，中部和西部地区分别为 53.1% 和 54.4%，东部地区为 32%。[②] 党的十九大以来，乡村振兴战略成为破解我国"三农"的金钥匙，而生态宜居是实现乡村振兴战略的关键一环，农村生态宜居重要在"宜"上，农村环境问题

* 作者简介：王晨旨，华中师范大学政治科学高等研究院硕士研究生。

① 《第三次全国农业普查主要数据公报（第一号）》，http://www.stats.gov.cn/tjsj/tjgb/nypcgb/qgnypcgb/201712/t20171214_1562740.html，最后访问日期：2020 年 1 月 20 日。
② 《第三次全国农业普查主要数据公报（第四号）》，http://www.stats.gov.cn/tjsj/tjgb/nypcgb/qgnypcgb/201712/t20171215_1563634.html，最后访问日期：2020 年 1 月 20 日。

成为制约农村发展的短板，厕所革命是农村解决环境问题的重要部分。2018年2月，中共中央办公厅、国务院办公厅印发《农村人居环境整治三年行动方案》，① 指出要加快厕所革命的步伐，各地需要结合当地实际，把厕所革命和生活污水处理相结合，改善当地卫生条件。2019年1月，中央农办、财政部、生态环境部、农业农村部等八部门联合发布了《关于推进农村"厕所革命"专项行动的指导意见》，② 从五个方面（重要意义、思路目标、基本原则、重点任务和保障措施）对农村厕改提出了指导意见，明确指出到2020年，我国东部地区和中西部城市郊区要基本完成厕所的无害化改造，对于中西部具备条件的地区，卫生厕所普及率要达到85%。农村厕改几年来已经取得了丰硕的成果，许多地方已经提前完成了农村厕改，但是在已经完成厕改的农村中又出现了新问题。

笔者2019年12月在宁夏回族自治区黎明村做调查，发现该村的15户农户已经全部完成厕改，但当笔者使用厕所时被告知厕改后的厕所在冬天不能使用，只能使用旱厕，结果就是每户有两个厕所。本文对于厕改后出现的这种情况在对宁夏回族自治区黎明村进行了深入的调查，解释了出现这种现象的原因，并为后期的厕改工作提出了对策。

二 文献综述与调查方法

（一）文献综述

关于农村厕所革命的研究已经有很多，用"治理"理论去研究的主要有刘宝林和龚原，刘宝林从"一主多元"的治理主体、基层治理的场域、文化治理的引导、法律治理的规范四个方面进行了研究③；而龚原从协同治理路径下进行了研究。④ 王永生、刘彦随、龙花楼的研究表明我国卫生厕所普及率近年来上升

① 《中共中央办公厅 国务院办公厅印发〈农村人居环境整治三年行动方案〉》，http. www. gov. cn/gongbao/content/2018/content_5266237. htm，最后访问日期：2020年1月20日。
② 《中央农办 农业农村部 国家卫生健康委 住房城乡建设部 文化和旅游部 国家发展改革委 财政部 生态环境部关于推进农村"厕所革命"专项行动的指导意见》，http://www. moa. gov. cn/gk/tzgg_1/tz/201901/t20190108_6166292. htm，最后访问日期：2020年1月20日。
③ 刘宝林：《治理学视域下的乡村"厕所革命"》，《西北农林科技大学学报》（社会科学版）2019年第2期。
④ 龚原：《乡村振兴战略下农村"厕所革命"协同治理路径研究》，《乡村科技》2019年第24期。

速度明显加快，但是也存在"东高西低、南高北低"的区域特征，低于全国厕所普及率的主要是陕西、新疆、宁夏、甘肃、青海等北方省份。[①] 梁伟认为由于北方干旱少雨、冬季寒冷，农村地区复杂的地形特征，多重因素都使得农村厕改工作的难度增大，农村厕改工作需要多部门统筹规划、协同推进才能做好。[②] 实地调查研究主要集中在山东省和吉林省，山东省在 2015 年也被确定为全国农村无害化卫生厕所改造的试点省份之一。2017 年，杨谨铭和骆乐的调查研究发现，山东省农村厕改进度非常快，仅 2016 年一年就完成了 2016—2018 年三年农村厕改目标的一半。但是厕改工作存在一些问题：改后效应不明显、不愿改、不好改、质量不高等问题。[③] 2019 年，朱文博和李嘉鑫对吉林省 4 个县 9 个乡镇 14 个村进行实地调查时发现，吉林省厕改工作成效显著，被抽到的 167 户已完成厕改工作，只有一户的厕所不能正常使用，农户对厕改工作基本认同，有少部分农户表示不习惯新厕所。[④]

　　对于地处西北地区的宁夏回族自治区进行的厕改，陈荣鑫、李飞认为宁夏厕改存在的主要问题有三个：传统的习俗和习惯难以改变、厕改后使用率不高及宣传工作不到位。[⑤]但是，笔者在宁夏回族自治区黎明村实地调研时发现，这三个问题已经不存在了，农户都知道厕改的好处和愿意去改，主要问题是厕改让农户花了钱但没有达到预想的效果。多人指出，农村厕改后存在"不好用、用不了"等现象，[⑥][⑦][⑧] 但是都没对这一现象形成进行深入调查研究，也没有找出这一现象背后的原因。

（二）调查方法

　　本次调查主要采用了观察法、问卷调查法和访谈法。2019 年 12 月，华中师范大学中国农村研究院做百村调查研究时，宁夏回族自治区黎明村是其中的一

---

① 王永生、刘彦随、龙花楼：《我国农村厕所改造的区域特征及路径探析》，《农业资源与环境学报》2019 年第 5 期。
② 梁伟：《北方农村如何推进"厕所革命"》，《中国建设报》2019 年 11 月 22 日，第 6 版。
③ 杨谨铭、骆乐：《山东省农村厕改状况调查研究》，《山东农业科学》2017 年第 7 期。
④ 朱文博、李嘉鑫：《吉林省部分地区农村户厕使用情况的调研》，《吉林农业》2019 年第 23 期。
⑤ 陈荣鑫、杨飞、李昊、李晓莉、姚海燕：《宁夏"厕所革命"存在问题及推进对策》，《农技服务》2019 年第 10 期。
⑥ 陈发明：《农村改厕莫建"空中楼阁"》，《经济日报》2019 年 12 月 11 日，第 9 版。
⑦ 定贤成：《农村改厕莫成"花架子"》，《安徽日报》2019 年 12 月 17 日，第 5 版。
⑧ 方桂琴：《农村改厕不能为改而改》，《重庆日报》2019 年 12 月 3 日，第 5 版。

个目标村,调查问卷中的专题二是关于农村环境整治的,问卷第16~24题涉及农户厕改工作,主要是对农户厕改宣传、厕改进度和厕改评价做一个简单的了解。访谈的主要问题有这些:为什么厕改后会出现改后厕所不能使用的情况;这种情况的比例有多高;厕改有没有花钱;花了多少;村两委对厕改工作是怎么宣传的;又是怎么实行的;当时农户如何看待厕改工作;当时为什么愿意进行厕改;什么时候完成了厕改工作;出现这种情况有什么看法;是否找过村"两委";这种情况现在有没有解决办法;对现在出现的这种情况是不是很生气;对政府有什么看法。在对这户农户访谈过程中,笔者发现有必要对这个问题进行进一步的研究,所以笔者就对后来其他12户农户在做完问卷后对其进行了访谈。做完这些访谈后,对于前面已做农户问卷的那两户农户也去做了访谈,并一一查看了这15户农户家改过后的厕所。在黎明村调研的五天,笔者住在村委会,亲身体验了农村旱厕的困难。

三 突出问题

(一) 饮用水来源问题

饮用水的来源直接关系着能不能使用水冲式厕所,宁夏黎明村属于干旱和半干旱的西北内陆地区,相比南方,雨水比较匮乏。从表1我们能够看出,截至2017年底,全国饮用经过净化处理的自来水的比例不到50%,而西部、东北地区更低,饮用水主要以受保护的井水和泉水为主,取水不便和水量不足是常态。宁夏黎明村已经接通了自来水,但是由于村庄条件限制,自来水经常停水,影响农户的正常生活。自来水按量收费,农户以前用的井水和泉水不要钱,且井水是农户多年来一直饮用的水,这些因素都导致农户更喜欢用井水和泉水。而厕改大多数都是改成水冲式厕所,就像农户说的:"人畜用的水都不够,哪有水去冲厕所。"所以自来水的使用直接决定了农户的厕改效果。

表1 按饮用水来源划分的住户构成

单位:%

	全国	东部地区	中部地区	西部地区	东北地区
经过净化处理的自来水	47.7	62.3	43.9	38.2	36.1

	全国	东部地区	中部地区	西部地区	东北地区
受保护的井水和泉水	41.6	33.5	42.8	45.8	58.5
不受保护的井水和泉水	8.7	3.5	11.9	11.8	5.3
江河湖泊水	0.6	0.1	0.4	1.3	0.0
收集雨水	0.7	0.0	0.4	1.7	0.0
桶装水	0.3	0.2	0.4	0.4	0.0
其他水源	0.4	0.3	0.3	0.8	0.1

数据来源：国家统计局：《第三次全国农业普查主要数据公报（第四号）》，2017 年 12 月 16 日，http://www.stats.gov.cn/tjsj/tjgb/nypcgb/qgnypcgb/201712/t20171215_1563634.html。

（二）气温问题

宁夏的气温在冬天会下降到零下 10℃，地冻 1 米多深。由表 2 我们能够看出我国西部和东北地区的农村生活能源主要以柴草和电为主，而东部和中部地区农村生活能源主要以煤气、天然气、液化石油气和电为主。宁夏黎明村的取暖仍然以户为基本单位，主要采用传统的火炉子和烧土炕来取暖，能源是柴草、煤和电，使用空调、电热炉等现代电器取暖不多，电主要用在做饭、看电视和洗衣服等方面，所以取暖的能源主要是柴草和煤。受制于经济能力与生活水平，农户家里的火炉子和土炕只会放在人居住的屋子，许多农户为了减少取暖能源的耗费，他们会把厨房设在居住的屋子，可以说吃住在一屋，取暖也只需要一个屋子就可以。深受传统观念影响，农户会把厕所与自己住的屋子分开，为节省能源冬天厕所一般不会供暖，如果使用厕改后的水冲式厕所，那必然面临水结冰和水管被冻破的问题。

表 2　主要生活能源构成

单位：%

	全国	东部地区	中部地区	西部地区	东北地区
柴草	44.2	27.4	40.1	58.6	84.5
煤	23.9	29.4	16.3	24.8	27.4
煤气、天然气、液化石油气	49.3	69.5	58.2	24.5	20.3
沼气	0.7	0.3	0.7	1.2	0.1

	全国	东部地区	中部地区	西部地区	东北地区
电	58.6	57.2	59.3	59.5	58.7
太阳能	0.2	0.2	0.3	0.3	0.1
其他	0.5	0.2	0.2	1.3	0.1

注：此指标每户可选两项，分项之和大于 100% 。

数据来源：国家统计局《第三次全国农业普查主要数据公报（第四号）》，2017 年 12 月 16 日，http://www.stats.gov.cn/tjsj/tjgb/nypcgb/qgnypcgb/201712/t20171215_1563634.html，最后访问日期，2020 年 1 月 12 日。

（三）政策落实问题

一是厕改过程中领导干部不重视，没有意识到厕改对整个农村生活环境治理及整个农村经济发展的重要意义，厕改只是按照上级划定数量要求完成了厕改任务却并不真正关注厕改的效果。各级政府就是定目标，而最后落实在村委。据宁夏黎明村村干部表示：他们这两年主要精力在精准扶贫上，因为政府不重视，因此他们也把厕改当成了一项日常性的工作，对厕改政策只是象征性的传达，改不改由农户决定，并对有意向的一部分进行厕改。为了完成任务，把不好改的和不愿改的农户全部留了下来。

二是厕改部门联合不够和参与厕改的主体少。厕改是一项复杂的工程，如果只让村干部去做，是必然做不好的。厕改工作在政府的领导下开展还涉及宣传部门的宣传、财政部门的支持、农业和卫生部门的参与等多个部门的共同努力，而实际情况是各个部门各做各的，没有彼此协调。厕改的主体是农民，而现在农村空心化比较严重，大批青壮年出去打工，只剩下老人和小孩。政府部门厕改宣传少，导致他们对于厕改不懂也不愿意改，厕改主体减少，厕改效果差。在宁夏黎明村，厕改工作只是村干部开过一次会，让想要厕改的农户报名，上级部门从来没有人来宣传过，具体的措施村干部也不清楚。

三是投入资金不足。厕改一般都是由农民出钱先建，政府验收达标后发放补贴，农户自筹比政府补贴多。在宁夏黎明村，一般厕改需要花费 1000 多元，政府只补贴 400 元，其他的需要农户自己出。厕改并不是政府指定的专业技术人员人去改，大多数都是农户自己或找村中的瓦工进行施工，大家没有经过系统培训，对于厕改的政府标准不了解，有的农户甚至看不懂基本的厕改平面图，改后无法达到政府标准，政府就没有补贴，这样严重影响农户厕改的积极性，造成了资金浪费。

四是厕改的后期管理问题。农村厕改不能长效化，宁夏黎明村厕改后一般都是农户自己负责后期维护，由农户的旧陋习引发的厕所堵塞、损坏和"不卫生"等现象频发。一旦出现这些问题，没有专业人员及时解决，还会带来二次污染，有时直接导致厕所没法修理，成为"一次性"产品，不仅使得农户体验感较差，而且耗费了物力和人力。这样的农村厕改是失败的和不可持续的。

（四）技术问题

一是质量问题。宁夏黎明村有 836 户农户，厕改涉及农户较多，又让农户自己改，一个成本 1000 多元钱的厕所在改的过程中根本没有人监管，而且厕改标准要求低。为了完成数量任务，不注重质量，没有按照国家强制性标准进行厕改。政府只重视建成后的验收，只抽查一部分，看有没有按图纸完成，不看实际效果。所以给了一些人偷工减料的机会，才出现了许多"豆腐渣"工程、"面子"工程。

二是循环利用问题。厕改不是卫生间改造，而是对粪便进行科学处理后、充分利用其中的氮肥，最后回归生态。在我国这样的农业大国，农村一直流传着一句俗语——"庄家一枝花，全靠粪当家"。粪肥是传统肥料，今天有了化肥，但如果常年使用化肥，土地变得坚硬板结，破坏了土壤的结构，所以粪肥仍然是不可或缺的肥料。宁夏黎明村厕改通过自来水把大小便都集中起来，但收集起来的废物不易分离出来用作肥料。

三是系统问题。厕改并不仅仅针对环境问题，而应该将厕改与生活污水处理联系起来。现在农村人居环境污染主要是生活污水污染、厕所污染和秸秆焚烧带来的污染。为了节约水，农户经常用生活污水冲厕所，但是化粪池具有一定的厌氧性，洗浴、洗衣和洗菜的废水不能直接倒入厕所，农村生活废水收集需建立新的处置系统，导致收集系统的重复建设。[①] 宁夏黎明村的厕改与生活污水处理系统没有结合起来，浪费了资源。

---

① 黄圣彪：《推进厕所革命需要解决的技术问题及措施建议》，《中国环境管理》2018 年第 2 期。

（五）影响政府公信力

在宁夏黎明村调研时发现，村干部知道这种情况的存在，但是为了完成每年的镇政府计划，只能把这种"面子工程"继续做下去。这种做法直接导致"民心工程"走了样，不仅影响农户的体验感，而且会使农户对村委和镇政府失去信任，有的农户还会产生怨言，进而影响政府公信力。这对后期的厕改工作还有其他工作的开展都增加了难度。就如农户纪宝林所说："政府说是给农户进行'厕所革命'，结果大部分是农户自己出钱修厕所，修厕所只有一个作用——那就是完成了'厕所革命'的任务。"

四 对策

（一）因地制宜改建不同厕所

通过多年实践，卫生厕所主要有六种：双瓮漏斗式、双坑交替式、三格化粪池式、联沼气池式、粪尿分集式和完整下水道式。在厕改的过程中，要因地制宜，根据各户条件采用不同模式。对于城郊村和城中村这些经济较好有自来水的农村，可以采用水冲式；对于经济条件落后的偏远农村，可以采用其他模式厕所，如粪尿分集式，利用粪、尿不同特性用两个便器分别收集、分别处理，基本上不需要水就能达到无害化处理，还可回收尿肥、粪肥，又有极佳的耐寒性能，是可以推广的生态卫生厕所。对于北方农户，由于其气候特点，水冲式厕所并不适用。

（二）加强宣传培训力度

在农村推进厕改要对农户进行观念革新，使农户明白厕改的好处才能提高厕改的积极性。一是加大宣传力度。可以通过发放改厕宣传画、墙上贴宣传标语、工作人员进入农户家宣讲和利用新媒体等多种形式进行宣传，改变农户的不卫生生活习惯，愿意进行厕改。二是要进行试点。对一些愿意改的农户或者村委干部家进行试点，让试点户发挥带动作用。让一些不愿改和还没决定改的农户能够了解改造后的卫生厕所，亲身体验厕改后的好处。再运用适当的激励，进而推动全村的厕改工作。三是对施工人员的技术培训。农村厕改施工人员一般都是当地的泥瓦工，地方政府必须对他们进行培训才能有质量地完成厕改目标。

（三）加大资金投入

农村厕改一般由政府和农户共同出资，农户出资相对较多，影响了农户的厕改积极性，应该加大资金投入。一是多渠道筹资。除政府投资外，可以把农村厕改、农村道路、水渠修建等项目合并打包，引入企业资金，也可以鼓励回乡能人为厕改工作出资。二是完善各级政府投入机制。厕改除了国家和省里补助外，也要把厕改资金列入各级地方政府的财政预算，以县为单位，统筹厕改相关资金，及时发放资金，减轻农户负担。对经济落后的地区，要在政策和资金上给予照顾。鼓励群众以工抵款、投工投劳的方式参与。三是加强对农村厕改资金的监管，一些厕改"豆腐渣"工程的出现背后是厕改的腐败。对厕改资金必须专款专用，将厕改农户、补助资金和完成时间等相关信息公开，接受社会监督，对于挪用厕改资金的人员给予严格惩罚，规范厕改资金管理制度。

（四）加快技术开发

加强与生产企业和科研机构的沟通协调，对厕改技术进行创新。一是创造新材料，开发低成本、高质量的绿色材料。二是利用现代生物技术研发新模式。除了已经推广的六种厕所外，新研发出的卫生厕所有泡沫微生物厕所、微生物降解厕所、循环用水一体化粪便处理厕所等，能够解决西北地区寒冷所导致的缺水问题，还可以应用电子分解技术和光触媒技术从源头分解氨类化合物，达到除臭效果。三是物质循环利用。人和畜禽的粪便既是污染源，也是重要的有机肥资源。在农村厕改过程中，应构建粪便收集转化有机肥、有机肥施肥农业、农业生产得到食物、食物给人畜消费、人畜代谢又产生粪便的物质循环体系（图1），增强资源循环利用率。全力推进能够满足人性化需求的智能厕所系统的研发，还可以使其兼有休闲娱乐、健康服务、公共服务等功能。

（五）建立健全体制机制

有效推进农村厕改需统筹协调各部门分工协作。一是完善领导机制，统筹各项工作。首先以县级为单位成立厕改工作小组，县级主要干部直接负责，在

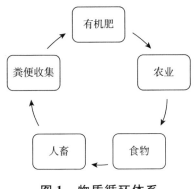

图1 物质循环体系

厕改工作小组的领导下，其他相关部门各司其职、密切配合；其次是实行一主多元治理，一主是农户，多元是政府、企事业单位和人民团体等主体，厕改工作就是多元主体分工协作、相互补充、共同努力让所有农户都参与到厕改工作中来。二是建立和完善监督与考核机制。首先各地在全国爱卫办制定的卫生厕所标准下，结合自己的实际情况制定厕改的建设标准方案；其次是在建设过程中，对施工人员的资格进行严格要求，对施工过程全程监督，出现不规范的施工时及时叫停并让其返工；最后是请第三方专业人员进行验收，杜绝只关注厕改数字而不关注厕改实际效果的行为。三是推广与长效管护机制。首先推广一体化处理模式机制，国家和省级及相关部门树立把农村厕改与生活污水一体化处理的观念，基层政府要加以推广和宣传，使农民参与到一体化处理模式应用中来；其次是后期管护机制，农村厕改有句话是"三分建、七分管"，后期维护是厕改的核心环节，除了对厕所设备进行维护外，还要对粪便进行及时处理，政府要建立定期查看和不定期抽查制度，督促企业解决厕所后续问题，实现真正的长效管理机制。

五　结语

宁夏黎明村地处西北地区，推进农村厕改所出现的问题在西北地区具有代表性，本文提出的对策在西北其他地区厕改时可以参考借鉴。由于笔者调研时间有限，对厕改的一些实际问题分析不够深入，希望以后有机会再进一步完善研究。笔者相信在各界人士的共同参与下，农村厕改定会取得成功，进而推动农村环境整治工作。

创新"三交"方式，破解"三个不适应"

——促进少数民族流动人口城市融入的北仑经验

包路芳　王　雯[*]

习近平总书记早在 2014 年中央民族工作会议上就指出："改革开放以来特别是进入新世纪后，少数民族人口大规模向东部和内地城市流动，内地人口向民族地区及不同民族之间大规模流动。少数民族同胞进入城市，是历史发展的趋势，带动了民族地区发展，也有利于民族团结。同时也存在'三个不适应'：进城的少数民族群众对城市的生活和管理方式、城市居民对他们的某些生活和行为方式以及我们的工作方式和管理机制等都不能很好适应。"

在 2020 年刚刚召开的第七次中央西藏工作座谈会上，习近平总书记强调"深刻认识到中华民族是命运共同体，促进各民族交往交流交融"；在第三次中央新疆工作座谈会上进一步强调，"要以铸牢中华民族共同体意识为主线，不断巩固各民族大团结；要促进各民族广泛交往、全面交流、深度交融"。两次座谈会，习近平总书记都特别指出，做好新疆、西藏工作是全党全国的大事，必须牢固树立全国一盘棋思想。东部和内地城市如何铸牢中华民族共同体意识、不断创新城市民族工作、以深化"三交"破解"三个不适应"，浙江省宁波市北仑区的经验和做法值得推广和借鉴。

作为全国首批"少数民族流动人口服务管理示范城市"，宁波市北仑区坚

---

* 作者简介：包路芳，北京市社会科学院社会学研究所；王雯，浙江省宁波市北仑区委统战部。

持以铸牢中华民族共同体意识为根本方向，秉持社会治理"重在平时、重在交心、重在行动、重在基层"的理念，将民族工作纳入城市社会治理整体布局，不断提升城市民族工作治理水平。全区90多万人口中，户籍人口40万，外来人口56万，是典型的流动人口集中区。现有少数民族46个，4.2万多人，其中流动少数民族约4万人，少数民族流动人口约占少数民族人口总数的95%。

少数民族流动人口的主要特点。一是学历低、择业难、流动性大。少数民族流动人口大部分只有中小学文化，以在企业务工为主，还有一部分从事清真拉面、烤肉干果、流动摊贩等工作。二是小聚居、沟通难、融入缓慢。少数民族流动人口中的大部分通过亲戚拉亲戚的方式过来，由于地域、民族和生活习惯等关系，抱团居住成为少数民族流动人口的主要选择，与当地居民之间交往不多，融入社会难。特别是来自新疆、青海等地穆斯林流动人口在北仑有一百多人，大多从事特色餐饮和干果贩卖等行业，社会融入可谓难上加难，诸如"天价切糕""无照经营"等现象一度让城市管理部门颇感头疼。

习近平总书记在中央第二次新疆工作座谈会上专门指出，各民族要相互了解、相互尊重、相互包容、相互欣赏、相互学习、相互帮助，像石榴籽那样紧紧抱在一起。要加强民族交往交流交融，部署和开展多种形式的共建工作，推进"双语"教育，推动建立各民族相互嵌入式的社会结构和社区环境，有序扩大新疆少数民族群众到内地接受教育、就业、居住的规模，促进各族群众在共同生产生活和工作学习中加深了解、增进感情。破解"三个不适应"，成为摆在城市民族工作的历史性任务。

一 破解城市民族工作方式和管理机制的不适应

破解少数民族流动人口融入城市"三个不适应"，首先要解决城市民族工作方式和管理机制的不适应问题。北仑区认真贯彻习近平总书记关于民族工作的重要论述，根据中共中央办公厅、国务院办公厅印发的《关于全面深入持久开展民族团结进步创建工作 铸牢中华民族共同体意识的意见》的通知和浙江省和宁波市有关创建工作要求，扎实开展各项工作。

（一）加强组织领导，为深入推动民族团结进步创建工作提供强有力的保障。一是加强领导，提高认识，强化政治意识。二是统筹实施，明确责任，强化机制保障。把创建工作纳入经济社会发展总体规划中统筹实施，纳入党委政府重要工作范畴，纳入社会经济发展、扶贫帮困、均等服务、共享共建四大体系。三是加大投入，严格考核，强化经费保障。按照事权和财权相统一的原则，加大创建投入，确保民族团结进步示范区创建工作经费到位。四是考核体系"全覆盖"。制定区民族团结进步示范区创建工作目标考核制度，将其纳入区委、区政府对各街道和区级各成员单位的工作目标考核体系，对工作突出的单位和个人给予奖励。

（二）创新构建社会化网络体系，推动民族团结创建工作由"部门负责"向"齐抓共管"转变。一是组织网络"全覆盖"，成立了以区委书记任组长，区委分管领导任副组长，区级42个部门主要领导为成员的创建工作领导小组，构建区、街道、村（社区）三级创建工作领导小组。二是建立由1个区级民族团结进步促进会，10个街道民族团结进步促进分会，N个社区（农村、企业、学校）民族团结进步活动组织，多个基层少数民族联系点成的"1＋10＋N"社团组织服务网络体系。三是工作对象"全覆盖"，大力开展"石榴籽工程"，深入推进民族团结进步创建工作进机关、进街道、进企业、进社区、进农村、进学校、进家庭、进商家"八进"工作。

（三）全面形成党委领导、政府负责、社会协同、公众参与、法治保障的社会治理体制，打造共建共治共享的社会治理格局。北仑区紧扣"中华民族一家亲，同心共筑中国梦"总目标，坚持以铸牢中华民族共同体意识为根本方向，秉持社会治理"重在基层"的理念，将民族工作纳入城市社会治理整体布局，不断提升基层民族工作治理水平，重点在少数民族流动人口聚居的社区开展试点，网络化、协同化、社会化"三化并进"，推进城市民族事务治理体系和治理能力现代化。积极搭建网格化组织体系、创新协同化治理机制、社会化治理模式，通过示范引领、以点带面，推动民族团结进步事业实现共建共治、共享共融。2018年以来尝试把"四微"工作以标准化的形式进行固化，探索开展基层民族工作标准化运作，实施全省标准化战略重大试点《民族工作"四微"建设服务管理规范》和首个民族工作省级标准化试点项目《城市民族工作服务指南》。

二 破解进城少数民族群众对城市的生活和管理方式的不适应

（一）依法治理，让少数民族同胞适应城市管理方式。北仑区在改革开放中快速发展，吸引了全国各地的少数民族同胞的加盟。来自新疆、青海等地的一批清真餐厅应运而生。由于不懂政策，怕办证照麻烦，更担心费税过高，最初落户北仑的 14 家青海清真拉面店，几乎都未办理相关营业执照。当地工商、城管、卫生检查时，往往采取没收工具、罚款等简单手段，经营者则呼朋唤友，阻碍对抗执法；新疆维吾尔族烤肉摊和流动商贩有 40 多人，原来也经常与当地城管发生争执。北仑区委统战部（民宗委）依托各级民族团结进步促进会，提出《关于重视和加强少数民族外来人口管理与服务工作的建议》，积极协助工商、城管、财税、卫生等职能部门，逐个破解难题，分时分段开辟流动摊位，率先推行人性化管理服务。逐个与经营者沟通，动之以情，晓之以理，不仅动员他们主动办理各类证照，而且让遵纪守法成为共识。在社会治安清网行动中，作案潜逃北仑的马某就是在亲朋强大的思想工作下，主动回发案地自首。

（二）解决困难，让少数民族同胞适应城市生活方式。这些来自祖国西北边疆的穆斯林经营者，由于清真食品经营的特殊性，再加上人生地不熟，本小底子薄，城市生存并不容易。区民族团结进步促进会牵头撰写《关于少数民族同胞在甬生产经营现状的调查报告》《关于重视伊斯兰教食品经营的建议》等报告，针对穆斯林群众吃肉难问题，北仑区率先在一家清真餐馆开设了"清真食品固定供应点"，满足当地的国内外穆斯林同胞对清真食品的需求，其做法在宁波全市被推广。针对清真拉面馆、新疆维吾尔族烤羊肉、烤馕等摊位管理难的问题，有关部门向政府提出定时定点开辟流动摊贩疏导点等办法，解决他们的城市合法经营问题，有效变"堵"为"疏"，将维吾尔族务工人员无证设摊纳入有序管理，定时定点开辟 30 多个流动摊贩疏导点；政府人员入户宣讲，同民族摊贩签订合法经营、文明经商承诺书；通过广泛开展"少数民族文明诚信商户"评选等系列活动，出台"文明诚信商户"评选标准，有效破解了少数民族流动群众设摊等一系列服务管理难题。

（三）探索建立多元协同机制，推动民族团结创建工作由"单向管理"向"社会协同"转变。聚焦流动少数民族群众服务管理难题，探索实施"两地双向"协同机制，深入做好少数民族群众流入地与流出地对接工作。先后与新疆维吾尔自治区墨玉县、青海省化隆回族自治县等少数民族流动人口相对集中的输出地合作，协同建立"两地合作办公、双向服务管理"的协同机制。一是成立专门协调工作小组，由主管副书记亲自挂帅，区委政法委牵头，成立由区委办、区委维稳办、公安分局、城管局、民宗局、司法局等单位组成的新疆青海务工人员无证设摊管理协调小组。二是建立联席会议制度，两地双方相互合作，采用"走出去、请进来"等办法，不定期召开协调工作联席会议，从不同渠道调查了解情况，实行信息互通、协商管理，主动把脉，寻求新疆青海务工人员无证设摊难题的根源，寻找解决难题的办法。三是建立健全了教育宣传、信息反馈、文明摊位评比等保障机制。四是建立健全了新疆青海务工人员台账制度、困难户帮扶制度、突发事件处理办法等各项长效机制。各项制度的建立健全，理顺了管理体制，也使管理由无序变为有序。近五年来，再没有发生一起矛盾纠纷。

三 破解城市居民对外来流动人口某些生活和行为方式的不适应

面对不断涌入的少数民族流动人口，在给当地带来新风貌和建设力量的同时，矛盾和冲突也不可避免。汉族同胞由于不懂少数民族风俗，有意无意地侵犯和矛盾纠纷时有发生；流动商贩强卖强买、占道经营、不守规矩等现象，也让管理部门和当地居民深感麻烦。少数民族同胞在异地他乡的城市生活更是困难重重。

（一）通过"五个一"实现"八进"，大力开展"石榴籽工程"。民族团结最重要的是人心相通，北仑区将加强民族间的理解和沟通作为首要任务，深入推进民族团结进步创建工作进机关、进街道、进企业、进社区、进农村、进学校、进家庭、进商家"八进"工作。以点带面，推进民族创建工作工作全面铺开，每年在全区以"一社一校一企一村一园""五个一"示范点创建活动为载体，实施"建立一个示范点、搭建一个宣传载体、举办一次知识讲座、设置一项主题活动、打造"一个活动阵地"等"五个一"工程：即每年分别开办一期干部民族政策法律法规培训班；开展一次民族团结进步宣传教育月活动；举办一项少数民族大型特色活动；组织一场民族文艺专场演出；进行一次民族工作的巡回演讲，使民族团结进步创建工作横向到边、纵向到底，努力把北仑民族创建工作由"盆景"变为"风景"。全区上下牢固树立"三个离不开"思想，形成了尊重少数民族、关心和支持少数民族的良好风气。

（二）创新"四微"工作模式，推动民族团结工作由"碎片管理"向"精准服务"转变。北仑区自 2014 年开展以"微组织、微窗口、微热线、微平台"为主要内容的城市民族工作"四微"建设工作试点，不断做精做深做实各项民族工作，成为在全省推广的先进典型。一是发展"微组织"，健全工作网络，建立常态机制。在街道、民族工作重点社区（村）建立"1 + N + N"民族工作领导机构，重点研究、探讨和解决民族工作中出现的热点、难点问题，及时化解各种矛盾，建立党政领导联系少数民族代表人士机制。搭建"1 + 10 + N"民族社团组织网络，发挥社团组织联系党和政府与少数民族同胞之间的桥梁和纽带作用。二是开辟"微窗口"，满足群众需要，强化个性服务。在街道、社区设立微服务窗口、微宣传窗口等有形窗口，提供基本公共服务，微服务窗口主要开展针对少数民族的法律咨询、就业咨询、子女教育、民政救助、帮困扶贫等"一站式"便捷政务服务。三是建立"微热线"，畅通诉求渠道，开展走心互动。设立各级电话服务热线、网络终端热线（QQ 群、微信群等），提供民族事务咨询、处理和反馈少数民族群众反映的问题和需求。四是打造"微平台"，提升综合素质，促进融入融合，以多种方式破解生存难题。近几年累计投入200 余万元扶持60 多名少数民族同胞创业，为20 多家小微企业争取贷款800 余万元，帮助400 余名少数民族流动群众实现再就业。

四 扎实推动各民族交往交流交融，铸牢中华民族共同体意识

北仑区坚持弘扬民族团结主旋律，精心搭建交往交流交融大平台，引导各民族相互尊重、相互欣赏、相互学习、相互借鉴。在少数民族散居地区，向广大汉族群众宣传少数民族灿烂的文化，增进各民族之间的了解与沟通，激发少数民族同胞的民族自豪感和参与北仑建设的热情。各民族居民在丰富多彩的活动中交流融入，相互理解与宽容，营造了各族居民和谐相处、和睦共生的氛围。

（一）以多元的服务手段，使少数民族群众在北仑安居乐业。从单一的"被服务"到主动热情地参与文明城市创建和"美好家园"建设中，反哺社会，

服务北仑。发挥全区 100 多个民族社团组织在基层社会治理中的作用，开展文化习俗交流、社会反哺行动、民族交融互动等活动，促进各民族相互融入，"青峙社区少数民族职工及子女社区融入项目""百灵社区少数民族融合安居公益项目"等五个民族公益项目有声有色，在"共建共治共享"中增强对第二故乡的认同感和归属感，不少人已经在北仑购房长居，成为名副其实的新宁波人。

（二）少数民族流动人口积极参与社会公益服务，成为城市文明建设的主人翁。先后在街道、社区成立 30 多支少数民族志愿者组织，活动累计服务上千人次，用志愿服务回馈社会。通过"好媳妇之家""少数民族员工俱乐部""少数民族就业指导中心"等形式，加强各民族群众的交流沟通，开展少数民族同胞自我帮扶工作，主动参与涉及城管、卫生、食品等部门的突发事件处置协调，参与社会调解，成为维护民族团结和社会稳定的生力军。区民族团结进步促进会开展"民族文明经营示范户"和"民族工作积极分子"评选表彰等活动，鼓励少数民族居民家庭积极参与"文明楼群""文明家庭"等各类文明创建活动，全区至少有 400 多户流动少数民族家庭加入各类志愿者队伍并参与活动 2000 余次，其中 40 多户获评各级"文明家庭""书香家庭"等称号。

（三）2020 年的抗疫斗争成为北仑民族团结创建工作的一次大检阅。政府各部门和各级民族团结进步促进会，第一时间将 82 桶消毒液送到两家企业、66 家少数民族餐饮商家手中，不遗余力帮助少数民族企业、餐饮业复工复产。北仑的穆斯林餐厅带头发起捐款，在"同心圆红石榴联盟"的微信组织下，各民族同胞热烈响应，累计捐款 2 万多元。两家维吾尔族餐厅加班加点，在抗疫最紧要关头，累计将 4500 多个爱心烤馕和羊肉汤，送至各个街道的抗疫第一线。烤馕就着羊肉汤、方便面吃，成为北仑抗疫时期的特别味道，生动呈现"中华民族一家亲，同心共筑中国梦"的图景。

五　制定城市民族工作省级地方标准，为提升基层民族事务治理水平提供规范依据

（一）形成工作标准，科学构建"四微"规范指南。围绕有效破解少数民族因风俗习惯、语言文化等差异在融入城市中的突出问题，针对各地城市民族工作开展不均衡、效果不平衡等实际，从 2018 年起北仑尝试把"四微"工作以

标准的形式进行固化，探索开展基层民族工作标准化运作，实施全省标准化战略重大试点《民族工作"四微"建设服务管理规范》标准制定。全面梳理"四微"建设内容编制配套标准体系，共纳入标准 68 项，其中国家标准 25 项、行业标准 2 项、地方标准 5 项、民族工作标准 36 项，分布于服务通用基础标准、服务保障标准、服务提供标准 3 个子体系。制定并发布《民族领导小组工作规范》《窗口工作人员服务规范》《电话微热线服务流程和要求》《创业就业平台规范》等覆盖"四微"建设范畴的服务管理系列标准，规范"四微"建设的基本要求和工作规则。通过创新组织体系、服务方式、工作内容、工具手段，并在社会保险、就业培训、劳资服务、义务教育等 10 余个方面形成规范指南和操作手册。

（二）打造标准规范体系，开展省级地方标准制定。在以上标准制定的基础上，北仑区进一步在实践中深化规范内容，推进省级城市民族工作标准化试点工作。由省民宗委牵头，在省、市市场监督管理局等标准化业务主管部门指导下，通过与宁波市标准化研究院等机构合作，北仑区委统战部（民宗局）同步承担实施，提炼制定省级地方标准草案。旨在党的集中统一领导下，以平等、团结、互助、和谐和促进"两个共同"为原则，以促进各民族交往交流交融，不断铸牢中华民族共同体意识为目标，紧扣城市民族工作"四微"建设核心，深化细化优化服务管理工作。经专家组评估论证、质询答辩等环节层层筛选，《城市民族工作服务指南》于 2019 年 10 月获批立项。该标准以少数民族输入型区域为范围，突出目的性、适用性、便捷性、文明性，对城市民族工作的术语和定义、总则、需要考虑的因素等做出明确规定。该标准尤其从解决各民族微小事情入手，重点对"四微"建设为工作载体提供了兼具规范性和可操作性的具体标准。为确保标准更加贴近实际，起草小组成员还深入桐乡、义乌、萧山等地调研走访和座谈交流，共有 36 家单位和院校、20 户居民代表参与，覆盖全省 11 个地市。2020 年，该标准在全省范围广泛征求意见，结合各地实际修改完善并获批后，计划在 2020 年 10 月发布实施。

（三）以深化"三交"解决"三不适应"、以"铸牢"促"融入"的北仑经验。宁波市北仑区坚持以标准为指导，以"四微"建设为抓手，努力创建"全国民族团结进步示范区"，积极创新城市民族工作服务管理机制，构筑多层次、广覆盖、全方位社会化服务管理网络，形成党委重视、多方联动、共同参与的社会治理模式，努力推动散居地区民族团结进步创建，打造城市民族事务治理现代化的"浙江样本"。北仑区不断以深化"三交"解决"三个不适应"，以"铸牢"促进"融合"，成为内地城市民族工作的典范。2019年9月北仑区委统战部（民宗委）被国务院表彰为"全国民族团结进步模范集体"，芝兰社区获得"全国民族团结进步模范集体""全国民族团结进步创建活动示范社区"等荣誉。2020年6月，新碶街道荣获"浙江省民族团结进步模范集体"，9月14日，由中央宣传部、中央统战部、国家民委在四川省成都市召开全国民族团结进步创建经验交流现场会上，新碶街道党工委作为唯一一家基层单位代表交流经验。

图书在版编目（CIP）数据

当代中国田野观察. 2020 / 国务院参事室社会调查
中心编. -- 北京：社会科学文献出版社，2021.12
ISBN 978 - 7 - 5201 - 9412 - 9

Ⅰ. ①当… Ⅱ. ①国… Ⅲ. ①社会调查 - 中国 - 文集
Ⅳ. ①D668 - 53

中国版本图书馆 CIP 数据核字（2021）第 239716 号

当代中国田野观察（2020）

编　　者 / 国务院参事室社会调查中心

出　版　人 / 王利民
责任编辑 / 李明锋　胡庆英
责任印制 / 王京美

出　　版 / 社会科学文献出版社 · 群学出版分社（010）59366453
　　　　　地址：北京市北三环中路甲 29 号院华龙大厦　邮编：100029
　　　　　网址：www. ssap. com. cn
发　　行 / 市场营销中心（010）59367081　　59367083
印　　装 / 三河市龙林印务有限公司

规　　格 / 开　本：787mm × 1092mm　1/16
　　　　　印　张：21.25　字　数：350 千字
版　　次 / 2021 年 12 月第 1 版　2021 年 12 月第 1 次印刷
书　　号 / ISBN 978 - 7 - 5201 - 9412 - 9
定　　价 / 158.00 元

本书如有印装质量问题，请与读者服务中心（010 - 59367028）联系